上海市普通高校人文社会科学重点研究基地基金资助（基地：
上海师范大学第八期重点学科"语言学及应用语言学"经费

第七辑

现代汉语虚词研究与对外汉语教学

XIANDAI HANYU XUCI YANJIU YU DUIWAI HANYU JIAOXUE

主　编　齐沪扬

学林出版社

图书在版编目(CIP)数据

现代汉语虚词研究与对外汉语教学.第七辑/齐沪
扬主编. —上海：学林出版社，2018.5
ISBN 978 - 7 - 5486 - 1360 - 2

Ⅰ.①现… Ⅱ.①齐… Ⅲ.①汉语—虚词—对外汉语
教学—教学研究—国际学术会议—文集 Ⅳ.
①H195.3 - 53

中国版本图书馆 CIP 数据核字(2018)第 046494 号

责任编辑	李晓梅
特约编辑	李保俊
封面设计	魏 来

现代汉语虚词研究与对外汉语教学(第七辑)

齐沪扬 主编

出　版	学林出版社
	(200235 上海钦州南路 81 号)
发　行	上海人民出版社发行中心
	(200001 上海福建中路 193 号)
印　刷	常熟市东张印刷有限公司
开　本	710×1020 1/16
印　张	25.75
字　数	45 万
版　次	2018 年 5 月第 1 版
印　次	2018 年 5 月第 1 次印刷

ISBN 978 - 7 - 5486 - 1360 - 2/H·105
定　价 78.00 元

目　录

· 1 ·

汉语虚词的再思考*

范 晓

1. 前 言

　　汉语语法里的虚词很重要。吕叔湘、朱德熙(1952：12)指出："虚词的数目虽然小,在语法上可比实词重要得多。"说得有理。这是因为：第一,虚词表达的语法意义比较丰富复杂,不同的虚词表达不同的语法意义。如虚词"了、着、过"能表达动作的"时体"意义,虚词"的、地、得"能表示句法成分之间的关系意义,虚词"吗、呢、啊、吧"能表达句子的语气或口气意义,等等。第二,用不用虚词,用什么样的虚词会制约整个短语或句子的结构和意义。如单说"张三老师"会有歧义,如果加入虚词"的"或"和",就会分化为两个不同的短语("张三的老师"是定心短语,"张三和老师"是并列短语)；又如,单说"他去北京"还不成为句子,而句末加上虚词"吗"(说成"他去北京吗"),就成为表达询问语气的句子,加上虚词"了"(说成"他去北京了"),就成为表示直陈语气的句子。所以,在组语造句表达思想时,虚词不可或缺,单用实词往往不能成句。第三,有些语言表示词的语法意义主要通过词的形态变化来表现,而汉语通常借助语序和虚词来表现。主要靠词形变化来表达语法意义的语言虽也有虚词,但汉语虚词的绝对数量要比它们多得多。汉语虚词不仅意义多姿多彩,而且使用频率非常高。所以,虚词是汉语重要的语法形式或手段,虚词是汉语语法的特点之一,在汉语语法教学(特别是对外汉语教学)里,虚词教学既是一个重点,也是一个难点。

　　正因为虚词重要,从古至今学界都很重视汉语虚词的研究。古人在字典释

　　* 本文曾在第七届现代汉语虚词研究与对外汉语教学研讨会(2016 年 7 月,昆山)上宣读,已发表于《上海师范大学学报》(哲学社会科学版),2016 年第 6 期。

义和训释经籍时注重词语的意义,但由于所谓"实字易训,虚字难释",很早就注意虚词的研究。早期有关虚词的论述散见于字典、训诂的专著及某些文人的文论中。汉代至宋代已经有一些零星的研究,元代出现了我国第一部专门研究文言虚字的专著(卢以纬《语助》,1324)。清代汉语虚词研究的成果很多,出版虚词专著十余部,其中最重要的有三部:一是刘淇的《助词辩略》(1711),二是袁仁林的《虚字说》(成书于1710年,正式出版于1746年),三是王引之的《经传释词》(1798)。清代"虚字"的概念大体上相当于现在所说的"虚词",不过那时的虚字研究并不是着眼于词的语法分类(至多只能说是语法学的萌芽),只是文字学和训诂学的附庸。但清代重要虚词专著的虚字观和训释法深深地影响着19世纪末到20世纪中叶的很多著名的语法学著作,如马建忠的《马氏文通》、黎锦熙的《新著国语文法》、吕叔湘的《中国文法要略》、王力的《中国现代语法》、高名凯的《汉语语法论》、吕叔湘、朱德熙的《语法修辞讲话》等。虽然这些语法著作谈到的虚词的范围和类别并不完全一样,但它们的对虚词的理解和虚词类别的划分都或多或少地铭刻着清代学人的虚字观及他们研究成果的印记。

20世纪中叶以来的汉语语法学界大多数学者是重视汉语虚词的,特别是20世纪80年代至今,汉语的虚词研究更是取得了长足的进展。这表现在:一是大批汉语语法教材里都划分了实词和虚词;二是有大量的虚词专题研究论文(据不完全统计达四千多篇);三是有近十部虚词研究专著问世;四是出版了十多部虚词词典;五是虚词研究的范围有很大的扩展,有研究虚词的理论和方法的,有研究存在于不同时空(现代、古代、近代、方言)或专书的虚词的,有研究不同类别(助词、连词、介词、语气词等)虚词的,有研究特定的具体虚词的,有研究汉语的虚词教学(包括对内和对外汉语教学)的;六是研究虚词的人员越来越多,除了专家学者外,还有很多研究生也以虚词为对象写出学位论文(据不完全统计达一千六百多篇)。此外,虚词研究学术讨论会已经举行七届。这一切都表明:虚词研究已经成为当今语法研究的热点。

尽管现当代虚词研究取得了巨大的成就,但也存在一些问题。主要表现在虚词和实词划界的标准和划分的具体方法观点不一,影响到解决虚词的定性,进而在虚词的范围和类别问题上也存在不同的意见。本文仅就这些问题谈点看法。

2. 虚词和实词划界标准的评述

要解决某个语法中的词类是不是虚词的问题,必然涉及虚词和实词划分的标准。学界讨论到的划界标准概括起来主要有意义标准、功能标准和形式标准。

2.1　关于意义标准

主张意义标准的代表如：马建忠(1898—1900：19—23)说："字类凡九……或有解，或无解"，"有事理可解者曰实字，无解而唯以助实字之情态者曰虚字"。吕叔湘(1942—1944：17)把实词称为"实义词"，把虚词(虚义词)称为"辅助词"，认为实词"意义比较实在"，虚词"意义比较空虚"。王力(1944：13—14)把实词称为"理解成分"，把虚词称为"语法成分"。王力(1946：42)还说："实词，它们的意义是很实在的，它们所指的是实物、数目、形态、动作等等。……虚词，它们的意义是很空灵的。"他们采用的这种意义标准，跟训诂学里的虚字观一脉相承。这种意义虽然与词类有一定的关系，区分虚实可以参考，但是如果作为划分虚实的标准是有问题的：第一，所谓"有解""无解"，"实在""空虚"(或空灵)，完全凭个人的感知印象或所谓"语感"来揣摩词的虚实，那是见仁见智，难有共识①。第二，这种意义跟语法学所说的意义是两回事，不能混为一谈。如果采用这种意义标准，就会把有些实词也归为虚词(如代词、趋向词、"虚义动词"②等)，也会把有些虚词归为实词(如量词以及表示方位的黏着性很强的"上、下、里、外"之类的"方位词"等)。第三，说虚词"无解""空虚"(或空灵)，实在太玄，不好掌握，并不科学。事实上，任何词都有一定的意义，虚词有跟实词不同的意义，都是可以解释的，只是"实词易训，虚词难释"而已。由于采用意义标准虚实难以分类，难怪有人走向极端，认为汉语中划分实词、虚词没有必要，没有实用价值，从而主张取消实词和虚词的分类。

近年来有学者继承前人成说，把实词和虚词的区别总结概括为：实词是表示词汇意义或概念意义为主的"概念词"，虚词是表现语法意义为主的"功能词"。这虽有一定的道理，但较真起来，也有商榷之处：就"词汇意义"来说，实词和虚词都是词汇的成员，它们理应都有词汇意义。只说实词有词汇意义，而说虚词没有词汇意义，理论上有矛盾。其次，就"概念意义"来说，概念跟实词有密切的关系，说实词主要用来表示概念也未尝不可，区分虚实时可以参考，但概念和实词并不完全对应，所以，不能作为虚实划界的标准。更何况对概念人们有不同的理解，如有些学者认为"虚词也能表达概念"，朱德熙(1982：39)也认为有的虚

---

① 同样根据意义标准，有些词类的虚实就有不同的看法，如关系动词("是、像"等)，吕叔湘认为是实词，王力认为是虚词；如人称代词("我们、你们"之类)王力认为是虚词，马建忠认为是实词。

② 参看刁晏斌：《现代汉语虚义动词研究》，辽宁师范大学出版社，2004年。

(如"因为、而且、和、或"等)"表示某种逻辑概念"。就虚词是"表现语法意义"为主的"功能词"来说,这很容易引起误解:以为实词不表现语法意义或没有语法功能。词的分类既然是词的语法分类,任何词在语法里理应都有"语法意义"和"语法功能"。三维语法认为,语法有三个平面(即句法、语义、语用),词的语法功能在语法的三个平面体现为句法功能、语义功能、语用功能,这三种功能实质上就是词的三种语法意义(范晓,2004)。实词和虚词都有语法功能或语法意义,只是具有不同的语法意义或语法功能而已。因此,把"语法意义"和"功能"("功能词")看作虚词的专利在理论上有缺陷。

2.2 关于功能标准

功能标准,就是采用词在语法结构里的功能来划分虚词和实词,这比采用意义标准前进了一大步。如果说意义标准只是孤立地去感知词的意义是实义还是虚义本质上是停留在训诂学或词汇学的,那么,把词放到语法结构里去分析它的用法和意义的功能标准则是属于语法学的。关于功能标准,主要有以下几种说法:

第一种,根据词在语法结构里能否"自立"来分虚实,即认为"实词是在组织上能够独立自主的,也就是说它能够单独作句子成分的,可以称为'自立词',虚词在组织上不能独立自主的必须依附实词才能成一节次的,可以称为'他依词'"(陈望道,1978);或说根据"能不能单独充当句法成分"来分虚实:"能够单独充当句法成分的是实词,不能单独充当句法成分的是虚词"(胡裕树,1981);或说"根据能否作句法成分划分成实词和虚词,实词能作句法成分,而虚词不能"(郭锐,2002)。上述几家观点基本一致。根据这种标准,可以不问词的意义是"有解"还是"无解",也不问词是表达概念还是不表达概念,更不问词的意义是"实在"还是"空虚",只根据词在语法结构里能否"自立"(能否充当句法成分)来划分虚实,即凡是能自立(能充当句法成分)的词都是实词,反之,不能自立(不能充当句法成分)的、只是依附于实词性词语(包括实词和实词组成的短语)或句子上才发挥作用的都是虚词。这个标准比较好掌握,但跟传统所说的采用意义标准来划分"实词"和"虚词"是两条不同的路子,因此会遭到传统意义派的不认同①。

---

① 意义派认为"实词"和"虚词"的命名源自意义的"实义或虚义",如果根据能否充当句法成分来划分虚实,就认为名不副实。诚然,从语法角度称为"自立词"和辅佐词("他依词")也许更合适;但现在的语法书都普遍称为"实词、虚词"。所谓"名无固宜,约定俗成谓之宜",既已约定,也就不必拘泥于名称来源,也不必改为其他的名称。

第二种,根据能否充任主要句法成分(主、谓、宾)来划分虚实,即"实词能够充任主语、宾语或谓语,虚词不能充任这些成分"(朱德熙,1982);或说"虚词都不能充任主语、谓语、述语、宾语、补语、中心语等主要的句法成分(副词能作状语,但状语不属于主要句法成分)","虚词所表示的意义……比较空灵,不像实词那样比较实在、具体"(马真,2004)。采用这种功能标准,目的显然是想把所谓"意义比较空灵"的副词归入虚词。这实际上还是受到传统意义标准的影响。根据这个标准,固然把所谓"意义空灵"的一些副词归入虚词,但带来的问题是:第一,不能充任主要句法成分的"意义实在"的区别词就得归入虚词;第二,把并不"空灵"表示情状意义的副词(如"大力、悄悄、急速、独自"之类)也归入虚词。这似乎不合初衷。既想从语法角度采用句法功能标准划分虚实,又不舍得完全抛弃训诂学传统的意义标准,就难免陷于自相矛盾的境地。

第三种,根据基本功能(指称和陈述)和连属(连接和附着)功能分为虚实:张斌(2002)说:"功能包括基本功能和连属功能……如果我们着眼于功能,不妨把具有基本功能的词称为实词,把具有连属功能的词称为虚词。""指称""陈述""连属"这几个术语都涉及语用,这实质上是根据语用功能标准来分虚实。他指出采取这个标准,代词应归于实词。郭锐(2002:107)也有类似的看法,他认为实词在表述结构里具有"指称、修饰①、陈述"等语用功能,虚词没有这种功能。这是新的观点,值得重视。但这种语用功能跟句法功能、语义功能有何关系?这种语用功能究竟如何表述?这些问题还需要加以阐释和完善②。

2.3　关于形式标准

在划分虚词和实词时,通常所说的形式主要是指"自由还是黏着""语序位置固定与否""开放的还是封闭的(能否穷尽列举)""是否读轻声"。一般认为虚词的形式特征是具有黏着性、定序性、封闭性(可穷尽列举)、读轻声。这些形式在辨类时可以参考,但不能作为区分虚实的标准。这是因为上述形式并不完全跟虚词对当:

第一,从黏着角度看,所谓"黏着",是指在句子里与其他词结合时不能自立(单独充当句法成分)。虚词大多具有"黏着性",但某些虚词不一定具有黏着性,如有些虚词"总之、要之、看来、难道、显然、岂料"之类;反之,有些实词也具有"黏

---

① 郭锐这里所说的"修饰",宜用"限饰"这个术语比较准确,因为它包含"限制"和"修饰"。
② 张斌(2002)指出虚词具有"连属功能"(即"连接和附着"功能)的同时,又说"连接或附属只是形式,这种形式都表达特定的含义"。这"特定的含义"是什么,最好能有一个概括的表述。

着性",如粘宾动词、黏状动词、唯补动词、形式动词等。

第二,从定序角度看,所谓"定序",是指同别的词结合时排列次序的位置是固定的。虚词大部分具有"定序性",但某些虚词位置不一定完全固定,如插加词("看来、显然、难道"之类)位置比较灵活,有些语气词(如"啊、呢"之类)既可出现于句末,也可出现于句中。反之,有些实词也具有"定序性",如方位名词、形式动词、区别词等。

第三,从封闭角度看,所谓"封闭",是指能产性弱、数量不多而能"穷尽地列举"的。虚词固然是封闭性的;但并不是凡是封闭性的词类都是虚词,如实词里的"代词、数词、感叹词、联系动词、趋向动词、评议动词、形式动词"等都属于封闭类。可见,封闭类和开放类并非绝对对立。至于编写词典,由于封闭性的词类一般比较特殊或比较复杂,编成词典有实用价值。收录属于封闭类的词在操作上也比较方便。如果把能列举的词都收入,虽然其中大部分是虚词,但也会收录某些封闭类的实词。据此编写出的词典冠上"虚词词典",从语法角度看有点名不副实。吕叔湘主编的《现代汉语八百词》(1980)收录了一些属于封闭类的能列举的词,既收录"以虚词为主",也收录一些"用法比较复杂或比较特殊的"实词,不名其为虚词词典,也许就是回避虚实之争①。

第四,从语音角度看,所谓轻声,是指某些词的音节失去了它原有的声调,读成一种较轻较短的模糊调(它不是四声之外的第五种声调,而是四声的一种特殊音变,在物理上表现为音长变短,音强变弱)。很多虚词类的确是读轻声的,如助词、绝大部分语气词等;但虚词并非都是轻声词,如介词、插加词;再说,读轻声的也未必都是虚词,如实词里的唯补动词以及在补语位置上的趋向动词一般也读轻声。

3. 划分虚实的理据、标准和方法

3.1 划分虚实的理据

划分实词和虚词,应该把划分的理据和划分的标准区别开来。从哲学上说,存在着三个"世界"(领域):现实世界、思维(包括认知)世界、语言世界。语言跟

---

① 当然,为了实用,收录一些能列举的词并承袭传统收录所谓"意义空虚、难释"的词,从俗称为"虚词词典"也是可以理解的。

现实、思维分属于不同的"世界",客观现实属于"第一世界",主观思维属于"第二世界",语言表达属于"第三世界"(参看范晓,2012)。属于"第二世界"里的概念,主要反映"第一世界"里的事物及跟事物有关的动作、属性等;属于"第三世界"里的实词,主要反映"第二世界"里的概念①。可见,实词并不直接表现或反映客观的现实,而是由思维里的概念作为中介才能和现实联系,现实是通过思维"折射"到语言上的。现实映射于思维,思维投射于语言。所以,语言里虚实的分类跟现实的分类以及跟思维概念的分类有关联,然而,反映或投射不等于复制,概念不是现实的复制品,实词也不是概念的复制品,它们彼此并不完全对应。

词类是词的语法分类,在划分词类时当然要从语法角度去寻找分类的标准,词的语法功能应该是划分的标准。基于词类划分跟现实、思维既有联系也有区别,是否可以这样说:客观现实里的事物及其运动、属性等是划分词类的现实理据,思维里的概念是划分词类的思维理据。但这种理据只是词类(特别是实词)划分的底层基础,而不是划分虚实的标准。

3.2 划分虚实的标准

本文也根据功能标准,但不是单纯的句法功能标准,也不是单纯的语用功能标准,而是采用语法功能标准。前面说到语法有三个平面,即句法平面、语义平面、语用平面,相应地存在着词的三种语法功能,即句法功能、语义功能、语用功能。任何词在语法里都有语法功能,但实词和虚词具有何种语法功能是不一样的:实词在语法结构里具有句法功能、语义功能、基本语用功能,虚词无上述实词的那些语法功能,但它也有语用功能,即它在组语造句中具有辅佐性语用功能(非基本语用功能)。

根据语法功能标准划分实词和虚词,可以做如下说明:

第一,从句法功能看,能在句法结构里单独充当句法成分的词是实词,不能单独充当句法成分的词是虚词。

第二,从语义功能看,能充当语义结构(包括"动核结构"和"名核结构")里语义成分的词是实词,不能充当语义成分的词是虚词。动核结构的语义成分有"动核"和动核所联系的"论元",如"施事、受事、与事、工具、处所、时间"等②;名核结

---

① 实词反映思维的概念是由概念投射到语法里语义结构的语义成分来实现的,所以,概念与实词的语义功能(所充当的语义成分)互相接合或连接;或者说,概念和实词的"接口"就在语义结构里的语义成分上。

② "论元"指在语义结构里动核或名核所联系的语义成分,其中,动核所联系的论元也称动元或谓元(参看范晓《论"动核结构"》2011),名核所联系的论元也称名元(参看范晓《论"名核结构"》,2001)。

构的语义成分有"名核"和名核所联系的"论元",如"名元、定元"等。(关于"动核结构",可参看范晓,2011;关于"名核结构",可参看范晓,2001;关于"语义成分",可参看范晓,2003)。

第三,从语用功能看,能在语用结构里表达基本语用功能(指称、陈述、限饰)的词是实词,不能表达基本语用功能而只能依附于实词性词语或句子在组语造句中表达辅佐性语用功能的词是虚词。辅佐性语用功能可以称为"添显功能"[1],它是指"增添或凸显"某种语法意义的功能。这个术语源自陈望道《试论助辞》(1947)。他指出,虚词之"不是可有可无,就因为它有添显功能"[2]。

概而言之:具有句法功能(能充当句法成分)、语义功能(能充当语义成分)以及能用来表达语用基本功能(指称、陈述、限饰)的词是实词;反之,不具有实词的上述语法功能而主要用来依附于实词性词语或句子上在组语造句中表达添显功能的词是虚词。换句话说,实词是在语法的三个平面有句法功能、语义功能和基本语用功能的词,虚词只是在语用平面有表达添显功能的词。可见虚词纯粹是一种语用词,通常所谓的虚词是"功能词",实际上是指专门用来表示语用添显功能的,如果称为"纯语用词"或"添显功能词"也许比较合适。实词和虚词跟语法功能的关系,可以图示如下(＋表示具有正反应,－表示具有负反应):

表 1   实词和虚词与语法功能的关系

语 法 功 能		实 词	虚 词
句法功能	在句法结构里能充当句法成分	＋	－
语义功能	在语义结构里能充当语义成分	＋	－
语用功能 语用的基本功能	表达"指称、陈述、限饰"功能	＋	－
语用的辅佐功能	在组语造句中表达"添显"功能	－	＋

3.3 句法功能跟语义功能、句用功能的关系

由实词和实词组成的句法结构是语义结构和语用结构的表面承载体,语义和语用都需要通过句法结构来表现。句法结构跟语义结构、语用结构表里相依:

---

[1] 张斌(2002)提出虚词具有"连属功能",但又说"连接或附属只是形式,这种形式都表达特定的含义"。这含义是什么? 笔者以为就是"添显"意义。所以用"添显功能"这个术语也许更贴切",而"连属"(连接或附属)可以作为添显功能的形式。

[2] 陈望道(1947)认为"添显功能"是"在乎加强阐明",是对句子的"某一特定部分加以强调、渲染——就是添显"。他所说"添显功能"虽然指助词,本文认为可以借用来泛指整个虚词类的语用功能。

句法上的主谓结构能表现语义上的"动核结构"和语用上的"指称—陈述"结构，句法上的定心结构能表现语义上的"名核结构"和语用上的"限饰"结构。相应地，句法成分谓语表现为语义成分"动核"和基本语用成分"陈述"，主语和宾语表现为语义成分"动核所联系的论元"和基本语用成分"指称"；句法成分定语所限饰的中心语表现为语义成分"名核"，句法成分定语表现为语义成分"名核所联系的名元或定元"和基本语用成分"限饰"。语义功能和基本语用功能是实词形成的深层基础，句法功能是实词的外在表现。

至于虚词，它虽然不能单独跟实词组成句法结构和语义结构，本身无句法功能（充当句法成分的能力）和语义功能（充当语义成分的能力）；但它在组语造句中有语用的"添显功能"。这种添显功能的外在形式是：或"连接"，或"附着"，或"插加"①。

3.4　划分的标准和辨类方法的关系

应当把划分虚实的功能的标准（也称"根据"或"依据"）和划分虚实的辨类方法（或手段）区别开来。词类是词的语法功能的类，所以，词类虚实划分的标准应当是而且只能是词的语法功能（包括句法功能、语义功能、语用功能）；但辨别（或鉴别）词类虚实的方法（或手段）要凭借表现语法功能的表层的、外在的能观察得到的表现形式。句法功能、语义功能、语用功能三者"三位一体"，都是语法功能，区别在于：语义功能和语用功能存在于语法的深层（或隐层），是语法功能的内在本质标准；句法功能存在于语法的表层（或显层），是语法功能的外在形式标准。

深层本质标准要通过表层形式标准才能显现。如果从形式（外在形式）和意义（内在本质）相结合的方法来辨别虚实，由于表层的句法功能标准是可以直接观察得到的②，它是理解内在本质的入门向导，所以，在辨类方法上就理应从句法功能标准出发来辨别虚实，即在辨类时应紧紧抓住能直观的句法功能标准。这是根据语法功能标准划分虚实的简化的基本方法。从这个意义上说，采用句法功能标准实际上体现了"三位一体"的语法功能标准。

---

① 张斌（2002）指出"连接或附属"是虚词的"形式"。考虑到有些虚词（特别是插加词）是插加在句子或话语里的，本文认为除"连接或附属"外，还应有"插加"形式。

② 郭锐（2002：98）指出语用功能（他不讲语义平面的语义功能）是"不能直接观察到的东西"；句法功能是"能观察得到的东西"，这个说法跟我们接近。但他说语用功能是"依据"不是"标准"，而张斌（2002）认为是"标准"。其实所指是一回事。

3.5　区分虚词和实词的辨类方法要点

在区分虚实的辨类方法上,要注意三点:

第一,要凭直观的句法功能标准来辨别虚实,首先要看词在句法结构里的分布(位置)形式,即看能否单独出现在句法成分位置上来分虚实。据此可以设为:能单独出现在句法成分位置上的词是实词,不能单独出现在句法成分位置上的词是虚词。

第二,在划分虚实的具体操作方法上,还可以利用其他的外在形式特征来识别虚实的分类和定性。可利用的形式特征很多,略举几种:

一是词类结合形式。如名词、动词、形容词公认是实词,据此可以设为:能单独跟这类实词结合构成句法结构的词是实词,不能单独跟这类实词结合构成句法结构的词是虚词。

二是连接、附属、插加形式。虚词具有这些形式,据此可以设为:凡不单独跟实词性词语结合构成句法结构,但能有连接形式(连接句法成分或分句)或附属形式(附属依附于实词性词语上)或插加形式(插加在句子或话语里)的词是虚词,反之,则是实词。

三是鉴定词形式。如可以利用某些副词("不、没、很")、动词("有、是")、助词("的、地、了、着、过、们")以及量词等作为鉴定词,据此可以设置语法框架来验证:能够出现在"不/没/很/有/是/的/地＋X"、"X＋了/着/过"、"X 量 X"等框架里 X 位置上的词是实词;不能出现在上述有关框架 X 位置上的词是虚词。

四是问答形式。提问形式如"何人(谁)、何物(什么)、何时(什么时候)、何处(什么地方)、何种性质、何种状态、怎样、怎么、多少、X 不 X"等,据此可以设为:实词一般能用上述提问形式和做出相应的回答,虚词不能用上述提问形式也不能作相应的回答。

第三,在辨别虚实时可以利用的"参考项"。参考项主要是指某些特定的形式特征(黏着、定序、封闭、轻声)和思维中感知的意义(或概念)。吕叔湘(1979;12)指出:在语法分析上,意义"不失为重要的参考项。它有时候有'速记'的作用,例如在辨认一般的(不是疑难的)名词、动词、形容词的时候。……有时候它又有启发的作用"。的确如此,比如"鸟、飞"之类词一看就知是实词,"的、吗"之类词一看就知是虚词。吕叔湘虽然说的是意义,但对上述这些特定的形式特征也是适用的。虚词大部分具有这些形式特征,也具有"速记、启发"的作用;但少数实词也有这些形式。据此可以设为：具有这些形式但不能充当句法成分的词是虚词，某些具有这些形式但能充当句法成分的词是实词。总之，当上述意义或形式跟所辨认的词类功能相对应、相吻合的时候，无疑可以互相参证；当上述意义或形式跟所辨认的词类与句法功能相矛盾的时候，则应以句法功能为准。

4. 汉语虚词的范围和类别

4.1 汉语虚词的范围和类别问题的不同见解

由于各家划分虚词和实词的标准不一样，所以，构建的汉语虚词的范围和类别也不完全一样。表2列举有关著作所说的虚词的数量类别，从中可看出各家的异同。

表 2　虚词数量类别各家著作一览表

作者和著作	虚词类数量	虚词的类别及名称
吕叔湘、朱德熙《语法修辞讲话》(1952)	分为七类	代词、副词、连接词(即连词)、语气词、副名词(即量词)、副动词(即介词)、部分数词
张志公等编《汉语知识》(1959)	分为五类	副词、介词、连词、助词、叹词
陈望道《文法简论》(1978)	分为三类	介词、连词、助词(包括语气助词)
胡裕树主编《现代汉语》(1981)	分为六类	介词、连词、助词、语气词、叹词、象声词
黄伯荣、廖序东主编《现代汉语》(1981)	分为四类	介词、连词、助词、语气词
朱德熙《语法讲义》(1982)	分为五类	副词、介词、连词、助词、语气词
张谊生《现代汉语虚词》(2000a)	分为九类	副词、介词、连词、助词、语气词、叹词、拟声词、方位词、趋向词
范晓、张豫峰等《语法理论纲要》(2003)	分为六类	介词、连词、助词、语气词、量词、方位词

这样看来，各家虚词的范围不完全一样。有同有异：连词、助词、介词、语气词这四类看作虚词大家有共识，但对某些词类(如代词、趋向词、叹词、象声词、方位词、量词、副词)就有不同的看法。

4.2　几个词类的讨论

4.2.1　代词是虚词还是实词?

一般语法书所说的代词包括人称代词("我、你、他"之类)、指示代词("这、那"之类)、疑问代词("谁、什么、怎么样"之类)。这类词数量很少,属于封闭性的词类。有的语法书以意义标准("空灵")或封闭性为标准区别虚实,把它们看作虚词;但是如果从语法功能标准划分虚实,代词一般跟它所代替的实词在语法功能上有同一性,即能单独充当句法成分①,所以,分析为实词比较合适。

4.2.2　趋向词是虚词还是实词?

趋向词("来、去、上来、下去、起来、下去"等)数量也不多,属于封闭性的词类。如果以封闭性为标准区别虚实,趋向词可以列举,也可以看作虚词;但它们能充当句法成分(能充当"谓语、定语"等②),所以,分析为实词比较合适。现在大多数教科书把它归入动词(称为趋向动词)是合理的。至于个别已经虚化的(如"笑起来"的"起来"等)应当归于虚词。

4.2.3　叹词和象声词是虚词还是实词?

叹词("唉、哎呀"等)和象声词("咔嚓嚓、轰隆隆"等)数量有限,也可看作封闭性的词类。如果以封闭性为标准区别虚实,这两类词也可以列举,有的语法书据此把它们归于虚词。有的语法书根据意义把它们归为实词③。但这类词不仅能单独充当句法成分(谓语、定语等④),而且常可以独立成句,它们跟虚词不能单独充当句法成分、更不能独立成句有极大的差别,所以,分析为实词比较妥当。由于这类词常常独立成句,这跟大多数实词有一定差别,有的语法书就认为它们不是实词,把它们称为"特殊词";但从语法功能上看,虚词是不能独立成句的,而这类词无疑是句子的实体部分,从本质上看与实词基本相同。

---

① 代词的名称是从语用功能"代替"命名的。代词有两种语用功能:一是在话语里有"代替"实词的语用功能;二是它所代替的实词(包括名词、动词、形容词等)能分别表达"指称""陈述""限饰"等语用基本功能。如果根据所代替实词的句法功能分类,则代词可以分别归入各个被"代替"的相应实词(如"我们、你们"之类归入名词)。可参看朱德熙(1982:40)。

② 充当谓语的如"你来、我去",充当定语的如"来的时候、去的地方"等。

③ 有的语法书认为这类词意义"空灵",所以归入虚词。其实这类词都表声音(或模拟心理原因发出的声音,或模拟物理原因发出的声音),而声音也属于事物的一种属性,说它们"空灵"似乎不妥。

④ 充当谓语的如"雷声隆隆、他鼻子里哼了一声",充当定语的如"咯吱咯吱的声音、传来哈哈哈的笑声"。

4.2.4　方位词是实词还是虚词?

古汉语里方位词能单独充当语义成分和句法成分,归于实词没问题。但现代汉语里的方位词有两种情况:有些能单独充当句法成分(如"上面、下面、里面"等),有些(特别是单音节方位词,如"上、下、里、外"等)一般不能单独作句法成分(除非在特定语境里带有文言色彩)。据此可以分别处理:把能充当句法成分的称为方位名词(如"箱子的里面、桌子的下面"中的"里面"和"下面")并归于实词;把不能充当句法成分的称为方位词(即附着在名词后的助词,也有称为"后置词"的,如"箱子里、桌下"中的"里"和"下")并归于虚词。

4.2.5　量词是实词还是虚词?

量词表示计量单位,所以也称"单位词"。有些语法书把量词称为"副名词",或看作名词的附类,就归入实词。但量词一般不能单独作句法成分[①],主要功能是附着在数词或指词上构成数量短语("一本书、三个人"之类)或指量短语("这本书、那个人"之类),形式上量词具有粘附性、定序性和封闭性,不重叠时一般读轻声,所以,把它归于虚词比较合适。

4.2.6　副词是实词还是虚词?

根据意义标准,认为副词意义"比较空灵"(吕叔湘、朱德熙,1952:12),就看作虚词。根据功能标准有两种情形:有的根据能否充当句法成分这个句法标准,认为副词能充当句法成分(状语),就把副词看作实词(胡裕树,1981);有的根据能否充任主要句法成分这个标准,认为副词不能充任主要句法成分(主语、谓语、宾语),就把副词看作虚词(朱德熙,1982:39)。张斌《现代汉语虚词词典·前言》(2001)说:在划分虚实问题上,"最难处理的是副词,把它列入实词或虚词都可以说出一大堆理由。其实它的内部情况很不一致"。他指出从意义上看,有的副词接近虚词,有的副词接近实词。张谊生(2000a:4—9,2000b:6—10)认为分类的标准"应该是词的句法功能",副词能充当句法成分,"理所当然应该归入实词";可是又认为意义标准(意义的虚化或实在)是"参照标准"。于是提出把副词两分的设想:把那些表示概念意义的描摹性副词称为状词、概念词,归入实词,把那些意义虚化的限制性副词、评注性副词等称为副词,归为虚词。这样的设想实质上还是着眼于意义。根据意义标准把副词归于虚词虽然跟传统意义分类接轨,但那不是语法分类。如果根据意义把副词分为两类,实际上又违反了功

①　有的语法书认为量词能充当句法成分,如"个个都是英雄汉"里量词"个个"作主语。其实量词重叠有替代"每一+量+名"的意思(如"个个"是指"每一个人")。单个量词一般不能作任何句法成分,除非带有文言色彩。

能标准,因为描摹性副词跟限制性副词、评注性副词在句法功能上是一样的。既采用功能标准,又顾及意义标准,必然会顾此失彼;在区分虚实上同时采用功能标准和意义标准,这不合乎形式逻辑分类只能用一个标准的原则①。至于根据主要句法功能标准把副词归于虚词的观点(朱德熙,1982),实际上还是为了照顾到传统的意义标准,但这又和把描摹性带有"实在"义的副词也归为副词发生矛盾。采取意义虚实来分类,那不是词的语法分类。其实,实词里也不乏意义虚化的词,如"虚义动词、评议动词"之类;而虚词也不乏有实义的词,如含有概念意义的方位词以及某些量词。如果承认词类是词的语法分类,并主张采取能否作句法成分作为标准,副词应归于实词。

4.3　根据"添显"功能分出的虚词的范围和类别

虚词不能充当句法成分,但能依附于实词性词语或句子上,或插加在句子、话语里,表达"添显"的语法功能。根据虚词的不同位置和添显功能的差别,本文把虚词这个大类分为连词、助词、介词、语气词、方位词、量词、插加词② 7 类。为清楚起见,列表 3 于下:

表 3　虚词分类表

虚词类别	位置分布特征	语用添显功能	举　　例
连词	连接实词性词语或句子(或分句)	显示短语的句法结构或句子与句子之间的某种关联意义	"和"添显并列关系意义;"因为、所以"添显因果关系意义;"虽然、但是"添显转折关系意义;"总之"是在话语里附加在句子前面承接前文所述,显示总括性的关联意义
助词	附着在实词性词语之后	添显某种附加的语法意义	动态助词添显动作"时体"意义;结构助词添显句法结构的定心关系意义、语义结构的名核结构意义、语用结构的限饰关系意义;助词"们"附着在名词后添显"多数"或"群"意义

---

① 分类要讲究逻辑,逻辑分类只能采取一个标准。如果把功能和意义都看作划分虚实的标准,实质上是多标准,这等于没有标准。当然,由于词类是一个层级系统,不同的层级所采用的标准可以不同;但在同一层级必须采用某个单一标准。

② 插加词指插加在句子上或话语里的不充当句法成分的一些虚词,如"想必、不料、岂料、谁知、哪知、恐怕、大概、也许、难道、究竟、幸亏、看来、当然、显然、固然、果然、诚然"等。张斌在《现代汉语虚词词典》(2001)前言中也说过"也许、难道、究竟"等"不充当句法成分"。也有学者称为"插语"或"话语标记";但插语、话语标记范围较大(不一定都是词,还包括一些习用的短语)。

（续表）

虚词类别	位置分布特征	语用添显功能	举 例
介词	附着在名词性词语之前	介引名词性词语给动词，并添显某种语法意义	"从、在"添显处所或时间等背景意义；"被"引出施事并添显"被动"句态；"把"引出受事并添显"处置"句态；"关于、至于"添显主题（话题）意义
语气词	附着在实词性词语之后或附着在句子末尾	添显某种语气或口气意义	"吗"添显"疑问"语气意义；"的"在句末添显直陈语气并凸显肯定口气；"嘛、啦"在实词后或句末有添显"委婉"的口气
方位词	附着在名词性词语之后	添显事物的方位状态意义	"上、下、里、外、前、后"等一般添显物体的方位，有些可引申到添显时间（"三年前"）、范围（"世界上"）、方面（"理论上"）
量词	附着在数词或指词之后	添显特定事物的"量标"（标示计量单位）意义	"人"的量标可用"个"添显；"鸟"的量标可用"只"添显；"书"的量标可用"本"添显；"桥"的量标可用"座"添显
插加词	插加在句子或插加在话语（篇章）里	添显说话者的主观评议（看法、态度）意义或凸显某种感情色彩意义	"看来、想必"添显"揣测、推断"意义；"显然"添显"毋庸置疑"的意义，带有肯定的口气；"难道"添显"反诘"口气（带有感情色彩）；"究竟"添显"追究"的口气

5. 结 语

在讨论虚实分类标准时，应当把词类形成的底层"理据"和划分虚实的"标准"区别开来。意义标准混淆了底层的现实理据、思维理据和语言的语法功能标准。虚实分类上的意义标准（如"是有解还是无解，是实在还是空虚，是否表达概念，是否表示事物、动作、变化、性质"等①）也不是一点都没有道理。这是因为：从语言跟客观世界的关系上来说，词类划分的确跟客观现实（事物及跟事物有关的运动、属性、数目等）有一定的关联，实词一般表示事物、动作、行为、变化、性质、状态、处所、时间等，而虚词一般不能。客观现实可以说是词类划分的底层现实基础或理据。从语言跟思维的关系上来说，词类划分的确跟思维（或认知）结

---

① 王力（1946：42）说：实词的意义"所指的是实物、数目、形态、动作等等"。朱德熙（1982：39）说："从意义上看，实词表示事物、动作、行为、变化、性质、状态、处所、时间等等。"

构里的概念有一定的关联,实词一般表示概念,而虚词一般不表示概念;概念意义可以说是词类划分的底层思维基础或理据。实词虽能表示客观事物及其运动、属性等,也能表达概念;然而,实词跟它们毕竟不是完全对应的,加上对这种意义的"有解、无解""实在、空虚"因人而异,很难驾驭,而且虚实本身也是相对的①,更何况这种意义不是语言的语法意义,所以,采用意义标准来分虚实在理论上欠妥,在实践上也行不通;但在采取功能标准的前提下,这种感知意义可以适当参考。

　　虚词和实词的分类是语言里词的语法分类,应根据词的语法功能标准。语法功能标准包括句法功能标准、语义功能标准和语用功能标准。从句法功能上看,实词能充当句法成分,虚词不能充当句法成分;从语义功能上看,实词能充当语义成分,虚词不能充当语义成分;从语用功能上看,实词能表达语用的基本功能,虚词不能表达语用的基本功能,只能表达"辅佐性语用功能"。语义功能标准和语用功能标准是语法功能的深层本质标准,句法功能标准是语法功能的表层形式标准。深层标准要通过表层标准才能显现,所以,采用直观的表层句法功能标准体现了"三位一体"的语法功能标准。

　　在辨类方法上,应把划分虚实的标准和划分虚实的辨类方法区别开来。可采取从简原则,要抓住能直接观察得到的句法功能标准来辨类,即凭表层能否充当句法成分虚实:凡能充当句法成分的词是实词,凡不能充当句法成分的词是虚词。这是辨类方法上最基本的方法。在划分虚实的操作方法上,还可以利用其他的外在形式特征(如词类分布形式,词类结合形式,连接、附属、插加形式,鉴定词形式,问答形式)来验证虚实的分类和给特定词定性。

　　虚词的语法功能是跟实词相比较显现的:虚词不具有实词的那种句法功能、语义功能和语用的基本功能,但具有辅佐性语用功能,即在组语造句中表达独特的语用添显功能。根据虚词的不同位置和添显功能的差别,虚词可以分为7类:连词、助词、介词、语气词、方位词、量词、插加词。

参考文献

陈望道　1947　试论助辞,《国文月刊》第 62 期。

---

① 意义的虚实实际上是个相对的概念,在实词里,具体名词为实,抽象名词为虚;动作动词为实,关系动词、评议动词、形式动词为虚。在虚词里,量词、方位词较实,介词次之,助词、语气词较虚;即使同为介词,"在、用"之类较实,"被、把"之类较虚。即使是特定虚词,虚化程度也有相对性,如在"桌子上、墙上、腿上、世界上、七岁上、思想上"里的方位词"上"就是。

陈望道　1978　《文法简论》，上海教育出版社。

范　晓　2001　论"名核结构"，《语言问题再认识》，上海教育出版社。

范　晓　2003　说语义成分，《汉语学习》第1期。

范　晓　2004　三维语法阐释，《汉语学习》第6期。

范　晓　2005　关于汉语的词类研究，《汉语学习》第6期。

范　晓　2011　论"动核结构"，《语言研究集刊》，上海辞书出版社。

范　晓　2012　句式义的分析策略，《汉语学报》第1期。

范　晓、张豫峰等　2003　《语法理论纲要》，上海译文出版社。

郭　锐　2002　《现代汉语词类研究》，商务印书馆。

胡裕树主编　1981　《现代汉语》，上海教育出版社。

黄伯荣、廖序东主编　1981　《现代汉语》，高等教育出版社。

马建忠　1898/1983　《马氏文通》，商务印书馆。

马　真　2016　《现代汉语虚词研究方法论》，商务印书馆。

吕叔湘　1982　《中国文法要略》，商务印书馆。

吕叔湘　1979　《汉语语法分析问题》，商务印书馆。

吕叔湘主编　1980　《现代汉语八百词》，商务印书馆。

吕叔湘、朱德熙　1952　《语法修辞讲话》，北京开明书店。

齐沪扬、张谊生、陈昌来　2002　《现代汉语虚词研究综述》，安徽教育出版社。

王　力　1944/1985　《中国现代语法》，商务印书馆。

王　力　1946/1982　《汉语语法纲要》，商务印书馆。

姚晓波　1988　汉语中划分实词虚词没有必要，《锦州师范学院学报》第4期。

张　斌主编　2001　《现代汉语虚词词典》，商务印书馆。

张　斌　2002　《现代汉语虚词研究·总序》，安徽教育出版社。

张谊生　2000a　《现代汉语虚词》，华东师范大学出版社。

张谊生　2000b　《现代汉语副词研究》，学林出版社。

张志公等编　1959　《汉语知识》，人民教育出版社。

朱德熙　1982　《语法讲义》，商务印书馆。

（作者单位：复旦大学中文系，200433，xfan89@163.com。）

汉语"时体"的再认识[*]

—— 以"了"为中心

史有为

1. 引 言

60 年前,中国的英语教学似乎是不分时与体的,都称为"时",使用的是"完成时""进行时""现在进行时"等①。20 世纪 50 年代我们对"了、着、过"等时体标记助词使用"时态助词"来称呼,吕叔湘先生曾认为"了、着"与"时"基本无关,建议改名为"动态助词"。以"时"称呼"体"大概只能用二者有某种相关性来解释。它们究竟有什么内在联系? 值得我们探讨。

汉语"时体"的复杂性使我们一直面临众说纷纭的局面,很多学者都有一套对时体的理解,让教学界无所适从。因此,我们打算引入系统论的观点,用适当的方法剥离出"时体"的本质,期望可以为研究与教学提供新的出发点。本文以北京话方言为观察对象。必要时用常州话作为参考。常州话属于吴语,却有许多北方话的影子,在时体标记方面有许多独特之处②。本文不打算引西方之经、据外来之典,只是试着从汉语自身真实情况出发,对汉语较为重要的一些时体现象做实验性论证,在理论上厘清或阐释有关概念,以期对时体概念及其内部容纳、对具体时体标记内涵的认识有所触动。

---

* 本文曾在《语言科学》2017 年第 2 期上发表,系根据提交给 2016 年第七届虚词研究与对外汉语教学研讨会(2016 年 7 月,昆山)的论文部分内容改写,重点有所转移。提交会议的论文原题为《围绕"了"的方法论思考——兼议二语教学方法》,已收入《对外汉语研究》第 15 期(2017 年 5 月,商务印书馆)。

① 中国近年常用的"反腐只有进行时,没有完成时",说明这一时体不分的习惯至今依旧存留在许多人口中。

② 笔者长期在北京生活、工作超过 45 年,具有语法发音人的资格。笔者又是常州人,从小操常州话至今,并与许多在常州生活的人保持口语联系。

2. 几项基础认识

2.1 "时"与"体"的相关性

语言学一开始只有"时（tense）"①的概念。"体（aspect）"②是从"时"中分离出来的。为什么"体"会与"时"共处一名之下？因为"体"与"时"有关："时"是从动作外部注视动作过程的时间形态，因而有过去、现在与将来；"体"是从动作内部注视动作过程的时间形态，因而有起始、进行/持续、结束/完成。还有一种视点："时"是站在言者当前立场上对动词表示时间的分类；"体"是从动作自身立场对动词真实过程的分类。

"体"设立以后，打开了以往的局限，发现"体"中不仅有传统与"时"相关的类型，还有与"时"基本无关的类型，这就是所谓的"完整体"（perfective）。完整体是指动词过程界域的完整性。Li&Thompson 等（1982）引用了 Hopper（1979）的观点，认为完整体用于叙述或陈述事件，与此相对，非完整体用于提供正在进行的、同时发生的或作为背景的事件的信息。中国学者（陆丙甫和金立鑫，2015：238，216）将完整体/非完整体的类型称为空间视点体，将与此相对的称为时间视点体③，后者主要表现在现实体（完成体、进行/持续体）和非现实体（未完成体）之间的对立。在现实体内部还有完成和进行（持续）的对立。而前者："完整体/非完整体注重事态的有界性/无界性或者整体性/非整体性④。完整体将事态看作有界的格式塔整体，可以是完整时点或完整时段，视点具有高强制性，时段事态的起始点、持续段及终止点均可强制为有界的整体"⑤。汉语并

---

① 英语 tense 来自拉丁语，原是"时间"之意。德语则称为 Tempus，来自 Tempo，意思是"速度"，与时间过程密切相关。两种语言各自命名，并无统一来源。

② 英语 aspect 本借自德语 Aspekt，德语又源自拉丁语 Aspectus，后者在拉丁语里的意思是"注视、观察方式"。

③ 金立鑫(2015)解释：完整体"着眼于整体事件，或者说从事件的外部进行观察（事件整体在'取景器'内）""……是一种观察运动事件的'时间移动模式'（moving-time model）"。完成体则"着眼于事件在时间轴进程上的状态，或者说从事件的内部进行观察（对事件的头部、中部、尾部等'取景'）""……是一种'自我移动模式'（moving-ego model）（Fleischman 1982；Anderson & Keenan 1990）。""前者称为'界限视点体'（或事件界限体），后者称为'进程视点体'（或时间进程体）。"

④ 陆丙甫、金立鑫(2015：224)又表述为"界限性/非界限性、整体性/非整体性"。

⑤ 用 perfective 表示完整体并不理想，作为术语有很大的缺点。它与 perfect(完成体)只有后缀的区别，词干完全相同，却把完全不同的内涵塞进前者，很容易把人弄糊涂，混同二者；也容易让人误以为汉语的"了₁"就是完整体。可见西方学者做事也并非一切都完美。perfective 容易让人误以为汉语的"了₁"就是完整体。关于这个概念，我们在下文还会提到。

无完整体这个范畴。但汉语可以使用动结式复合形式表示空间的"有界性",如"吃完、杀掉、看见"。高名凯(1986)是将动结式纳入"体"范畴的第一人①。我们在"有界性"方面还缺乏分析,今后应再加深认识。

2.2 "时体"范畴的分层认识

语法范畴是指在附着于实词的语法形式的支持下而具有对立功能的一组语义特征。时体则是一组语法次范畴,次于词类的范畴。

在同类形态范围内,如果有现在与过去等时间的形式对立,那就可以建立"时"范畴。汉语的时态体系应当以此作为基础。如果仅仅使用词汇手段(如"以前、刚才、现在、将来"),那这只是词汇—语义表达体系,而不是语法范畴。严格地说,汉语没有这样系统的"时"范畴。因为汉语没有借以支撑词类范畴的形态,也就没有与此相应的语法次范畴。宽泛些说,有一些,即准形态词尾"过"兼表达的"远过去"时。但词尾"着",却很难说是现在时,更多地处于"时"中立或"时"不清晰的状态,只能根据具体语境决定其时的指向。词尾"了$_1$"一般情况下倾向于理解为靠近现在的"过去"动作。因此,汉语在准形态层次上只是一种有限的"过去时/中立时"②的时态体系。所谓"中立时",就是没有明确的、绝对性的"时"功能。汉语可以在词汇或语境支持下,明确地表示"过去""将来"或"现在"。这些虽然是时间(time)的表达,却不完全是时。

再宽泛一点,则是广义形态层,表达"近过去"时③的句末"来着",表示现时当下的副词"正、正在",表示未来与近未来的副词"将、快",表示当下刚过去的句末"了$_2$"、表示现时当下的"呢",都有不同的时表现。在这个层次上,汉语也许有所谓的"现在"时与"将来"时。然而,平心而论,这与典型的"时"已相去甚远。

"时"可以分层,"体"也同样如此。因此,我们将汉语"时体"分成三个层次:第一,狭义形态层,汉语无典型的"时体"范畴;第二,准形态层,汉语有"体"范畴,有"过去/中立"对立的时态;第三,广义形态层,汉语有"过去、现在、将来"的时态,有不同的"体"。如果这样做合情合理合法,那么,有关的讨论就看是站在哪

---

① 高名凯先生(1986)早在1948年(初版)就发现动结式这种特殊类型,主张汉语的动结式组合是一种"结果体"。他是否从空间界限来考虑的,还须再查考。

② 陆丙甫和金立鑫(2015:216)认为:"汉语可看作将来/非将来类型的语言,也仅仅是因表将来的时间副词的语法化程度低于非将来的时间助词,尽管这些时间助词可以出现在表非将来的单句中,但它们不是表非将来时的必要语法成分或强制性标记,汉语也不是典型的将来/非将来的二分时语言。"这是以无标记为基础的观察。本文是以准形态"了、过"为基础的观察。

③ 陆丙甫和金立鑫(2015:211)认为:"普通话中有主观相对'远过去时'和主观相对'近过去时'区别。"其中"远过去"指"过","近过去"指"了$_1$"。

一层"形态"上进行了。

2.3 形态辖域与语法范畴

不同类的形态都有不同的辖域。词尾"了$_1$"的辖域较窄,一般只限于动词,有时会涉及与动程延长的部分(如时量与动量)。句末"了$_2$"则一般附着于整个谓语后或全句后,其辖域当然就是谓语或全句。例如:

(1) a 她吃了三个小时的面。

　　b 她吃了三碗面。

　　c 她吃了三次面。

(2) a 她吃了三个钟头的面了(,不再吃了。/还没完,可能还要再吃两个钟头)。

　　b 她吃了三碗面了(,饱了,不吃了。/没饱,还要再吃两碗)。

　　c 她吃了三次面了(,腻了,该换换了。/好吃,还想吃)。

动词后"了$_1$"的辖域不包括"面"。例(1)中,仅仅涉及"吃"以及后面的"三个钟头、三碗、三次",至此动作已经终结。"三个钟头"是"吃"的延续时长,仍处于动作范围内。"三碗"看起来是"面"的所属,实际上依然是与"吃"的时长有关,一碗与三碗需要吃的时长是不同的。"三次"则意味着"吃"有三个动作分段时长。因此,"了$_1$"无疑覆盖了它们,它们也都属于"了$_1$"的辖域。

例(2)加了句末"了$_2$"则扩大到整个谓语甚至全句,指的是整个事件的当下情况,而不涉及"吃"是否还可以延长。这是因为"了$_2$"是句子的总结,可以将"了$_1$"的动作完成性弱化,而突出"了$_2$"当下的总结。这就是 $1+1\neq2$ 的体现。至于人们感觉动作还可以延长,完全是一种心理联想,因为可以有两种完全相反的后续句。例(2)的两种不同后续表现就可以证明[1]。

有的句子实际上是两个结构的拼合,在这样的时候,辖域就需要合理地分离。例如:

(3) *没吃了[2]|*没吃了饭|*没吃饭了|*没吃了饭了

(4) 没吃饭(已经)三天了$_2$。

---

[1] 金立鑫(2005:25—27)将"我看了三天了"分解为"我看了"+"三天了",从而得到两种解释:第一种,"三天前开始看,一直延续到现在,还在看";第二种,"三天前看完了,'看完'的状态一直延续到现在——看完已经三天了。"

[2] 有两个"没吃了",一个是副词"没",该句不能成立;另一个是动词"没",此时的"吃"表示"吃的东西",则句子可以成立。

（5）三天没吃饭了₂。

（6）＊三天没吃了₁饭（了₂）。

例（3）中的各式都不能成立，因为从体角度看，"没"表示尚未发生，无论哪个"了"都表示已然发生，二者水火不容。例（4）可以成立，因为该句由"没吃饭"与"三天了"拼合而成，"没吃饭"相当于话题，"三天了"作为谓语对此加以陈述（可以前加"已经"就是证明），"了₂"的辖域仅限于"三天"。例（5）是例（4）的发展，"三天没吃饭"是一个突出"三天"的新情况，是"了₂"之辖域，是对该新情况的确认。"三天"在此处起着点化与标记"新情况"的作用。如果删去"三天"，则新情况不复存在，"了₂"也将失去存在的依据。如果像例（6）那样出现动相的"了₁"，则与"没"的冲突依然，全句不能成立。

以此观之，"时体"并非动词的专利，却有不同层次与辖域。根据不同情况区分形态辖域是必要的。相对而言，"了₁"可以认为是专用于动作过程的体貌，可以设置一种"动相"的类型，将"了₁"归属于此；"了₂"则是用于表达谓语或全句所表达的事件过程的体貌，可以另设置一种"事相"的类型①，将"了₂"收归于此。这种区分必须根据事实确定，不能根据附着于动词或句末的位置而简单推定，也不能简单化。换一个助词，比如"过"，可能就与"了"不同。例如：

（7）我学过三个月的太极拳。

（8）她看过几章《白鹿原》。

例（7）和例（8）中的"过"所表示的是针对"太极拳、《白鹿原》"的"经历"或"曾经"，而且是针对"三个月"和"几章"。如果没有"太极拳、《白鹿原》"，没有"三个月、几章"，"学"与"看"就单纯化了。单纯的动作是只能有起始、持续与完成的，怎么还能有"经历、曾经"呢？因此，"过"虽然附着于动词，其辖域却涵盖宾语，属于"事相"的范畴。

2.4　作为句子必要条件的基础语境②

句子主要是自由词组/短语的"实现"。所谓"实现"，就是在真实或假想的言内或言外语境中使用。语境是词、词组/短语实现或提升为句子的必要条件或基

---

① 时体分成"动相"与"事相"已经为许多学者所接受，有的名之为"动态"与"事态"，均为各自研究的结果。当然，也有不同的意见（杨永龙，2005），认为有的动词的体助词实际上是表示事件的，可称为"事态助词"。对此本节已作了适当回应。另外，太田辰夫（1958）认为近代汉语"了"表示"实现"义，也显示当时的"了"并未完成向"动相"体的演变。

② 金立鑫（2002：34）认为，例句应尽可能设计为"最简语境"或"最小语境"。作者原使用"典型语境"或"中性语境"。陆丙甫建议改为此二名。此名称与本文作为"基础语境"的"最简单语境"相当。

础之一。任何句子都处于语境中,都带有语境。脱离语境的句子,看似纯粹,看似科学,却是违反真实的。当我们举例时,虽然没有处于实际言语交际中,但已经处于一种假想的语境中。因此,有的会感觉自然,有的会感觉不自然,或一般情况下不能说,而更换了一个假想语境,就觉得可以说。因此,设置一个最简单语境作为句子或句子分析的基础语境,既是一种理论必需,也是一种合理方法。所谓最简单语境,就是一种不特意设置的语境设置。例如:

(9) a ＊我抄了诗。

　　 b 你抄了什么?——我抄了诗。

　　 c 我抄了诗,就去找他。

(10) a ?我抄了《女神》。

　　　 b 你抄了什么诗?——我抄了《女神》。

(11) a ＊15 楼了。

　　　 b 15 楼了。(语境 1:电梯走到 15 层了;语境 2:轮到 15 层或 15 号楼了;等等)

例(9)a、(10)a、(11)a 是在无特别设置的最简单语境下的状况。例(9)b、(10)b 是在对话中作为答句而成立;例(9)c 是在作为分句的语境下的成立。问话与分句就是一种特设的言内语境。例(11)b 是在特设的言外语境下的句子状况。句子的基础研究是建立在基础语境上的。句子的基础语境,也应该作为语法意义的基础背景。如果承认句子都具有最简单语境作为一种参与者,讨论"时体"也应该以此作为基础。语境是人与社会存在的一种体现。接纳基础语境作为句子的要件,体现了一种"人本主义"。这应当成为我们与纯"科学主义"的一个重大区别。我们本着这样的设置进行"时体"讨论。

3. 深化对"了₁"的认识

3.1　宾语前"了₁"引起的困惑

先看北京话"了₁"的几个句子:

(12) a ＊我写了₁信。　　　　　　b 我写了₁两封信。

(13) a ?我看了₁《红楼梦》。　　　　b 我看了₁三遍《红楼梦》。

(14) 问:你看了什么?　　　　　　答:我看了《红楼梦》。

(15) 我在对面的小饭店里吃了₁饭。

(16) 下了₁班我要去接孩子。

对外汉语教学时,教师们最头疼的就是怎么解释"了₁",因为外国人怎么也弄不懂为什么例(12)a不能成立,当宾语加了数量词语就可以成立,如例(12)b、(13)b。可是例(14)没有数量词却依然可以成立;为什么例(13)a有些不自然,但同样的形式,却在例(15)中显得非常自然。为什么例(16)包含不能单独成句的"下了班"的句子可以成立。我们一直说不清这个"为什么"。

3.2 探求词尾"了₁"的本质功能

以上诸多问题需要从方法论这个根本角度去寻找答案。这些问题的本质就是,"了₁"有无统一的核心或本质的功能? 我们承认一个形式可能处于历时过程的不同阶段,因而有不同的表现与功能。但在没有得到证实之前,我们仍必须寻找其可能统一的共时本质功能/语义。

以往我们遵循的是原子主义的方法论,把事物分解成最小甚至最最小的具有对立性的元素。音节分解成音位,音位还不满足,再分解成最小的区别特征。短语分解成词,词再分解成语素;语素还不满足,再分解成义素,甚至进一步分解成最小的区别性义征。语法是否也需要如此呢? 值得怀疑。如果我们信奉可能 $1+1 \neq 2$,我们就需要采用系统科学方法。该方法的原则主要有整体性、综合性、动态性。如果涉及应用,就应增加模型化和最优化两条原则。整体性原则是该方法的核心,也就是整体由部分或元素构成,整体不等于(大于或小于)部分之和。对于语言系统而言,除了自身构成元素外,还涉及上下文的言内语境、言外的情景语境、各元素间的影响、主体注入与受体理解等。所有这一切构成真实的语言系统。

整体性并不拒绝分解,但更主张找出本质元素。因为罗列所有组成元素并不等于认识了真实。对事物起关键作用的是本质元素,这个元素才是提起事物的纲,是整体的核心。将本质元素与其他非本质元素综合起来,就可以更好地理解"部分之和大于(或小于)整体"。因此,我们就需要找出事物的非本质方面,并将之一个一个地逐步剔除,以便获得本质元素。本文借用医学用语,将这种剔除的方法称为剥离法。语言是一个系统,也是一个整体。甚至"了₁"也可以视为一种系统或整体。我们用此思想去分析以上用例。

例(12)a与(12)b的差异并非后者多了数量词,在于后者表达了一个"例"(Token)式命题,而前者没有充分表达出"例"(Token)式命题,似乎还停留在"类、型"(Type)式命题的阶段。句子是什么? 是对现实事例的一种表达,而不是事类的表达。朱德熙先生提出的"句子是短语/词组的实现"断言,其实就是在言语层次实现事例所含的命题。它需要句子事例化。事类只停留在思维与理论中,停留在非句子的短语中。真实的句子都是事例的表达。正如同词有两种,一种是词典里的词,其词义与功能是不确定的,多方面的,它们只是抽象或集中之后的词的"类";另一种是句子里的词,具有确定的词义位置与功能,甚至带有语用扰动后的语义变异,是现实中词的"例"。"写信"是个"类"(Type),虽然加入了"了₁",仍不能达到"例"的完全程度,因此,例(12)a还不能独立完句/成句①。例(12)b中的"我写了₁两封信。"看来只是多了"两封",却是现实中完善事例的一个标志。例(13)a"我看了₁《红楼梦》"虽然是"例",但还有欠缺,在通常语境下稍稍有些不自然。但是该句在例(14)的答话中却完全可以完句/成句。如果加入"三遍",成为例(13)b"我看了三遍红楼梦",事例"的程度将更高,不必依赖特设语境,就能轻松地独立完句/成句。例(15)增加了细致描写的处所修饰语,使全组合实现"事例"化,同样获得了独立成句的待遇。看来,"了₁"与能否完句/成句并无必然联系。将完句/成句与否作为测试"了₁"的功能是不正确的。

纯粹的动作无"实现"可言,只有开始与否、发生与否、进行与否以及完成与否等。只有具体事件才可能"实现"或"达成"。这也许就是命名为"实现体"或"达成貌"的由来。至少这是笔者命名"达成貌"②的真实想法。另外一种可能是,由于"了₁"历史上来自句尾,当时,句尾"了"并未完全表达动词过程,仍有表示某种程度的实现事相③。如果现代汉语"了₁"表示"实现"这一认识,是移植自

---

① 完句与成句是两个非常接近的术语,都指句子能否成立。"完句"适合作为一个语法领域的专业用语;"成句"则宽泛些,随便些,可以纳入"完句"的范围。本文在作为领域用语时使用"完句",在具体说明时也使用"成句"。

② 刘勋宁(1985、1988)认可"实现体"的结论。史有为(1988、2002)依据完句与否界定了"了₁"的功能,提出"达成貌"的看法,并将"了₂"也纳入指向事件(句子或谓语)的"达成"。本文实际上是对笔者过往论断的否定。戴耀晶(1996)把"了₁""了₂"两种过程标记概括称为"现实体",包括完成、完结、实现、变化等。

③ "了"的历史来源说明"了"一开始虽然处于句末,但已开始向动相演变,之后事相的因素越来越难以见到。在汉代以后,它作为补语并处于句末。例如:"公留我了矣,明府不能止。(《三国志·蜀·杨洪传》,卷四一)""益郭著旧传令送,想催驱写取了,慎不可过淹留。(王献之《杂帖》)"到唐代,"了"已经开始虚化的过程,但大都仍在句末。例如:"杀人了,即曰:我有事而杀,非故杀也。(白居易《论姚文秀打杀妻状》,全唐文,卷六六八)"晚唐五代和宋以后,"却"已经成为动态助词。例如:"忽然口发人言,说却多般事意。(《妙法莲华经讲经文》,敦煌变文集)""我有无穷福利,怀却这个心怎生事神明?(《二程集》,卷一一)"中晚唐开始,"了"又向动宾之间推进,经过词汇更替,最终代替了"却",到宋代始趋稳定,而明代起才成现在的局面。例如:"将军破了单于阵,更把兵书仔细看。(沈传师《寄大府侍史》,全唐诗)""见了师兄便入来。(《难陀出家缘起》,敦煌变文集)""有才出门便错了路底,有行过三两条路了方差底;……(宋·《朱子语类》)""母亲许了亲事也。(元·《救风尘》)"|"周舍咬了我的休书也。(元·《救风尘》)""你又吃了早酒了。(明·《金瓶梅词话》)"至于句末语气词"了₂",则另有来源,例如:"雪峰便放却坑水了云……(宋·《祖堂集》)""思和尚问:'你已是受戒了也。'对云:'吃饭了也。'(宋·《祖堂集》)"以上语料来自梅祖麟(1981),曹广顺(1986、1995),太田辰夫(1987),刘坚等(1992)。

近代汉语"实现"的认识①,显然是不合适的。因此,"实现"这样的称呼是否正确,应重新研究。

"动+了₁"属于词法范畴;能否"完句"则属于句法范畴。二者不在同一个层面,不应纠缠在一起。"完句"这个领域在印欧系语言中可能不存在或不甚明显。在汉语中却是一个真实的句法领域。根据例(12)—(16)的简要讨论,可以确定:能否完句与"了₁"的本质功能无关,应当将"完句与否"剥离。如果这个观点成立,当前认定"了₁"为"实现"体的观点就应该否定,应重新认识符合其动词体身份的功能。

3.3 "了₁"是否表示"延续"?

3.3.1 语言与事实的关系

语言不等于事实,但事实会通过一定方式投射到语言中。二者既有联系又必须区分。这应该是一项重要的方法论原则。防止语言等同于真实世界,以及防止语言完全脱离真实世界,是同等重要的。语言学要的是符合真实世界的解释,而不是脱离真实世界。在这方面,"了₁"仍存在多个疑问。

3.3.2 困惑之一

有下列句子令人困惑,让人觉得是否"了₁"表达的是"实现/完成＋延续"。请看:

(17) 他关了厂里的总闸。

(18) 村里死了个王老五。

(19) 你可坏了我的好事。

(20) 鞋小了一号。

(21) 我喊哑了嗓子。

例(17)—(21)各句"动词语＋了"后其"关、死、坏、小、哑"的状态全部留存或延续。据此,是否可以认为"了₁"表达的是"实现/完成/结束＋延续"②呢?我们认为不能。因为这些谓词内部都有较特殊的语义结构。一种是动作结束后有留存的动词,如例(17)—(19);另一种是用作动词的形容词,如例(20),第三种则是

---

① 关于动词后"了₁",日本学者太田辰夫(1958)最早提出"实现"义的解释:(现代汉语和近代汉语的"了")表示"动作·状态的到达或者(并且/或)实现(叙实语气)"(日文版384—385、387页),现代汉语中表示"动作の完了の実现"(态＋叙实语气)(日文版385页)。这样的功能界定,说明此时"了"仍未完全摆脱"事相"。因此,才有学者认为动词后"了"是"事态助词"。

② 金立鑫(2002:42)认为:"'实现'被'结束'和'延续'所蕴含;'延续'被'行为延续'和'状态延续'所蕴含。"这番论述富于哲理。但在解释产生"延续"上仍有涩滞。

动结式,如例(21)。它们都由两段过程构成。第一段是主导动作,第二段是结果状态,后者的达成结果即前者的界限,整个主导过程在达成状态之时结束。例如,"关"有两个,第一个"关"是动作,第二个"关"是状态。又如,"坏"也有两个,第一个"坏"是"使坏"的动作,第二个是状态"坏"①。例(20)中的"小"是活用为比较动词,同样也是留有结果。例(21)是由两个不同语言形式表现的过程构成,"喊"是主导动作,"哑"是结果状态。这前后两段有相关性,也有接续性,但并不具有同一性。"了₁"的这些所谓"延续"状态是主导动作在得到结果后的自身留存,而非"了₁"导向所致。第二段的结果也只是复合动态的边界,也是"了₁"管辖的边界。因此,应当剥离的是所谓的"延续"。我们还可以再举一例:

(22)流光容易把人抛,红了樱桃,绿了芭蕉。(南宋·蒋捷《一剪梅·舟过吴江》)

从不红到红,从不绿到绿,自然就是"红了樱桃,绿了芭蕉"中的意义。此动程虽然已经实现,但作为结果的状态"红"与"绿"仍旧留存,但已并非"了₁"所管辖。它属于自然物自身使然,不属于"了₁"的功能。

如果以上分析成立,我们可以将例(17)—(20)的述语部分(包括"坏、小")都看成与例(21)相同的[V-R]语义结构,可建立模型如下:

[X_V-Y_R]条件:① X≠Y,XY 不同形;② X=Y,但 X=0[X 零形式 or 与 Y 重合];③ X=Y,但 Y=0[Y 零形式 or 与 X 重合];

则:当条件①,则:喊 V-哑 R。(动结式词语条件下,如例(10));

当条件②,则:[坏]V-坏 R、[小]V-小 R。(形容词,如例(8)(9))

当条件③,则:关 V-[关]R、死 V-[死]R。(瞬时并留有结果的动词,如例(6)(7))

"结果"(R)的设置,正好说明"动作"(XV)在具有边界"结果"(Y)与"了₁"条件下已经完成,证明剥离"延续"的合理性。边界"结果"的延续是在动作结束后自然的痕迹,并非"了₁"所为。这正是汉语类"完整体"的典型特点。

3.3.3　困惑之二

"了₁"有时与"过"、"着"的功能相似,能否据此就动摇"了₁"的"体"功能呢?请看:

(23)a 上海,我去了好几次。　　　b 上海,我去过好几次。

---

① 有时形容词已非活用,而是形成同形的动词,这样就难免会产生歧义。例如:a. 饭热着。=饭不冷,还热着(状态持续)。b. 饭热着。=饭我正热着呢(动作持续)b 例的"热"已非活用,而是新的动词义项。有人以为此处歧义来自"着"的不同,实在是一大误会,对汉语有些想当然。

(24) a 他们吃了饭了。　　　b 他们吃过饭了。

(25) a 开了空调睡觉。　　　b 开着空调睡觉。

(26) a 沙发上坐了一个外国人。　b 沙发上坐着一个外国人。

这四组例子中的每一组内的两个句子其对应的客观结果都基本等值。但这依然不能作为否定"了₁"体功能的根据。

首先,否定论者误会了助词及其含义,张冠李戴了。例(23)b、(24)b 中的"过"并非表示"经历体"的"过₂",而是表示"完毕"的"过₁"(参见《现代汉语八百词》"过"条),具有完成体的功能,本身就相当于"了₁"。因此,此论纯属误会。

其次,就例(25)(26)而言,模型[XV-YR]可适用于"V着",但可从条件③"X=Y,但 Y=0[Y 零形式 or 与 X 重合]"延伸出条件④:

④X=Y,XY 同形而重合(X 为瞬时动作的动词,Y 为持续状态的动词)。则结局:V 了=V 着。"V 了"时,实际为:X_V-$[Y_R]$,作为持续状态 Y 的"开、坐"是隐性的;"V着"时,实际为:$[XV]$-YR,作为瞬时动作的"开、坐"却相反是隐性的。

例(25)(26)中"开着/坐着"适用条件④;"开了/坐了"适用于③与④两种条件。结果:"坐了"的 R="坐着"。因此,需要剥离"过₁"与"着"干扰,并可维持"了₁"本质功能的一致性。

3.4 "了₁"所指动程段

"完成"是从内部观察动作时间的一种过程。理论上看,"完成"可能有两种,一种是动作过程结束段的"完成",一种是不分始末段,只是动作整个的"完成"。汉语动词的准形态体只有"了、着、过"三种。这三个助词只有"着"指明在动作过程的中间。"过"是笼统指动作整体,没有明确有无起始段或终结段。有的句子可能让人理解成"起始"或"终结"这样的动程段。例如:

(27) 飞行员已经启动了发动机。

(28) 经过千辛万苦,终于捕获了一只野猪。

例(27)的"启动"与例(28)的"终于"与"获"让人以为"了₁"可以表示动作的起点("启动")与终点("捕获")。然而,这是将动词表达的词义与"了₁"的功能义混淆在一起了。"了₁"在这两例中显然只负责表达动词词义所及的过程,是该词义所指过程的完成。动词本身的"起点"义或"终点"义以及动词以外词语的语义不应羼入"了₁"的语法功能义中。我们必须明确,动词体是聚焦于动词本身的体,而非词汇领域。必须将动词本身以及动词以外附加词语的词义加以"剥离",与"了₁"的时体义区隔,才能对时体有真切的认识。这样去看,就比较简单而清楚:"了₁"附着于动词后,表示动词所指过程的"完成"。

这个"完成"究竟是怎样的一种形态呢?请再看下例:

(29) 他写了三天隶书。|他写了三页大字。|他写了三次检查。

(30) 我吃了饭就去。＝我吃完饭就去。

例(29)的三个例子中,"写"的完成显然是对"三天、三页、三次"而言的。并没有明确指"写"的最后结束段,而是包括每一天、每一页、每一次所涉及的动作占时段,但并不明确包括起始段。例(30)"吃了饭"在语义上等同于"吃完饭",也是指"吃饭"的整体过程结束或完成。因此,汉语的"了₁"的功能似乎是表达动作接近整体的完成,并非标注过程的结束段。然而,这并不表明汉语的"了₁"是完整体,因为它没有对立的词汇形式①或形态标记。只有在有对立的非完整体形态条件下,我们才能说"了₁"是无标记、零形态或隐性的完整体,才能说汉语具有完整体范畴。

3.5 "了₁"与 tense(时)的关系

我们常常感到,"了₁"似乎有含有时。例如:

(31) a 他挑选了很多新出的玩具。

b 他<u>昨天</u>挑选了很多新出的玩具。

c *他<u>现在</u>挑选了很多新出的玩具。

d *他<u>明天</u>挑选了很多新出的玩具。

e *他挑选了很多<u>明年</u>新出的玩具。

f <u>她</u>挑选了玩具,你想她还会干些什么?

(32) a 我看了一下今天的报纸。

b 我<u>刚才</u>看了一下今天的报纸。

c *我<u>现在</u>看了一下今天的报纸。

d *我<u>明天</u>看了一下今天的报纸。

e *我看了一下<u>明天</u>的报纸。

f <u>你</u>看了这些报纸,就会明白许多道理。

例(31)a、(32)a似乎表达了过去或刚过去的事实。这是因为我们在生成或

---

① 比较接近完整体的是汉语的动结式。结果补语是动作的界限,整个动结式显示出一种完整。另外,古汉语中残留的"见"与"闻"似乎也比较接近完整体动词。至于动态助词则没有相应的范畴。

理解这些句子时,是以自身所处的时点来比较的。而这就是一种隐含时间的基础条件或比对时点的基础语境。因此,我们似乎可以将基础语境作为"时"的基础条件。同时,延伸一下,也可以用"相容/排斥"法来证实"了₁"所表达"时"。如果这个立论成立,凡在此基础语境下所意味的时间状态,虽然没有明确的对立"时"形式表达,也就可以认为该标记的基础"时"倾向(在这方面,宁愿保守一些,只说是"倾向")。例(31)b—e与(32)b—e的表现支持了"了₁"表达"过去"时的观点。以上的"相容/排斥"虽然只是词汇的、语义的、逻辑的,而非语法的,却凸显了"了₁"的"时"倾向。我们还注意到,在一定的语言条件下,"动+了₁"还可以出现在未来的情况下。例(31)、(32)f含"了₁"小句处于假设条件分句地位,由于后一分句表示未来时间,有了新的比对时点,因此,便消除了独立成句时因与话者所处时点的比对而有"过去时"倾向。这时的"未来"倾向显然是言内语境影响所致,应该予以剥离。因此,例(31)f、(32)f依然不能推翻在基础语境下"了₁"具有"过去"倾向的判断。据此,我们仍然把"过去"倾向保留在"了₁"的本质功能中。

3.6 "V 了₁"并非英语的定式动词

英语里有所谓的 finite verb(定式动词),它具有时与体的形态。一个合格组合一旦有了这个定式动词,就具有成为句子的可能资格。定式动词与含有定式动词的组合不能成为修饰语,不能作为附属小句。不定式动词(infinitive, non-finite)则缺乏时体形态,一般用于修饰语与附属小句。一个单句或复杂句只能有一个定式动词。因此,定式动词是英语中具有完句功能的句子成分。汉语中的"动+了₁"很像英语的定式动词,都有时或体一类的形态。但究竟如何呢?请看:

(33) 你写了₁信还要盖上印章才成。

(34) 吃饱了₁饭,你还打算折腾什么?

(35) 写了₁字的纸不要扔掉。

(36) 你写封信跟他道个歉吧。

例(33)(34)中的"了₁"所指的是动作完成或假设完成。它们缺乏明确指明具体事例的词语,因此,这两个小句不能单独成句,只能被作为前提或背景,需要补充另一过程来表达具体事件并完成句子。例(35)"写了字"可以作为名词的修饰语,这也显示该组合并不等于句子。例(36),没有任何动词或谓词的形态,却可以成立为句子。这说明"V 了₁"与句子成立是两回事,与英语的定式动词大不相同。虽然二者都有形态,都表达"体"或"时",但英语的定式动词是成句的关键成分,可以称之为句子成分。而汉语的"动+了₁"虽然也具有具体化的功能,却并不具有完句的关键作用,它仅仅是接近现实的"句法成分"。对汉语而言,动词有无动态助词,并非"定式"与"非定式"动词的对立(汉语没有"定式"的范畴),而是动词"例"与动词"类"的不完全对立。因此,我们应当将"V 了₁"与定式动词划清界限,剥离掉可能会有的"定式动词"误解。

由于"了₁"并非定式动词而是例化的这一特点,也就造成汉语的句子可以有连续多个含有"了₁"的分句/小句;也因此之故,不同的人会做出不同的断句。请看:

(37) 出乎我意料之外,是刚<u>病了</u>几天的半农先生就在昨天(七月十四日)<u>作了</u>古人了①,更出乎我意料之外,是在今天当地(北平)报纸中,<u>翻到了</u>第三张,在第三张的教育栏,又<u>越过了</u>好几条"欠薪","会考"的新闻以后,才忽然<u>发现了</u>这个震惊我的消息了。(李长之《记念刘半农先生》,1934 年)

如果换一个人,例(37)可能断成两句,在第二分句①处断句。这说明汉语的断句并不受"了₁"的控制,也不大受所谓句形"完整"的控制,受主观理解的"意"、"气"完整度的影响则更大。

4. 句末语气词"了₂"的再认识

4.1 句末"了₂"的本质功能

北京话宾语后/句末语气词"了₂"①的问题比"了₁"更复杂。但是有了第二节的分析后,认识将会容易些。

4.1.1 基础语境下的"了₂"

按《现代汉语八百词》的说法:"了₂"在动宾后"肯定事态出现了变化",在形容词后"肯定已经出现的情况"。另外还有两种情况没有表态是否为"了₂",只是表示名词后"隐含着应该表示变化的动词"(如"春天了|中学生了"),数量词后"隐含着动词'有'"(半个月了|四十岁了)。后两种情况的"了"其实也是"了₂"。常州话可以作为参考。常州话相当于"了₁"的是"则",相当于"了₂"的是"连",二者的区分非常严整,绝不相混。在后两种情况的位置上也同样用"连"收句。因

---

① 刘勋宁(1985)认为句末"了"的来源与近代汉语的"了也"有关。

此可以说：这四个位置上都是"了₂"，它们都肯定事件、状态或情况在说话的当下已有了变化，或变化已经存在，可以概括为"新情况在当下已经实现"。先看几个句子：

(38) 鱼咬钩了₂。

(39) 她胖了₂。

(40) 今天星期三了₂。

在最简单语境下，例(38)"了₂"显然是指事件发展、变化到目前为止的情况。例(39)(40)则指一个发展或变化到目前为止的事实。因此，"了₂"显然是一种表示说话当下已成为或刚成为现实的事例，这是一种刚刚过去的"现过去"①时与"新情况(包括事件、状态、现象等)实现"体。该时体辖域对应于事例的谓语或句子，属于"事相"。

有一种看法，"了₂"不但表示"实现"，而且还表达"起始"。例(38)是鱼现在咬钩的起始，但"了₂"表达的是相对于之前"鱼尚未咬钩"的情况发生了变化，实现了"咬钩"。正像"关了总闸"一样，"关"的动作完成了，但总闸"关"后的状态继续留存着(参见 2.3.1)。这是动作结束后事实的逻辑延续或留存，而非"了₁"的功能，不能说"了₁"还有"延续/持续"的功能。同样，"鱼咬钩"新情况实现了，实现后的新情况会继续，这是事实的逻辑延续，而不能归于"了₂"的功能。例(39)是"她变胖"新情况实现了，但不能简单地说就是"胖"的起始，以后会更胖，因为也可能很快就瘦下去。这一切都是事实本身的逻辑延续。例(40)是当下这一天还是"星期三"，不能说"星期三"在起始，明天还会继续是"星期三"。这说明，这种"起始"貌似"了₂"所造成，其实只是根据事实的逻辑联想。因此，这种所谓"起始"的"功能"应予剥离。

4.1.2　特殊语境下的"了₂"

"了₂"有时还可以表示"非过去"时间的事件，因此，3.1.1 显示的功能需要再证明。请看：

(41) 我下班了₂。(已经下班)

(42) (下班了₂，)下班了₂！(催促下班)

(43) 上课了₂，上课铃马上就响了。(按习惯估计，铃声即将响起)

---

① 现代汉语没有英语那种现在时。汉语是"过去/中立"的准形态表达体系，"现在"或"当下"其实就是一种最近的过去。为了区别于西方语言的现在时，避免误解，本文决定采用"现过去时"来表示。至于"来着"，是较近的"近过去时"，"了₁"是"泛近过去时"，"过"则是相对较远的"远过去时"。它们分属动相与事相。

例(41)是直陈句,表示"下班"已成为现实,是一种对事实的肯定,也即事情已经成为现实。例(42)一般为祈使句,有催促、提醒的语气,表示"下班"将成为现实。二者的区别在于例(41)在下班之后说,语调中等而缓降。例(42)可以重复该小句,语调拔高,句尾音调下降特别明显(以上言内语境);而且是在工作正在进行的场合(以上言外语境)。例(43)虽然语调没有太明显的变化,但语境特殊。这样来看,例(38)—(41)就是在基础语境下实现的句子。而例(42)、(43)是在特设语境(包括语调)下的使用,将特设语境剥离掉,揭去在特设语境下的语用意义的面纱,并将各种句子中的"了₂"联系起来观察,例(42)、(43)的功能表达不过是例(38)—(41)所表示的事件的"现过去"时与"新情况实现"体在特设语境下的变异。这几例中"了₂"的时体本质功能仍应是例(42)、(43)情况下所显示的,在特设语境下的功能则是一种变异,是带有语用规则化的语用义。

4.2 "太+形容词+了"中"了"的功能

"太+形容词+了"的"了"很容易被认为是纯粹的语气表达,没有"体"的功能。例如:

(44) a 你太好了。

b 你人太好。/ * 你太好。

c * 你好了。

(45) a 太好了!

b * 太好。

c 好了。

(46) a 我太难看了。

b 我太难看。

c * 我难看了。

(47) a 你太舒服了。

b ?你太舒服。

c ?你舒服了。

(48) a 电影太有看头了。

b ?电影太有看头。

c 电影有看头了。

例(44)—(48)各栏的类比可以发现,后两栏(尤其是 c 栏)有些不能成立或不自然，或语义不同（如"好了"）。而"太＋形容词＋了"则非常自然，这说明例（45）a"太＋形容词＋了"是由例（44）a演化而来，已经成为一种格式。尤其是"太好了"，简直就是一个熟语或词汇化单位①，已经在整体上带有感叹语气。在这个格式中，"了"显然是从"太＋形容词＋"＋"了₂"而来，是对变化为"太好"的确认，但由于"太＋形容词＋了₂"已经成为强势格式，构成物"太＋形容词＋"反而受到限制。根据1＋1≠2的整体观点，"太"是强势词，"了₂"所表达的"新变化的实现"被"太"所弱化，强调超预想程度的"太"占了上风，因此，容易被误会此处"了"表示纯粹的语气。这个格式还可以有"太＋形容词＋啦"的形式。"啦"来自"了₂＋啊"，"啊"才是纯粹的语气表达。我们再看看另外三组例子：

（49）a ＊他很/挺辛苦了。

　　　b 他很/挺辛苦。

　　　c 他（可）辛苦了。

（50）a ＊我很/挺舒服了。

　　　b 我很/挺舒服。

　　　c 我（可）舒服了。

（51）a ＊他很/挺坏了。

　　　b 他很/挺坏。

　　　c 他（可）坏了。

例（49）—（51）是另一种类型。"＊很＋形容词＋了、＊挺＋形容词＋了"基本不能成立。原因可能是"很、挺"纯粹是静态描写，不适合与具有确认变化的"了₂"相配。而删去"很/挺"，或换成"可"，却容纳了变化可能，便可以加"了"。相比例（44）—（47），"太"显然具有对比性与演进的性质，因此，可以与"了₂"相配。

以上证明此处的"了"还是"了₂"，依然有某种事相"体"的留存。即使成了固定"格式"，剥离去"格式"的掩盖，我们仍无法否认"了₂"在此处留有时体的功能。同时也说明，对于汉语来说，用法与"格式"②更为重要。

---

① 将"太好了"分离出来是有充分理由的，因为语义与用法都不同于"你太好了"。此外，可以参考方言，在常州话里，根本不可以说"忒好连"。只能用一个字"好！"表示。"忒好连"是对应例（44）a"你太好了"的谓语。常州话还没有从"你忒好连"分化出另一个相当于（45）a的"忒好连"。

② 时下流行"构式"不过就是"格式"，只是包装了理论，把方法等加了进去。

5. 结语和余言

5.1 关于剥离

至少有三种剥离：功能剥离，领域剥离，语境剥离。可以剥离掉貌似自身功能的"持续"；可以剥离掉属于句子/事例领域的完句因素，"了₁"的本质功能"完成"就凸显了出来。完句问题是汉语特有的一种句法课题。最简单语境是生成句子和理解句子的基础语境。如果设置基础语境有理，则"了₁"与"了₂"的"时"也可迎刃而解；"了₂"的许多语境（言内语境的上下文、语调；言外的情景）应该剥离，它具有表达新情况当前实现便是其本质功能。各个形态成分有各个不同的问题，可能不用剥离，也可能要作不同方面的剥离。经过多项剥离后，可以确认，"了₁"的本质功能是表达"限定界限（时段、物量、动量）内整个动作过程的完成"的体以及有"过去"时倾向。"了₁"属于"动相"；"了₂"的本质功能则是"肯定"语气以及属于"事相"的"现过去"时与"新情况实现"体。我们绕了一圈，似乎回到了传统的认识，但认识已经与传统有了质的区别。这就是否定之否定。

5.2 关于"样貌"

汉语的一些"体"标记里常包含有表示对动作或事件的主体性关注。所谓主体性关注，就是含有施事或话者的主观性体验①。它们与时间、空间无关，属于另一个视点。例如：

（52）我看着看着就迷糊了。

（53）你走来走去干什么？

（54）你穿穿这件衬衣看。

例（52）（53）"V着V着""V来V去"虽然也表达一种持续，但却已用主观去观察并得到主观性的体验与描述，有着"那种样子"的生动意味。例（54）句末"看"表示也主体或主观的尝试。它们都带有主体性关注成分，只是程度上有所不同。除此之外，表结果补语可能式的"可能态"②（如"写得完/写不完"），如果

---

① 陆丙甫、金立鑫（2015：210）也指出："'体'包含主观性，'情态'则最具主观性。语言中'体'和'情态'总是纠缠在一起，其间似乎很难划清绝对清晰的界限。"但对"体"的主观性甚至主体性关注的深入分析，仍少见诸文字。

② 吕叔湘先生在《现代汉语八百词·现代汉语语法要点》中将可能补语列为"可能态"。

算在"体"里,那也都含有主体性关注因素。"可能"之义本身就是主体对事件的一种主观判断。

甚至词尾"过"①都含有某些主观因素。例如:

(55)我吃过广东的龙虎斗。

(56)他好像来过这儿。

(57)你看过那本小说,是吧。

以上三例中的"过"表现的是一种所谓的"曾经"或"经历",既非完成或终止,也非进行或持续,更非空间限界,重点恰恰放在表达主体亲身的经验。传统的体不能涵盖以上内涵。其实,西方对体范畴的内涵也有不少争议②。例如,除了"进行体""完成体"外,还有所谓的"惯常体""反复体"或"重复体",后二者就与"进行体""完成体"很不一样,是在动作过程上附加了动作主体的评价、体验等因素。

以上各种主体性关注,可以概称为"样貌"(posture)。"样貌"不足以成为一种范畴,却是再认识各种"体"的必要因素。它还可能是连通动词与形容词的另一个通道。状态形容词的"冷飕飕、漂漂亮亮、疙里疙瘩、黑咕隆咚、酸了吧唧",虽然不是动作,也不是"行为方式",不是事件,但放开去看,不也是一种主观性关注的感受吗?不也是一种"样貌"吗?也许这是谓词研究的另一个天地。

参考文献

曹广顺　1986　《祖堂集》中的"底(地)","却(了)""着",《中国语文》第3期。

曹广顺　1995　《近代汉语助词》,语文出版社。

戴耀晶　1996　赣语泰和方言的完成体,《动词的体》(中国东南方言比较研究丛书第2辑,张双庆主编),香港中文大学中国文化研究所/吴多泰中国语文研究中心。

戴耀晶　1997　《现代汉语时体系统研究》,浙江教育出版社。

高名凯　1986　《汉语语法论》,商务印书馆。

龚千炎　1995　《汉语的时相时制时态》,商务印书馆。

蒋绍愚、曹广顺　2005　《近代汉语语法研究史综述》,商务印书馆。

金立鑫　2002　词尾"了"的时体意义及其句法条件,《世界汉语教学》第1期。

金立鑫　2003　"S了"的时体意义及其句法条件,《语言教学与研究》第2期。

---

① "过"有多种,另一种"过"是不含"主体因素"的。例如北京话:"刚下过₂雨。|吃过饭就去。"表示的是过程完成。

② H.布斯曼《语言学词典》在 Aspekt 条也指出:"许多非德语的著作里认为行为方式也是一个体的问题。"

金立鑫　2004　"着""了""过"时体意义的对立及其句法条件,《第七届国际汉语教学讨论会论文选》,北京大学出版社。

金立鑫　2005　"没"和"了"共现的句法条件,《汉语学习》第 1 期。

金立鑫　2015　"时""体"范畴类型及共性,韩国高丽大学中文系 PPT 讲稿。

刘　坚、江蓝生、白维国、曹广顺　1992　《近代汉语虚词研究》,语文出版社。

刘勋宁　1985　现代汉语句尾"了"的来源,《方言》第 2 期。

刘勋宁　1988　现代汉语词尾"了"的语法意义,《中国语文》第 5 期。

陆丙甫、金立鑫　2015　《语言类型学教程》,北京大学出版社。

梅祖麟　1981　现代汉语完成貌句式和词尾的来源,《语言研究》第 1 期。

史有为　1988　助词"了"在常州话、上海话中的对应形式,《吴语论丛》,上海教育出版社。

史有为　1997　数量词在动宾组合中的作用,《中国语言学报》总 8 期。

史有为　2002　常州话的达成貌及其价值,《现代中国语研究》第 4 期,日本京都,朋友书店。

史有为　2003a　新闻标题中的过程状态,《中国语学》第 250 号,日本中国语学会。

史有为　2003b/2005　汉语方言"达成"貌的类型学考察(删节版),《语言研究》第 23 卷第 3 期;全文版出自《汉语研究的类型学视角》,徐杰主编,2005,北京语言大学出版社。

太田辰夫　1987　《中国语历史文法》(蒋绍愚、徐昌华译,1987),北京大学出版社。日文原版,1958,日本京都,朋友书店。

杨永龙　2005　事态助词;语气词　《近代汉语语法研究史综述》,蒋绍愚、曹广顺主编,商务印书馆。

Li, Charles N., S. A. Thompson, and R. M. Thompson 1982 The discourse motivation for the perfect aspect: the Mandarin particle *le*. In Paul. J. Hopper (ed.) *Tense Aspect: Between Semantics & Pragmatics*: 19 - 44. Amsterdam: John Benjamins.

（作者退休前单位：日本明海大学, shiyw2008@126.com。）

语气词句末迭用顺序研究[*]

王　珏

1. 正名、解题与回顾

1.1　正名

多个语气词一起接连使用,学者称之为"连助"(陈骙 1960:9)、"叠助"(马建忠 1893/1983)、"结合"(赵元任 1926;李小凡 1998:113)、"相继"(赵元任 1979:355)、"迭用"(胡明扬 1981;胡裕树主编 1979/1995:377;左思民 2009)、"组合"(朱德熙 1982:207—209)、"连用"(丁恒顺 1984;郭锡良 1988;赵长才 1995)、"复用"(李宇明 1997;李晟宇 2005;张小琴 2000)、"连续共现"(尹世超 1999)、"同现"(杨永龙 2000;齐沪扬 2002)、"共现"(史金生 2000)或"叠合"(戴昭明 2009)①。考虑到语气词表面上是线性上接连出现,实质上是逐层叠加关系,本文更乐意接受"迭用"一名。除直接引用外,下文一律称之为"迭用"。

1.2　解题

语气词迭用研究至少包括迭用类型及其系统研究、迭用顺序及其规则研究、制约机制研究(刘丹青,2008:498),以及迭用类型系统、顺序、规则、制约机制的类型学研究、历时演变研究等。王珏已经对迭用类型及其系统(王珏,2017a)和迭用顺序的制约机制做过研究(王珏,2017b),本文仅就迭用顺序展开讨论。

---

　* 本文的主要内容曾在第七届现代汉语虚词研究与对外汉语教学研讨会(2016 年 7 月,昆山)和语言教学与研究国际学术研讨会(2016)上报告过,已发表于《语言教学与研究》2018 年第 1 期。本研究得到 2013 年度国家社会科学基金的资助,项目名称是"现代汉语语气词系统研究",批注号为 13BYY119。

　① 戴文认为,叠合语气词是一个"固化结构""结构化单位",即"原本不相干的单位变成一个固定结构单位",甚至"其结构的凝固程度,都超过并列结构的实词。"这与学界的一般认识不同。

普通话语气词多在句末述题后、偶在句中话题后迭用①,本文只讨论句末述题后的迭用顺序。但是,语气词在句末述题后接连出现,不一定都是句末迭用,不在句末接连出现反而可能是句末迭用。例如:

(1) 刘姥姥道:"我这生象,怎好见得? 好嫂子,你就说我去了罢。"

(2) 我问你听见我刚才说的话了么?(黄国营,1994)

(3) 曾思懿:你看见他放袁小姐放风筝了么?(同上)

(4) 挺厉害的嘛你,背着阿南和别人瞎搞,既然,泡了这么多男人,还跑到北京来干什么?

(5) 你们看小说了呢,还是看电视了?

例(1)里的"了"属小句"我去","罢"属主句"你就说",可以变换成:"你就说罢,我去了。"或将小句加上引号:"你就说'我去了'罢。"可见,"了"与"罢"虽同在句末紧邻出现,却分布于句子的不同结构层面,辖域大小不同,因而不是句末迭用。例(2)里的"了"和"么"都属于小句"你听见……",例(3)里的"了"和"么"都属于主句"你看见……",例(4)里的"的"和"嘛"紧邻出现在易位句中间述题之后、主语之前,例(5)里的"了"和"呢"接连出现在复句的前一分句末尾。只有后四例所代表的现象才是本文讨论的对象。

1.3 已有研究及其遗憾

围绕普通话语气词句末迭用顺序,学界明确提出的序列有如下4类9个②:

两类序列:呢/了/来着>吗/呢/吧/啵/罢了/啊/呀/哇/哪/了(太田辰夫,2003:327)。

三类序列:了/呢$_1$/来着>呢$_2$/吗/吧$_1$/吧$_2$>啊/呕/欤/嘿/呢$_3$(朱德熙,1982:207)。

的/了>么/呢/吧>啊(胡裕树主编,1979/1995:376)。

的>了>呢/吧/吗/啊(黄伯荣、廖序东主编,1980/2007:34)。

呢>吧/吗>啊(Li,2006:65)。

---

① 能在句中迭用的是话题语气词。例如:闲的时候呢,就一个人蹲在墙根下或是盘腿坐在炕上出神。

② 下面仅列出语气词及其类别而省去类名,语气词变体也一并省去,并用/代替原文的顿号或逗号。此外,齐沪扬(2002)认为语气词"传信和传疑是相对的,传信和传疑之间可以建立一个连续统……六个典型的语气词将呈离散状态分布在连续统的不同部位上",石定栩(2006)采纳朱德熙(1982),左思民(2009)采纳胡裕树(1979/1995),戴昭明(2009)提出的"情状>语气"序列重在给语气词类别概括功能并做出解释,均不一一列出。

四类序列：的/了＞（呢＞吧/吗/嘞）＞啊/哎/呕（胡明扬，1981）①。

的＞了＞么/呢/吧＞啊（丁恒顺，1984；张谊生，2000：279）。

了＞呢＞吧/吗/嘞＞啊/哎/呕（邓思颖，2010）。

五类序列：的＞了＞呢＞吧/吗＞啊/哎/哦（王珏，2011）②。

已有研究成果奠定了很好的基础，但也存在如下遗憾：

一是借以立论的语气词多寡不同，Li 最少仅 4 个，太田辰夫最多也只有 13 个。另外，朱德熙 9 个（去除他对"呢、吧"的分解），王珏 8 个，其余都是 6 个。这首先涉及对语气词范围的认识不一。如"的"，朱德熙、太田辰夫和邓思颖都不承认是语气词，胡裕树、胡明扬、丁恒顺、张谊生和王珏都承认是语气词。再如"了"，Li 不承认是语气词，其余学者都承认。其次也说明，学者提出语气词句末迭用序列时，所用方法不够严密。

二是各家按照句末迭用顺序为语气词所分类别多寡不同。太田辰夫仅分两类，朱德熙、胡裕树、黄伯荣与廖序东都分 3 类，胡明扬分 3 类 4 种，丁恒顺、张谊生和邓思颖都分 4 类，王珏分为 3 类 5 种，是最多的。分类不同的原因，主要在于对语气词归类或立类存在分歧，集中表现在对"的、了、呢"三个语气词的归类或立类。丁恒顺和张谊生将"的、了"分为两类，"呢"与"吗、吧"合为一类；朱德熙将"呢"分为三种情形，并将"呢₁"与"了"合为一类，"呢₂"与"吗、吧"，"呢₃"与"啊"各为一类；胡裕树和胡明扬虽然都将"的、了"归一类，但胡裕树将"呢"与"吗、吧"归一类，胡明扬将"呢"独立为一类；邓思颖在丁恒顺、张谊生的基础上又将"呢"另立一类，王珏接受胡明扬、Li 和邓思颖的做法，将"的、了、呢"各自独立为同一类里的 3 种。

三是所列类、种顺序存在重要失误（详见下文）。

此外，由于理论出发点不同，各自对语气词类、种的命名、语义功能的概括也精粗有别，优劣互见。

以上简单回顾说明，学界所提语气词句末迭用序列都不同程度地存在

---

① 胡明扬将括号里的"呢"与"吧/吗/嘞"视为一类两种，整体是 3 类 4 种。姑且分在四类序列里。

② 王珏分出 3 类 5 种，即 A1. 的 A2. 了 A3. 呢＞B. 吧/吗＞C. 啊/哎/呕。此外，在方言研究领域里，李小凡（1998：113—121）为苏州话语气词句末迭用顺序归纳的序列为"事态语气词＞情态语气词/疑问语气词"，饭田真纪（2007）为广州话语气词句末迭用归纳的顺序为"指向客体的语气词＞指向言者的语气词＞指向听者的语气词"，林华勇（2007；2015）为廉江话归纳的迭用顺序为"A. 评注＞B. 叙实＞C. 诧异＞D. 疑问＞E. 愿望＞F. 感情＞G. 引述"，并进一步提出其传信语气词迭用顺序大体为"知域＞言域"顺序。最后，涂光禄（1993）、宋秀令（1994）、李小凡（1998：113—121）、范慧琴（2001）、李雄燕（2003）、王建设（2004）、马晓琴和陶相荣（2007）、吴翩翩（2009）等分别为贵阳话、汾阳话、定襄话、荷塘话、绥德话和武汉话等都提出了各自的句末迭用顺序。

着涵盖范围过窄,归类和立类过少且不一致,加之对语料认识不足,方法随意,从而导致顺序严重失误。因此,要想提出更加符合现代汉语语气词句末迭用顺序真实面貌的序列,借以立论的语气词范围亟待扩大,最好涵盖所有语气词。其次,归类应更科学有据。最后,错误的迭用顺序亟待调整,研究方法也应有所改进。有鉴于此,本文拟在已有研究的基础上,尝试对已经认可的全部语气词的句末迭用顺序展开研究,希望得出涵盖范围更广、类种更多的迭用序列。除结语外,全文包括三个部分:语气词范围、工作出发点、步骤和方法;为语气词定位;调整顺序,构建最终序列。为节省篇幅,凡不注明出处的例句,一律来自北京大学现代汉语语料库或教育部现代汉语语料库。

2. 语气词范围、工作出发点、步骤和方法

2.1 现代汉语语气词的范围

据统计,学界先后提出的普通话语气词,去除重复,总数多达 102 个,其中,单纯语气词 68 个,复合语气词 34 个。显然,这 102 个语气词只能称之为语气词候选者。其中,学者认可的语气词数量最少 10 个,最多 59 个,意见很不一致。对此,王珏依次确定了语气词的四个特点(王珏,2012a),提出了界定语气词的四个标准(王珏,2012b),并依据特点和标准界定了语气词范围,进而确定了 28 个句末语气词(王珏,2013)[①]。下文就以它们作为讨论的对象。

2.2 工作出发点

王珏(2011)曾初步提出语气词句末迭用顺序的基本序列为:A1. 的>A2. 了>A3. 呢>B. 吧/吗>C. 啊/哎/哦。基本序列包括 8 个基本语气词,分为三类五种。这个基本序列具有两个突出特点:一是除朱德熙(1982)外,该基本序列涵盖的语气词最多,分类最多;二是该序列运用数学推导与语料互验法逐

[①] 27 个句末语气词可按音序排列为(括号里是该语气词的语音变体或书写变体):啊(呀/哪/哇)、哎(唉/欸)、吧(不啊)₁、吧(罢)₂、罢了(罢咧)、不、不成、不是、的、得了(得咧)、而已、哈、好了(好咧)、就是(了)₁、就是(了)₂、来(唻)、来着(唻着)、了、啦、咧、嘛、吗(么/末/嚜)、没(有)、呢(呐)、哦(噢/喔)、去、算了、哟(唷)、着呢(着哪/着呐)。

一验证过,具有较高的可靠性。下面就拿它作为参照系,对其余 20 个非原型或边缘语气词逐类逐个确定它们在基本系列里的相应位置。

2.3　对其余 20 个语气词的定位步骤和方法

对其余 20 个语气词的定位工作分四步进行。

第一步,本着先易后难原则,首先将语气功能明显而认识一致的 4 个语气词分别归入 3 类:"啦、咧"归入 A_2,"着呢"归入 A_3,"哟"归入 C。据此将基本序列扩充为基本序列一(凡添加的语气词一律放在基本序列里原有的语气词之后,外加方括号标识):A_1 的>A_2 了/[啦/咧]>A_3 呢/[着呢]>B 吗/吧>C 啊/哎/哦/[哟]。

第二步,按词形、语义或功能异同将剩下的 16 个语气词权且分为五组:a. 来、来着、去、而已;b. 就是(了)$_1$、罢了;c. 不、不成、不是、没(有);d. 就是(了)$_2$、得了、好了、算了;e. 嘛、哈。

第三步,在语料库、互联网里逐组逐个考察以上五组 16 个语气词与基本序列里三类五种语气词紧邻迭用里最靠后的位置,以确定其序列位。所谓紧邻迭用,指先后迭用的两个语气词中间不能插进别的语气词,否则,说明两者中间还有一或多个空位,不是紧邻迭用。例如:

(6) a 明天会下雨的了。

　　 b 明天会下雨的吧。

例(6)a 里的"的了"中间不能插入别的语气词,而例(6)b 里的"的吧"之间可以插入"了"或"呢"等。"的"与"了"是紧邻迭用,其先后位置也就是它们在顺序序列里的位置,而"的"与"吧"不是紧邻迭用,中间还有别的语气词的位置。

其次,"呢"不能先于"了"及其前面的所有语气词与之迭用,最靠后只能在"了"后与之紧邻迭用,所以,它的序列位就是后于 A_2 而先于其后各类语气词。"了"不能先于"的",最靠后也只能后于"A_1 的"而先于其后的语气词与之紧邻迭用。

用紧邻迭用里的先后位置可以基本确定绝大多数语气词在基本序列里的位置,极个别没有紧邻迭用用例的语气词,还可依据词形、语义或功能异同来确定位置。

第四步,将第三步考察结果逐一添加到基本序列一里相应的类种里,或另立新类种,设立新序列位。

3. 为其余16个语气词定位

3.1 a组：来、来着、去、而已

用例显示，a组都只能位于核心谓词及其短语后、语气词"的"前与之紧邻迭用。例如：

(7) 那年枪崩人，我在旁边站着<u>来</u>的……枪没崩我，我耳朵就不好使了……

(8) "谁说喜欢她<u>来着</u>的?"沃夫回嘴。"她是我的未婚妻，雷蒙。"

(9) 我朱老巩不是为自己死<u>去</u>，是为四十八个村人的利益死<u>去</u>的。

(10) 他们终于认识到，他称他们的大陆为"世界上最关键的地区"，并不是说说<u>而已</u>的。

据上，该组可添加到基本序列一里"A_1.的"前位置，从而将基本序列一扩充为基本序列二：[来着/来/去/而已]>A_1.的>A_2.了/[啦/咧]>A_3.呢[着呢]>B.吧$_1$/吗>C.啊/哎/哦/[哟]。

3.2 b组：就是(了)$_1$、罢了

从语气功能上看，a组"而已"和本组都可以替换，但"而已"有去语气词化的迹象，所以，可以先于"的"与之紧邻迭用。本组语气词最靠后只能后于"的"与之紧邻迭用。例如：

(11) a 袁书记当时说："不想什么，我不过说说<u>就是</u>啦! 睡吧! 你也够累的了。"

   b 第二部分实际是大会报告第一部分的重复，不过改改口气，换种说法<u>就是</u>。

(12) a 羊娃肯定没杀人，或许是另外两人动的手，他只是一块跟着去的<u>罢了</u>。

   b 泰山的碧霞元君……模样就像一个呼奴使婢的很阔的老奶奶，只不过不知为什么成了神了<u>罢了</u>。

没有发现"就是(了)$_1$"与其他语气词迭用的用例。例(12)显示"罢了"能在"的"或"了"后与之紧邻迭用，但仅有个别用例，可视为语气词化程度不高而序列位仍在游移之中。考虑到"就是(了)$_1$""罢了"都和"的"一样表示对静态事件的肯定语气，可据此将二者归入"A_1"类，从而将基本序列二扩充为基本序列三：

［来着/来/去/而已］＞A₁.的/［就是（了）₁/罢了］＞A₂.了/［啦/咧］＞A₃.呢［着呢］＞B.吗/吧＞C.啊/哎/哦/［哟］。

3.3　c组：不、不成、不是、没（有）

c组最靠后都能后于"呢"并先于"吗/吧"与之紧邻迭用。例如：

(13) a 光源停止发光后，光还继续传播<u>不</u>吗？

　　　b 爷的表情纯洁<u>不</u>吧？

(14) a 秦妈妈笑声朗朗地对汤阿英说："你们小两口子相好，我秦妈妈难道会反对<u>不成</u>吗？"

　　　b 他还能光喝凉水<u>不成</u>么？

(15) a 我呢就是上他们那儿玩儿去<u>不是</u>吗？

　　　b 磨盘里的料不一定很多<u>不是</u>吗，如果料加得过多过猛，磨盘反而阻塞，难以转动。

(16) 贾珍又吩咐贾蓉道："你跟了你叔叔去，也到那边给老太太，老爷，太太们请安，说我和你娘都请安，打听打听老太太身上可大安了？还服药呢<u>没有</u>？"

例(13)里的"不"先于"吧、吗"，例(14)里的"不成"先于"吗"，例(15)里的"不是"先于"吗"，例(16)里的"没有"后于"呢"。如果将前三例和最后一例合起来看，可以认为c组位于"呢"与"吗/吧"之间。但"没（有）"为孤例，"不"仅2例，"不是吗"是个别人的用例①。也就是说，它们的频率都远远低于"吗"，而且不像"吗"那样还可以用于书语。其次，它们所在的句类与反问句或附加问往往难分畛域，尤其是"不成"最为明显。综合考虑，该组可与"吗"归为一类暂且放在其前（具体细节将在"四"里再讨论），从而将基本序列三扩充为基本序列四：［来着/来/去/而已］＞A₁.的/［就是（了）₁/罢了］＞A₂.了/［啦/咧］＞A₃.呢［着呢］＞B.［不/不成/不是/没（有）］＞吗/吧＞C.啊/哎/哦/［哟］。

---

① 同类例句一共发现7个，其余5个列举如下：

你瞧我们今天开会<u>不</u>是么，就是说以后，现在不是说最后一个月了么？还差好些鞋呢哈……

你比如我哥哥，念书<u>不是</u>吗，他们念那ner1 小书什么的，就是三字经儿、百家姓儿……

我们这儿四个人，他们那块儿就是就是我们一块儿吃饭<u>不是</u>吗？

东师，东师，还有什么师，都改了，就是那鼓楼中学呀，后来就没了<u>不是</u>吗？

我们就跟烂铁局子买那个烂铁丝儿，都给他截成这么长，有铅皮儿<u>不是</u>吗？

首例来自《读书》，其余均为《1982年北京话调查资料》里4位发音合作人的用例，平均每人一例。

3.4 d组：就是(了)₂、得了、好了、算了

先看例句。例如：

(17) a 有一天谈到这里，她便说道，"母亲的钱，你拿来用<u>就是了</u>，还不就是
       你的么？"

     b 二姐姐当然不服气，她说："娘，我若看错了，你只管罚我<u>就是</u>。"

     c "老娘放心，儿子遵命<u>就是</u>。"说罢，侯天成就离开侯家大院搬到他的
       公馆去了。

(18) a 他一会儿来，你问他<u>得了</u>。

     b 你放心<u>得了</u>，这里有我呢。

(19) a 这是独处的妙处，我且受用这无边的荷香月色<u>好了</u>。

     b 不用怕，有意见你只管提<u>好了</u>。

(20) a 刘会元说："咱抓阄<u>算了</u>。谁抓着什么就玩什么，也别争也别躲。"

     b 既然养不活，就扔了<u>算了</u>。

例(20)b 里的"算了"虽然后于语气词"了"与之紧邻选用，但"扔了"并无完
成态，这说明本组语气词都只能用于将然态的祈使句末。据此本组可与"吧"归
为一类，从而将基本系列四扩充为基本系列五：[来着/来/去/而已]＞A₁.的/
[就是(了)₁/罢了]＞A₂.了/[啦/咧]＞A₃.呢[着呢]＞B.[不/不成/不是/没
(有)]＞吗/吧[就是(了)₂/得了/好了/算了]＞C.啊/哎/哦/[哟]。

3.5 e组：嘛、哈

"嘛"最靠后能后于"呢"与之紧邻选用。例如：

(21) 我们和你是一样的，我没有反对，只是做点补充而已<u>嘛</u>，从来不敢再
说，你儒家不行，没有作用。

(22) 等到我们一起把经济搞好，大家的收入不管多少，都会有所提高的<u>嘛</u>！

(23) a 男人要戴个帽子<u>嘛</u>，戴个帽子，帽子……帽子——礼貌<u>嘛</u>。代表礼
       貌，你要以礼貌见人了<u>嘛</u>，你现在大人了<u>嘛</u>，你要戴一个冠<u>嘛</u>。

     b 就这一认命，得啦，反动统治阶级、封建地主阶级他们就以这个得意
       啦<u>嘛</u>！认命啦<u>嘛</u>，没有斗争性啦<u>嘛</u>！

(24) "这不在查呢<u>嘛</u>！王葡萄就你整天还不爱开会，你这觉悟从来没提高
过！"蔡琥珀说。

以上几例里，"嘛"依次位于"而已""的""了/啦""呢"后，未见位于"吗/吧"和

"啊"后的用例。

"哈"最靠后能后于"啊"等与之紧邻迭用,不能在其前(尹世超,1999)。下面例句引自尹世超(1999)。例如:

(25) 个人感觉不好看,个人看法而已<u>哈</u>。

(26) 干这活儿好像挺清闲的<u>哈</u>,其实不是这样。

(27) a 现在已经过了十二点了<u>哈</u>?

    b 你最近看那部影片了<u>哈</u>?

(28) 大伙儿正吃饭呢<u>哈</u>。

(29) 这道题没错吧<u>哈</u>?

(30) 提醒这些进行买卖交易的人哪<u>哈</u>,车主也好,还是个体也好,客户也好,一定要注意到这个事情。

以上几例里,"哈"依次位于"而已""的""了/啦""呢""吧""啊"的变体"哪"后。可见它不仅能后于 A 组、B 组语气词之后,还能后于 C 组之后。这似乎意味着"哈"的序列位比"嘛""啊"还要靠后①。

据上,可将"嘛、哈"归入"啊",从而将基本序列五扩充为基本序列六:[来着/来/去/而已]>A₁.的/[就是(了)₁/罢了]>A₂.了/[啦/咧]>A₃.呢[着呢>B.[不/不成/不是/没(有)]>吗[吧[就是(了)₂/得了/好了/算了]>C.啊/哎/哦/[哟]/[嘛/哈]。

4. 构建语气词句末迭用的最终序列

"3"里得出的基本序列六,比基本序列有如下两个明显进步:

第一,增加了 20 个语气词,已经将我们认可的 28 个语气词全部囊括进来,至少也是目前涵盖范围最多的。

第二,类种数量由原来最多的三类五种增加到四类七种,且原有类种里的语气词数量均有所增加。

至此为止,可以说基本序列六已经弥补了本文开头指出的基本序列涵盖语气词过少及其类种过少的遗憾。但第三个不足,即类种顺序失误的问题依然存在。为纠正顺序失误,下面依次从个体、局部微调出发,最后对全局顺序做出调整。

---

① 这可能与它源自叹词或借自方言有关。

4.1 "吧"与"吗"由先后关系调整为互补择一关系

关于"吧"与"吗"在迭用顺序里的位置,学者有如下三种意见:

一是将二者合为一类并置于"了""啊"之间的序列位(朱德熙,1982:227;胡裕树,1979/1995:376)。如朱德熙的序列为:了/呢$_1$/来着＞呢$_2$/吗/吧$_1$/吧$_2$＞啊/呕/欤/嚛呢$_3$。不同的是,朱德熙在疑问(吗、吧$_1$)与祈使(吧$_2$)之间用了选择连词"或",这一点不可忽视,更不能无视。

二是将二者合为一类并置于"呢""啊"之间的序列位,即:的、了＞呢＞吧/吗/嚛＞啊/哎/呕(胡明扬,1981;邓思颖,2010:61)。

三是将二者一起置于"了"后,并与"呢、啊"合为一类,其序列位是:的＞了＞吗/吧/呢/啊(黄伯荣、廖序东,1980/2007:34)。这一处理更不容忽视。

由语料分析可知,朱德熙在"吧、吗"之间用一个"或"字的做法非常高明,但将"呢"一分为三并分别置于前中后三个位置则是有问题的。胡名扬、邓思颖将"吧、吗"合为一类并置于"呢"后是正确的,但置于"啊"前并对"吧、吗"混而不分则视朱有所倒退。黄、廖将"吧、吗"与"啊"同类的处理超越他人,但将"呢、吧、吗、啊"合为一类也不免失察。鉴于此,我们吸收黄、廖将"吗、吧、啊"合并的合理因素,接受胡、邓将"呢"另立一类而置于其前的做法,将朱德熙的"或"字明确为互补择一关系,即"吗"和"吧$_1$"为一类表疑问,"吧$_2$"表祈使,二者在句末迭用时互补,只能择一出现,而不能先后迭用。简言之,就是将基本系列六里的B类分为互补分布的两类,即:B$_1$.[不/不成/不是/没(有)]＞吗/吧$_1$/B$_2$.吧$_2$/[就是(了)$_2$/得了/好了/算了]。

4.2 "不/不成/不是/没(有)"与"吗/吧 1"由先后关系调整为互补择一偶兼先后关系

前面说过,基本序列六里将"不"等放在"吗/吧$_1$"之前,是照顾极少用例的权宜之计。其实,二者之间更多的是互补择一关系,是"互补为主,先后为辅"关系,技术上用下标"/(＞)"表示。

4.3 "疑、祈、讶"由先后关系调整为互补择一关系

基本序列六里将疑问或祈使语气词置前而惊讶语气词置后,是传统语法学和生成语法学几乎一致认可的做法。遗憾的是,这种序列并未得到语料支持。首先,如果按照基本序列六所列的迭用顺序,疑问或祈使与惊讶语气词之间应推

导出两种二选类型:疑>讶、祈>讶。而且,如果基本序列六里的 7 个疑问语气词都能与 6 个感叹语气词彼此选用的话,理应推导出 42 个二选式;如果"吧"与 6 个感叹语气词都能彼此选用的话,也应推导出 6 个二选式。这样一共可推导出 48 个二选式。但语料考察的结果却十分令人沮丧,这 48 个推导式仅仅发现 4 个二选式的十多个例句,且约半数均为网络语言。例如:

第一,"疑>讶"选用式:不啊、不哦、没啊。例如:

(31) 你还记得到郭老不啊?

(32) 外地人会的第一句四川话是什么?你晓得不哦?

(33) 看到没有啊,兴票案重新起诉,来追查宋楚瑜……

第二,"祈>讶"选用式:吧啊。例如:

(34) 戈:干你的吧啊!

(35) 少喝点吧啊,再喝,你都快跟我抢拳头啦!

此外,"祈>讶"选用式还发现 6 个用例①,但均见于《编辑部的故事》和《皇城根》两部北京话作品。以上说明,疑问或祈使与惊讶的二选式及其用例都极少且规范度低,频次极低,其中,"疑>讶"选用式用例几乎都是网络语言,"祈>祈"选用式用例仅见于极个别作品。

对于"啊"和其他语气词的区别,吕叔湘(1944/2002:269)曾敏锐地指出(着重号为笔者所加):

实在不应该拿"啊"字来和别的语气词并排着比较。作为语气词的"了"和"的"不能合用,"的呢"和"了呢"间或有,也不常见。但"啊"字常常加在别的语气词的后面,这也可见"了"和"的"和"呢"是大致在同一平面上的语气分别,而"啊"字和它们不在同一平面上。

也就是说,吕叔湘将最终序列里的">的>了>呢"选用段与"啊"分为不同层次,也即最终序列里的不同序列位。

---

① 其余 6 个例句如下:
你点点吧啊,剩下的回头给你。
啊,有客人就不吃饭了?行,待着吧,待着吧啊。晚饭甭吃了。嗯,就知道聊。纯属于无聊。
这期稿件主编已经审查完了,你自己跟老陈说去吧啊。
得,快写吧啊,我也别抱什么幻想了。唉!
好啦好啦,我得走了。你们呀,沉住气欣赏欣赏你们儿子的照片吧啊……
为什么你不能放松一点比如向大伙说说你的苦衷放松一点对你太有益处了放松吧啊?
以上 6 例连同例(38)里的"吧啊"选用,如果"啊"前加入停顿或逗号的话,这个"啊"都难以摆脱句末叹词或代句词的嫌疑。另外,王力(1944/1985:242—243)将"吧"归于不定语气里的揣测语气和意志语气里的祈使语气。又说:"催促语气用'啊、哇、呀'字。它的性质很近于祈使语气,只是语气急些。因此,也可以用'罢'字再加'呀'字。"他也举出一个孤例,如:大好日子的什么话呀?走罢呀。

至于疑问、祈使两个范畴的序列位难题,先哲也为我们指明了方向。首先,朱德熙(1982:207)在疑问、祈使之间用了一个"或",等于认可二者虽在同一序列位,但互补出现在迭用序列里。其次,黄伯荣、廖序东(1980/2007:34)索性将疑问、祈使、惊讶合为一类,并置于最终序列里的最后序列位,等于认可疑问、祈使、惊讶在该序列位上可以互补替换。

从先哲的论断出发并结合语料分析,我们有理由认为疑问、祈使、惊讶三个范畴的语气词彼此不能(至少也是几乎不能)先后迭用,它们不是先后关系,而是择一互补关系。据此,基本序列六里最后两个表示先后关系的">"应该一律改换为表示互补择一关系的"/"。

4.4 最终序列及其规定性

基本序列六里,"呢"和它前面的各类语气词都是一般所谓陈述语气词,即"来""的""了"与"呢"等四类依次是陈述语气词里迭用顺序先后的四种。技术上只需要在原来"A_1.的"之前增加一个位置更靠前的 A_0.种(来、来着、而已)即可。但考虑到下标过多会带来不便,这里权且将基本序列六里的五类七种语气词前的字母及其下标一律改用字母,并仍以">"表示先后关系,用"/"表示互补择一关系,从而得出表1所示的语气词句末迭用最终序列的完全式,并与一般所谓语气词类别及其序列位分别对应起来。

表1 语气词末迭用最终序列的完全式

最终序列	A. 来着/来/去/而已>	B. 的/似的/就是(了)₁/罢了>	C. 了/啦/唡>	D. 呢/着呢>	E. 不/不成/不是/没(有)/(>)吗/吧₁	F. 吧₂/就是(了)₂/得了/好了/算了/	G. 啊/哎/哦/哟/嘛/哈
语气类型	陈述				疑问	祈使	惊讶
序列位	前位	中前位	中位	中后位·	后位		

对上面刚刚得出的最终序列,还可以用自拟语气词二迭式例句再次简化验证并重新推导如下:

例句	迭用式及其推导
(36) a 你养两缸金鱼来着的。	A>B
b 你养两缸金鱼的了。	B>C→A>B>C
c 你养两缸金鱼了呢。	C>D→A>B>C>D

d 你养两缸金鱼呢吗?　　　　　　D>E→A>B>C>D>E

e 你养两缸金鱼呢吧?　　　　　　D>F→A>B>C>D>E/F

f 你养两缸金鱼呢呀。　　　　　　D>G→A>B>C>D>E/F/G

最终序列是对语气词句末迭用的具体现象进行推导并逐一验证得到的抽象公式,是语气词句末迭用系统的重要组成部分,它自身蕴含着如下规定:

第一,类种规定:据迭用先后和互补关系将 28 个语气词分为两组五类七种。两组是指陈述语气词和非陈述语气词;五类是指 A、B、C、D 各为一类,E—G 合为一类;七种是指 A—G 各为一种。组、类、种的划分,对解释最终序列各有不同的作用。

首先,陈述组的序列位先于疑问、祈使和惊讶这一大组,而且后者的三种语气词又都只能互补择一出现在陈述语气词及其二迭式之后与之迭用。因此,可以将最终序列重新编码并简示如下:

A_1.来着>A_2.的>A_3.了>A_4.呢>B_1.吗/B_2.吧$_2$/B_3.啊

在上面的简化式里,语气词句末迭用顺序及其组、类、种之间的关系可以看得更清楚些。换句话说,所谓语气词句末迭用,都是"陈述>陈述"、"陈述>疑问"、"陈述>祈使"或"陈述>惊讶"四类迭用式之一。

其次,类的划分可以直接说明语气词句末迭用的先后顺序及其序列位。

最后,种的划分有助于说明最终序列里的互补关系。

第二,成员规定:每种内部包括 2—6 个语气词成员,它们既有共同的语气功能,彼此之间又有差异,从而在每种语气词内部表示出丰富多彩、个性鲜明的语气。

第三,关系规定:五类七种及其成员之间是互补关系,可具体表述如下:首先,最终序列里的 E—G 类内部三种之间为互补关系,彼此不能(或几乎绝对不能)先后迭用,只能三种择一后于陈述语气词之一类或其二迭式与之迭用。其次,扩展开来,A—G 等七类内部成员之间也都是互补关系,也不能先后迭用,也只能择一参与迭用。最后,同一个语气词更不能重叠迭用。总之,语气词迭用必须遵守互补关系,才是合法迭用,否则,即为非法迭用。如"* CB.的而已、* AEF.的吗吧、AA.* 的的"都是违背互补关系的违法迭用。实际上,互补迭用和不能重叠迭用都可以名之曰异类迭用,意思是,同类、同义乃至近义的语气词都不能先后迭用,只有异类、异义才能先后迭用。这应该是客观世界里同类相斥、异类相吸原则在语气词迭用现象里的具体表现。就此而言,"呢吧""呢吗"迭用式里的"呢"一定不会表示疑问语气,而只能表示强调并向听者指出命题或其焦点的语气。因为,如果"呢"表示疑问语气的话,就不符合异类迭用规定性,而是违法迭用了。

第四，顺序规定：五类七种语气词里两个或三个一起迭用，必须遵循最终序列规定的顺序，否则，即为违法迭用。如"＊BA. 的而已、＊DC. 呢了、＊GA. 啊的"。

第五，位置规定：位置规定是顺序规定的具体表现。由于 E—G 类三种之间彼此为互补择一关系，它们在最终序列仅占有一个位置。也就是说，最终序列实际上只有 5 个序列位，分别对应五类语气词。各类语气词在最终序列里的序列位是固定不变的，在具体迭用式里的顺序位置（姑且称之为临时位）则是可以有限可变化的。也就是说，序列位决定了临时位及其变化的限度。如 C 类里的"了"，序列位是中位。如在"的了呢、的了吗"等迭用式里都居中，在"了呢、了吗、了吧、了啊"等迭用式里都领前，在"的了、来着了、而已了"等迭用式里都殿后。

第六，语音规定：语气词迭用顺序先后与其音响度由低到高大体同步，可简化表示如下：

简化式：A. 来$_{[lai/ɛ]}$＞B. 的$_{[tə]}$＞C. 了$_{[lə]}$＞D. 呢$_{[nə]}$＞E. 吗$_{[mA]}$／F. 吧$_{2[pA]}$／G. 啊$_{[A]}$

陈述	＞疑问/祈使/感叹
[ɛ/ə]	＞　　　　　[A]

在上面的元音音响度序列里，除"来"外，其余 6 个恰好分为[ə]段和[A]段，明显表现出音响度"前低后高"的趋势。其次，在"的＞了＞呢"迭用段里，"的"的声母是不送气清塞音[t]，"了"是浊边音[l]，"呢"是浊鼻音[n]。三者分别与央元音[ə]构成[tə]、[lə]、[nə]三个音节。由于声母辅音的音响高低不同，三个音节的音响度由前向后也表现出"前低后高"的趋势。总之，语气词迭用顺序从宏观到微观，音响度由低到高与距离核心谓词远近大体同步，距离核心谓词越近，音响度越低，反之，越高。

由上可见，最终序列蕴含的以上六个方面的规定性，首先都是对自身的规定性，其中的关系规定、顺序规定和位置规定还是对语气词句末迭用的规定，违背上述规定之一，即构成非法或弱势迭用式（王珏，2017）。

毋庸讳言，最终序列并非尽善尽美。如 E 种"不成、不是、没（有）"偶有先于同类"吗""吧$_1$"的用例，G 种"哈"也偶有后于"啊"的用例。但它们在迭用类型系统里一律表现为弱势或边缘迭用（详见王珏，2017），而且和先秦汉语的情况是一样的（朱承平，1998）。换句话说，偶见的违法迭用是语气词句末迭用顺序与迭用式类型系统的边缘性表现，并不影响最终序列的成立及其正确性。

5. 结 语

据上文讨论,现代汉语普通话两组五类七种 28 个语气词的句末迭用的最终序列可表示为如下完全式及其简化式:

最终序列完全式:

A. 来着/来/去/而已>B. 的/似的/就是(了)₁/罢了>C. 了/啦/咧>D. 呢/着呢>E. 不/不成/不是/没/没有/(>)吗/吧₁/F. 吧₂/得了/好了/算了/G. 啊/哎/哦/哟/嘛/哈

最终序列简化式:

A. 来着>B. 的>C. 了>D. 呢>E. 吗/F. 吧₂/G. 啊

诚然,"任何已知的陈述都是对较低层面概括的解释,但是在和较高层次的概括对比时又是描写。"(威廉·克罗夫特,2009:342)换言之,任何概括都是解释,只是层次高低有别。上文得出的语气词句末迭用的最终序列所反映的显然已经不再是个体语气词(散钱)的迭用顺序,而是语气词组、类、种(钱串子)的迭用顺序。这不仅为语气词句末迭用顺序提供了一个高度概括性的序列公式,而且也是进一步研究语气词句末迭用制约机制的基础,还是进一步描写语气词句末迭用类型并构建迭用系统的一把金钥匙。如上面的简式初步显示,普通话语气词句末迭用顺序,整体上遵循"陈述语气在前,非陈述语气在后"的制约机制,而且与语音上"开口度小在前,开口度大在后"呈现同步对应关系(详见王珏,2016b)。其次,这个最终序列,对语气词句末迭用时的组、类、种及其成员、彼此关系、先后顺序及其位置(序列位和临时位)都一一做出了规定,违背这些规定将导致非法、弱势或边缘迭用。当然最终序列也有软肋,它们在迭用类型系统里程度不等地表现为非原型或边缘迭用(详见王珏,2016a)。

最后,在 Greenberg(1966)提出的 45 条语言共性内容里没有语气词句末迭用的内容。然而,在汉语普通话及其方言、汉语亲属语言以及其他语气词语言里,语气词在音节多寡、声调轻重,迭用数量,句末迭用顺序及其机制,迭用类型及其系统等方面均表现出多样化形态,这对语言类型学或语言共性研究应该是一个重要补充①。同时,汉语普通话及其方言以及所见其他语气词语言,句末语

---

① 学界对此有不同的观点,参见刘丹青(2005)和戴昭明(2010)。

气词都可迭用,且都有严格的顺序规定①。但我们也发现,岳阳话和武汉话语气词可以同类迭用(方平权,2002;吴翩翩,2009),越南语、武汉话有的语气词可以颠倒迭用(武氏明河,2012;吴翩翩,2009),壮语曲折调语气词可以重叠迭用(何霜,2007),这些都不见于古今汉语雅言系统。可见,至少在以上两个方面,普通话语气词句末迭用顺序都应该具有一定的语言类型学价值。

参考文献

陈　骙　1960　《文则、文章精义》,人民文学出版社。

蔡文俊　2014　柳州方言和普通话句末语气词连用现象对比分析,《文学教育》第1期。

戴昭明　2009　汉语叠合语气词的结构化,《语文研究》第2期。

戴昭明　2010　汉语语气助词的类型学价值,39th International Conference on Sino-Tibetan Languages and Linguistics University of Washington.

邓思颖　2010　汉语句类和语气的句法分析,《汉语学报》第1期。

丁恒顺　1985　语气词的连用,《语言教学与研究》第3期。

饭田真纪　2007　粤语句末助词的体系,载张洪年主编《第十届国际粤方言研讨会论文集》,中国社会科学出版社。

范慧琴　2001　《山西定襄方言语气词研究》,天津师范大学硕士学位论文。

方平权　2002　岳阳方言的语气词,《云梦学刊》第4期。

冯胜利　2014　声调、语调与汉语的句末语气,《语言学论丛》第51辑,商务印书馆。

郭锡良　1988　先秦语气词新探(一),《古汉语研究》第1期。

何　霜　2007　《忻城壮语语气词研究》,中央民族大学博士学位论文。

胡明扬　1981　北京话的语气助词和叹词(上、下),《中国语文》第5、6期。

胡裕树主编　1979/1995　《现代汉语(重订本)》,上海教育出版社。

黄伯荣、廖序东主编　1980/2007　《现代汉语(增订四版下册)》,高等教育出版社。

黄国营　1994　句末语气词的层次地位,《语言研究》第1期。

李晟宇　2005　疑问语气词的连用,《语文学刊》第5期。

李小凡　1998　《苏州方言语法研究》,北京大学出版社。

---

① 截至2013年年底,方言语气词句末迭用顺序的研究,主要见于涂光禄(1993)、宋秀令(1994)、范慧琴(2001)、方平权(2002)、李雄燕(2003)、饭田真纪(2007)、林华勇(2007、2015)、马晓琴、陶相荣(2007)、吴翩翩(2009)和蔡文俊(2014)等分别对贵阳话、汾阳话、定襄话、岳阳话、荷塘话、广州话、廉江话、绥德话、武汉话和柳州话的报道等,亲属语言见何霜(2007)、杨琴芳(2010)和赵媛(2012)分别对忻城壮语、西双版纳傣语、新平傣雅话的报道,其他语气词语言的情况见武氏明河(2012)、谭铮(2013)对越南语、日语的报道以及任鹰先生高足西村英树博士通讯赐告。

李雄燕　2003　涟源荷塘方言中的语气词,《娄底师范专科学校学报》第 3 期。

李宇明　1997　疑问标记的复用及标记功能的衰变,《中国语文》第 2 期。

林华勇　2007　广东廉江方言语气助词的功能和类别,《方言》第 4 期。

林华勇　2015　广东廉江粤语的传信语气助词,《语言科学》第 4 期。

刘丹青　2005　语言类型与汉语研究,载徐杰主编《汉语研究的类型学视角·代前言》,北京语言大学出版社。

刘丹青　2008　《语法调查研究手册》,上海教育出版社。

吕叔湘主编　1999　《现代汉语八百词》,商务印书馆。

马建忠　1893/1982　《马氏文通》,商务印书馆。

马晓琴、陶相荣　2007　绥德方言语气词的连用,《西北民族大学学报》第 1 期。

齐沪扬　2002　情态语气范畴中语气词的功能分析,《南京师范大学文学院学报》第 3 期。

石定栩　2006　汉语的语气和句末助词,《语言学论丛》第 39 辑,商务印书馆。

史金生　2000　传信语气词"的""了""呢"的共现顺序,《汉语学习》第 5 期。

宋秀令　1994　汾阳方言的语气词,《语文研究》第 1 期。

太田辰夫　2003　《中国语历史文法》(修订版)蒋绍愚、徐昌华译,北京大学出版社。

谭　铮　2013　《日语终助词承接形的结合方式与意义功能的相关性考察》,北京外国语大学博士学位论文。

涂光禄　1993　贵阳方言语气词初探,《贵州大学学报》第 1 期。

王建设　2004　贵阳方言句尾语气词连用的结构层次和语用功能,《贵州师范大学学报》第 4 期。

王　珏　2011　现代汉语语气词系统初探,载邵敬敏、石定栩主编《汉语语法研究的新拓展》第 5 辑,北京大学出版社。

王　珏　2012a　现代汉语语气词特点的再认识,载齐沪扬主编《现代汉语虚词研究与对外汉语教学》第四辑,学林出版社。

王　珏　2012b　现代汉语语气词的界定标准,《徐州师范大学学报》第 6 期。

王　珏　2013　现代汉语语气词范围再探,日本樱美林大学《汉语与汉语教学研究》第 4 号。

王　珏　2017a　语气词句末选用类型系统研究,《当代修辞学》第 3 期。

王　珏　2017b　语气词句末选用的制约机制研究,待刊。

王　力　1944/1985　《中国现代语法》,商务印书馆。

吴翩翩　2009　《武汉话方言语气词研究》,华中师范大学硕士学位论文。

武氏明河　2012　《汉越语气词对比研究》,华东师范大学博士学位论文。

杨琴芳　2010　《新平傣雅语句末疑问语气词研究》,中央民族大学硕士学位论文。

杨永龙　2000　先秦汉语语气词同现的结构层次,《古汉语研究》第 4 期。

尹世超　1999　说语气词"哈"和"哈"字句,《方言》第 5 期。

袁　晖、叶　帆　1983　说"就是",《内蒙古民族师院学报》第 2 期。

袁毓林　1999　定语顺序的认知解释及其理论蕴涵,《中国社会科学》第 2 期。

张小芹　2005　《论语》中语气词的复用,《河北理工学院学报》第 2 期。

张谊生　2000　《现代汉语虚词》,华东师范大学出版社。

赵长才　1995　先秦汉语语气词连用现象的历时演变,《中国语文》第 1 期。

赵元任　1926　北京、苏州、常州语助词的研究,《清华学报》第 2 期。

赵元任　1979　《汉语口语语法》(吕叔湘译),商务印书馆。

朱承平　1998　先秦汉语句尾语气词的组合及组合层次,《中国语文》第 4 期。

朱德熙　1982　《语法讲义》,商务印书馆。

左思民　2009　普通话语气词的主要特点,载程工、刘丹青主编《汉语的形式与功能研究》,商务印书馆。

威廉·克罗夫特　2009　《语言类型学与语言共性(第二版)》,龚群虎等译,复旦大学出版社。

Greenberg, J. H.　1966　Some Universals of Grammar with Particular Reference to the Order of Meaningful Elements. In H. Greenberg. (ed.) *Universal of Language: 73 – 113*. Cambridge, Mass: MIT Press. (译文：某些主要跟语序有关的语法普遍现象,陆丙甫、陆致极译,《国外语言学》,1984 年第 2 期。)

Li, Boya　2006　*Chinese Final Particles and the Syntax of the Periphery*. Utrecht: LOT.

（作者单位：上海交通大学人文学院,yurenwj@126.com。）

"宾补争动"的焦点实质 *

李劲荣

0. 引 言

"宾补争动"原指句法成分的线条性与语义结构的非线条性之间产生矛盾而通过相应的句法手段(如重动句、"把/被"字句、话题化等)进行调适(王力,1944;施春宏,2010),即宾补不能同时位于动词后面,语序表现为"宾—动—补"(OVC)。

本文所指的"宾补争动"范围要宽,既包括宾补不能同时位于动词后面的情况,也包括宾补可以同时位于动词后面的情况。如果都位于动词后面,谁更靠近动词?语序为"动—补—宾"(VCO)还是"动—宾—补"(VOC)?这也是其"争动"的一种表现。

因为补语只能位于动词后面,这样,问题就集中于两点:第一,宾语能否位于动词后面;第二,如果能,它与补语哪个靠近动词。

根据已有研究,汉语句子的基本语序是动词前为话题性成分,动词后为述题性或焦点性成分(朱德熙,1982);汉语动词居中,这样将话题性或非焦点性成分与焦点性或非话题性成分区分开来(罗仁地,1995)。汉语的句末成分是表达新信息的常规焦点或自然焦点,通常由动词所带的宾语充当,有时也可以由补语充当(张伯江、方梅,1996;徐烈炯、刘丹青,1998)。

既然汉语的宾语和补语都有可能成为焦点,两者之间就存在谁能居于句末或谁更靠近动词这样的竞争,即最终谁能成为焦点。根据"一句一焦点"原则和

* 本文曾在第七届现代汉语虚词研究与对外汉语教学学术研讨会(2016年7月,昆山)上宣读,邵敬敏、高顺全、姚占龙、李文浩等先生提出过宝贵意见,特表谢意! 已发表于《汉语学习》2017年第5期。

"汉语焦点居尾"原则,句末成分通常是焦点。因此,是焦点结构决定了宾补的语序。

1. 结果补语与宾语"争动"

现有关于动结式带宾语的成果甚多,鉴于本文讨论的是宾语和补语的语序问题,所以,只限于能够带宾语的动结式,且结果补语表示宾语的某种状态。以下几种情况不在本文讨论的范围内,例如:

(1) a 他笑完了/*笑完了他　明星制抓晚了/*抓晚了明星制　这儿住长了/*住长了这儿

　　b 他吃饱了饭　　他喝醉了酒　　他下赢了棋　　他赌输了钱

　　c 他关进了牛棚　　这句话引自《诗经》　　行李放在地上

a 组中补语的语义指向动词,这类动补结构一般不带宾语;b 组中的补语指向句子主语,说明的是主语的状态,这类动补结构虽然可以带宾语,但宾语都是动词的默认论元,可以隐省;c 组的补语是表示处所、源点和路径的介词短语,当介词与动词复合成动结式后,原介词宾语就充当整个动结式的宾语,因此,动结式就不能再带宾语了。

宾语是动作的对象,补语表示动作对象的结果状态且是由动作引起的,那么,宾语和补语的语序如何安排? 由于现代汉语中的结果补语必须紧邻动词之后,实际上问题就成了宾语能否居于句末,或干脆说宾语需要为句末位置而与补语竞争,如果宾语不能位于句末,则需要移到句首作主语,并由此形成两种可能的语序:"动词+补语+宾语"或者"主语+动词+补语"。例如:

(2) 洗干净了衣服——?洗脏了衣服——衣服洗脏了

　　讲明白了道理——*讲糊涂了道理——道理讲糊涂了

　　理顺了关系——*理乱了关系——关系理乱了

　　挖深了土坑——*挖浅了土坑——土坑挖浅了

　　刨薄了木板——*刨厚了木板——木板刨厚了

　　砌高了围墙——*砌矮了围墙——围墙砌矮了

上述各组中的形容词为相对义或相反义,但所构成的动补结构带宾语的能力却不一样。陆俭明(1990)对此类动补结构的语义进行了详细的分析,认为可以根据形容词的性质加以区分:若是褒贬义形容词,结构表示所实现的是否为理想结果;若是量度义形容词,结构表示预期结果是否偏离。我们赞同该看法。

联系到是否带宾语,则可以看出,表理想结果或预期结果的动补结构可以带宾语,表非理想结果或偏离结果的动补结构不可以带宾语。

本文在陆文的基础上改进一步,不单纯拘泥于形容词的性质,而是看动词和结果之间的关系,即结果是否符合动作的预期:符合预期的可带宾语,不符合预期的不可带宾语。这种做法可以把像"弄脏了衣服""摔坏了杯子"等虽是贬义形容词,但动补结构却可以带宾语的情况概括进来。

结合焦点的性质及"焦点居尾"原则,上述现象就可以得到解释。结果符合动作的预期,表明这种结果在动作发出前就能预测到,是一种规约性的结果,所提供的新信息就少;相反,如果结果超出或违背动作预期,则表明这种结果在动作发出前并不能预测到,是一种偶发性的结果,它所提供的新信息就多。越能提供新信息的成分越有资格成为焦点,而不能提供新信息的成分难以成为焦点,常规焦点通常居尾。这样,符合预期的结果成分不作为焦点,受到影响的成分(即宾语)居于句尾充当焦点就顺理成章了,如"洗"的预期自然是"干净","衣服"就作为焦点居于句尾;违背预期的结果成分作为焦点,由于结果补语只能位于动词后面,动补结构就不能再带其他成分了,受影响的成分只能居于句首,如"脏"这一结果完全超出了"洗"的预期,"脏"就成为焦点而占据句末位置。

宋文辉(2006)认为,带偏离补语、带描写性结果补语、临时创造的动结式和主观强调补语这四种动结式的宾语必须前置,是因为这些补语所代表的结果可预测度低,其在认知上的凸显度高而成为焦点。这与本文的观点一致。

2. 趋向补语与宾语"争动"

关于趋向补语与宾语的语序,有以下几种观察角度①。

2.1 名词的指称性质

张伯江(1991)主要从宾语名词的指称性考察这一现象,结果如下:

如果是无指成分,则基本上采用 VC_1OC_2 式。例如:

(3) ＊说话出来——说出话来——＊说出来话

　　＊弯腰下去——弯下腰去——＊弯下去腰

如果是有指成分,则要看其定指性强弱。定指性越强的成分位置越居前,定

---

① 只考虑复合趋向补语与宾语的位置情况,不包括简单趋向补语。

指性越弱的成分位置越居后,依次为:把 OVC_1C_2——VOC_1C_2——VC_1OC_2——VC_1C_2O。例如:

(4) 把他叫起来——叫他起来——?叫起他来——*叫起来他

把那个书包拎起来——*拎那个书包起来——?拎起那个书包来——*拎起来那个书包

把手伸出来——*伸手出来——伸出手来——*伸出来手

?把一片药灌下去——*灌一片药下去——灌下一片药去——灌下去一片药

?把个试工的带回来——*带个试工的回来——?带回个试工的来——带回来个试工的

由于旧信息常用定指形式表示,新信息用不定指形式表示,张文由此得出结论:宾语名词在复合式动补结构中的位置正符合信息传递"由旧到新"的原则。

2.2 宾语的语义类型

陆俭明(2002)根据宾语的语义类型来考察其与复合趋向补语的位置。陆文认为,如果是处所宾语,则只能采用 VC_1OC_2 式。例如:

(5) *走教室进来——走进教室来——*走进来教室

*飞北京回去——飞回北京去——*飞回去北京

如果是施事宾语,则要看其是否带数量词。不带数量词时,用 VC_1OC_2 式;带数量词时,用 VC_1OC_2 式或 VC_1C_2O 式。例如:

(6) *爬孩子进来——爬进孩子来——?爬进来孩子

*飞苍蝇进来——飞进苍蝇来——?飞进来苍蝇

*走一个孩子进来——走进一个孩子来——走进来一个孩子

*飞一只苍蝇进来——飞进一只苍蝇来——飞进来一只苍蝇

如果是受事宾语,也要看是否带数量词。不带数量词时,用 VOC_1C_2 或 VC_1OC_2 式;带数量词时,三式都可以采用。例如[①]:

(7) 抬啤酒上来——抬上啤酒来——*抬上来啤酒

搬桌子进去——搬进桌子去——*搬进去桌子

?抬一桶啤酒上来——抬上一桶啤酒来——抬上来一桶啤酒

---

① 例句中的? 是笔者加上去的,因为陆文指出这种格式用于祈使句。既然这样,说明这种格式受到一定限制。

　　？搬一张桌子进去——搬进一张桌子去——搬进去一张桌子

　　陆文指出,以上只是对这类情况进行如实描写,并未进行解释,且这种描写反映的是一个大致的趋势。我们认为,如果要做出解释,其实还是可以从宾语名词的指称性入手。光杆普通名词的定指性强于数量名结构,所以位置靠前;数量名结构因为是典型的不定指成分而位置居后。需要补充说明的是,为什么光杆普通名词在例(1)、例(2)中位置居前却不成立? 这是因为那里的动词都为不及物动词,不能带宾语,VO 不能形成合法结构。

　　这样看来,宾语的语义类型在本质上还是反映了信息传递原则。

2.3　宾语和补语的先后顺序

　　杨德峰(2005)从时间顺序角度来考察这种情况,认为宾语的位置是根据其与复合趋向补语出现的先后次序而定,出现在先的位置就在前。例如:

　　(8) 拿一张纸出来(先"拿一张纸",然后再"出来"。)

　　　　拿出一张纸来(先"拿出一张",然后再"一张纸来"。)

　　　　拿出来一张纸(先"拿",再"出来",最后是"一张纸"。)

　　　　把一张纸拿出来(先"把一张纸",再"拿出来"。)

　　这也是"焦点居尾原则"的体现。因为时间发生的先后顺序与信息的由旧而新是一致的,先发生的是旧信息,后发生的是新信息。

　　可见,无论是宾语的指称性质、宾语的语义类型还是宾语和补语的先后顺序,其实都体现了一条共同的语用原则:信息传递由旧到新或焦点居尾。正是这条原则决定了宾语和趋向补语的先后顺序。

3. 动量/时量补语与宾语"争动"

　　动量/时量补语与宾语的语序问题,已有研究也从不同角度进行了讨论①。

3.1　名词指称

　　方梅(1993)从宾语名词的指称性质出发考察其对语序影响,认为名词的指称性质是决定说话人采取何种语序的主要因素。结论如表1所示。

---

　　① 需说明两点:第一,动量成分与时量成分存在一些差别,但对与宾语语序选择的影响不大,所以不加区分;第二,有研究显示,动量/时量成分有时可以作为动词的宾语,即此时应该称为动量/时量宾语,但这与宾语的语序问题关系不大,所以暂按通常的说法看作补语。

表 1 名词的指称性质与语序的关联

名词指称性质			语 序
无 指			VCO
有 指	不定指		不成立
	定指	新信息	VCO
		旧信息	VOC

具体例句如下(引自方梅,1993):

(9) 打几圈牌/*打牌几圈　　做一回记者/*做记者一回

　　看他好几趟/*看好几趟他　　想骂谁一顿/*想骂一顿谁

　　嘱咐祥子一遍/*嘱咐一遍祥子　　告诉太太一声/*告诉一声太太

　　*看了手表一眼/看了一眼手表

　　摇这个老猴子几下/[?]摇几下这个老猴子

　　看了灯上的相思豆一眼/看了一眼灯上的相思豆

例(9)第一组中的名词表无指,只采用 VCO 语序;后几组中名词为定指,语序依据其定指性的强弱而有所不同,即定指性越强越倾向于采用 VOC 语序。

其实,以上情况就是"焦点居尾"这一语用原则的句法反映。因为焦点为新信息,定指性强的成分传达旧信息,定指性弱的成分传达新信息。

3.2 动量/时量属性

王静(2001)提出,时量和动量分别从持续时间和发生次数两个方面对动词表达的概念实施"个别化",但动量成分与时量成分对动词的"量化"作用强度却有不同,量化越强,个别化程度就越高。因为动量成分与动词的搭配广度高于时量成分,同时,动量词必须与动词共现,且与动词有一定程度的选择关系,而时量成分与动词之间的选择关系就要自由得多,因此,动量成分与动词的关系比时量成分与动词的关系更为密切。也就是说,动量成分对动词的"量化"作用强于时量成分;同时,动量成分自身的"量化"程度也高于时量成分。而个别化程度越高的成分离动词越近,所以,动量成分更靠近动词。

另外,名词性成分的个别化程度由强到弱依次为"代词—有生名词—无生名词"。与动量和时量相比,有生名词的个别化程度介于其间。由于动量成分和时量成分不能同现,它们与名词性成分同现时的语序分别为"代词—有生名词—时量—无生名词"和"代词—动量—有生名词—无生名词"①。

"代词—有生名词—时量—无生名词"语序。例如:

(10) 扣了他一个礼拜——*扣了一个礼拜他

陪了你们一上午——*陪了一上午你们

找了那孩子两天——*找了两天那孩子

那老师教了孩子一年——*那老师教了一年孩子

*摆弄了棋子一会儿——摆弄了一会儿棋子

*做了作业一下午——做了一下午作业

"代词—动量—有生名词—无生名词"语序。例如:

(11) 请了他三次——*请了三次他

刮了它一下——*刮了一下它

瞟了老刘的儿子两眼——瞟了两眼老刘的儿子

推了服务员一下——推了一下服务员

*拽了绳子一下——拽了一下绳子

*看了小王的总结两遍——看了两遍小王的总结

我们认为,王文的观点其实也反映了"焦点居尾"的语序安排原则。个体化强的成分可别度也高,也因此容易作为旧信息,个体化弱的成分可别度就低,常作为新信息,新信息是说话人传达的焦点成分,位于句子末尾。

3.3　动词与宾语的语义关系

马庆株(1984)提到动词与宾语之间的语义关系也会对动词后名词与时量成分的语序产生一定的影响。方梅(1993)将动词与宾语之间的语义关系对动词后名词与动量成分的语序所产生的影响归纳如下。例如:

(12) 　　　　　VCO　　　　　　　VOC

受事:看两趟病人　　　*看病人两趟

结果:包三次饺子　　　*包饺子三次

对象:表扬一通老张　　　表扬老张一通

　　　*逼好几回对方　　　逼对方好几回

处所:住两回娘家　　　住娘家两回

---

① 以下例句转引王静(2001),稍有改动。

住两次医院	＊住医院两次
施事：来过三次客人	来过客人三次
工具：抽过几次烟斗	＊抽过烟斗几次
方式：存过两次定期	＊存过定期两次
时间：起过一次五更	＊起过五更一次
目的：跑过几趟材料	＊跑过材料几趟
原因：操心过几次孩子	＊操心过孩子几次
同源：讲了十几次话	＊讲了话十几次
等同：踢过五次中锋	＊踢过中锋五次

　　方文认为，动词和宾语之间的语义关系并不能对名词和量词的语序产生决定性影响，例如，当宾语表对象、处所等时，就可以有两种语序存在，但并不都能成立。我们对此表示赞同。不过，我们仍然认为动宾语义关系对语序的影响还是较为显著的。

　　宾语的受影响性大小与其能否成为焦点成正相关性。受事、结果等语义成分受到的影响性较大，容易成为焦点，结构采用VCO语序，而对象、处所特别是施事受到的影响就小，两种语序都成为可能；不过，当宾语为旁格成分（工具、方式、时间、目的、原因）和类同成分（同源、等同）时，完全是语用因素导致的结果，即语用的需要而将其从状语位置移到宾语位置，因为其凸显而需居尾，所以只采用VCO语序。

　　可见，无论是名词指称性质、动量/时量属性还是动词和宾语的语义关系，都反映了汉语宾语和动量/时量补语所遵循的语序原则：焦点居尾。

4. 汉语句法结构的语用特征

　　上文提到的现象中似乎有一些情况逸出了"焦点居尾"这条原则。例如，上文在讨论结果补语与宾语争动的时候，宾语仅限于光杆普通名词。从有定性等级看，光杆普通名词大致表现为中性，其所传递的信息量虽然高于符合预期的结果补语，但难以和偏离预期的结果补语所传递的信息量抗衡。不过，以下几种情况有所不同：

　　一是当名词为无定形式时。例如：

　　(13) 修好了自行车——?修坏了自行车——修坏了三辆自行车
　　　　熨平了衣服——?熨皱了衣服——熨皱了好几件衣服

二是在对比语境中。例如:

(14) 洗脏了衣服没关系,洗脏了灵魂就可怕了。

养好了身体却养病了精神。

三是双音节形容词作补语时。例如:

(15) 讲清道理——?讲清楚道理　　摆正态度——*摆端正态度

瞄准靶心——*瞄准确靶心　　收齐材料——*收齐全材料

其实,以上情况仍是"焦点居尾"原则所致。无定名词短语是提供新信息的典型形式,其焦点特征自不待言,因此常居于句尾,"坏、皱"等虽不合预期也需退居其次。对比是形成焦点的一种句法手段,对比焦点便由此而来,因此,虽然"脏、病"等不是动作"洗、养"等的预期,但"灵魂、精神"等通过对比而占据了焦点的位置。第三种情况则是,"端正、准确"等虽符合动作"摆、瞄"等的预期,但动补结构为三音节的"1+2",汉语音节的重音模式为"单轻双重",这样,双音节形容词就获得了重音,其后就难以出现其他焦点成分①。

再如,第三节中动量/时量补语与宾语争动时也出现类似的情况,有时名词虽为定指成分,但仍采用 VCO 语序,原因是这些名词性成分的音节数量较多。不过,音节数量多的成分居后(即重成分后置)本身就是"焦点居尾"原则的结果。例如:

(16) 瞟了眼这位坐了一天的先生(方梅,1993)

瞟了一眼她那个正在弹琴的同事(同上)

吴怀成(2011)认为,动量词位于宾语后是对古代汉语句法格式的直接继承,位于宾语前则是动补结构类推的结果,而何时居前,何时居后,则由语用因素决定,即如果动量词能表达明确的计数意义或格式强调计数意义,则需居于宾语后面;反之,就位于宾语前面。吴文的这一看法用本文的观点来说就是,明确的计数意义成分必然作为焦点。

语法形式和语法意义是一个统一体,语法意义决定语法形式,语法形式是语法意义的外在表现。因此,一个句法结构,通常反映的就是构成单位之间内在的逻辑语义结构,即"形式—意义对应"。同时,一个句法结构特别是一个句子,作为交际单位传递信息,就要满足信息传递的需求,符合信息传递的原则。因此,一个句法结构,除了要反映构成单位之间的语义结构外,还要反映构成单位之间的信息结构,即"形式—功能对应"。本文考察宾语和补语的语序问题,从一个侧

---

① 董秀芳(1998)具体从韵律角度考察了动补结构带宾语的制约情况。

面体现了汉语句法结构的本质就是信息结构。

参考文献

曹道根　2014　汉语含结果性成分小句中的信息重组机制,《中国语文》第 3 期。

董秀芳　1998　述补带宾句式中的韵律制约,《语言研究》第 1 期。

方　梅　1993　宾语与动量词的次序问题,《中国语文》第 1 期。

李劲荣　2016　从及物性看述补结构带宾语,手稿。

刘月华等　1983　《实用现代汉语语法》,外语教学与研究出版社。

陆丙甫　2005　语序优势的认知解释——论可别度对语序的普遍影响,《当代语言学》第 1、
　　　2 期。

陆俭明　1990　"VA 了"述补结构的语义分析,《汉语学习》第 1 期。

陆俭明　2002　动词后趋向补语和宾语的位置问题,《世界汉语教学》第 1 期。

罗仁地　2004　语用关系与汉语的词序,《语言学论丛》(第三十辑),商务印书馆。

马庆株　1984　动词后面时量成分与名词的先后次序,《语言学论丛》(第十三辑),商务印
　　　书馆。

施春宏　2010　动词拷贝句句式构造与句式意义的互动关系,《中国语文》第 2 期。

宋文辉　2006　关于宾语必须前置的动结式,《汉语学报》第 4 期。

徐烈炯、刘丹青　1998　《话题的结构与功能》,上海教育出版社。

王　静　2001　"个别性"与动词后量成分与名词的语序,《语言教学与研究》第 1 期。

王　力　1984　《中国语法理论》,商务印书馆。

吴怀成　2011　动量词语宾语的语序选择问题,《汉语学报》第 1 期。

杨德峰　2005　"时间顺序原则"与"动词＋复合趋向动词"带宾语形成的句式,《世界汉语教
　　　学》第 3 期。

张伯江　1991　动趋式里宾语位置的制约因素,《汉语学习》第 6 期。

张伯江　1997　汉语名词怎样表现无指成分,《庆祝中国社会科学院语言研究所建所 45 周年
　　　学术论文集》,商务印书馆。

张伯江、方　梅　1996　《汉语功能语法研究》,江西教育出版社。

朱德熙　1982　《语法讲义》,商务印书馆。

（作者单位：上海师范大学对外汉语学院,200234,lijinrong@shnu.edu.cn。）

程度"得"字句的DM分析

池杨琴

1. 引 言

本文关注的是汉语中一类争议较多的"得"字句,如例(1)、例(2)、例(3)。在以往的研究中,既有人视其为结果结构(Tang,1997;Huang,2006;王奇,2013;熊仲儒,2014 等),也有人视其为程度结构(Sybesma,1999)。

(1) 张三跑得很累。

(2) 张三哭得手帕都湿了。

(3) 这个笑话笑得张三肚子疼。

程工、池杨琴(2017)从"得"的来源、"到"的语法化,"得"字句的表义功能、"得"字句与结果复合词间的差异,及汉语"得"字句与方言、民族语言及东南亚语言类似结构对比等多角度进行了具体详细的论证,明确指出像例(1)、例(2)、例(3)这样的"得"字句应该是程度结构,而非黄正德等人所认定的结果结构,具体内容本文不再赘述。关于这一类"得"字句,该文得出两个基本结论:

首先,汉语中存在程度结构,"得"字句便是其中一种。

其次,程度"得"字句中包含一个表程度的功能核心词,在句法操作阶段没有音系特征,其音系特征是在拼读(spell out)之后,向音系式推导的过程中插入的。普通话中的"得"正是通过"迟后填音(late insertion)"获得的音系特征。

本文主要是在该文的基础上对程度"得"字句的句法结构进行重新分析,并在分布式形态学的理论框架下对其生成过程做出具体分析,试图证明程度"得"字句的生成是句法与形态共同作用的结果,其生成包含两个阶段,一是狭义句法阶段,二是句法后形态阶段。

2. 现有的生成分析方案

"得"字句一直是生成语法关注的焦点之一,关于其句法结构曾有过多种分析方案(Huang 1982、1988、2006;Li & Jen,1997;He,1996;2003;Tang,1997;杨寿勋,1998;Sybesma,1999;陈虎,2001;熊仲儒,2014;汪昌松,2014),其中,以 Huang(2006)的影响最大,该文的主要目的是想解释"得"字句与英语结果结构间的差异。Huang(2006)根据 Hale & Keyser (1993)等提出的事件定义论元结构的路径说,为"得"字句的生成提出三个模板:

(4) 起始模板:[BECOME<MANNER> [X<STATE>]]

(5) 李四$_i$笑得 t_i 肚子疼

起始模板中不含致使义,动词作为方式附加语修饰表变化的"得"。在含致使义的结构中,动词修饰的是致使(CAUSE)还是变化(BECOME),由其所对应的致使事件模板来决定:

(6)"单纯"的致使模板:[X CAUSE [BECOME < MANNER > [y <STATE>]]]

(7)"以方式致使"的致使模板:[X CAUSE<MANNER> [BECOME [y <STATE>]]]

当添加到如(8)所示的事件是一个没有 V_1 修饰的轻动词 CAUSE,以及一个导致事件发生的致事(Causer)时,实现的是"单纯"的致使模板。在其句法结构里,表示 BECOME<MANNER>的"V_1-得"移位到 CAUSE 位置,形成两种"单纯"的致使结构,如(8)、(9)。

(8) 这笑话 笑得 i 李四 ti 肚子疼

(9) 这件工作 累得 i 李四 ti 站不起来

在第二种致使结构中,V_1直接修饰轻动词 CAUSE,内嵌一个未受修饰的 BECOME。这实现为"典型的"及物结果式:

(10) 李四哭得手帕 i ti 都湿了。

可以说,黄正德的分析方案能够解释汉英间结构的区别,但无法统一分析更多的同一类型的"得"字句,这与其将"得"字句归于结果结构不无关系,也与其对"得"字句形态的处理方式有关。

黄正德认为,汉语"得"字句与英语结果结构间的差别是词汇化参数(Lexicalization Parameter)的区别,因为英语动词在词库中需要经历"并合

(conflation)"过程,而汉语不需要,所以,汉语动词进入句法计算时只包含意义（或概念结构）,不包含事先确定的论元结构,也没有需要释放的题元角色,因此没有核查需求强迫它们出现在核查位置上。这种分析都属于词汇论的范畴,在路径上基本都属于投射论（projectionist）。但投射论并不能准确地预测相关语言现象。Embick(2004)以形容词性被动式构造中的论元外化(externalize)等现象为例说明投射论具有难以弥补的缺陷。更值得关注的是,Embick(2004)论证了英语结果式并非发生在词库中,可以由句法推导而来。

因此,我们在本文中放弃了词汇论的分析途径,而是从句法—形态的角度来研究"得"字句的生成。

3. 程度"得"字句句法结构的重新分析

程工、池杨琴(2017)一文详细论证了程度"得"字句中包含一个关键的句法特征,即"程度(EXT)"。本文认为,在程度"得"字句中还包含另一个关键的句法特征,即"体(Asp)"。本节将以这两个关键句法特征为基础,对程度"得"字句的句法结构进行重新分析。

3.1 程度"得"字句中的体特征

传统研究中"得"虽然很多时候被笼统地视为助词,但在许多研究者看来,这个助词并不是完全没有意义的,更多的研究者倾向于该助词与时态有关（李临定,1963;聂志平,1992;范晓,1992;曹广顺,1995）,而生成语法研究中也曾有过这样的观点,例如,陈虎(2001)认为,结果性"得"字句（本文称为程度"得"字句）中的"得"除了结构助词的性质外,还兼有表示完成意义的动态助词的性质,属于动词的体态成分;又如,Tang(1997)认为,"得"插入的目的是要与功能语类F合并,最终使该位置的强体特征得到核查。

本文也认为程度"得"字句中包含表动作完成的体特征,原因有三。

第一,程度"得"字句的内部成分间的逻辑语义关系。无论认为该类"得"字句是程度结构,还是结果结构,"得"后成分的语义表达都必须发生在前方动作开始之后。

第二,程度"得"字句中的句法表现。其中的谓词性成分（动词、形容词）不能与其他体标记"了、着、过"共现,也没有重叠式。

第三,从历时与共时的层面看,"得"承担过或部分承担着完成体的功能。据曹广顺(1995)、赵长才(2000)、马慧(2011)研究,"得"从唐代开始一直到宋元期间都承担着与现代汉语中"了"一样的完成、持续体功能,例如:

(11) 病来才七日,养得已三年。(全唐诗·白居易《病中哭金銮子》)

(12) 牡丹枉用三春力,开得方知不是花。(全唐诗·司空图《红茶花》)

虽然宋代之后"得"的这一功能在共同语中逐渐消亡,并由"了"全面取代,但现在仍然有许多方言还保留着这一功能,例如:

(13) 江西宜丰话:你莫笑阿,阿只比你晏得分把积钟。(你别笑啊,我只比你晚了一分钟左右。)

(14) 湖南新邵话:其总共只读得两年书。(他总共只读了两年书。)

程工、池杨琴(2017)曾提出汉语程度结构在各方言中选择了毫无关系的非同源词来实现同一种句法特征。但其实吴福祥(2001)曾详细论证这 9 个方言中与"得"相对应的词项(语素),"着、来、到、遭、去、起、了、爻、下"其实都有一个共同的特点,它们都曾经或仍在充当体标记。例如:

(15) 使人曰:"莫为此女损着府君性命,累及天曹。"(《敦煌变文集》)

(16) 如此而论,读来一百遍,不如亲见颜色、随问而对之易了。(韩愈《与大颠书》,《全唐文》,卷 554)

(17) 嫁取个,有情郎,彼此当年少,莫负好时光。(明皇帝《全唐诗·好时光》)

(18) 浙江温州话:洗爻一桶衣裳(洗了一桶衣服)。

(19) 福建福清话:食唎饭行(吃了饭走)。

(20) 湖南长沙话:你给他留起地址。

(21) 台湾闽南话:食去(吃掉)/烧去(烧掉)。

(22) 江苏常州话:你吃则饭再去。

根据本节前部分对"得"字句语义与句法表现的分析,我们可以做出一个比较大胆的推测,即程度结构中仍然包含这种抽象的句法特征——体特征,只不过这种特征在语法化的过程中失去了与其功能一对一相对应的语音形式,它不再是一个独立的句法词,而是与其他句法特征(程度特征)共享一个语音形式的外壳"/tə/"。从这个角度而言,"得"的语法化过程也可以说是具有独立音系形式的句法特征向没有独立音系形式的句法特征的演变。

3.2 程度"得"字句的句法结构

基于以上分析,我们构拟出全新的程度"得"字句的句法结构模型,如(23)所示。

(23) 程度"得"字句的句法结构模型

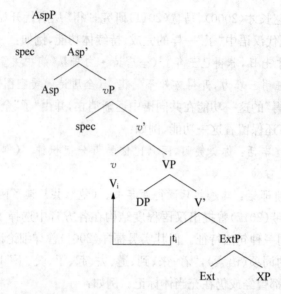

从树形图中可以看出,程度"得"字句的句法结构主要由程度、轻动词及体等功能语素构建。层级结构中主要有三个短语结构,程度短语(ExtP)、轻动词短语(vP)和体短语(AspP)。程度短语表达动作或状态达到一定的程度,其中,XP是对程度具体的描述。轻动词短语中的轻动词是一个有着抽象语义的句法成分。黄正德(Huang,1997)曾将轻动词分为 DO、CAUSE、BECOME、BE 等,将不同的动词类别与之相对应①。在句法阶段,动词要向轻动词位置移动,(23)图中用实线标示。体短语则是表明动作的完成。也就是说,在程度"得"字句的句法结构中包含 Asp、v、Ext 等功能语素,由它们共同构建程度"得"字句的句法结构。

4. 分布式形态学简介

分布式形态学(Distributed Morphology,以下简称 DM)是 20 世纪 90 年代初由 Morris Halle 和 Alec Marantz 等人提出的一种语言学理论,它也是生成语言学的一个重要分支。从语言观、研究方法和理论目标上来看,它与同一时期乔姆斯基提出的最简方案存在较多共同之处。但二者在句法和形态的关系上存在

---

① 其中的所有行为动词都是 DO 的补足语,起始态谓词(inchoative predicates)是 BECOME 的补足语,状态动词是 BE 的补足语,使役结构则内嵌于 CAUSE 之下。这一假设也将动词结构与事件结构相对应起来。

显著对立,主要体现在最简方案秉持比较传统的"词库论",即语言机制中除却句法这一计算系统外,还存在一个具有生成能力的词库,词库具有自己的计算法则,主要解决形态问题;DM 则主张取消词库,认为句法操作的对象不是词,而是语素,形态是句法操作的产物在向音系模块映射时为了音系诠释所做的一些调整,并不影响语义诠释。分布式形态学的核心观点主要有三个:一,单引擎论,即语法中负责成分组合的唯一机制是句法,词和短语均由句法生成,并采用同样的诠释机制;二,迟后填音(late insertion),DM 认为,至少就功能语素而言,音系内容是在句法推导结束后(即在句法向音系式的映射途中)通过词汇插入操作引入的;三,不充分赋值(underspecification),是指在进行词项插入时,推导不要求词项和终端节点的特征完全对应,只需部分吻合即可。

DM 认为句法运算的产物在推送到音系界面的过程中可能还会经历一系列的形态操作,如特征融合(fusion)、分裂(fission)、形态装饰(ornament)等,这些形态操作并不会影响该句法结构的语义诠释,但会对句法结构进行调整。本文将应用的是特征融合操作。

特征融合指原本分属几个不同终端节点的特征全部归并到一个复杂的节点中,并最终由一个词项实现的现象。以英语句子"The dog ate the bone"中的词项"ate"为例①,它的插入过程如(24)b 所示。

(24) a The dog ate the bone.

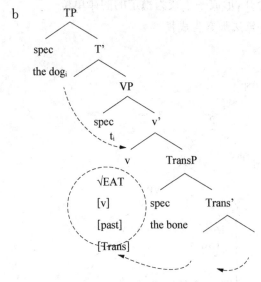

----

① 引自 Siddiqi(2006:111),原文例(4.9)。

首先,词根√EAT 与及物性特征语素[Trans]进行合并,获得及物特征,然后与"宾语"(the bone)进行合并,再与小 v 合并,获得动词性特征,随后与表示时态的节点 T 进行下一轮合并。句法操作过程基本是这样的,在句法操作结束后的形态层面,这些抽象的形式特征都会集中到小 v 处进行融合。即这个位置容纳了词根√EAT、动词性特征[v]、时态特征[past]、及物性特征[Trans]。词项插入时既要本身或多或少包含这些特征,最符合这些特征的词项就是 ate。

5. 程度"得"字句分析方案及验证

按照 DM 理论,功能语素在句法推导阶段是没有语音的,也就是说,在前方所提出的程度"得"字句的句法结构中,无论是程度特征还是体特征都是没有语音的,它们的语音要靠迟后填音来实现。我们认为在程度"得"字句在句法推导完成后,发生了特征融合操作。如(25)所示,程度特征与体特征从各自的节点位置移动到轻动词位置,由一个词项"得"来实现音系内容,图中用虚线和阴影部分标示。也就是说,"得"作为一个词项其实携带两个句法特征,一个是程度,一个是体。另外,本分析方案还认为词项"得"在插入后,因为它音系上不自足的特点,还将与动词发生形态合并,形成一个较为稳定的韵律单位。

(25)程度"得"字句的句法形态生成模型

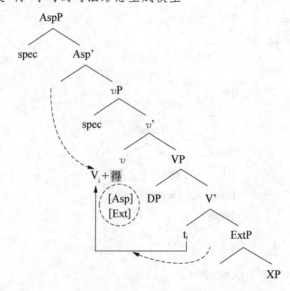

至于二者为什么在轻动词位置发生融合，邓思颖（2003：50）曾就体特征与轻动词的关系做过详细论述："在语义上，体标记出现在轻量动词上有一定的原因：体标记就是为了检视轻量动词所表示的事件，突显部分或者整个事件的过程。"简单地说，体特征是与事件联系紧密的句法特征，需要下降到包含事件意义的轻动词位置。

Huang（2006）按照动词的类型和是否包含致使义对"得"字句进行了分析，我们也暂且按照这种分类方式来对"得"字句的实例进行分析，以验证该模型。

5.1 非作格与非宾格

（26）a 非作格：张三跑得很累。

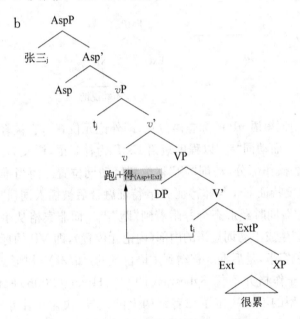

从（26）b、（27）b（第74页）两个树形图上可以看出，非作格类与非宾格类结构的最大区别在于动词的论元结构不同①。虽然两句中的"张三"与"她"都是主语②，在结构树上最终的位置相同，但其实它们各自的生成位置不同。非作格类从事件角度看属于活动类，如（26）b所示，主语"张三"并不生成于动词短语

---

① 按照分布式形态学理论，动词的论元结构不是动词的固有特征，其论元其实是由句法特征（功能语类）引入的，因为与本文观点没有根本性的冲突，为了表述方便，本文仍称动词论元结构。

② 句法推导的结构树上本来应该还有其他一些高于Asp的节点，主语最终应该处于spec-CP的位置，但本文只关注相关层级，因此，更高的节点在图中不做显示。

(27) a 非宾格：她吓得不敢说话。

b
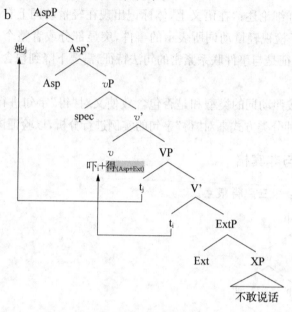

内部,而是生成于轻动词短语 vP 的标志语位置(即外论元位置),它被轻动词赋予的题元角色是施事。而动词"跑"以程度短语 ExtP 为补足语,语义为"跑到了很累的程度"。在句法操作部分,动词"跑"移位到轻动词位置。而当推导结束后,到了形态阶段,程度特征 Ext 与体特征 Asp 特征融合后被插入词项"得",并被赋予音系内容"/tə/",同时经形态合并附着到"跑"上。而非宾格从事件角度看属状态类,主语"她"生成于动词短语的内部(内论元位置),即 VP 的标志语位置,被赋予的题元角色客事,是后期经移动到主语位置的,如(27)b 树形图所示。

因此,非宾格与非作格并不像 Sybesma(1992)、Huang(2006)所说的那样没有区别,动词类型的不同决定了二者结构上的差异,决定了主语生成位置的内存差异,因此,才会出现上文提到的能否被动化上的差异。也就是说,只有动词的内部论元,或者说拥有役事题元角度的论元才能充当被动式的主语。

5.2 简单致使

致使结构是在"起始类",或者说"得"字句的基本句法形态结构上增加轻动词节点而形成的,增加的轻动词节点上是一个表致使的轻动词,标记为CAUSE。

（28）a 这笑话笑得李四肚子疼。

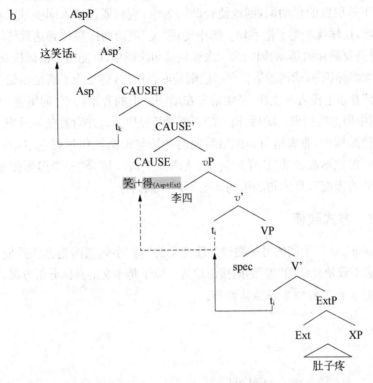

"这笑话笑得李四肚子疼"从语义上可以理解为"这笑话使李四笑到了肚子疼的程度"，从句法结构上看，该句子结构是在非作格结构（"李四笑得肚子疼"）向上继续扩展形成的致使结构，具体表现为轻动词短语与表致使的轻动词继续合并。致使结构中至少包含两个主要的名词性成分，也可以说是致使事件结构中的两个必要参与者，一个是致事（causer），一个是役事（causee）。在简单致使结构中，致事可以与动词之间没有任何语义关系①。具体表现为在（28）中，"这笑话"是致事，它是 CAUSEP 的标志语，由致使轻动词从外部引入的，与"笑"之间没有语义关系，而"李四"是役事，同时也是动作"笑"的施事，生成于 spec-VP 位置。在句法后阶段，体特征与程度特征融合在致使轻动词位置。但为什么是在致使轻动词这个位置上，而不是像"起始类"中在下一层级的轻动词位置？我们认为，对于体特征而言，它只对包含事件意义的轻动词位置敏感，也就是说，它既可以选择在致使轻动词位置与程度特征进行融合操作，也可以选择在下一

---

① Sybesma（1999：38）专门针对致使结构进行了讨论，认为主语只与抽象的"致使"有关，与动词无关。

层级的轻动词位置进行融合操作。如果选择事件轻动词位置,则产生"得"字,如果选择下一层级的轻动词,则致使轻动词为空,它将通过插入词项"把"来实现其音系内容,这样就产生了把字句。图中动词"笑"经历两次移位到达致使轻动词位置,这里需要解释的是,动词的第一次移位是句法操作,可能出于特征核查等原因,图中用实线标识①,动词的第二次移位则是形态操作,它是为了满足该位置所插入词项"得"音系上没有独立性,必须附着在动词之上的音系特点(词缀性)才发生移动的,图中用虚线标识。随后,插入的词项"得"经形态合并附着在动词"笑"上。

致使结构中,非宾格与非作格后期的句法与形态操作过程基本相同,如"一个黑影吓得她不敢说话"这样的句子,从语义上讲应该是"一个黑影使她吓到了不敢说话的程度",具体句法结构此处不再详细讨论。

5.3 方式致使

Huang(2006)所谓的另一类包含致使义的"得"字句指的是方式致使类,其中动词生成于致使轻动词"得"的附接语位置。以下是本文的具体分析方案,如(29)。

(29) a 张三打得李四遍体鳞伤。

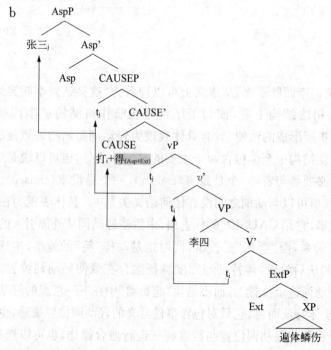

---

① 也可能是为了获得语类属性,此处不作深入讨论。

与 Huang(2006)将动词作为致使轻动词的方式附接语不同,我们认为动词基础生成位置都在 VP 内,都是从 VP 内逐步移动到致使轻动词位置的。所谓的方式致使与单纯致使的区别在于,在单纯致使中,致事是由致使轻动词外部引入的,而在方式致使中,致事则是由施事移动而来的,二者指称相同。(29)中及物动词"打"有自己的内论元,即客事"李四",主语"张三"既是致事,又是施事,"李四"既是受事,又是役事。其他的移位与形态操作与简单致使句相同,此处不再赘述。

5.4 小结

以上针对 Huang(2006)提出的不同的"得"字句做了详细的句法形态分析,可以看出,在本分析方案中程度"得"字句的结构主要有两种类型:一种是基本结构(起始类),即不包含致使轻动词的程度"得"字句,包括非宾格与非作格;另一种是致使结构,即包含致使轻动词的程度"得"字句,致使轻动词有两种语音实现形式,插入词"把"和动词与"得"的形态合并。从分析中可以看出,程度"得"字句具有共同的基本句法结构,并经历相同的形态操作。无论是非作格与非宾格之间,起始类与致使类之间,还是简单与方式致使之间,它们的差别都是由轻动词,确切地说是由功能语素决定的。非作格与非宾格的差异在于内论元由动词引入,而外部论元由功能语素引入,起始类与致使类的区别在于是否包含表致使的功能语素,简单致使与方式致使的区别在于致使功能语素位置的语音实现方式。由此可见,功能语素才是决定句法结构的关键。

6. 讨论与结语

上节我们为程度"得"字句提出一个新的分析模型,下面将本文的分析与 Huang(2006)作简要比较。

首先,从经济性的角度看,黄正德的分析中多了一些移位、添加节点等不够经济的操作。例如,在起始模板中,"得"表"致使"时出现在较高的轻动词位置,其位置设置如此之高,相应的同义结构把字句(如"李四把手帕哭得都湿了")的生成就需要再为"把"设置一个更高的节点。本文则认为致使轻动词在汉语中有两种语音实现方式,一种是核心词移位,如(28)、(29),另一种是直接插入词项"把",如(30),这时 v_{cause} 的位置由"把"占据,没有移位产生,不需要再为"把"单独设置一个更高的节点。

（30）a 这笑话把李四笑得肚子疼。

b

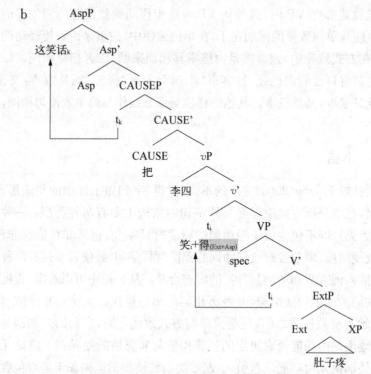

　　在 Huang(2006)的分析中,主语或宾语是从最下层的动词短语中移位到根句的,我们认为没有任何理论或经验的必要性来设置这一移位。在我们的分析中,基础模型中也不存在主语移位,表层语序与深层语序是一样的;在致使模型中,主语有两种引入方式,一种是由内部的施事移位而来,一种是由致使轻动词从外部引入。这样可以解释像"他吓得我不敢说话"这类的句子为什么有两种理解,如"他故意吓我,我吓到了不敢说话的程度",这是致事由内部施事移位而来的情况,而"他的突然出现,使我吓到了不敢说话的程度",则是致事从外部引入的情况。二者语义上的这种区别可以从是否能插入"故意"看出来。

　　其次,从解释力的角度看,本分析方案可以对方言、民族语言及其他语言程度结构的统一分析。例如,在民族语言及部分南岛语言中,"到"义语素可以出现在动宾之后表程度,如苗语(31)①。

---

① 引自 Enfield(2003：285),为原文例(139)。

（31）苗语：*Nws ua ntshoo txogqhov kuv pw tsis tsawgzog ib hmos*

　　　　他　做　声音　到　　我　躺　不　睡　一个　晚上

　　　　他吵得我一个晚上都睡不着

之所以与汉语"得"的位置不同，是因为二者语法化程度不同，后者高度语法化成为一种词缀形式，必须附着在谓词性成分之上，而前者形态上无此要求。另外，致使轻动词在汉语中有两种实现形式（插入词项、核心移位）的情况，在其他语言中的实现形式可能有所差别，如越南语（32）。

（32）越南语：*Chai suou do khien no say den-noi khong dung noi*

　　　　　那瓶酒　　使　他　醉　到　　不　站　起来

越南语中只有一种实现形式，即插入词项"使（khien）"。原因可能在于汉语词项"得"同时包含体特征，允许它插入在致使轻动词的位置，而这些语言中的词项"到"并不包含体特征，只包含程度特征，它只会插入在含程度特征的终端节点，因此不会插入在致使轻动词位置，导致其致使结构只有一种表达形式，即在致使节点直接插入包含致使特征的词项。因此，在这个意义上，"得"字句所反映的不是 Huang（2006）所谓的宏参数（macroparameter），而是一种微参数（microparameter），即同一个功能语素在不同语言中的不同实现而已。

总的来说，本文认为程度"得"字句中的句法结构主要由功能语素来构建，其中最关键的两个功能语素是表达程度义的程度特征和表达完成的体特征。"得"作为一个句法后插入的词项，并没有直接参与句法操作，它是程度特征与体特征共同的语音实现形式，是通过特征融合操作来完成的。汉语"得"字句与英语等语言中结果结构的差别并不是词汇参数的差别，而是句法结构的差别，进一步说是功能语素的差别，如果说结果结构中包含的功能语素是"变化"，程度结构中的功能语素就是"程度"。汉语"得"字句与其他语言中平行结构间的区别则是词项"得"与"到"义语素所携带的句法特征的差别。也就是说，功能语素是唯一决定语言变异的来源，这其实与最简方案的基本思想并行不悖。

参考文献

曹广顺　1995　《近代汉语助词》，语文出版社。

陈　虎　2001　汉语"得"字补语结构新探，《解放军外国语学院学报》第 2 期。

程　工、池杨琴　2017　"得"＝使得＋变异？，《外语教学与研究》第 4 期。

邓思颖　2003　《汉语方言语法的参数理论》，北京大学出版社。

范　晓　1992　V 得句的"得"后成分，《汉语学习》第 2 期。

李临定　1963　带"得"字的补语句,《中国语文》第 5 期。

马　慧　2011　魏晋南北朝"得"字句的发展研究,《语文学刊》第 6 期。

聂志平　1995　论"得"字句,《天津商学院学报》第 2 期。

汪昌松　2014　《汉语中的句法—形态接口研究——以"得"为例》,北京语言大学博士学位论文。

王　奇　2013　"得"字结果句的分布形态学分析,《阜阳师范学院学报(社会科学版)》第 5 期。

吴福祥　2001　南方方言几个状态补语标记的来源(一),《方言》第 4 期。

熊仲儒　2014　状态补语中的达成"得",《语言科学》第 3 期。

杨寿勋　1998　"得"的生成语法研究,《现代外语》第 1 期。

赵长才　2000　《汉语述补结构的历时研究》,中国社会科学院研究生院博士学位论文。

Embick, David.　2004　On the Structure of Resultative Participles in English, *Linguistic Inquiry* 35(3).

Enfield, Nicholas J.　2003　*Linguistic Epidemiology: Semantics and Grammar in Mainland South-East Asia*. London: Routledge.

Hale, Kenneth & Samuel Jay Keyser.　1993　On argument structure and the lexical expression of syntactic relations. In *The view from building 20*, ed. by Kenneth Hale adn Samuel Jay Keyser. Cambridge, Mass: MIT Press.

He, Yuanjian.　1996　*An Introduction to Government-Bingding Theory in Chinese Syntax*. Lewiston: The Edwin Mellen Press.

He, Yuanjian.　2003　On the syntax of causatives in mandarin Chinese. In *Chinese Syntax and Semantics*, ed. by Xu, Jie. et al., 63 – 78 Singapore: Pearson Prentice Hall.

Huang, C.-T. James.　1982　*Logical relations in Chinese and the theory of grammar*. Ph. D. Dissertation. MIT.

Huang, C.-T. James.　1988　Wo pao de kuai and Chines phrase structure. *Language* 4.

Huang, C.-T. James.　1997　On lexical structure and syntaxctic projection. *Chinese Languages and Linguistics*(3).

Huang, C.-T. James.　2006　Resultatives and Unaccusatives: A Parametric View, In *Bulletin of the Chinese Linguistic Society of Japan*.

Li, Yafei, and Jen Ting.　1997　Manner V-de and resultative V-de: Their structural nature and implications. Paper presented at the 6th International Conference on Chinese Linguistics. Leiden, Netherlands.

Siddiqi, D.　2006　*Minimize Exponence: Economy Effects on a Model of the Morphosyntactic Component of the Grammar*. Ph.D. dissertation, University of Arizona.

Sybesma, Rint. 1992 *Causatives and Accomplishments: The Case of Chinese Ba*, Leiden University.

Sybesma，Rint.　1999　*The Mandarin VP*. Dordrecht：Kluwer Academic Publishers.
Tang，Sze-Wing.　1997　The parametric approach to the resultative construction in Chinese and English. *UCI Working Papers in Linguistics*. 3：203 - 226. Irvine：University of California.

（作者单位：解放军战略支援部队信息工程大学，215300，vavaya@163.com。）

句法合并与指称化的关联

刘慧清

1. 引　言

1.1　词组和短语

　　词组是组合单位,短语是切分单位。词组是自下而上组合而成的,短语是自上而下切分而成的。词组与短语可能是一致的,也可能是不一致的。词组是静态单位、备用单位;短语是动态单位、使用单位;词组的构成不受语用因素影响,短语的构成受语用因素影响。有些短语静态地看是不能组合的,不符合词与词组成词组的句法、语义限制条件;但是词组都可以入句,实现为短语。因此,短语的内部成员大于词组。请看如下例句:

　　(1) 织渔网啊织渔网,<u>织出一片好风光</u>。

　　(2) 这次中国进入决赛的十名选手,有三名参加过上届世锦赛,<u>阵容比较豪华</u>。

　　(3) 国际体坛<u>畅销的乒乓球运动</u>已在中国推向市场。

　　上例"织出"是词组,"一片好风光"是词组,但"织出一片好风光"虽然符合词组的句法限制条件,却不符合语义限制条件,即"织风光"在语义上不能组合搭配,但是,从切分的角度看,能够切分出"织出一片好风光"这个短语。此外,"阵容比较豪华""畅销的乒乓球运动"也是切分出来的单位,从组合的角度说,一般不说"阵容豪华""畅销的运动"。因此,短语大于词组。有些短语是词组,有些短语不是词组,只是短语。

1.2　动宾式复合动词和动宾关系词组

　　现代汉语动词性成分带宾语构成动宾结构的语言单位,可以是动宾式复合词,也可以是动宾关系的词组。

从词汇层面上看,动宾式复合词在结构上是动宾关系,在功能上却不一定是动词性的。有的是动词性的,如"担心、操心"等,动词性特征的主要表现是可以带宾语,如"担心成绩、担心孩子""操心孩子的学习、操心公司那些事儿"等;有的是名词性的,如"司机、管家、围墙、围脖"等,名词性特征的主要表现是可以受数量词组修饰,如"一名司机""一位管家""一道围墙""一条围脖"等;有的是名词和动词兼类,如"讲话",可以是"正在讲话",也可以是"发表了一篇讲话";有的是形容词性的,如"有趣、有意思、带劲儿、给力"等,形容词性特征的主要表现是可以受程度副词"很"修饰,如"很有趣、很有意思、很带劲儿、很给力"等;有的是副词性的,如"交口"等,副词性特征的主要表现是只能作状语,如"交口称赞、交口称颂"等。

(4) 操心、担心——动词

(5) 司机、管家——名词

(6) 讲话——动词、名词

(7) 有趣、给力——形容词

(8) 交口——副词

从词组层面上看,动宾词组大多能受"很"修饰,具有典型的形容词性质的语法特征,如"很有意义、很有气质、很有规律、很有钱、很带劲儿、很给力"等。当然,"有"是一个特殊的动词,"有+名词"也是比较特殊的结构,但并不是所有的"有+名词"都可以受程度副词修饰,还有很多不可以,如"＊很有书、＊很有房子、＊很有朋友、＊很有包、＊很有车"等。还有一类"动词+数量词组+名词"的结构,也是动宾关系的,可以受"很"修饰,如"很吃了几口、很看了几本书、很交了几个朋友、很去了一些地方"等。这些现象都表明汉语的动词性成分在带了宾语之后,无论在词法层面还是在句法层面,其语法功能与动词均有较大的差异。

(9) 很有意义 很有气质 很有规律 很有钱 很带劲儿 很给力

(10) ＊很有书 ＊很有房子 ＊很有朋友 ＊很有包 ＊很有车

不带支配成分的动词,有很强的动性,带了支配成分后,动性减弱,具有事物性、事件性和性状性特征,可以转指完成这一动作的主体,或者指动作行为自身,也可以描摹动作带来的属性变化等。

动性最强的是单音节动词。单音节动词双音化以后,动性便有所减弱。本文主要讨论动性较强的单音节动词在双音化以后动性减弱的变化情况,以及双音节动词在带上连带成分后动性减弱的变化情况。

2. 单音节动词和双音节动词的功能差异

2.1 精确化与精细化的表达要求

吴长安(2012)提出现代汉语名词与动词的"交融模式",他认为:"单音节时期,动词的指称和转指主要是构成性的,双音化时代实现性转指占主体。""双音词表指称,在原单音动词之上再添加一个音节而来,语义特点是陈述并能指称一个具体的动作或行为,也是单音动词意义的细化和实化。""这批词不仅数量大,而且还在不断产生,具有开放性的特点。"吴长安(2012)称这批词为表事词。也可以说,双音化带来的词汇意义的细化和实化,导致词义内涵扩大化、描述性增强,具有事件性或性状性特征。

沈家煊(2009)指出:"对中国人来说,一个活动就是一个实体,所以不需要改变词形。""对说汉语的中国人来说,好像隐喻就应该是构成性的。"吴长安(2012)也认为,从认知上说,汉语者对指称和陈述的差别有一种无意识的自觉。这种无意识造成造词时类的无意识,导致使用上也无类的意识,即延续到今天所说的多功能。

语言表达有一个精确化、精细化的要求,特别在汉语双音化以后,更多采用词组或句子来表达更加精细化的概念和意义。双音化以后,每一个词都是一件事的过程,或是做一件事的方式、特点,这种方式也可以看作是造词,不过这种造词带有描述性的特点,即通过组合、合并的方式使表达更加精确化、精细化,使语义内涵进一步扩大化。内涵扩大化,对象、结果、方式、特点等明确化,整个组合事物化、事件化、性状化。可以说,双音化是汉语表达精细化的一个重要手段。精细化的另一个结果就是更加容易实现指称化。

2.2 新词的产生方式——双音化

张国宪(2007)认为,"从产生机制上讲,单音节、简单概念都是语言和认知的原生态形式。"程工、周光磊(2015)认为,"合并"是构词和造句的基本操作。按照"合并"的观念,汉语的双音化就是以单音节词为基础,运用"合并"的词法手段,形成新词的过程。

齐沪扬、谢白羽(2015)指出:"词汇是不断变化的,新事物、新观念不断出现,新词就不断地产生出来,这些新造词都是以基本词为基础构成的。"例如,以基本词"后"为基础构成的"后来、后方、后爹、后娘、后门、后怕、后备、后辈、后背、后代、后果、后继、后劲、后进、后顾、后悔、后盾、后路、后手、后天、后头、后生、先后、幕后、前后、以后、而后、殿后、之后、今后"等。此外,还有"生——学生;师——老师;官——军官、官员、长官;兵——士兵、兵士"等,通过复合和派生的手段构成的新词多为双音节的,这种由单音节词为主发展为双音节词为主的发展演变,也称为双音化①。

2.3　双音节动词的跨类现象

现代汉语双音节动词与单音节动词的功能有所不同。以往的研究大多将双音节动词功能向名词的游移或跨类称为指称化,我们同意这种说法。本文采用"动性弱化"的说法,主要考虑到还有些单音节动词在双音化以后,不是表指称,而用来表示性状,如"有病"等,所以,我们把指称化和性状化统一称为"动性弱化"。

沈家煊(2009)认为,汉语的名词和动词是包含关系,是一种包含模式;吴长安(2012)认为,汉语名词和动词是交融模式,双音节的存在,是形成汉语动词、名词交融模式的主要原因。无论包含还是交融,都是指现代汉语名词和动词存在着复杂的多功能现象,这种现象主要表现在双音节动词上,也就是说,双音节是一个重要的形式特征,双音化是一种重要的句法手段。

罗自群(2011)指出:"汉语名词、动词、形容词的跨类现象很常见……引起名词、动词、形容词跨类的动因来自语义和句法两个方面,语义是基础,句法是表现。而语义方面一个很重要的表现,是绝大多数双音节跨类词至少有一个语素是动词性的或形容词性的。"也就是说,包含动词或形容词语素的双音节词容易产生跨类用法。这引起我们的进一步思考:包含动词或形容词的词组是否也容易产生跨类的用法?或者是功能上的变化、表达上的不同?

按照罗自群(2011)的观点,现代汉语"名词——动词"的跨类现象,或者多功能的用法,"只要语义、句法条件具备了,跨类现象只会越来越多。"这是一种发展演变的趋势,即双音节动词跨类化、指称化趋势。即:当双音节的"名——动——形"至少包含一个动词性或形容词性的语素,另一个语素或者是动词性的,或者不是动词性的,在结构上位于动词性语素前或后,对动词性语素进行修

---

① 双音化主要表现在名词、动词、形容词、副词上,数词、量词、代词、介词、连词、助词、叹词、语气词等表现得不明显。

饰或补充，或充当动词性语素支配的成分。这时，整个双音节成分的动性减弱，事件性、事物性、性状性增强，发展成跨类。这种现象从另一个角度看，与杜昌(2016)关于静态词类、动态词类的看法有相通之处，静态词类和动态词类都有其语义基础，但动态词类与句法位置有关，即"入句激活"，与邢福义(1991)先生的"入句显类"也有相通之处。

根据罗自群(2011)对《现代汉语词典》的穷尽性考察，现代汉语"名——动"跨类词有997个，占收集到的跨类词总量的53.6%，其他还有"名——动——形"跨类词26个，"名——动——副"跨类词5个，"名——动——介"跨类词3个，"名——动——连"跨类词3个。经过综合统计，与"名——动"跨类有关的词有1034个，占收集到的跨类词总量(1861个)的55.6%。

姚振武(1996)探讨了"动语素＋动语素"和"动语素＋名语素"两类复合动词的指称化，认为能够实现转化的只能是现实世界"本体"性的成分(用亚里士多德范畴学说来解释陈述向指称的转化)。姚振武(1996)还专门论述为什么是谓词性成分名词化，而不是名词性成分谓词化。Halliday(1999)通过对科技语篇的分析，总结了概念隐喻的13种类型，其中包括"动词——→名词(过程——→实体)"类，却不包括"名词——→动词(实体——→过程)"类。"这不是Halliday的疏忽，也不是受所分析语料的限制，而是他的观点。"(胡壮麟，2004)胡壮麟先生不同意Halliday(1999)的观点，他认为"实际语料表明实体可以隐喻化为过程"。(胡壮麟，2004)

陈述与指称的相互转化，词法中的双音词属无标记转化(姚振武，1996)，从共时层面看，双音节词表指称和陈述没有形式标记，可以看作无标记转化，但是结合语言的历时发展和演变，从单音节词通过延长音节，变成双音节词，语义内涵扩大了，表义更加精确、清晰，从单音节发展到双音节产生了形式变化，属于有标记转化，不过这种转化久而久之形式的变化由"活"而"死"，形式固化了，就不看作标记了。这个过程可以表示为：本用——活用——固用。

单音节词在古代汉语中占优势，虽然名词和动词也有功能上的交叉，但数量远没有现代汉语这么多，双音化以后，名词和动词的跨类现象大大增加，可见双音节动词在动性上比单音节动词有所减弱，减弱的内在机制与语义因素有很大关系。即单音节动词在双音化的过程中带上并列成分或连带成分(包括状语、宾语、补语)，语义内涵有所增加，语义更加精细化，增强了指称化。而且在专业术语中，这种跨类现象更为明显。罗自群(2011)和沈家煊(2009)先生都注意到了，如："蜡染"(动词：一种染花布的工艺，用熔化的黄蜡在白布上绘制图案，染色后煮去蜡质,现出白色图案。名词:指蜡染制品。)以及全国科技名词审定委员会2006 年公布的"中医药学名词(名称)"中包括的"滋阴、补血、明目、通鼻"等,这些词的英文译名都不用动词原形。公布的其他学科的名词也是同样的情形。这几个词中,"蜡染"是状中式的,"滋阴、补血、明目、通鼻"都是动宾式的,都是以动词为中心,带上修饰成分或支配成分。词义从单纯的动作变成"方式—动作、动作—对象"的模式。

以"动词+X"为例,当 X 为对象或结果时,"动词+X"的事件化程度较高。光杆动词只能表示动作,当动作作用于对象时,就不仅仅是动作,而成为事件。同样,当动作产生结果时,也不仅仅是动作,而成为事件。

2.4 双音节动词指称化与关联标记模式

吴长安(2012)指出,"动作行为既可以理解为陈述,本身有时间性,也可以理解为动作行为这件事自身,因而也体现空间性,这就是指称的基础。"他认为,"无论是陈述还是指称一个动作、行为,都可以理解为在说一件事",所以,他将与名词交融的双音节动词称为表事词。"汉语一般动词做主宾语也是有标记的,这种标记的办法就是双音化!""就是说,这些双音词无论作主语、宾语还是作谓语都是实现性的,就是在原来单音动词的基础上通过加音节来完成这一表达使命。总之,随着人们对事物和世界认识的深化,表达也更加丰富化、多样化、精细化,词义精细化、概念内涵义精细化的手段就是双音化。双音化是句法核心操作手段的一种表现形式,因此,更进一步说,合并是完成表达使命的核心手段,是语义精细化、语用精确化的句法操作。"由于合并在句法表达中无时无刻不发挥着作用,因此,汉语的表事词会进一步扩大,陈述向指称转化还会进一步发生。

沈家煊(2009)在 Croft(1991)的启发下,提出词类和句法成分的关联标记模式,在词类范畴和句法成分范畴之间建立关联,希望能够解决胡明扬(1995)概括的汉语词类问题的两难处境,即"做到'词有定类'就'类无定职,做到'类有定值'就'词无定类'。"如表 1 所示。

表 1 词类与句法成分的关联标记模式

词　类	名　词	形容词	动　词
句法成分	主宾语	定　语	谓　语

用典型功能和非典型功能、无标记和有标记来区别词类的多功能。

这样的关联标记模式在解释汉语词类和句法成分的对应关系上较前更进一步,比通常所说的"现代汉语名词倾向于做主宾语,动词倾向于作谓语"的"倾向性"的解释更加准确,也更加严密。

吴长安(2004)认为,所有具有指称化能力的动词都具有过程义,然而,我们却不能由此推论所有具有过程义的动词都能指称化,指称化的动词都具有动作性舒缓的特点。单音节动词的动作性强,例如"砍",虽具有过程义,但动作性强,难以指称化。经过双音化以后,变成"砍伐",词义的精确度和清晰度提高了,动作性舒缓了,指称性增强了,变得易于指称。同样,"放——放牧"也是类似的情况。吴长安(2004)认为:"强动作性动词只有在动作泛化时才能名词化……动作意义的泛化造成动作性的舒缓,自然就可以指称化且名词化了。"如"杀——杀手",后者"杀"的意义已经泛化为"一切置人于死地的手段"。吴长安(2004)的转化指有标记的转化,"子、儿、头、手、人、所"等都是标记。

吴长安(2004)认为,音节与词义之间具有象似性(iconicity),单音节节律短促,适于表达突然、猛烈的动作,不具有动作舒缓的特点,也难于指称化。这种分析将音节、语义、表达结合起来,建立起一种关联,如表2所示。

表2 音节与语义的象似性

音节短	动作突然、猛烈	难于指称化
音节长	动作舒缓	易于指称化

结合上文谈到的表义的精细化、精确化,我们还可以将上述关联进一步表达为表3。

表3 音节与语义的关联标记模式

音　节	音节短	音节长
语　义	表义概括化、抽象化 动作突然、猛烈 难于指称化	表义精确化、精细化 动作舒缓 易于指称化

2.5 双音节动词指称化的实现形式

沈家煊(2009)解释概念和范畴时,提出实现关系和构成关系的概念,这两个概念来源于认知人类学。根据沈家煊(2009),汉语陈述语用作指称语是构成关系,是本体隐喻。"对中国人来说,一个活动就是一个实体,不需要改变词形。"

(沈家煊，2009)不过，汉语名词用作陈述、动词用作指称的比率不同。沈家煊（2009）指出，汉语动词名用和名词动用不对称。王冬梅（2001）统计指出，现代汉语里动词名用的实例是名词动用实例的 57 倍。因为名词用作动词，缺少语义基础，名词是事物的名称，不能通过隐喻"构成"动作行为，而动词是动作行为，可以通过隐喻"构成"动作行为的施事、受事、结果等。姚振武（2000）认为，一个指称同时又意味着一个甚至一系列陈述，这是一个普遍规律。例如说到"山"就意味着"高大、坚定"等，说到"虎"就意味着"威猛、恐惧"等。可见，名词性成分表达陈述的语义基础是名词性成分的性质、特点等，而不是与名词性成分有关的动作、行为。总之，名词动用缺乏语义基础，也缺乏隐喻基础，因此用例不多。

Lakoff & Johnson(1980)的本体隐喻论（ontological metaphor）说明，人们可以通过这种隐喻过程将事件和动作理解为实体，动作就可以用作指称语。

随着人们对事物认识的深化，在表达上就需要精细化，语言精细化的手段就是合并，英语和汉语都是通过派生和复合的合并方式来创造新词，表达更加精细化的概念。不过，英语的形式标记比较丰富，因此多为实现性的，而汉语的形式标记既不够丰富，也不是强制性的，往往通过直接转指的方式表示指称，是结构性的，也可以通过双音化等合并手段描述更加精细化的概念。

沈家煊（2009）指出，英语的 nouns、verbs 和指称语、陈述语是实现关系，汉语的名词、动词和指称语、陈述语是构成关系，英语需要一定的实现形式，汉语不需要实现形式。不过，汉语名词、动词和陈述语、指称语之间的关系就不像名词、动词和指称语、陈述语之间的关系那么简单了。汉语的动词和指称语、名词和陈述语之间的关系，也需要一定的形式才能实现。例如，双音化就是动词指称化的一种重要形式①。如：

（11）砍——砍伐

（12）管——管家

（13）查——调查

（14）考——考试

名词陈述化也需要一定的实现形式，如：

---

① 转化标记除了上面说的双音化手段，还包括字形标记（骠：黄毛白点马。骢：青白马。骓：青白杂色马。骐：青黑格子纹马。骥：好马。驹：少壮马。骟：已阉割的马。骊：黑鬣黑尾红马。骖：车前两侧的马。骍：黑嘴黄马。骙：壮马貌。骎：状马疾驰貌。骋：马驰貌。骒：雌马。骀：劣马。驽：劣马，走不快的马。驷：一车四马。驸：一车数马。馼（字典中未查到简体）：第一，暗色面额白马；第二，青马；第三，杂色牲口。骍：赤马（也指赤牛）。骝：浅黑带白杂毛马。），词缀标记（-子、-儿、-头等）、语调标记（钉钉子、铺床铺、数数、磨磨）等。

（15）我又大款了一回。

（16）我还没有博客过。

（17）他比雷锋还雷锋。

（18）整天人不人鬼不鬼的。

（19）他这身打扮很农民。

"了、过、还"等是现代汉语名词陈述化的实现形式。

实现性的表现为：增加时间因素，或增加构词成分。名词陈述化一般需要增加时间因素，动词指称化只要在原来单音节动词的基础上增加一个成分，不论是支配成分还是修饰成分，或是补充成分，都可以使它的动性减弱，增加它的事件性、事物性、性状性特征。这一点不仅体现在单音节动词双音化为双音节动词上，还体现在动词带连带成分上。

如果我们把上面这些词形标记、词缀标记、语调标记、双音化手段、虚词等看作实现形式，那么，现代汉语名词用作陈述、动词用作指称也可以看作实现关系。即：

名词——指称：构成关系

动词——陈述：构成关系

名词——陈述：实现关系

动词——指称：实现关系

沈家煊（2009）指出，跟活动有关的体貌标志在汉语里如果可以算作实现形式的话，既不是强制性的，也不是动词本身的实现形式。同时，双音化手段也不是动词用作指称的强制性手段，所以，这种实现形式还不是严格意义的、典型的实现形式。

从单音节动词表动作行为到双音化以后大量表指称，这是实现性的，实现的形式就是双音化。双音化完成之后，可以比较自由地进入"N 的 V"结构表示指称，是构成性的，双音节动词继续与其他成分组合、合并，构成联合关系、支配关系、补充关系、附加关系、陈述关系的词组，动性弱化、事件化、事物化、性状化，是实现性的。因此，在隐喻认知方面，汉语有实现性的认知方式，也有构成性的认知方式。如："鸡、鱼"既可以表示动物，也可以表示动物的肉，新义的产生是构成性的；"牛、马"只能表示动物，表示动物的肉要说"牛肉、马肉"，新义的产生是实现性的。

总之，隐喻的认知方式在汉语中的表现，既有结构性的，也有实现性的，结构性和实现性不仅体现在共时层面，在历时层面也有所体现。结构性与实现性之间的转换与用法的演变也有关联，以双音节动词为例，从单音节到双音节，是结构性到实现性，实现的形式是双音化；双音节不需要形式手段表指称，又显示为结构性隐喻。在用法上有一个从本用到活用，久而久之，由"活"到"死"，成为固定用法的过程。即：

结构性——实现性——结构性

本用——活用——固用

单音节动词双音化和动词与连带成分的组合都是合并的句法操作，都能够起到帮助动词实现事物化、事件化的作用，实现功能的跨类，如表4所示。

表 4　词法合并与句法合并的功能表现

词法	单音节动词双音化	实现表事化	实现功能跨类
句法	动词与连带成分的组合	实现事件化、事物化、性状化	

3. 双音节动词向动词词组的结构与功能扩展

3.1　汉语词和词组的构造原则基本一致

复合词和词组是研究词法与句法关系的一个很好的切入点。分布式形态学的观点是，语法中负责构词和构句的机制只有一种——句法，多语素词结构的生成方式与词组结构基本相同，词项的性质决定所生成的成分是词组还是词。

朱德熙(1985)指出，汉语句子的构造原则和词组的构造原则基本一致，句子不过是独立的词组而已。我们认为，汉语词的构造原则与词组的构造原则基本一致，其一致性程度比词组跟句子的一致性更高。因为词和词组都是静态单位、备用单位，基本不受语用因素的影响，而句子是动态单位、使用单位，受语用因素的影响较大。或者可以说，汉语抽象句子的构造原则和词组的构造原则是基本一致的，具体句子的情况还有所不同。程工、周光磊(2015)指出："汉语动宾复合词可以由句法方式推导而生成"，认为汉语词法与句法之间存在推导关系，这种推导关系是基于汉语词法构造原则与句法构造原则的一致关系才能进行的。文章在分布式形态学(Distributed Morphology, DM)理论的框架下讨论汉语动宾式复合词的生成方式，证明汉语构词与造句的操作方式相同，都是通过合并这一基本的句法操作完成的，合并是构词和造句的基本操作。

词法与句法的一致性，在很多方面有所体现，冯胜利(2005)在考察汉语轻动词时发现，"轻动词促发的句法移位在句法运作里有，构词法里同样可见"。

在动作行为精细化方面,汉语和英语都是以原有的词为基础造出一批细化原词义项的新词来。英语是在原有词上加前后缀,汉语曾经通过改变字形的方式增加词汇,这一方式与英语的"词根——词缀"(加了词缀以后,原来的根词变成词根。)有些类似,汉语是"字根——偏旁"。汉语双音化以后,通过合并的方式,即一个根词与另一个根词组合、合并造成新词,两个组合单位都是词根。这种"词根——词根"的组合方式与英语的"词根——词缀"有所不同,而与汉语词组的组合方式具有结构上的一致性。

3.2 汉语词组和句子的构造原则基本一致

基于以上的认识,我们或许可以说,句法分为静态的句法和动态的句法,静态的句法是词法的扩展,比较客观,动态的句法包含语用因素,相对主观。如表5所示。

表5 句法的划分

句 法	静态句法	词法的扩展
	动态句法	静态句法+语用因素

动词用作陈述,是自然关联,无标记的组配。动词指称化、事件化、事物化、性状化往往不是发生在单音节动词上,而是发生在双音节动词上,双音化是一个重要的促发因素。

双音化的主要句法操作就是合并,与词组的主要句法操作是一致的,罗自群(2011)已经证明,汉语绝大多数双音节跨类词至少有一个语素是动词性的或形容词性的[①]。所以,我们据此推断,汉语包含动词的词组也存在动性弱化、事件化、事物化、性状化的发展趋势。事实上,很多动宾关系的词组在静态层面是有歧义的,如我们经常用来做例子的"学习文件、出租汽车、进口设备"等,这些词组可以是动词性的,也可以是名词性的。还有些"动词+名词"的词组已经失去动词性的特征,而只具有名词性的特征,如"比较文学、反思文学"等。

动词性词组的动性弱化与动词的指称化有所不同,动词性词组的动性弱化主要指整个结构的事件化、事物化、性状化。当然,从所占据的句法位置看,同动词的指称化一样,能够更加自由地用于主宾语位置上。例如:

(20) 看书不能三天打鱼两天晒网。

---

① 动词性的主要发生在与动词有关的跨类上,形容词性的主要发生在与形容词有关的跨类上。

(21) 看书学习不能三天打鱼两天晒网。

"看书"是动宾关系的词组,"看书学习"是联合关系的词组。它们比单音节动词"看""学"更容易指称化,用在主宾语位置上也更自由。

汉语的动宾结构和单纯的行为动词在语义特征、语法功能和语用功能上有很大的差异,主要原因在于动词带了支配成分,为整个结构增加新的语义内容,造成整个结构语法功能和语用功能发生改变。

不仅动宾结构的动词性特征和功能减弱,动词带其他连带成分以后,动词性特征和功能也会发生减弱。动词除了带支配成分(句法上的宾语)以外,还经常带修饰成分(句法上的状语)、补充成分(句法上的补语)和施事成分(句法上的主语),汉语中有一些状动结构、动补结构和主谓结构也有转指和描摹的功能,例如,"亲爱"本来是主谓结构的,现在是区别词性的;"秘书""相好"本来是状中结构的,现在是名词性的。甚至两个单音节动词性成分构成的并列关系组合,也比单音节动词更容易发生功能的转变,例如,"报告","报"和"告"都是动词性语素,但是"报告"可以是名词性的;再如,"浇漓","浇"和"漓"都是动词性语素,但是"浇漓"是形容词性的(形容风俗等不朴素敦厚)①。如表6所示。

表6　词法合并与句法合并的语义特点和句法表现

句法手段	合　并	词法结构方式:双音化
		句法结构方式:动词带连带成分
语义特点		表义精确化、精细化
		事件化、事物化、性状化,动性弱化
句法表现		跨类用法

4. 动性弱化过程中的主观凸显和等级差异

4.1 动性弱化过程中的主观凸显

"N 的 V"可以作为动性弱化的一个鉴别框架。詹卫东(1998)对《汉语动词用法词典》做了统计,1 316 个单音节动词中只有 4 个能进入"N 的 V"结构,约占

---

① 合并的句法操作所带来的功能转化,不仅表现在事物化、事件化、指称化上,还可以表现为性状化,这是另外一种类型的功能转化,本文不重点讨论,但无论是事物化、事件化还是性状化,都是动性弱化的一种表现。

总数的 0.3%;齐沪扬等(2004)调查《动词用法词典》中的联合式、支配式、补充式、附加式、陈述式等 5 类 572 个双音节动词,有 427 个可以进入"N 的 V"结构,约占总数的 75%。

姚振武(1996)指出,VP 名词化的实质是陈述转化为指称,也可以称之为指称化。很多研究都指出,"的"在 VP 名词化的过程中充当重要角色。我们认为,"的"在转指过程中所起的作用与它的位置有密切的关系,它有两个句法位置,"的+动词"和"动词+的"。以动词"来"为例,"来的"是转指,"……的来"是自指。虽然都用了形式标记"的",但"的"的位置不同,功能也不同。

姚振武(2000)认为,就指称式而言,指称与陈述的兼容性就是其中的有关指称性成分同时又意味着某种陈述性,而语言的使用者(发出者和接受者)一旦选择并认可了这种陈述性,就会使得这种陈述性由隐而显。这可以看作主观凸显,即语言使用者的认可和选择对语言单位的功能有重要影响,当然,这种认可和选择必须符合认知的普遍规律。

姚振武(2000)认为:"一个名词意味着几个陈述性内涵,这个名词便可分别表达这些内涵。"不同的陈述性内涵与不同的语义特征密切相关,因此,语义内涵越丰富,陈述功能越强大。同时,姚振武(2000)指出:"指称性成分所意味的陈述性,并不一定体现在它的概念义中,有时体现在它的某些附属义中(某些伴随观念、感情色彩、风格特征)。"这就与语言使用者的关系更加密切了,需要得到使用者的认可和选择,与语用上的主观凸显有关。

4.2 动性弱化等级

指称和陈述是一体两面的关系,二者存在密切的联系,并可以相互转化,转化的基础是语义的。如果语义基础不存在,就不能转化。例如,人称代词属于代名词,它不包含陈述的语义内涵,便不能转化为陈述性的。可见,名词性成分陈述化和动词性成分指称化也存在一个等级。就动词名用来说,这个等级可能是这样的:

双音节动词(并列关系>动宾关系>动补关系>状中关系)>单音节动词

因此,我们可以看到语言发展的脉络是:

结构形式:简单——复杂——简单

认知情况:认识浅显,表达简单——认识深化,表达复杂——认识深化,表达简化

从简单到复杂,是由浅入深;从复杂到简单,是深入浅出。所以,结构形式的

两个"简单",含义是不同的,前者是认识浅显造成的表达简单,后者是认识深化后,深入浅出地在表达上简化。语言就是这样循环往复地向前发展的。

5. 结论与余论

单音节动词指称化的程度低于双音节动词,与音节节律短促有关,与动作突然、猛烈有关,与动作性强有关。双音节是指称化的实现形式,双音化增加了语义内涵,使表义更加精确、清晰,音节延长,动作的猛烈程度降低,动作舒缓,特别是动词带对象和结果的语义成分,使表达更加事件化,更加易于指称。

现代汉语词法结构与句法结构具有象似性,词法与句法具有一致性,主要都是通过合并的句法操作完成表达使命,双音节就是一种合并,词和词组成词组也是一种合并,双音化带来的指称化在词组层面同样有所表现,动词性词组的动性减弱,具有事件化、事物化、性状化的特征。

石毓智(2000)从定量化的角度指出:"一个概念在没有被量化之前,它通常具有在各个空间进行诠释的可能性。""一旦一个动词或者形容词量化,就不再能被名词化。"当一个概念的数量特征被确认后,"就意味着该概念已经在一个特定的认知空间得到诠释,那么这就阻碍了它在别的认知空间得到诠释的可能性。"石毓智(2000)还从有界化的角度指出:"有界性成分在很多情况下成为一种完句的必要条件。"这是一条句法规律。从概念诠释的角度来说,完句也是使概念在一个特定的认知空间得到诠释,阻碍它在别的认知空间得到诠释的可能性,因此也难以向别的类转化。使谓语动词有界化的手段有体标记、结果补语等。动词带了体标记从静态转化为动态,增强了动性,难以产生转类,这一点与我们的认识是一致的;但是,动词带了结果补语,如果不同时带体标记,仍然可以是静态的,结果补语具有使动作有界的功能,同时也具有使动词事件化的功能,静态的"动词——结果补语"组合仍然具有在其他空间进行诠释的可能性,有可能发生转类。

参考文献

程　工、周光磊　2015　分布式形态学框架下的汉语动宾复合词研究,《外语教学与研究》第2期。

杜　昌　2016　《从原型构式看词类在句法结构中的分布》,上海师范大学硕士学位论文。

冯胜利　2005　轻动词移位与古今汉语的动宾关系,《语言科学》第1期。

胡明扬　1995　现代汉语词类问题考察,《中国语文》第 5 期。

胡壮麟　2004　《认知隐喻学》,北京大学出版社。

罗自群　2011　现代汉语双音节名词、动词、形容词的跨类表现,《汉语学报》第 2 期。

齐沪扬等　2004　《与名词动词相关的短语研究》,北京语言大学出版社。

齐沪扬、谢白羽　2015　《〈现代汉语〉学习指导》,商务印书馆。

沈家煊　2009　我看汉语的词类,《语言科学》第 1 期。

石毓智　2000　《语法的认知语义基础》,江西教育出版社。

王冬梅　2001　《现代汉语动名互转的认知研究》,中国社会科学院博士学位论文。

吴长安　2004　单音词指称与陈述转化的标记模式和类型——兼谈单音词的词汇地位,《汉语学习》第 4 期。

吴长安　2012　汉语名词、动词交融模式的历史形成,《中国语文》第 1 期。

邢福义　1991　词类问题的思考,《语法研究和探索》(五),语文出版社。

姚振武　1996　汉语谓词性成分名词化的原因及规律,《中国语文》第 1 期。

姚振武　2000　指称与陈述的兼容性与引申问题,《中国语文》第 6 期。

詹卫东　1998　关于"NP 的 VP"偏正结构,《汉语学习》第 4 期。

张国宪　2007　状态形容词的界定和语法特征的描述,《语言科学》第 1 期。

朱德熙　1985　《语法答问》,商务印书馆。

Croft, W.　1991　*Syntactic Categories and Grammatical Relations*. Chicago：University of Chicago Press.

Halliday, M. A. K.　1999　The Grammatical Construction of Scientific Knowledge：the Framing of the English Clause. In R. Rossini & G. Sandri & R. Scazzieri（eds.）*Incommensurability and Translation*, Chelterham：Elgar.

Lakoff, G. & Johnson, M.　1980　*Metaphors We Live By*. Chicago, London：University of Chicago Press.

(作者单位：上海师范大学对外汉语学院,200234,hqliu@shnu.edu.cn。)

"把"字句宾语有定性研究[*]

朱庆祥

"把"字句和"把"字句宾语一直是学界关注的热点。关于"把"字句宾语的有定性问题,到目前为止,主要可以概括为三种观点:

第一种,绝对有定观。这种观点认为现代汉语"把"字句宾语必须是有定的,没有例外。第一位提出"把"字句宾语必须有定的是比利时人 Joseph Mullie,他在《汉语构造原理》中称把字后头的宾语作"有定目的格"(the determinate accusative),吕叔湘(1948)认为 Joseph Mullie 的观察是很正确的。丁声树等(1979)、赵元任(1979:174)、傅雨贤(1981)、朱德熙(1982)等基本持此观点。

绝对有定观是传统说一不二标准的一个反映,绝对有定观不好说明下面的问题:现代汉语"把"介引"一量名"形式的存在。

第二种,倾向有定观。这种观点是对绝对有定观的修正,认为"把"字句宾语是倾向有定的,存在少数例外。如梁东汉(1958),宋玉柱(1981),王还(1985),陆俭明、马真(1985),陈平(1987),邵敬敏(1987),黄伯荣、廖序东(1991),张伯江(2000)、杉村博文(2002),陶红印、张伯江(2000),储泽祥(2010)等。构成绝对有定观的最重要反类是"把"后"一＋量＋名"的这种无定形式的引入,陶红印、张伯江(2000)、杉村博文(2002)、储泽祥(2010)等学者一方面指出这种类型在现代汉语少量存在,另一方面从信息、听说双方互动等多角度阐明了"把"后引入"一＋量＋名"的动因。倾向有定观也存在问题:没有从宏观高层上说明究竟什么决

* 本文曾在第二届互动语言学与汉语研究国际学术讨论会暨 2016 中国社会科学院中国社会科学论坛(2016 年 3 月,上海)和第七届现代汉语虚词研究与对外汉语教学学术研讨会(2016 年 7 月,昆山)上宣读,得到与会专家指正,已经被《互动语言学与汉语研究》(第二辑)收录。本研究得到国家社科基金后期资助项目(项目编号 15FYY015)资助,上海师范大学文科重点学科第八期、第九期资助。谨致谢忱。

定"把"字句宾语的类型。

第三种，取消有定观。这种观点看到了前两种观点的不足，既然"把"所介引的对象可以是无定的，也可以是有定的，就不宜用有定、无定来限制"把"字宾语，关键看匹配适宜条件。兰宾汉（1998）、郑定欧（2009）认为应该取消"把"字句宾语的有定性这个限制条件。俞志强（2011）指出"把"字句的宾语是否有定并非关键，更重要的是看宾语的属性明确性与句子语境要求之间能否互相匹配。如果不匹配，"把"字句的宾语可能产生属性不够明确或者过于明确的错误。如果匹配，宾语有定、无定都可成立。取消有定观仍然有问题：如果一切归为宏观语用语义匹配，那么，相关有定性问题，如主语、双宾语中的近宾语等倾向有定性都可以取消。实际上，应该进一步深入研究更加具体的条件，在宏观语用语义的匹配下，什么条件下有定，什么条件下无定，健全"把"字句宾语有定性系统。

本文将在借鉴前贤观点的基础上，基于听说双方信息互动的视角，主要从"说话人已知［±］""听话人已知［±］""编码形式有定［±］"三维匹配角度，宏观与微观相结合，系统地审视"把"字句宾语的有定性问题。

1. 影响"把"字句宾语有定性的多元因素及关联模式

最易操作的就是取形式编码的有定无定，例如，英语有形式上的"the""a"的对立，但是汉语没有这种简易的操作形式。有定性的影响因素是多元的，涉及语言编码形式特征、信息方面的已知性（given 和 new 的对立）、语义理解方面的可辨性（identifiability）、听说双方等。朱德熙（1982：185—189）认为"把"字句"宾语在意念上是有定的"，有定是"已知的确定的事物"，有定无定和已知未知、新旧信息有关。陈平（1987）指出，"定指"是发话人使用某个名词性成分时，预料受话人能够把它与存在的其他同类实体区分开来的名词性成分，即说话人认为这个名词性成分在说话人与听话人心中是明确的。沈家煊（2002：394）指出："'把'字句宾语一般是定指的，这并没有触及问题的实质。实质是，定指成分代表说话人认为听话人可以识别的事物，也就是说，'定指'跟'指示'（deixis）有关。而'指示'本质上具有主观性，跟说话人的视角有关。"很多学者也赞同影响有定性的多元因素（邵敬敏，1987；张伯江，2000；陶红印、张伯江，2000；杉村博文，2002；蔺璜，2006；储泽祥，2010 等）。借鉴前贤观点，我们认为，应该基于听说双方信息互动的视角来研究"把"字句宾语的有定性问题，影响有定性的因素主要涉及三个关键方面：说话人已知/未知、听话人已知/未知①、语言编码形式。

上述三个影响因素是有关联的，说话人和听话人的已知/未知互动直接决定新旧信息。先看听说双方互动配对规律：

Ⅰ模式：说话人已知—听话人已知；

Ⅱ模式：说话人已知—听话人未知；

Ⅲ模式：说话人未知—听话人未知；

Ⅳ模式：说话人未知—听话人已知。

其中，Ⅲ模式可以直接排除出去，依据是"信息传递"的价值和可能性。会话双方要遵守 Grice(1975)提出的会话合作原则，信息传递要有价值，有意义。如果说话人未知—听话人未知，这种信息对于听说双方来说肯定都是新信息，但是这种新信息没有意义，因为听说双方都不知道，没有办法传递，或者是无意义的问答，或者说只能猜测推敲。这种模式暂时不考虑，实际上主要分析的就是Ⅰ模式、Ⅱ模式、Ⅳ模式三种互动模式。

2. 旧信息互动与把字句宾语的编码形式

这种互动类型指的就是典型有定性"Ⅰ模式：说话人已知—听话人已知"，信息是旧信息，编码形式倾向有定。下面分别从语义语用类型和编码形式匹配两个角度展开研究。

2.1 旧信息互动的语义语用类型

"说话人已知—听话人已知"两个因素可以确定该信息在语义上是旧信息，形式编码倾向是有定的。陈平(1987：83—84)指出三种情况符合有定旧信息标准：

第一种，所指对象在上文语境中已经出现过，现在对它进行回指。语言环境不限于同一篇文章、同一次交谈，而是可以延伸到在这以前的全部语言交际活动的知识。例如：

(1) a 要是钢条软了一根，你拿回来，把它摔在我脸上！(《骆驼祥子》)

　　b 你把咱编辑部的图章交给我，这几天我代理老陈……(《编辑部的故事》)

---

① 我们把语义上的可辨识性程度归入"听说双方已知/未知"的程度问题。

第二种,名词性成分所指对象就存在于交际双方的实际环境中,可以靠眼神或手势当作指示加以辨识。例如:

(2) a 啊,你去把这些材料都准备好。(《编辑部的故事》)

　　b 李妈:我把电视关了,啊。……

　　　　余:嗯,啊,大妈,别关,就等着看新闻呢。(《编辑部的故事》)

第三种,包括两小类,其中第一小类是陈平(1987)已经明确指出的。

A. "框—楔"关系的"楔"。所指对象与其他人物之间存在不可分离的从属或连带关系,一旦某个事物的身份在话语中被确定之后,与它有着这种从属或连带关系的其他事物也可借此与语境中同类的其他事物区别开来,信息易推导,获得定指身份。例如:

(3) a 你允许我把话说完。(《我爱我家》)

　　b 两三个星期的工夫,他把腿溜出来了。(《骆驼祥子》)

B. 通指成分。当名词性成分的所指对象是一类事物(class),则为通指成分。(陈平 1987:85)随着"把"的虚化程度的提高,"把"字句的范围扩大到描写通指/任指全称的意义。(陶红印、张伯江,2000:438)例如:

(4) a 旧社会把人变成鬼,新社会把鬼变成人。(罗广斌《红岩》)

　　b 今儿是她来的电话,约我在楼下等她。好家伙,溜溜儿等了一个多钟头,刘颖没等来,倒把流感等来啦——啊嚏。(《我爱我家》)

　　c 我就怕和别人说话:他们必定把一句话拉长了,作两三截儿,咬文嚼字,拿着腔儿,哼哼唧唧的,急的我冒火……(《红楼梦》27 回,转引自陶红印、张伯江,2000)

通指成分以光杆名词为典型代表。"一量名"不典型,但是"把"后宾语"一量名"主要是通指、任指成分,(陶红印、张伯江,2000)由于通指成分指向的是惯常性、经常性的事情,所以倾向作为共识的旧知识来处理。

2.2　旧信息的编码形式类型

"说话人已知—听话人已知"是语用语义方面的标准,语言编码采取有定形式是形式的标准,意义功能和形式的关系要遵守形式和意义匹配(form-function)的规律。陈平(1987:86—88)把名词性成分从形式上分为七组,分别是:人称代词—专有名词—"这/那"+(量词)+名词—光杆普通名词—数词+量词+名词—"一"+(量词)+名词—F 量词+名词。对比这七组,"把"字句宾语的有定性问题可分以下几种情况来讨论:

其一,人称代词、专有名词、指示词"这/那"及其相关成分在形式上就表明有定性,例如:

(5)a 有写这个的,甭你们的党棍动手,我们就先把他掐死。(王朔《一点正经没有》)

　　b 于观把杨重马青介绍给丁小鲁,丁小鲁也把林蓓介绍给他们。(王朔《顽主》)

　　c 孟朝阳愣要把这儿当自己半个家。(《我爱我家》)

其二,光杆普通名词、数词＋量词＋名词可以是定指成分旧信息、高可及性信息,例如:

(6)a 要是您不赞成奢侈,俭省的办法也有,把奖分为一二三等。(王朔《顽主》)

　　b 陈聋子就告诉他:袁子才把十张灯退回来了。(汪曾祺《金冬心》)

值得注意的是,"把"字句后大量光杆普通名词宾语形式的出现。人称代词、专有名词、指示词本身可以标明事物有定性,普通名词不可以。一般性的定语成分,限定性越强、越具体,该名词性成分的定指性就越强。(陈平,1987)对于普通名词来讲,修饰语的数量、形式的复杂度和名词性成分的有定性存在下面的无标记匹配规律:

修饰语越多,形式越复杂,越倾向于有定;

修饰语越少,形式越简单,倾向于非有定。

也就是说,既然"把"字句宾语倾向于有定性、旧信息,普通名词应该修饰语越复杂越好,而不是越简单越好,光杆类型应该少才合理。根据我们对《我爱我家》的 1 098 个"把"字句调查发现,其中传递旧信息、高可及性信息的是 1 092 个,在这些类型中,简单形式居多,如表 1 所示。

表1　旧信息、高可及信息的"把"字句宾语形式特征

	光杆(无修饰语)	有修饰语
人称代词(个)	362	82
专名(个)	58	20
普通名词(个)	298	55
指示词(个)	5	212
总数(个)	723	369
比例(%)	66.2	33.8

从上述旧信息的数量类型对比可以发现,在《我爱我家》这种互动性强的对话语体中,"把"字句宾语倾向于简单化,大量光杆名词形式出现。光杆普通名词达 298 例,这对有定性倾向似乎构成一种挑战。在互动语篇中,传递旧信息、高可及信息的"把"字句宾语倾向于光杆简单形式是受到"可及性"(accessibility)影响。如果可及性高,说话人就倾向于采用简单、限定词语少的指别度低的形式;如果可及性低,说话人就倾向采用复杂、修饰限定词多的指别度高的形式。正是因为在这些互动语篇中,"把"字句宾语属于高可及信息,所以才倾向于简单形式。就这些光杆形式而言,在上下文中,简单为好,复杂了往往冗余,还不好,例如:

(7) 背景:大家正在看电视。

圆圆:(上,把电视关掉)我有件重要的事儿,想和你们商量一下。

⋯⋯

傅老:(喜)集体领导嘛,不要只宣传个人,圆圆,这个有理想很好,大家都会支持的——(向志国)快把电视开开吧!

(8) 背景:大家正在看电视。

圆圆:(上,﹡把自家的电视关掉)我有件重要的事儿,想和你们商量一下。

⋯⋯

傅老:(喜)集体领导嘛,不要只宣传个人,圆圆,这个有理想很好,大家都会支持的——(向志国)快﹡把我们家的电视开开吧!

所以,对于普通名词而言,当"把"字句的宾语为高可及性信息时,并非形式越复杂越好,因为受到篇章语境的"可及性"影响,可及性越高的信息反倒是形式上倾向于采用简单形式。语料中的大部分光杆名词是可及性高的特指、定指成分,以及可及性高的通指成分。

其三,陈平(1987)认为"'一'+(量词)+名词"只能是不定指成分。实际上,"把"后宾语"'一'+(量词)+名词"结构也可以是有定旧信息,例如《我爱我家》中的例子:

(9) 和平:爸,您再给我比划比划那箱子到底有多大呀?(给傅老扇扇子)

傅老:不是都跟你们说过了么,那箱子也就⋯⋯(比画)⋯⋯

和平:您别越比画越大呀您这⋯⋯那那里头,除了首饰,还有什么呀?

傅老:我想想啊,白的黄的⋯⋯好像是白的少黄的多⋯⋯

和平:爸,也不是我批评您,您说您活了大半辈子,您对人民对国家对子孙后代总得有个交代吧,您不能干革命干了一辈子把<u>一箱子金银财宝</u>都给干没了,是不是?

该例"一箱子金银财宝"就是前文和平与傅老谈的那个箱子,既然上文已经出现,可以确定是旧信息,这里强调数量"一箱子"的整体性,有强调意外之意。陶红印、张伯江(2000)统计了现代汉语1 620万字语料,共得"把一个N"577例,其中,旧信息7例,占1.2%。也就是说,"'一'+(量词)+名词"结构也可以是有定旧信息,只不过确实少。

其四,陈平(1987)认为"量词+名词"结构也只能是不定指成分。而研究发现,"把"后"量词+名词"结构恰恰相反,主要是有定旧信息,例如:

(10) a 把<u>个好端端的工厂</u>弄得一塌糊涂。(《作家文摘》1994年)

b 范文程引今论古……把<u>个努尔哈赤</u>直喜得眉飞色舞。(李文澄《努尔哈赤》)

c "中相"与"洋相"比较,并无优劣之分……把<u>个"中相"</u>硬装成"洋相"。(《人民日报》,1996年)

吕叔湘(1948)较早指出"把+个+量"结构的有定倾向问题,认为"把"字后头的宾语的确带一个"个"字,这个"个"字尽管是"一个"的省缩,可不一定表示后面的名词的无定性,如"把个荀老爹气得有口难分《儒林外史》"。陶红印、张伯江(2000)统计了现代汉语1 620万字的书面语料,共得到"把+个+量"46个,其中,旧信息是37例(包括可及性高的通指成分12例),占总比例的80.4%。我们对北京大学语料库"把+个+名词"结构进行穷尽统计,共统计到403个把字句,发现旧信息是384条,占95.3%。换句话说,"把+个+量"中的"个+量"倾向以有定旧信息为主。朱德熙(1982:187)认为,在"偏偏又把个老王病倒了"中,老王虽然是一个确定的人,可是说话人没有想到生病的会是老王,而不是别人,有点意外。沈家煊(2002)认为,关键在于"说话人没有想到",是主观性决定了"(一)个"的增加。也就是说,"(一)量名"形式的旧信息,往往是说话人故意把信息编码为无定的信息形式,强调数量整体性或某种意外之意,主观性强,是主观化的结果。

3. 新信息互动与"把"字句宾语的编码形式

"把"字句宾语主要是有定旧信息、高可及信息,这是主流,但是也可以传递新信息。在《我爱我家》的1 098个"把"字句中,纯粹的新信息只统计到4例,数

量太少,我们又进入北京大学语料库,提取 80 例新信息类型分析。新信息互动存在两种模式:

第一种,Ⅱ模式。从听话人角度讲是新信息,说话人是旧信息,这是典型的新信息模式;

第二种,Ⅳ模式。从发话人角度讲是新信息,认为听话人可能知道,在听话人那里可能是旧信息,所以,说话人询问听话人,其典型的句式就是疑问句。

3.1　Ⅱ模式

从听话人角度讲是新信息,对于说话人来说是旧信息。主要类型有两种:

第一种,"一+量+名"形式,《我爱我家》有 3 例,北京大学语料库又统计到 31 例。例如:

(11) a 傅老:……啊,这个老郑那边有什么动静没有? 于大妈:老郑这回可下了狠心啦,把一柜子酒啊,都批发给燕红了。(《我爱我家》)

b 一只手把一张"环球总公司"标志贴在存衣柜上后的墙上。(《我爱我家》)

第二种,"量+名"形式,往往是"一+量+名"形式的省略。这种类型在《我爱我家》中并没有统计到,北京大学语料库统计到 19 例。例如:

(12) a "桂枝比她哥哥好,"牧乾把个哈欠堵回一半去。(老舍《蜕》)

b 她把个半高不矮的条凳搬出来往门口一摆。(《作家文摘》,1996 年)

c 有次我在街上,看到一群人把个年轻人打得头破血流,我上去把年轻人救了,结果人家说他是个流氓。(《读者(合订本)》)

3.2　Ⅳ模式

从发话人角度讲是新信息,在听话人那里可能是旧信息。

Ⅳ模式是典型的疑问句信息类型模式,可以使用疑问代词及其相关格式询问新信息,这种类型在《我爱我家》只统计到 1 例,北京大学语料库统计到 30 例。例如:

(13) 爷爷,爸,妈,小姑……她们俩呢? 你们把谁留下轰走谁啦?(《我爱我家》)

在这种情况下,"把"后宾语对于说话人圆圆来说是新信息,她是不知道的,所以要询问,她认为询问对象(听话人)应该知道。也就是说,说话人认为听话人已知,在听话人那里是(或可能是)旧信息。这是问句的典型信息互动模式,对于

问话人来说是新信息,对于听话人来说可能是旧信息。还有其他非典型的"把"字句宾语疑问形式,可以分为三小类:

第一类,自问自答。这种形式实际上属于独白叙事语体,叙事者模仿互动,一个人扮演问答两方的角色,这在传统评书中很常见。例如:

(14)朱元璋放火烧船,把谁烧死了?把陈友谅的弟弟烧死了。(《明十七帝疑案》)

第二类,自问独白。这种形式是说话人自问或者内心独白,并没有或不需要听话人来回答,仅仅是说话人自我的思考或等待实际事件的发生发展而得到答案。例如:

(15)心说:怎么叫一个来了仨呀?我再叫被告,看还把谁带上来?(《中国传统相声大全》)

第三类,反问。尽管反问是说话人无疑而问,这种"把"字句宾语疑问词信息对于说话人来说应该是有定的,但是遭到了听话人的质疑。为了打消对方疑虑,说话人故意假装连自己都不知道来反问对方,否定"把"字句宾的其他疑问对象的存在可能性。例如:

(16)我不把你当恋人,我把谁当恋人?(《冬至》)

4. 总 结

俞志强(2011)的观点"宾语的属性明确性与句子语境要求之间能否互相匹配"从宏观高层抓住了决定"把"字句宾语类型的语用条件,但是宏观和微观要结合,还要走向具体语义语法的搭配条件,要系统化和具体化。根据上文研究,信息互动视角下"把"字句宾语的有定性特征可以系统地总结如下:

(一)"把"字句宾语为旧、高可及信息,信息互动为Ⅰ模式,这是主流。从形式编码的角度可分为以下类型:

第一,人称代词、专用名词、指示词直接表明有定性。

第二,带修饰语的名词,修饰语越多有定性越强。

第三,无宾"把"字句的零形式所指倾向于有定的,主要是因为可及性高,省略造成的。

第四,光杆名词,可能是特指的,也可能是类指的,因为可及性高,有定性强。

第五,"数+量+名"形式要分两类:一类"名"是旧信息、有定的,特别是专用名词形式,包括少量的"一量名"和大量的"量名"形式,说话人故意把信息编码为无定的新信息形式,强调数量性或某种意外之意。另一类主要是通指、任指的"一量＋名"形式,传递某种普遍性的信息,无意外之意。

(二)"把"字句宾语为新信息,或询问新信息,这是支流。信息互动模式有两种:

第一,Ⅱ模式形式编码倾向无定,引进新信息。编码形式主要是"一＋量＋名"形式和"量＋名"形式。

第二,Ⅳ模式形式编码倾向为疑问代词,引进特指新信息。主要指"把"字句宾语是疑问代词及其相关成分。

参考文献

陈 平 1987 释汉语中与名词性成分有关的四组概念,《中国语文》第 5 期。

储泽祥 2010 事物首现与无定式"把"字句的存在理据,《语言研究》第 4 期。

崔希亮 1995 "把"字句的若干句法语义问题,《世界汉语教学》第 3 期。

丁声树等 1979 《现代汉语语法讲话》,商务印书馆。

方 梅 1995 汉语对比焦点的句法表现手段,《中国语文》第 4 期。

傅雨贤 1981 "把"字句与"主宾句"的转换及条件,《语言教学与研究》第 1 期。

黄伯荣、廖序东 1991 《现代汉语》,高等教育出版社。

金立鑫 1997 "把"字句的句法、语义、语境特征,《中国语文》第 6 期。

兰宾汉 1998 试论"把"字句的限制条件,《陕西师范大学学报》第 2 期。

梁东汉 1958 论"把"字句,《语言学论丛》第 2 辑,新知识出版社。

廖秋忠 1985 篇章中的框—梗关系与所指的确定,《语法研究与探索(三)》,北京大学出版社。

蔺 璜 2006 试论宾语位置上名词性成分的有定性,《语文研究》第 4 期。

刘培玉 2009 《现代汉语"把"字句的多角度探究》,华中师范大学出版社。

陆俭明、马 真 1985 《现代汉语虚词散论》,北京大学出版社。

陆俭明 2016 从语言信息结构视角重新认识"把"字句,《语言教学与研究》第 1 期。

吕叔湘 1948/1984 "把"字用法的研究,《汉语语法论文集》(增订本),商务印书馆。

饶长溶 1990 《把字句·被字句》,人民教育出版社。

杉村博文 2002 论现代汉语"把"字句"把"的宾语带量词"个",《世界汉语教学》第 1 期。

邵敬敏 1987 "把"字句研究纵横观,《语文导报》第 7 期。

沈家煊 2002 如何处置"处置式"—论"把"字句的主观性,《中国语文》第 5 期。

施春宏 2010 从句式群看"把"字句及相关句式语法意义,《语言教学与研究》第 3 期。

石毓智 2002 论汉语的结构意义和词汇标记之关系,《当代语言学》第 1 期。

宋玉柱 1981 关于"把"字句的两个问题,《语文研究》第 2 期。

陶红印、张伯江　2000　无定式"把"字句在近、现代汉语中的地位问题及其理论意义,《中国语文》第 5 期。

王　还　1985　"把"字句中"把"的宾语,《中国语文》第 1 期。

薛凤生　1994　"把"字句和被字句的结构意义,《功能主义与汉语语法》,北京语言学院出版社。

俞志强　2011　论"把"字句宾语属性明确性与句子语境的匹配,《世界汉语教学》第 1 期。

张伯江　2000　论"把"字句的句式语义,《语言研究》第 1 期。

赵元任　1979　《汉语口语语法》(吕叔湘译),商务印书馆。

郑定欧　2009　基于语料库的汉语句法研究—以"把"字句为例,《汉语学习》第 4 期。

朱德熙　1982　《语法讲义》,商务印书馆。

Ariel，M　1990　*Accessing noun-phrase antecedents*，New York：Routledge.

Grice，H. P.　1975　*Logic and conversation*，New York：Academic Press.

Lyons，C　1999　*Definiteness*，Cambridge：Cambridge University Press.

(作者单位：上海师范大学对外汉语学院,200234,zhuqingxiang@shnu.edu.cn。)

现代汉语虚词的英译[*]

——以连词、语气词和结构助词为例

李延林　李乐君　晏心怡

　　虚词和实词是汉语中的两大词类，一般而言，人们往往过多关注实词，而不太在乎虚词。其实，虚词在用法上并不"虚"，相反，它们在汉语中很活跃，使用很频繁，表达形式丰富多彩，虽然它们只包括介词、连词、助词与语气词四类词。在对外文化交流或对外汉语教学中，人们会发现交际双方谁都不敢怠慢汉语虚词的存在与英译表达。近年来，随着中国的崛起，汉语对世界的影响越来越大，外国人纷纷以各种形式学习汉语，有不出国门自学或进入孔子学院学习的，也有来华学习的，而且来华留学者越来越多，但由于汉语博大精深，无论是实词还是虚词，均成了学习者在学习中颇为难啃的骨头。虚词虽有点不起眼，甚至被很多人忽略，加之可资查阅与参考的资料并不太适合这些"洋"学生，结果他们学得很吃力，交际中也用不上。这无疑给广大研究工作者与教师提出了许多值得探讨的问题。首先，教师应教这些学生学会动态地看问题、正确地分析问题与解决问题；其次，教师或研究工作者创作出更多的有利于"洋"学生的新作品，减少他们在学习虚词中的困难；再次，教学生学习一门或几门语言，语言之间的相互转换总是少不了离不开的，翻译则是多种转换形式中的一种，在语言教学中必不可少。此文对现代汉语虚词的译法探讨，希望起到抛砖引玉的作用。

---

　　* 本文曾在第七届现代汉语虚词研究与对外汉语教学研讨会（2016 年 7 月，昆山）上宣读，已发表于《对外汉语研究》第十五期（2017 年 5 月，商务印书馆）。本研究受湖南省社科基金"思维和文化共通感与意象翻译研究"（15YBA401）和湖南省社科基金外语科研联合项目"言外之意翻译的关联理论视角研究"（12WLH48）支持。

1. 理 论 基 础

本文以对比语言学以及纽马克的语义翻译和交际翻译为理论基础。对比语言学是语言学理论的重要分支,和比较语言学历史性特点不同的是其共时性,前者通过比较的方法,对两种或两种以上的语言在语法、词汇和发音等方面进行探讨,找到其异同点,主要利用语言间的差异性来掌握第二语言,通过运用该理论提高对源语和目标语的认识,为翻译实践做好理论准备。另外,对比语言学主要包括理论和运用两部分,理论在翻译实践中的可操作性更强,更具指导意义。在对汉语虚词的英译中,译者实际上自觉或不自觉地运用了对比语言学理论,通过比较汉英在虚词表达上的异同,进而克服差异,找到相同点,实现"求同存异",采取有效转化的方法,将"微不足道"的汉语虚词翻译得自然地道。

运用纽马克的语义翻译和交际翻译理论。语义翻译是指译者翻译时要靠近作者而不是读者,力求传达源语文本的原汁原味,保留原文的风味,尤其是对浓厚文化色彩的表达处理上,需要留住原文的特色表达,在内容和形式上符合源语文本的特色,让读者感受到异国文化。因此,语义翻译集中关注词语和句子在语义方面的异同,和翻译策略中的异化类似。交际翻译与语义翻译相反,其主要特点是靠近读者,远离原作者,让读者增添几分熟悉感和亲切感,但远离了源语文本的民族文化特色。另外,交际翻译在语言表达的形式上要接近目标语特点,内容上化为目标语读者的习惯表达。

2. 虚 词 的 英 译

2.1 连词

连词是用来连接词、句或段之间的一种虚词,比副词、介词含义更虚,主要是用来表达某种逻辑关系,如转折、并列、因果、选择、假设或让步等,无修饰功能,也不能充当任何句子成分,下面举例分析。

(1) 在 70 年代中,豌豆的产量增长了 25%,而种植面积几乎扩大了 70%。

译文:Production of cowpeas grew by more than 250 percent during the 1970s, while the area planted expanded by almost 70 percent.

原文中的连词"而"表达了遗憾的含义,译者将其翻译为 while(而……却),

"豌豆的产量增长了 25%"放在前面,充当了第一分句,"而种植面积几乎扩大了70%"译为等立连词 while 分句(或 whereas 分句)。因此,在连词的英译上首先要分析虚词所对应的逻辑意义,设法找到英语中对应的连词,在译文中予以显化。其次要注意找准句式结构,适时地做好调整,呈现地道的英译文。

(2) 他们之所以在这次考试中没有及格是因为他们在复习中没有把握好要点呀。

译文:The reason why they have failed in passing this examination is that/because they didn't grasp the main points in going over their lessons.

例(2)"之所以"属于句中连词,"之所以考试没有及格"译为"The reason why they have failed in passing this examination",用现在完成时态来表达它的时态功能,准确无误,有效地传递了原文的含义,接着"是因为"也是句中连词,"呀"是语气词,"是因为他们在复习中没有把握好要点呀!"译为"is that/because they didn't grasp the main points in going over their lessons!"译者在理解原文连词、把握原文结构表达的感叹语气后,直接选择用"is that/because"英语结构与感叹号来传递这种情感,使译文显得井然有序、简洁传神。

2.2　语气词

语气词是表达感情的虚词,一般位于句尾,传递某种特殊的感情,如"了、啦、呢、啊"等,表达遗憾、疑问、感叹、询问和商量的情绪,这些都是现代汉语中抒发作者强烈情感的语气(助)词,英语中也有类似的感叹词或感叹结构,表示悲伤、难过、兴奋等感情,以下举例说明。

(3) 中国代表在会上的发言多么好呀!

译文 1:How nice the speech (is that)the delegate from China has made at the conference!

译文 2:What a nice speech the delegate from China has made at the conference!

例(3)原文的含义是指听众听到了中国代表在大会上精彩的发言之后,感到很兴奋、很敬佩、很受鼓舞。译文对句尾语气词并未翻译,相反,利用英语的 what 或 how 引出感叹句,将情感表达转移到前半句,即译为"How nice the speech (is that)the delegate from China has made at the conference! // What a nice speech the delegate from China has made at the conference!"。同时,为了强调"很好"的含义,整个译文采用符合英语语法的表达,有效地传达了原文作者对中国发言代表的赞扬与钦佩之情。

(4) 喂,我的手巾在哪儿? 这个我得要知道哇。你昨晚难道没有睡醒吗?

译文:Well, where's my towel? That is what I want to know. Didn't you sleep enough last night?

例(4)原文来自日常生活中,句中既有感叹词,又有疑问词,所抒发的是不满之情,语气词"哇、吗"使情感达到了较高程度。另外,译者在处理语气词时也联想对比英语类似的表达,转化成英语的感叹词或感叹句式,如"唉"译为 Ah, alas;句中的疑问语气或疑问语气词一律用问号表示。

(5)"啊!"他心里想,"这显得多么庄严而又神奇呀——我当了国王!"

译文:"Ah!"he thought,"how grand and strange it seems— I AM KING!"

(6) 唉! 我想炮兵一定落后了,但我相信不会落后太久。

译文:Alas, I am afraid that the artillery must have lagged behind, but not I trust for long.

例(5)与例(6)中的"啊"与"唉"均为感叹词,"啊"(ah)抒发一种兴奋、感慨万千等情感,"唉"(alas)抒发的则是一种不满或遗憾之情,但在译文表达感叹时,也可不使用感叹词而使用感叹号的,例如:

(7) 黄河啊! 你是中华民族的摇篮!

译文:Huanghe! You are the"cradle"of the Chinese nation!

同样,在对"这件事会是这样吗? 还是有其他情况呀?"中的语气助词也不翻译,而是从整体的实际含义出发,译为"Was this guess true? Or not?"省略对该虚词的翻译,读来简洁利索。

2.3 结构助词

汉语中的结构助词是用来突出句子结构和某种功能的,一般位于句中某一中心词前,提示某种结构上的关系。此处,限于篇幅仅就"得"与"的"的译法作归纳说明。

2.3.1 助词"得"的译法

(8) 这个礼堂坐得下 1 500 人吗?

译文:Can/Could this auditorium have a capacity of/ hold/ contain 1500 people?

(9) 天气暖和得可以游泳了。

译文:It is warm enough to swim/to go swimming/to go for a swim.

(10) 它可是肉眼看不见的。

译文：It is invisible to the naked eyes//It cannot be seen to the naked eyes.

例(8)中的"得"字句可以译为"can"或"could"，也可译为"be able to"；例(9)中的"得"字句可译为"enough to do"，也可译为"enough for"；例(10)中的"得"字句可译为后缀"-ible"，还可以译为后缀"-able"或译为"can be＋过去分词"。"得"字句的其他英译结构还有：be capable of, so … that, too … to, so as to, so … as to, so that, such … that, too … for, and 并列句，带宾补的主动结构，带主补的被动结构，动词＋后置状语，副词＋过去分词，动词＋形容词＋名词，till/until＋状语从句，动词＋表原因的介词短语等。上述结构有的看上去很抽象，如"and 并列句"、"till/until＋状语从句"，故就它们举例如下：

(11) 他的歌声引起了听众的哄笑，他羞得赶忙离开了比赛。

译文：His singing made the audience/the spectators/the onlookers burst out laughing/burst into laughter, and he felt ashamed/shy/embarrassed/discomforted/shamefaced and left in a hurry.

(12) 她笑得肚子痛。

译文：She laughed till her sides split/until her sides split.

2.3.2 助词"的"的译法

(13) 没有吃过苦的人不知道什么是甜。

译文：Those who have never tasted what is bitter do not know what is sweet.

(14) 中国是个有 13 亿人口的国家。

China is a country with a population of 1.3 billion.

(15) 老师已分发了本周填字字谜的答案。

译文：The teacher has given out/handed out the solution to this week's crossword.

例(13)中的"的"字部分可以译为英语定语从句，"的"成了定语从句与先行词的分水岭，其实还可译为"现在分词短语＋句子"，即"Never having tasted what is bitter, those don't know what is sweet."。例(14)中的"的"字部分可译为介词短语，还可译为定语从句，即"which/that has a population of 1.3 billion"。例(15)中的"的"字部分可译为"(特定名词＋)to 短语"。此处可带"to 短语"构成定语的"特定名词"有以下这些：key, visitor, entrance, monument, note(注释), answer, way, secretary, ambassador, representative, wire, reply, approach 等。"的"字部分的英译形式还有:

跟"for 短语"构成"的"定语的特定名词,有 time, mind, book, reason, ticket, medicine, cry, concern, telegram, school, plan, basis, hospital 等。

跟"from 短语"构成"的"定语的特定名词,有人名、职业名、头衔、称谓、交通工具名、letter, information 等。

跟"in 短语"构成"的"定语的特定名词,有职业名、头衔、称谓等。

跟"on 短语"构成"的"定语的特定名词,有职业名、头衔、称谓、看法、论述、评论、报告等。

跟"over 短语"构成"的"定语强调"在……之上"等的特定名词,有实物名、消息、交谈等。

跟"against 短语"构成"反对、禁止""的"定语的特定名词,有法律、禁令、争吵、斗争等等。

跟其他"介词短语或副词"构成"的"定语的特定名词,有时间、地点、书籍、职业等等。

3. 虚词英译手段

在现代虚词的英译方面,语义翻译通常是译者首选的翻译手段,即能从目标语言中找到同样或类似含义的表达,实现语义上的一致性;其次就是交际翻译,由于无法或难以找到对应的英语表达,译者不得不采取转变形式的方法来实现有效翻译,如增补、转换和合并等手段可用来呈现地道的表达。

3.1 语义翻译

纽马克的语义翻译是一种重要的翻译手段,在一定程度上保持了源语文本的原汁原味,如语言风格等,有利于传播源语文化特色。具体的翻译策略和异化类似,即译者在翻译时紧贴原文,句型句式和含义上基本不作调整,顺应源语文本词句。然而,在实际翻译过程中,译者要灵活运用,随机应变,不能拘泥于原文的束缚或一味地改变原文的意义,下面举例说明。

以下的例子原文均为古文的现代汉语形式,因为中国人教"洋"学生学古代经典或让"洋人"读中国古代经典,都是把其译成现代汉语后再译成英文的。

(16) 我又没有什么其他才能呀!(吾又何能为哉!)

译文：To be honest, I don't have any skills other than that!

(17) 这不奇怪么？(不亦谬哉？)

译文：Isn't it absurd?

(18) 你们知不知道呀？唉，难过呀！(汝其知也邪？其不知也邪？呜呼哀哉？)

译文：Do you know or don't you know? Ah! How sorrowful I am?

从以上三个例子中语气词的翻译可看出，作者均采取靠近原文的翻译手段，保留原文的情感特色。第一个例子"我又没有什么其他才能呀！"，译者也就按照原文的内容和语气直译为 I don't have any skills other than that!，无奈的情感传递得准确到位，句式也符合英文习惯。例(17)"这不奇怪么？"译为"Isn't it absurd?"，有效地传递出原文疑问的语气。然而，例(18)的翻译则显得有中式英语表达之嫌，译为"Do you know or don't you know?"不如直接译为"Do you know or not?"显得简洁明了。拘泥于原文会使译文显得生硬，反而不能更好地传递语气助词表达的情感。

3.2 交际翻译

交际翻译不同于语义翻译，为了"接近目标语读者"，译者不能拘泥于原文，应该用多种翻译方法，呈现顺畅地道的译文，如省略、增补和合并等变通的手段，从语言的形式和内容上做出恰当的调整，以满足目标读者的语言习惯和弥补文化差异带来的理解问题。以下举例分析译者是如何实现有效交际翻译的。

(19) 天理不可推求，而寿命的长短也无法预知啊！(所谓理者不可推，而寿者不可知矣！)

译文：That is why the logic of things can never be reasoned out, and the continuation of one's existence cannot be foretold.

例(19)"天理不可推求，而寿命的长短也无法预知啊"，句末语气助词"啊"抒发了内心难受、无奈遗憾之情。译者虽将表达感叹的原文译为陈述句，但用 can never be 和 cannot 否定词加强语气，同样能够表达作者失落悲伤的情感，效果同源语文本采用的语气助词一样。因此，译者认为在译文结尾加上感叹号反而是多余的。

因此，译者为了达到交际翻译的目的，在先理解原文后，把握其语气情感，选择意译的翻译手段，有利于目标语读者理解原文的情感。

4. 结　语

　　多数译者认为虚词翻译是翻译中的难点之一。因此，本文基于对比语言学以及纽马克的语义翻译和交际翻译的理论，以连词、语气词和助词的翻译为例，向读者介绍了虚词的基本译法。在第三部分虚词英译的手段——语义翻译和交际翻译方面，笔者分析了不同翻译手段下呈现的译文，指出了译文中的优缺点，同时提出改进的参考意见。虚词具有表达逻辑关系、传递情感等功能，译者需要有敏锐的眼光，理解汉英虚词的异同，分析汉语中虚词的真实内涵，以便呈现最为准确、恰当和地道的译文。

参考文献

郭文颖、程立新　2003　汉语虚词英译趣谈，《承德民族职业技术学院学报》第 4 期。

郭著章、李庆生等　2013　《英汉互译实用教程》，武汉大学出版社。

韩兆霞　2005　从语法功能看汉语虚词的英译，《盐城工学院学报》（社会科学版）第 3 期。

李延林　1999　《汉语常见词英译巧译》，国防科学技术大学出版社。

刘　旭　2005　论汉语文言虚词的英译，《武汉理工大学学报》（社会科学版）第 4 期。

刘　旭　2004　《虚不失其重——论古汉语虚词的英译》，武汉理工大学硕士学位论文。

刘亚辉　2013　《〈汉语札记〉与〈马氏文通〉文言虚词对比研究》，上海师范大学博士学位论文。

毛荣贵　2005　《翻译美学》，上海交通大学出版社。

孙瑞禾　2015　《常用汉语虚词英译》，商务印书馆。

余　东　2003　空位现象与翻译的虚实观，《中国翻译》第 2 期。

Newmark, Peter. 1981　*Approaches to Translation*. Oxford：Pergamon Press.

（作者单位：中南大学外国语学院，410083，cstdxy2008@126.com；
cstdxy2011@163.com；baby1985lyy@163.com。）

疑问代词"谁"的虚指和否定意义的形成机制[*]

袁毓林[1]   刘　彬[2]

1. 引言:"谁"的多种意义和用法

疑问代词"谁"的用法多样,意义复杂;既可以表示询问某人的疑问意义,又可以表示虚指、任指、否定等非疑问意义。比如[①]:

(1) a 你找谁?(问人)

　　　b 今天没有谁来过。(虚指)

　　　c 这件事谁也不知道。(任指)

　　　d 谁不说他好?(用在反问句里,表示没有一个人)

从上面的例子可以看出,疑问代词"谁"可以表示疑问、虚指、任指和否定等多种意义。其中,例(1)a 是"谁"的基本用法,其意义为问人,可以是一个人,也可以不止一个人。例(1)b 中的"谁"读轻声(unstressed or in neutral tone),表示虚指意义,即不知道的人或无须说出姓名和说不出姓名的人。例(1)c 中的"谁"表示任指意义,所以,例(1)c 的意义相当于"这件事所有人都不知道"。例(1)d 是反问句(rhetorical question),其中的"谁"读全重音(with full stress and tone),表示否定意义(即没有一个人),所以,例(1)d 的意义为"没有一个人不说他好"(相当于"所有人都说他好")[②]。除此之外,"谁"还以表示承指等非疑问意

　　* 本文已发表于《语言科学》2017 年第 2 期。本文的研究得到国家社科基金重大招标项目《汉语国际教育背景下的汉语意合特征研究与大型知识库和语料库建设》(12&ZD175)和国家重点基础研究计划(973 计划)项目课题《语言认知的神经机制》(2014CB340502)的资助,承蒙徐杰、顾阳教授指正,《语言科学》匿名审稿专家提出了宝贵的意见和建议,谨此致以诚挚的谢意。
　　① 本组例子引自《现代汉语词典》(第 6 版)。本文其他例句若无说明,均来自北京大学 CCL 语料库。
　　② 关于虚指和否定用法的"谁"的读音,参考 Chao(1968)对于"谁、什么"的描写和说明。

义(如"谁愿意去谁去")。

限于篇幅,本文主要着眼于"谁"的否定和虚指用法[①],讨论以下几个问题:第一,"谁"的虚指意义是怎样形成的?第二,"谁"类反问句的否定意义是从哪儿来的?第三,"谁"的否定意义和虚指意义之间有什么关系?它们跟"谁"的疑问意义之间有什么关系?第四,"谁让我小呢?"之类特殊句式表示什么意义?这种句式的意义是怎样形成的?

2. "谁"的语义成分及其语境变体

疑问代词"谁"的基本用法是询问,意义是问人;在句中既可以作主语,也可以作宾语。例如:

(2) a 你找谁?

　　b 今天谁值班?

显然,疑问用法的"谁"有这样一种预设:存在一些跟问句的谓语核心所表示的事件相关的人,但问话人不能确定具体是哪一些个人;其陈述性意义是询问,即想知道和要求对方告诉他那些个人的具体的值(如姓名、身份等)。因此,如果用集合论的术语来刻画,"谁"陈述的是由一系列可能用来作为回答的候选项组成的集合,即其值域(range)。

从逻辑性质上看,疑问代词具有两重性:既是算子(operator),又是变量(variable)(Lee,1986)。作为疑问算子,它通过对作为基底的陈述句的疑问操作(用疑问代词替换相应的、可以作为答案的词语),使得句子具有询问的语义性质,并且实现其言语行为功能(要求对方提供答案);作为变量,它又限定了相应的回答的取值范围(即值域,如某些个人或事物)。例如:

(3) a 小王丢了某样东西。→小王丢了什么?

　　b 昨天晚上某人值班。→昨天晚上谁值班?

这种两重性,在英语的疑问代词上可以看得更清楚。英语疑问代词可以看作是由两个语素构成的:wh＋pronomal。于是,who 可以分析为 wh＋someone,what 可以分析为 wh＋something(Chomsky,1964;Wu,1999)。正是这个 wh 部分表示了疑问,即像是一个算子(记作〔＋Wh〕);正是这个 pronomal 部分预设了 someone、something 一类个体或个体集合的存在,即像

---

① 关于否定用法与任指用法之间的关系,我们拟另文讨论。感谢匿名审稿专家指出这一点。

是一个变量(记作[+Some])。相应地,汉语疑问代词"谁"的语义成分可以表示为[+Wh(询问)、+someone(某些个人)]。这样,虚指用法的"谁"的语义成分可以表示为[−Wh(询问)、+someone(某些个人)],否定用法的"谁"的语义成分可以表示为[−Wh(询问)、−someone(某些个人)]。如果上述假设和语义表示是正确的,就必须说明:非疑问意义的"谁"字句分别提供了什么样的词汇、句法、语义或语用线索,来提醒和保证听话人正确地识解其中的"谁"表示疑问还是非疑问(虚指、否定等)的意义。例如:

(4) a 没有谁去过。

b 我的书不知道被谁拿走了。

(5) a 这话儿谁会相信呢?

b 谁让你进来的? 快给我出去!

我们凭什么知道例(4)中的"谁"表示虚指意义,例(5)中的"谁"表示否定意义呢?

显然,如果把虚指和否定等非疑问意义看作是表示疑问的"谁"在具体句子中的语境变体,就必须具体地刻画清楚这种语境条件到底是什么①。这正是下文要讨论的内容。

3. "谁"的虚指意义的形成机制

要想有效地描写"谁"的虚指、否定等非疑问意义的语境条件,首先要了解和明确"谁"表示疑问意义的语境条件,以此作为参照标准才能事半功倍。其实,前贤已经从言语行为理论的角度,对疑问(或询问)行为进行了大量的语用学研究。我们根据当下课题的需要,强调疑问(或询问)行为的下列语用预设特点:

(6)i. 问话人(A)不知道某个信息(M),

并且他(A)想知道这个信息(M);

ii. 问话人(A)认为被问人(B)知道这个信息(M),

并且他(B)愿意告诉他(A)这个信息(M)。

在这样的语用前提之下,问话人(A)用问句(Q)向被问人(B)询问。

具体落实到疑问代词"谁"上,上述语用预设特点可以具体化为:

---

① Huang(1982)和 Li(1992)从生成语法的角度,讨论了汉语疑问代词的非疑问用法的句法、语义条件。

(7) i. 问话人(A)不知道某些个跟当下事件相关的人的值/具体信息(M)，并且他(A)想知道这些个人的值/具体信息(如姓名 NA、身份 ID 等)；

ii. 问话人(A)认为被问人(B)知道这些个人的值/具体信息(NA，ID...)，并且他(B)愿意告诉他(A)这些个人的值/具体信息(NA，ID...)。

在这样的语用前提之下，问话人(A)用以"谁"为疑问项目的特指问句(Q-who)向被问人(B)询问。根据经验，我们可以先验地假定这种问句往往采用无标记的中性形式。例如：

(8) a 谁去过长白山？

b 我的书被谁拿走了？

但是，当"谁"表示虚指意义时，相应的言语行为已经从对于特定的人的询问转变为对于某些个不能肯定的人的称代。可以把这种用法的"谁"的语用预设特点具体化为：

(9) i. 说话人(A)不能确定某些个跟当下事件相关的人的值/具体信息(M)，并且他(A)不关心这些个人的值/具体信息(如姓名 NA、身份 ID 等)，他(A)只是想用一个简单而模糊的语言形式来称代这些个人；

ii. 说话人(A)不认为听话人(B)知道这些个人的值/具体信息(NA，ID...)，并且他(A)认为听话人(B)能够明白：他(A)只是用一个简单而模糊的语言形式来称代这些个人。

在这样的语用前提之下，说话人(A)用以"谁"为称代形式(Q-one)跟说话人(B)交谈。根据经验，我们期望这种以"谁"为称代形式的句子应该采用有标记的形式。例如：

(10) a 小芳不希望谁因为她的直言不讳而受到伤害。

b 这件事我不记得昨天谁跟我提起过。

c 今天没有谁给你打电话。(转引自吕叔湘，1980/2001)

d 会场里好像有谁在抽烟。(转引自吕叔湘，1980/2001)

正如吕叔湘(1980/2001)所说的，这种例句中的"谁""指不能肯定的人，包括不知道的人，无须或无法说出姓名的人"。此时的"谁"往往读轻声。因此，这种用法的"谁"通常可以用"(有)人"来替换。"谁"的这种意义通常用于认识领域(epistemic domain)，表示说话人对事件的推测、概率(可能性)、确信等的主观认识①。因此,一般需要否定性语境或非真实性(non-veridicality)语境来帮衬。比如,例(10)a—c是否定句,例(10)d中有包含不确定意义的副词"好像"。如果去掉例(10)d中的副词"好像",或者句子不合格,或者会改变意义。例如:

(10) d′ *会场里有谁在抽烟。～会场里有谁在抽烟?

　　显而易见,去掉"好像"之后,"谁"就不是表示虚指,而是表示真性疑问了。因为,副词"好像"的不确定意义,使得整个句子具有非真实性。这促使"谁"表示虚指,而不表示疑问。当然,不确定意义也是一种否定,即隐性的(implicit)否定。因此,也可以把例(10)d看作是一种否定性语境。跟"好像"类似的带有不确定义的副词,常见的还有"似乎、仿佛"等。例如:

(11) a 但恕我不学,好像还没听说过有谁在认真研究这古碑的具体抄法。

　　　b 想起这些旧事,就觉得在冥冥之中,仿佛真有谁在做出安排。

　　　c 这房间乱糟糟的,似乎谁来过。

例(11)a—c都表示不确定意义的非真实性语境,都带有隐性否定义;因此,它们都是一种否定性语境。从例(10)—(11)可以看出,虚指用法的"谁"字句通过表示不确定性的陈述语气(其显著的语音线索是"谁"读轻声),来消除疑问代词"谁"的询问意义;但是保留了它的预设意义"存在着某些个人",从而使虚指用法的"谁"表示"不能确定一定存在的某些个人"。

　　问题是,疑问句也是一种否定性语境;那么,表示虚指的"谁"能不能出现在疑问句中呢? 我们可以先验地从理论上做出预测:只要是不以这个"谁"为疑问项的疑问句,它都可以出现。下面,我们用实例来检验这一假设。例如:

(12) a 在院子里你没碰见谁吗?(转引自吕叔湘,1980/2001)

　　　b 在院子里你碰见谁了吗?

(12′) a ?在院子里你没碰见谁呢?

　　　b 在院子里你碰见谁了呢?

(13) a 在院子里你有没有没碰见谁呢?

　　　b 在院子里你碰见谁了没有呢?

　　从例(12)可见,表示虚指的"谁"可以出现在是非问句(带"吗"的问句)中,不管它是肯定式还是否定式。因为在是非问句中,"谁"等疑问代词不可能成为疑问项目,不会发生歧义现象。从例(12′)可见,在可能以"谁"等疑问代词为疑问

---

　　① 我们这里的认识领域,大致相当于 Sweetser(1990)的 epistemic level 和 Traugott(1982)的 expressive meanings。

项目的特指问句中,表示虚指的"谁"不能出现。从例(13)可见,表示虚指的"谁"可以出现在反复问句中;因为,在反复问句中,"谁"等疑问代词也不可能成为疑问项目。

根据上面的讨论,我们可以认为:表示虚指的"谁"是否定极项,一般要用于否定性语境中(或者直接用于否定句中,或者用于带有隐性否定义的句子中)。因此,要了解这种"谁"的语义结构和语义特点,必须先了解包含这种"谁"的句子的语义结构和语义特点。例如:

(14) 我们单位没有谁去过长白山。

例(14)的预设是"[也许有人认为]我们单位存在着某些个人,这些个人去过长白山",陈述的是"我们单位不存在着某些个人,这些个人去过长白山",蕴涵义(implication)为"不存在某些个人去过长白山",而且这种蕴涵义在句法组合中可以明示出来(即加上否定词使整个句子变成否定句),比如"没有谁去过"。相应地,通过成分剥离和语义归因(attribution),可以把表示虚指义的"谁"的语义特点概括为:预设义(presupposition)为"存在着某些个人",陈述义为"某些个人"。由于这种"谁"依赖于否定性语境,因而其蕴涵义(implication)为"不存在某些个人"。当然,"谁"的这种否定性蕴涵意义必须在语境中明示出来。

4. "谁"类反问句的否定意义的形成机制

引言部分已经谈到,疑问代词"谁"可以用在反问句里,表示没有一个人,这是"谁"的否定用法。问题是这种反问句的否定意义的来源是什么?或者说,"谁"类反问句否定意义的形成机制是什么?

汉语学界普遍认为,反问句是一种无疑而问,可以表示否定意义。比如,吕叔湘(1948/1982)认为:"反诘实在是一种否定的方式:反诘句里没有否定词,这句话的用意就在否定;反诘句里有否定词,这句话的用意就在肯定。"朱德熙(1982)指出:"有的句子形式上是疑问句,但不要求回答,只是用疑问句的形式表示肯定或否定。这种疑问句叫反问句。反问句的形式和意义正相反,肯定形式(即不带否定词的形式)表示否定,否定形式(即带否定词的形式)表示肯定"。吕、朱两位先生揭示的反问句形式与意义的相反,也可以归结为反问句表示否定,所以会逆转句子的形式与意义。例如:

(15) 干这种吃力不讨好的事情,谁愿意呢? →没有人愿意

(16) 干这种两面讨好的事情,谁不愿意呢? →人人都愿意

肯定式反问句"干这种出力不讨好的事情,谁愿意呢?",在句式的否定意义的作用下,表达了否定意义"没有人愿意";否定式反问句"干这种两面讨好的事情,谁不愿意呢?",在句式的否定意义的作用下,通过否定之否定,表达了肯定意义"人人都愿意"。

但是,对于反问句为什么可以表示否定语义,学界看法不一。有些学者认为,反问句的否定语义来源于语境,如刘松汉(1989)、李宇明(1990)、邵敬敏(2014)等;也有学者认为,反问句中的"哪里、什么"等疑问代词起到了否定词(或否定标记)的作用,如吕叔湘(1953),姜炜、石毓智(2008);还有学者认为,反问句的否定语义来自反问语气,如许皓光(1985)。此外,徐盛恒(1999)认为特指反问句的否定语义来自发话人早知疑问词所构成的疑问项的信息域是个空域;胡德明(2010)认为反问句否定语义来源于说话人针对句子命题的一种主观否定态度。我们认为,前人和时贤的这些结论,或多或少地都接近反问句的实际情况;但是,说得还不够透彻和明白,似乎并没有清楚地揭示出反问句表示否定语义的根本原因。

通过对大量反问句实例的分析和体会,我们发现:反问句内部在语气上有一定的差别,有的语气比较温和,以表示质疑为主;有的语气比较强烈,以表示反驳为主①。不管是质疑还是反驳,都表达了一种否定性的意义。下面,我们分别举例说明这种否定意义的形成机制。

从认知上看,质疑是一种怀疑,是对某种成说、观点等的合理性或正确性的否定。因此,质疑的否定性特点也可以套用动词"怀疑"的概念结构来解释。袁毓林(2012)曾指出,"怀疑"等动词为隐性否定动词,在它们的词汇意义中都含有某种否定性语义。袁毓林(2014)进一步指出,汉语动词"怀疑"在意义上可以理解为两种情况:① 不相信某种正面和积极的可能性,形成义项"不相信"(记作:怀疑①,例如,"我怀疑这个消息的真实性");② 转而相信某种负面和消极的可能性,形成义项"有点儿相信"或"猜测"(记作:怀疑②,例如,"我怀疑这个消息是虚假的")。该文进而指出,"怀疑"在意义上具有"反通常性"的特点,即不相信某种正面和积极的可能性,转而相信某种负面和消极的可能性,简称"疑善信恶"。袁毓林、刘彬(2016)以此来说明"什么"句否定语义的形成机制:"什么"所否定的对象在意义上往往具有"反通常性"的特点,说话人由反常的迹象而心生疑惑;在"疑善信恶"原则的指导下,对相关的事情进行否定性猜测(即不相信某

---

① 这种语气差别,在书面上表现为使用句号、问号或感叹号等不同的标点符号。

种正面和积极的可能性,转而相信某种负面和消极的可能性),从而使得整个"什么"句涌现(emerge)出否定意义。例如:

(17) 什么大医院?连个小感冒都看不好。

(18) 什么小屁医院?连个小感冒都看不好。

显然,例(17)是不相信这个"连个小感冒都看不好"的医院是"大医院"(即不相信正面),而例(18)是相信"连个小感冒都看不好"的确是"小屁医院"(即相信负面),它们都表示否定意义。

如果把上述语义识解方式推广到"谁"类反问句上,那么可以这样来假设:说话人已知疑问代词"谁"的值域(由一系列可能作为"谁"的答案的候选项构成的集合)是一个空集,但明知故问,意在对"谁"的值域进行质疑:不相信存在某些个这样的人,他们具有谓语所表示的某种属性;并且相信不存在某些个这样的人,他们具有谓语所表示的某种属性。"谁"类反问句的这种语义识解特点,可以简称为"疑有信无"①。不管是"不相信存在某些个这样的人",还是"相信不存在某些个这样的人",在语义上都是否定性的,最终使得"谁"类反问句涌现出否定意义。例如:

(19) 谁见过抽象的房子?见到的只能是具体的院子、楼房等。

(20) 矜持就是造作不自在,谁能免除矜持呢?这是任何人随时都感到头疼的现象。

(21) 中国人并不是不善经营,只要看南洋那些华侨在商业上的成就,西洋人谁不侧目?

(22) 当妇女体貌的改变不仅仅是个人的事情,而变成一种不利的社会文化环境,变成扑面而来的生存压力时,谁还能在这种环境中处之泰然?

在例(19)中,说话人心里已经认定没有人见过抽象的房子,通过反问句"谁见过抽象的房子?",故意对"谁"的值域进行质疑,表示不相信有人见过抽象的房子,并且相信没有人见过抽象的房子。这"有人"就是说"谁"的值域为非空,相反,这"没有人"就是说"谁"的值域为空。不管是"不相信有人见过抽象的房子",还是"相信没有人见过抽象的房子"都表示否定意义,最终使得反问句"谁见过抽象的房子?"涌现出否定意义。当然,这种否定意义是推导出来的衍推义(entailment),所以,后面可以出现明示这种衍推义的句子。比如,在例

---

① 其实,"疑善信恶"和"疑有信无"这些认知特点,都可以归结为更为一般的"疑实信虚"。陆丙甫先生通过电子邮件告诉我们:古代汉语动词性宾语的虚实和述语动词采用肯定还是否定形式相关。谨此谢忱。

(19)中,反问句"谁见过抽象的房子?"的后续句"见到的只能是具体的院子、楼房等",明示了没有人见过抽象的房子这种由先行句所蕴含的否定性衍推意义。反过来说,这种后续句成为显示反问句表示非真性疑问的上下文语境线索。

当这种反问的语气更加强烈时,反问句就表示彻底的质疑(disputation,绝对怀疑、完全不相信某种观点或假设)和坚决的反驳(disproof,否定别人跟自己不同的意见或理论)。因此,这种反问句通常以某种别人的意见或自己虚拟的想法,作为驳斥的靶子和否定的对象;这种被反问句所否定的命题,构成反问句比较显著的预设。也就是说,反问句可以有一系列显著性不同的命题作为其预设;但是,作为其驳斥的靶子和否定的对象的命题处于最优先和凸显的位置。拿"谁"类反问句来说,说话人以预设有人认为:存在着某些个人,他(们)具有某种属性或处于某种状态;然后用反问句来反驳和否定。例如:

(23) a 干这种吃力不讨好的事情,也许有谁/人愿意。

→ b 干这种吃力不讨好的事情,(有)谁愿意呢?

(24) a 干这种两面讨好的事情,也许有谁/人不愿意。

→ b 干这种两面讨好的事情,(有)谁不愿意呢?

我们可以设想,说话人说例(23)b、例(24)b这种反问句的前提条件是:他认为有人公开声称或暗中持有例(23)a、例(24)a之类的想法。说话人因为不同意这种观点,所以他奋起反驳;于是,就用语气强烈的反问句来否定这种观点。再如:

(25) 那么多好菜,谁还惦记萝卜呀?有也只当没看见。

(26) 韩副院长都说过了。我还说什么?我说了又能起什么作用?谁信呢?

(27) 谁要你的臭钱?坏蛋,你做梦!快滚开!

(28) 谁知李经理怒不可遏:"谁叫你上来的?还不走开!"

在例(25)的语境中,说话人已经认定在"有那么多好菜"那种情况下,没有人会惦记萝卜(即使有,也当没看见),但他故意说出反问句"谁还惦记萝卜呢?",对"有人会惦记萝卜"进行反驳:完全不信有人会惦记萝卜,坚信没有人会惦记萝卜。不管是"完全不信有人会惦记萝卜",还是"坚信没有人会惦记萝卜"都表示坚决否定的意义,最终使得反问句"谁还惦记萝卜呢?"涌现出否定和反驳的意义。在例(26)中,说话人连用了三个反问句——"我还说什么?我说了又能起什么作用?谁信呢?",语气非常强烈,否定意义也更加明显①。

---

① 关于前两个反问句(即"我还说什么?"和"我说了又能起什么作用?")的否定语义的形成机制,请看袁毓林、刘彬(2016)的相关讨论。

从以上例子可以看出,"谁"类反问句都表示一种否定性意义。值得注意的是,说话人在说出"谁"类反问句时,往往会说出(或提供)相关的理由或者进一步表达自己的态度(如责备、责骂等),来彰显其质疑和反驳的语力(illocutionary force),从而加强否定的效果。比如,例(25)提供理由"那么多好菜",进一步说明不会有人惦记萝卜;例(26)则连用三个反问句,加强否定效果;在例(27)、例(28)中,说话人补充了责骂的话语("坏蛋,你做梦!快滚开!"和"还不走开!"),进一步加强否定和反驳的效果。

综合以上讨论,我们认为,"谁"类反问句的否定意义的形成机制是:说话人已知疑问代词"谁"的值域是一个空集,但他明知故问,意在质疑或反驳:(完全)不相信存在某些个人,他(们)具有某种属性或处于某种状态;并且(坚决)相信不存在某些个人,他(们)具有某种属性或处于某种状态。不管是"(完全)不相信存在某些个人(即'疑有')",还是"(坚决)相信不存在某些个人(即'信无')",都是否定性的,最终使得"谁"类反问句涌现出否定意义。这一形成过程可以简化为:

说话人已知"谁"的值域是空集,但用反问语气明知故问(即说出反问句);

→故意对"谁"的值域提出质疑或对相关命题进行反驳;

→绝对怀疑(①"完全不信有人……";②"坚信没有人……")内置了否定意义;

→推动"谁"类反问句表示否定意义。

也就是说,我们认为,"谁"类反问句是通过质疑和反驳等反问语气来传达出否定意义的。如果是这样,这种反问句中"谁"的意义的基础(词汇先设)就是虚指意义的"存在某些个人";而不是真性疑问意义的"想知道某些个人的姓名、身份等具体信息"。这种"谁"字句通过质疑和反驳等反问语气,在"疑有信无"原则的指导下,不仅消除了疑问代词"谁"的询问意义,而且消除了疑问代词"谁"的预设意义"存在着某些个人",从而使否定用法的"谁"表示"确定不存在的某些个人"。

5. 一种表示无奈与自嘲的"谁"类反问句

上文指出,"谁"类反问句表示否定语义,其中的"谁"可以识解为"没有一个人"。例如:

(29)a 你俩混账东西,谁让你们进来的,还不快滚!

b 谁让你们进来的？≈没人（谁也没）让你们进来。

（30）a 烂了舌头的混账老婆，谁叫你来多嘴多舌的！

b 谁叫你来多嘴多舌的？≈没人（谁都没）叫你来多嘴多舌。

例（29）（30）中，"谁让你们进来的"和"谁叫你来多嘴多舌的"的言下之意（或者说语用含义）是"你们不应该进来！"、"你不应该多嘴多舌！"。

但是，在日常口语和真实文本语料中，还有一种特殊的"谁"类反问句，它们不能简单地按照上述模式来进行语义理解。例如：

（31）谁让我小呢？

（32）谁让咱是支部书记呢？

（33）我有什么不好的，不就是被人误会吗？就算是也是我活该，谁让我非要逞强替小筠扛着呢？

（34）分到最后，盘子里只剩下了一堆鱼肉。马局长苦笑着摇摇头，叹了一口气，说这个烂摊子还得我来处理。说罢，连盘子端到了他的面前。大伙儿就面露难色，有点儿不好意思，有人说："你看你看，好处都让我们得到了。"马局长不以为然，轻松地说："没什么，没什么，谁让我是局长呢。"

显然，例（31）、（32）不能简单地理解为："没人（谁也没）让我小"和"没人（谁也没）让咱是支部书记"，其语用含义也不能理解为："我不应该小"和"咱不应该是支部书记"。

究竟应该怎么来理解这种反问句的意义呢？其实，周继圣（2002）、胡德明（2007、2009）等已经注意到这种语义表达比较特殊的反问句。其中，周继圣（2002）将这种特殊句式称为非独立句式，并初步描写了其特点；胡德明（2007）将这种句式称为归因句；胡德明（2009）则进一步指出这种句式的基本作用是释因，含有抱怨、无奈等含义。我们发现，这种反问句可以变换为陈述性的"撇除"式表达。例如：

（35）a 中国的瓷器没有任何变化，除了实用别无意义，消费者评价低，不愿为它花钱又能怨谁呢？

→ b ……消费者评价低，不愿为它花钱；这不能怨别人，只能怨自己。

（36）a 但温州打火机的老板没人去关注这些消息，受到冲击能怨谁呢？

→ b ……没人去关注这些消息，受到冲击；这不能怨别人，只能怨自己。

根据王希杰（2004），所谓撇除就是为了明确 A，避免"A"同"非 A"的混淆，先把同 A 有某种程度的相似之处的"非 A"——加以排除，强调这个 A 的特殊性。辨别真假，通过撇除假的，强调真的，烘托真的。比如，例（35）b 强调消费者不愿购买中国瓷器的原因在于其本身。从这种句式变换关系上,也可以反映出"谁"类反问句中包含着隐性否定意义。当然,有的陈述性的"撇除"式表达也可以变换为"谁"类反问句。例如:

(37) a 我不怨天,不怨地,不怨上,不怨下,就怨我自己没有真主意,明白得太晚……(蒋子龙《燕赵悲歌》)(转引自王希杰,2004)

→ b ……我能怨<u>谁</u>呢?

通过对比,可以看出:陈述性的"撇除"语句是一种欲擒故纵、迂回曲折的表达形式,而特殊的"谁"类反问句是一种直截了当、简洁明快的表达形式;并且,后者比前者语气更加强烈,更加不容置疑。

上文提到,特殊的"谁"类反问句可以用来解释相关的原因,并且带有自我抱怨、自我调侃、自我解嘲或无可奈何等特殊的语用含义。比如,例(31)就解释了自己吃亏的原因(年龄小),带有自我埋怨等含义;例(32)解释了自己应该负起责任的原因,带有自我调侃、实属无奈等含义。问题是,听话人是怎样获得这样的语义解释的呢?

我们可以通过多级变换,再回溯反推分析,来获得这种特殊反问句的语义解释机制。比如,例(31)和例(32)可以进行下列词项替代变换:

(31) a 谁让<u>我</u>小呢?

→ b 谁让<u>你</u>小呢?

→ c 谁让你<u>干</u>的呢?

(32) a 谁让<u>咱</u>是书记呢?

→ b 谁让<u>你</u>是书记呢?

→ c 谁让你<u>骂</u>刘书记的呢?

在 b 和 c 中,"谁"的意义可以识解为"没有谁[=某些个人]"。反问句式不但允准了否定极项"谁",并且把"谁"的意义推动和模塑为否定性陈述意义"没有人"。这样,先拿例(31)c 来说,既然"没有人让你干",那么是"你自己(自愿、自作主张)干的",于是就"怨不得别人"。把这种意义推导和识解程式回溯推广到例(31)b 上,那么"没人让你小",就是"你自己小",既然是"你自己(天生、无法选择)年轻、辈分低",那么根据一般的社会惯例,你年轻人、资历浅的人多干少得等就怨不得别人了,即使吃亏了也只能认命。再将这种意义推导和识解程式回溯推广到例(31)a 上,找出它们的差别:在例(31)c 和例(31)b 中,是说话人对别人("你")教训、斥责、耍横;而在例(31)a 中,是说话人对自己("我"),所以就只能是自怨自艾、自我责怪、自我埋怨了。再比如例(32)c,既然"没人让你骂刘书记",那么是"你自己(目无领导、自以为是、任性妄为)骂的",于是就"怨不得别人,只能自己扛着"。把这种意义推导和识解程式回溯推广到例(32)b上,那么"没人让你是书记",就是"你自己要做书记",既然是"你自己要做这个书记",那么根据现在的社会责任分工和管理体制,你做书记就应该负起书记的责任,尽职尽责,吃苦在先、享乐在后,即使很难当也只能硬撑着当下去。进而再回溯推广到例(32)a上,找出它们的差别:例(32)c和例(32)b是说话人对别人教训、斥责,而在例(32)a中是说话人对自己一方("咱"),所以只能是无可奈何、自我调侃、自我解嘲了。

通过这种变换、回溯和反推分析,我们大概可以了解像例(31)—(34)这样特殊反问句的语义表达特点的形成机制;特别是明白:这种反问句跟其他的"谁"类反问句在语义解释上具有一致性。

6. 结语:虚指意义与否定意义的同异

疑问代词"谁"的用法灵活多样,既可以用于疑问句,又可以用于陈述句。相应地,它的意义复杂微妙,既可以表示疑问意义,也可以表示虚指、否定等非疑问意义。本文主要讨论了"谁"的虚指和否定用法,说明了这两种用法下"谁"的有关意义的形成机制。

文章通过实例分析和比较,把虚指用法的"谁"字句(如:"他不知道谁有能力可以搞定这个案子")的语义结构总结为:

预设:存在着某些个人,这些个人具有某种属性;

陈述:不能确定一定存在着具有这种属性的某些个人;

衍推:也许不存在具有这种属性的某些个人。

因此,虚指用法的"谁"的意义是"不能确定一定存在的某些个人"。正是这种隐性否定意义对否定语境的要求,使得虚指用法的"谁"成为一种隐性的否定极项。

文章通过实例分析和比较,假设"谁"类反问句的否定意义的形成机制是:说话人已知疑问代词"谁"的值域是一个空集,但他用反问语气明知故问,意在质疑或反驳:(完全)不相信存在某些个人,他(们)具有某种属性或处于某种状态;并且(坚决)相信不存在某些个人,他(们)具有某种属性或处于某种状态。不管是"(完全)不相信存在某些个人(即'疑有')",还是"(坚决)相信不存在某些个人(即'信无')",都是否定性的,最终使得"谁"类反问句涌现出否定意义。

相应地,我们可以把否定用法的"谁"字句(如:"谁见过抽象的房子? 见到的只能是具体的院子、楼房等")的语义结构总结为:

预设:有人认为,存在着某些个人,这些个人具有某种属性;

陈述:质疑或反驳存在着具有这种属性的某些个人这种想法;

衍推:根本不存在具有这种属性的某些个人。

因此,否定用法的"谁"的意义是"确定不存在的某些个人"。正是这种显性否定意义对否定语境的要求,使得否定用法的"谁"成为一种显性的否定极项。

这样,虚指用法的"谁"和否定用法的"谁"都包含一种否定意义;差别在于前者的否定意义是弱势的、隐性的,后者的否定意义是强势的、显性的。

可见,虚指用法的"谁"字句通过不确定性陈述语气(其显著的语音线索是"谁"读轻声),来消除疑问代词"谁"的询问意义;但是,保留了疑问代词"谁"的预设意义"存在着某些个人",从而使虚指用法的"谁"表示"不能确定一定存在的某些个人"。而否定用法的"谁"字句通过质疑和反驳等反问语气(其显著的语音线索是"谁"读全重音),在"疑有信无"原则的指导下;不仅消除了疑问代词"谁"的询问意义,而且消除了疑问代词"谁"的预设意义"存在着某些个人",从而使否定用法的"谁"表示"确定不存在的某些个人"。可以认为,疑问代词"谁"的虚指用法是疑问用法的退化,而反问句中"谁"的否定用法是其疑问用法的再次退化。

这样,我们就把"谁"的语义解释的重担,都推卸到相关句子的语气上了。好在人们对于语句的语气、情态等主观性表达是极其敏感的[①]。比如,大家可能都有过这种经历:有时并没有听清对方话语的具体内容,却完全洞悉对方的交际意图和情感态度(如告知 vs.询问、支持 vs.反驳、劝导 vs.教训、建议 vs.命令、赞扬 vs.批评、喜欢 vs.厌恶、肯定 vs.否定、介绍 vs.夸耀、庆幸 vs.遗憾等)。例如[②]:

(38) a When you have the plane, who needs the bus?

---

① 正如柯林斯所说:"人由于进化——即与动物的分离——对他人的情绪和各种信号就更加敏感了。如果我们面对面和对方交流,把注意力集中到彼此身上,往往产生共情,大致相当于中国哲人孟子说的'仁':'今人乍见孺子将入于井,皆有怵惕恻隐之心'"。参见《新京报》2016 年 10 月 8 日社科 B05 版《对话柯林斯 探询暴力产生前的心理脉动》。

② 下面的例子根据北美崔哥下面的博客文字改编:"1999 年以后,中国开始大量地从波音购买飞机,所以有很多发布会,那么发布会上翻译的另一个功用相当于主持人。由此一个美国记者问,为什么中国不买法国空客,而买波音? 全场鸦雀无声,没人回答。我正好站著呢,我说,嗨,有飞机谁坐 bus 啊。后来过了一礼拜,波音公司销售总监找到我,说崔先生我们想要使您说的那句话,您能否授权给我们。我说我说什么了,他说您说 when you have the plane, who needs the bus。"见凤凰卫视中文台《名人面对面:北美崔哥专访》,http://blog.sina.com.cn/xugehui。

　　　　b 有飞机了,<u>谁</u>还坐巴士啊?

(39) a If you have the plane, why do you take the bus?

　　　　b 有飞机了,<u>为什么</u>还要坐巴士啊?

　　例(38)和例(39)中的汉语和英语句子,尽管措辞不完全相同,但是语气(反问)相同,表示的句式意义(否定)也相同。

　　更何况,面对面交谈时还有语调重音、面部表情、身体姿势等"副语言"(paralanguage)在不加掩饰地提示着语气及其背后的语义。具有讽刺意义的是,这种不自觉的"副语言"往往比"正语言"(言词语言,verbal language)更加真实可靠,因为脸不红、心不跳地随口说谎话,并不是人人都做得到的。此外,据心理学家有过报道,即使是 1 岁左右的婴儿,也能根据对方的表情和身姿,来正确地判断对方是否真的喜欢自己。因此,语言使用者的社会性智力在语义解释中的作用是不可低估的。

　　文章最后指出,像"谁让我小呢?"之类特殊反问句,不能直接简单地理解为"没人(谁也没)……"。这种反问句通常用来解释相关的原因,并且带有自我埋怨、自我调侃、自我解嘲、无可奈何等含义。通过多级变换、回溯反推等分析程序,可以知道这种反问句跟其他"谁"类反问句在语义解释上具有一致性。

参考文献

郭继懋　1997　反问句的语义语用特点,《中国语文》第 2 期。

胡德明　2007　一种特殊的反问句——归因句,《现代语文》(语言研究版)第 8 期。

胡德明　2009　"谁让"问句研究,《世界汉语教学》第 2 期。

胡德明　2010　《现代汉语反问句研究》,安徽人民出版社。

姜　炜、石毓智　2008　"什么"的否定功用,《语言科学》第 3 期。

李宇明　1990　反问句的构成及其理解,《殷都学刊》第 3 期。

刘松汉　1989　反问句新探,《南京师范大学学报》第 1 期。

吕叔湘　1953　《语法学习》,中国青年出版社。

吕叔湘　1948/1982　《吕叔湘文集第一卷·中国文法要略》,商务印书馆。

吕叔湘主编　1980/2001　《现代汉语八百词》(增订本),商务印书馆。

倪　兰　2003　特指问反问句的语用分析及其修辞意义,《修辞学习》第 6 期。

邵敬敏　2014　《现代汉语疑问句研究》(增订本),商务印书馆。

王希杰　2004　《汉语修辞学》,商务印书馆。

徐盛桓　1999　疑问句探询功能的迁移,《中国语文》第 1 期。

许皓光　1985　试谈反问句语义形成的诸因素,《辽宁大学学报》第 3 期。

袁毓林　2012　动词内隐性否定的语义层次和溢出条件,《中国语文》第2期。

袁毓林　2014　"怀疑"的意义引申机制和语义识解策略,《语言研究》第3期。

袁毓林　刘　彬　2016　"什么"句否定意义的形成与识解机制,《世界汉语教学》第3期。

中国社会科学院语言研究所词典编辑室　2012　《现代汉语词典》(第6版),商务印书馆。

周继圣　2002　非独立句式"谁让(叫)……"研究,《青岛海洋大学学报》第3期。

朱德熙　1982　《语法讲义》,商务印书馆。

Allwood, Andersson & Dahl　1977　*Logic in Linguistics*. Cambridge: Cambridge University Press.《语言学中的逻辑》,王维贤等译,河北人民出版社,1984年。

Chao Yuen Ren　1968　*A Grammar of Spoken Chinese*. University of California Press, Berkeley. 丁邦新全译本《中国话的文法》,香港中文大学出版社,1980年,据刘梦溪主编《中国现代学术经典・赵元任卷》,胡明扬、王启龙编校,河北教育出版社,1996年。吕叔湘节译本《汉语口语语法》,北京:商务印书馆,1979年。

Chomsky, Noam　1964　*Current Issues in Linguistic Theory*. The Hague: Mouton.

Huang, C.-T. James　1982　*Logical Relations in Chinese and the Theory of Grammar*. Ph. D. Dissertation of MIT.

Lee, Thomas, Hun-tak（李行德）　1986　*Studies on Quantification in Chinese*. Ph. D. Dissertation of University of California, Los Angeles.

Leech, Geoffrey　1981　*Semantics: The Study of Meaning*. Harmondsworth: Penguin Books.《语义学》,李瑞华等译,何兆熊等校订,上海外语教育出版社,1987年。

Li, Yen-hui, Audrey　1992　Indefinite *Wh* in Mandarin Chinese, *Journal of East Asian Linguistics* 1: 125 - 155.

Sweetser, Eve E.　1990　*From Etymology to Pragmatics: Metaphorical and Cultural Aspects of Semantic Structure*. Cambridge: Cambridge University Press.

Traugott, Elizabeth Closs　1982　From propositional to textual and expressive meanings: some semantic-pragmatic aspects of grammaticalization. In Winfred P. Lehmann and Yakov Malkiel（eds.）*Perspectives on Historical Linguistics*. Amsterdam: Benjamins, pp. 245 - 271.

Wu, Jianxin（吴建新）　1999　*Syntax and Semantics of Quantification in Chinese*. Ph. D. dissertation of University of Maryland at College Park.

(作者单位:1. 北京大学中文系/中国语言学研究中心/计算语言学教育部重点实验室,100871。)

(作者单位:2. 华中师范大学语言与语言教育研究中心,430079, liubin198903@126.com。)

连词"从而"的词汇化及其语法意义的形成*

刘 顺

1. 引 言

"从而"是现代汉语书面语中广泛使用的一个连词。《现代汉语词典》第 6 版 (2012：217)释为："上文是原因、方法等,下文是结果、目的等"。《现代汉语八百词》(2001：131—132)释为："表示结果或进一步的行动。用于后一小句开头,沿用前一小句的主语。用于书面。""从而"是汉语史上非短语结构不断词汇化而形成的,学界对其形成已有所关注。李小军、唐小薇(2007)讨论了"从而"的词汇化过程,认为先秦时期,"从而"连用是"动词+连词"跨层结构,由于"从"用在连动式的次要动词位置上,意义虚化,致使"从"和"而"词汇化;其语法意义是通过语用推理、不断吸收语境意义而形成的。典型连词的用法在唐代出现。他们关于"从而"词汇化的源结构为"动词+连词"跨层结构是非常正确的,但连词"从而"产生的时代和语法意义形成的机制、动因等还需要进一步讨论。

2. "从而"的词汇化过程

2.1 "从"和"而"的意义及用法

2.1.1 "从"的意义和用法

"从",《说文解字》释为："从,相听也。从二人。"段玉裁注："从者,今之從字,

---

* 本文曾在第七届现代汉语虚词研究与对外汉语教学研讨会(2016 年 7 月,昆山)上宣读,已发表于《对外汉语研究》第十五期(2017 年 5 月,商务印书馆)。本项研究得到江苏省哲学社会科学基金(14YYB005)和教育部人文社会科学研究项目(15YJA740028)的支持,特致谢忱。

從行而从废矣。"本义为"跟随、相随",是及物动词,可带宾语。例如:

(1) 鲁人从君战,三战三北。(《韩非子·五蠹》)

(2) 道不行,乘桴浮于海,从我者其由与?(《论语·公冶长》)

又引申为"听从、顺从"。例如:

(3) 子产曰:"兄弟而及此,吾从天所与。"(《左传·襄公三十年》)

(4) 从道不从君,从义不从父,人之大行也。(《荀子·子道》)

2.1.2 "而"的意义和用法

"而",《说文解字》释为:"颊毛也,象毛之形。"本义是胡须,后发展出连词、代词、语气词、副词等用法。作连词可连接词、短语和分句,表示并列、顺承、转折等关系;也可用在偏正短语中,连接状语和中心语;还可以用在主谓结构中,连接主语和谓语,表示假设等意义。例如:

(5) 学而时习之,不亦说乎!(《论语·学而》)

(6) 问所与饮食者,则尽富贵也,而未尝有显者来。(《孟子·离娄下》)

(7) 百官于是乎戒惧,而不敢易纪律。(《左传·桓公二年》)

(8) 人而无信,不知其可也。(《论语·为政》)

例(5)的"而"连接两个动词性成分;例(6)和(7)的"而"连接的是两个小句,分别表示逆接和顺接;例(8)的"而"用在主谓之间,表示假设。

2.2 "从+而"连用及意义

在汉语史上,"从+而"连用自先秦至今一直存在,有三种性质:一,"动词+连词"非短语结构;二,时间副词;三,因果连词。"动词+连词"非短语结构和时间副词从先秦到民国时期一直存在;因果连词在魏晋南北朝时期产生,一直使用到当代。

2.2.1 "从+而"是非短语结构

动词"从"带宾语可以和连词"而"出现在同一个句子中,"而"连接两个动词性成分,性质为连动结构。例如:

(9) 百里子与蹇叔子从其子而哭之。(《公羊传·僖公三十三年》)

(10) 若得从君而归,则固臣之愿也,敢有异心?(《左传·昭公三十一年》)

(11) 公子从吾言而饮此,则必可以无为天下戮笑,必有后乎鲁国。(《公羊传·庄公三十二年》)

(12) 若从君而走患,则不如违君以避难。(《国语·鲁语下》)

例(9)、例(10)中的"从"的意思是"跟从、跟随";例(11)、例(12)中的"从"的意思是"听从、顺从"。"从其子而哭之""从君而归""从吾言而饮此""从君而走患"都是典型的连动结构。

当"从"的宾语省略或不带宾语,"从"和"而"就毗连在一起。这种用例在先秦时期有一定的数量。例如:

(13) 白季使,舍于冀野。冀缺薅,其妻饁之,敬,相待如宾。从而问之,冀芮之子也,与之归。(《国语·晋语》)

(14) 子路从而后,遇丈人,以杖荷蓧。(《论语·微子》)

上述两个例句中的"从"的意义是"跟随""跟从",是典型的动词,"从而问之"的意思是"白季跟从(冀缺)而问他"。其宾语"冀缺"省略;"子路从而后"是"子路跟随(孔子)而落在后面","从"的宾语"孔子"省略。

(15) 惠、怀弃民,民从而与之。(《左传·昭公十三年》)

(16) 众之所誉,从而悦之;众之所非,从而憎之。(《韩非子·说疑》)

上述两个例句中的"从"的意义是"顺从、听从"。"民从而与之"的意思是"老百姓听从(文公)并支持他";"从而悦之""从而憎之"的意思是"从(众)而悦之""从(众)而憎之"。动词"从"后省略宾语。

非短语结构"从而"自先秦开始,一直到民国时期都在使用。下面是清代的两个例句:

(17) 前人有言,后人从而扩充焉,是以己附古人也。(清·章学诚《文史通义》)

(18) 女真人称卫指挥即为都督,不但女真自称,明代官书亦从而称之。(民国·孟森《清朝前纪》)

上述例句中的"从而"的性质为"动词+连词"的非短语结构。我们在北京大学中国语言学研究中心现代汉语语料库中没有发现这种用例。

2.2.2 "从+而"是时间副词

先秦时期,"从+而"就有时间副词的用法,表示后面的事件与前面的事件相继发生,可以理解为"接着、跟着、随着、然后、就"等。例如:

(19) 公曰:"善! 寡人自知诚费财劳民,以为无功,又从而怨之,是寡人之罪也! 非夫子之教,岂得守社稷哉!"(《晏子春秋》)

(20) 无爱人之心,无利人之事,而日为乱人之道,百姓欢敖,则从而执缚之,刑灼之,不和人心。《荀子·强国篇第十六》

例(19)中的"又从而怨之"的意思是"又接着埋怨他们",该事件发生在"寡人自知诚费财劳民,以为无功"事件之后。例(20)中的"则从而执缚之"的意思是

"就立刻捉拿逮捕他们",该事件发生在"百姓欢敖"事件之后。

李小军、唐小薇(2007)认为:"汉代以来,'从而'中的'从'开始可以不表'跟从、听从',而表'接着、然后'了,这时,"从"的动词性就减弱了。"我们认为这里的"从"根本不能作为动词理解,它已经与"而"凝固为词,根据其句法功能和语义特点,可以认定为表示时间的副词。

需要指出的是,时间副词"从而"来源于"动词+连词"的非短语结构"从+而",或者说时间副词"从而"是"动词+连词"非短语结构"从+而"词汇化和语法化的结果。词汇化和语法化是一个渐变过程,势必存在着"动词+连词"非短语结构和时间副词的两解的阶段,先秦汉语很好地展示了这一阶段。例如:

(21)夫爱人者,人必从而爱之;利人者,人必从而利之;恶人者,人必从而恶之;害人者,人必从而害之。(《墨子·兼爱中第十五》)

(22)无数以度其臣者,必以其众人之口断。众之所誉,从而说之;众之所非,从而憎之。(《韩非子·说疑第四十四》)

例(21)中的"从"可以理解为"跟从",它承前省略了宾语"爱人者",即"夫爱人者,人必从(爱人者)而爱之",可以翻译为"关爱别人的人,别人一定也会跟从这个人来关爱他";也可以将"从而"理解为"接着、就",翻译为"关爱别人的人,别人一定也会接着来关爱他。"例(22)中的"众之所誉,从而说之",如果将"从"理解为动词,其后省略了宾语"众",即"众之所誉,从(众)而说之",可以翻译为"众人都称赞的,(君主)也跟随(众人)喜欢他";如果将"从而"作为时间副词,则可以翻译为"众人都称赞的,(君主)接着就喜欢他"。下文的"从而憎之"可作相同理解。

可见,先秦时期,"从+而"的性质比较复杂,有些是"动词+连词"非短语结构,有些是时间副词,有些则可作"动词+连词"非短语结构和时间副词两解。我们统计了先秦时期的一些重点文献,共找到97个"从而",具体分布如表1所示。

表1 先秦文献"从而"连用性质用例分布表

作 品	论语	墨子	庄子	韩非子	荀子	孟子	晏子春秋	楚辞	国语	左传	吕氏春秋
动词+连词	2	4	4	8	8	1	2		4	10	6
两 解	0	12	0	8	0	0	0	0	0	0	0
副 词	0	6	1	3	4	8	3	0	0	1	1

表1中,"从而"为"动词+连词"非短语结构为50例,占全部用例的51.55%;时间副词为27例,占27.84%;"动词+连词"非短语结构和时间副词两

解共 20 例,占 20.61%,只分布在《墨子》和《韩非子》两部典籍中。可见,先秦汉语"从而"为"动词+连词"非短语结构所占的比例最高,尽管该结构一直使用到民国时期,其使用呈现逐渐下降的趋势,这也符合词汇化和语法化的一般规律。

作为时间副词的"从而"在先秦时期出现,一直使用到民国时期。例如:

(23)老妪坐已,又从而骂曰:"尔夫妇如是顽梗,寻得后,即不击毙,必送与人,自兹以后,决不要尔矣。"(清·魏文中《绣云阁·第一百十回》)

(24)孙美瑶山东积匪也,劫车要挟,其计既狡,其罪尤重,痛剿而杀之,则上不损国威,下不遗民害,岂非计之上哉?乃重以外人之故,屈节求和,不但赦其罪也,又从而官之,赏非其功矣。(蔡东藩、许廑父《民国演义·第一百五十三回》)

2.2.3 "从+而"是因果关系连词

"从而"在汉语史上还有表示因果关系的连词用法。《汉语大词典》认为连词"从而"形成很早,在战国时期已经成词,并举了下面两个例句,一个出自《孟子·滕文公上》,"放勋曰:'劳之来之,匡之直之,辅之翼之,使自得之;又从而振德之。'"一个出自《史记·五帝本纪》,"天下有不顺者,黄帝从而征之。"(罗竹凤主编,1995:1005)仔细体味上面的两个例句发现,这里的"从而"根本不是因果关系连词,而是时间副词。杨伯峻(1960:128)将第一例翻译为:"尧说道:'督促他们、帮助他们,纠正他们,使他们各得其所,然后加以提携和教诲。'"金良年(2004:119)翻译为:"放勋说:'督促他们,纠正他们,帮助他们,使他们各得其本性,随后再提高他们的道德。'"杨译将"从而"翻译为"然后",金译将"从而"翻译为"随后",当然也可以翻译为"接着、跟着"等时间副词。韩兆琦(2010:8)将第二例翻译为"黄帝就去征讨他"。将"从而"对译为"就",也是作为时间副词处理的。李小军、唐小薇(2007)认为到唐代"从而"才具有较典型的因果连词用法。语料考察发现,在魏晋南北朝时期,表示因果关系的连词"从而"就已经形成。例如:

(25)天寒雪,敌诸将置酒高会。奉见其前部兵少,相谓曰:"取封侯爵赏,正在今日。"乃使兵解铠著胄,持短兵,敌人从而笑焉,不为设备。(陈寿《三国志·卷五五·吴志十》)

(26)元帝常有心腹疾,诸医咸谓宜用平药,可渐宣通。僧垣曰:"脉洪而实,此有宿妨,非用大黄无差理。"帝从而遂愈。(葛洪《肘后备急方·卷四》)

例(25)中"使兵解铠著胄,持短兵"是"敌人笑焉,不为设备"的原因。例(26)根据上下文的意思,"帝遂愈"是因为使用了"大黄"。宋代的《册府元龟·卷八五九·总录部·医术第二》重新叙述了这个故事:"元帝尝有疾,乃召诸医议治疗之方,咸谓至尊至贵不可轻脱,宜用平药,可渐宣通。僧垣曰:'脉洪而实,此有宿妨,非用大黄必无差理。'元帝从之,进汤讫,果下宿食,因而疾愈。元帝大喜,时初铸钱,一当十,乃赐钱十万,实百万也。"可见,《册府元龟》将"从而"释为"因而",是当作因果连词理解的。自此以后,"从而"作为因果关系的连词一直使用到今天。

3. "从而"的词汇化动因和机制

"从而"本是"动词+连词"非短语结构,"从"和"而"没有结构上的关系,最后二者黏合起来,演变为表示因果关系的连词。彭睿(2008)认为:"从非结构到双音节虚词的演变是语法化过程,是其所在构式语法化的附带现象(epiphenomenon)。"我们赞同非结构双音节虚词是其所在构式语法化的附带现象,但我们认为从非短语结构到双音节虚词既是语法化过程,也是词汇化过程,因为从非短语结构到双音节虚词既有双音节虚词语法意义的形成过程,即语法化过程,也有非结构黏合成词的过程,即词汇化过程。就连词"从而"来看,其语法化过程和词汇化过程是交织在一起的。动词"从"的去范畴化导致其所在构式语法化,所在构式语法化促成"从而"的词汇化,"从"的词汇意义和上下文语境相互作用形成"从而"的语法意义。

在上古汉语中,"从"是及物动词,"从+宾语"可以单独作为谓语而形成句子,但更多的是用于连动结构中前面动宾短语的位置上,通过连词"而"与后面的动词性短语连接起来,共同形成连动句式。在具体上下文语境中,"从"的宾语经常省略,从而造成"从"和"而"的直接毗连,这为连词"从而"词汇化奠定了形式基础。由于动词"从"用在连动式的非主要动词位置上,不是句子语义传递的中心和重心,造成功能弱化和去语义化(desemanticization);当它不带宾语时,动词功能出现悬空,其动词性进一步弱化;再向前发展,其动词功能完全丧失,导致其去范畴化。由于"从"丧失了动词功能,致使作为连接两个动词性成分的连接词"而"的功能也无法实现,其所在句法结构就会产生构式语法化,由连动式结构重新分析为非连动式结构,即由双核结构转变为单核结构。"从而"作为构式语法化的副产品就只能黏合起来,发生词汇化。

3.1 "从"的去范畴化

语言成分的去范畴化(decategorization)是 Hopper 和 Thompson(1984)首

先提出来的,其基本含义是,词类在一定的语篇条件下脱离其基本语义与句法特征的过程。(刘正光,2006:61)。去范畴化是许多语法成分发生语法化的主要动因。动词"从"正是在经历了语义虚化、功能弱化的去范畴化过程之后,重新范畴化,进而与"而"词汇化为时间副词。

先秦时期,"从"是可以带宾语的及物动词。例如:

(27)乃左并辔,右援枹而鼓之,马逸不能止,三军从之。(《国语·晋语》)

(28)吴为三军以系于后,中军从王,光帅右,掩余帅左。(《左传·昭公二十三年》)

上述例句中的"从"作述语,带宾语,是典型的动词。但是,这类用法在先秦时期数量不多,更多的是"从"处在连动式次要动词的位置上。例如:

(29)寡君之使婢子侍执巾栉,以固子也。从子而归,弃君命也。(《左传·僖公二十二年》)

(30)小人忌而不思,愿从其君而与报秦,是故云。(《国语·晋语三》)

例(29)"从"用在连动结构次要动词位置上,"从子而归"的语义重心在"归"上,"从"的意义有所虚化,动词性有所弱化;例(30)的"从"不再表示"跟从"意义,引申为"听从、顺从"的意义,意义进一步虚化。根据沈家煊(2003),"跟从"是行域,"听从"是知域,从行域到知域,虚化是显而易见的。

先秦汉语是并列型语言,并列成分广泛用连词"而"连接(梅广,2003)。出现在连动结构次要位置上的"从+宾语"要通过连词"而"与后面的动词性短语连接,如上文的"从子而归"和"愿从其君而与报秦"。在先秦时期,出现在连动结构次要动词句法位置上的"从",经常省略宾语,这样就造成"从"与"而"的毗连,为其词汇化奠定了形式基础。例如:

(31)孔子观于吕梁……见一丈夫游之,孔子从而问焉。(《庄子·达生》)

(32)子曰:"法语之言,能无从乎?改之为贵。巽与之言,能无说乎?绎之为贵。说而不绎,从而不改,吾末如之何也已矣!"(《论语·子罕》)

例(31)中的"从"的意思是"跟从";例(32)中的"从"的意思是"顺从"。这两例"从"的宾语可以在上文中找到,分别是"丈夫"和"法语之言",这里的"从"还是动词,具有较为实在的动作意义。

刘坚、曹广顺、吴福祥(1995)曾指出:"当一个动词经常在句子中充当次要动词,它的这种语法位置被固定下来之后,其词义就会慢慢抽象化、虚化,再发展下去,其语法功能就会发生变化,不再作为谓语的构成部分。"由于"从"经常出现在连动结构次要动词句法位置上,而且经常不带宾语,这就使得"从"及物功能悬空。李宗江(2003：309)指出："处于功能悬空位置上的词较易发生语法化，或者说功能悬空是导致语法化的一个诱因。"由于动词"从"的及物功能不能实现，其词义进一步虚化，功能进一步弱化，当在语言环境中找不到"从"的宾语时，"从"完成去范畴化过程，不能再当作动词理解。看下面的例句：

(33) 及陷乎罪；然后从而刑之，是罔民也。(《孟子·滕文公上》)

(34) 无爱人之心，无利人之事，而日为乱人之道，百姓欢敖，则从而执缚之，刑灼之，不和人心(《荀子·强国》)

上面两个例句中的"从"在语言环境中无法找到其省略的宾语，不能再当作动词理解，它已经和"而"黏合在一起，意义为"接着、跟着、立即"等。如金良年(2004：109)将例(33)翻译为"等到陷入罪网，然后跟着惩治他们，这是欺罔民众"，将"从而"对译为"跟着"。高长山(2003：304)将例(34)中的"百姓欢敖，则从而执缚之"翻译为"老百姓如果喧闹表示不满，便立刻捉拿逮捕他们"，将"从而"对译为"立刻"。这里的"从"已经失去了动词功能，不能作动词理解。由于"从"的非范畴化，促使其所在句法结构发生构式语法化，诱发重新分析，促成"从而"的词汇化。

3.2 句法结构的重新分析

在上古汉语中，非短语结构形式"从而"形成较为固定的结构框架，即："S$_1$，S$_2$[(NP)从而VP]"。"S$_1$，S$_2$"代表连续出现的小句，其中，S$_1$可以是一个小句，也可以是多个小句。S$_2$是一个小句，其组成成分是：主语由NP充当，可以出现，也可以不出现，不出现时或承前省略，或是语境中的共知成分；谓语由"从而VP"充当，"从而VP"是连动结构，"而"连接两个动词。"从"作为连动式的第一个动词，其后总有省略的宾语，该宾语可以在上文中找到。例如：

(35) 居未期年，灵王南游，群臣从而劫之。(《韩非子·十过第十》)

(36) 景公游于牛山，北临其国城而流涕曰："若何滂滂去此而死乎?"艾孔、梁丘据皆从而泣。(《晏子春秋·内篇谏上》)

例(35)中的"群臣从而劫之"的主语是"群臣"，谓语"从而劫之"，为连动结构，"从"的宾语承S$_1$的"灵王"省略，"而"连接动词"从"和动宾短语"劫之"。例(36)中的"艾孔、梁丘据皆从而泣。"可作相同分析。

随着"从"意义的进一步虚化，"从"的动词性不断弱化，"从而"就出现了歧解。例如：

(37) 夫爱人者，人必从而爱之；利人者，人必从而利之；恶人者；人必从而恶

之；害人者，人必从而害之。(《墨子·兼爱中第十五》)

(38) 不能敬其身，是伤其亲；伤其亲，是伤其本；伤其本，枝从而亡。(《礼记·哀公问》)

例(37)中的"从"可以理解为"跟从"，它承前省略了宾语"爱人者"，即"夫爱人者，人必从(爱人者)而爱之"，可以翻译为"关爱别人的人，别人一定也会跟从这个人来关爱他"；似乎也可以将"从而"理解为"接着、就"，翻译为"关爱别人的人，别人一定也会接着来关爱他。"例(38)中的"枝从而亡"也一样，既可以理解为"枝随着树根就死掉了"，也可以理解为"枝接着就死掉了。"

这种句法环境正是非短语结构形式"从而"语法化为时间副词"从而"的临界环境(critical context)，该句法环境具有结构及语义上的歧义，诱发包括目标义在内的数种解释。(彭睿，2008)在临界句法环境中，如果将"从"理解为"跟从"，其结构为"从＋而＋VP"，是连动结构，"从＋而"是非短语结构；如果将"从而"理解为"接着、就"，"而"的连接功能丧失，整个句法结构发生重新分析，即"从＋而＋VP"→"从而＋VP"，连动结构重新分析为单动结构，这样就导致"从而"的黏合成词。

一旦句法结构只能分析为"从而＋VP"，就意味着"从而"词汇化过程完成。考察发现，"从而"在先秦时期已经成词。例如：

(39) 以为继，知，则上从而罪之，是以罪召罪。上下之相仇也，由是起矣。(《吕氏春秋·适威》)

(40) 或曰："不可！子以子之君为无道而杀之，今其臣有道之士也，又从而杀之，不可以为教矣。"(《晏子春秋·内篇杂上第五·崔庆劫齐将军大夫盟晏子不与第三》)

例(39)中的"上从而罪之"的意思是"君主接着就会惩罚他"；例(40)中的"又从而杀之"的意思是"又接着杀了他"。

4. "从而"语法意义的形成

在汉语史上，"从而"有两种词性：一是表示事件先后的时间副词，一是表示因果关系的连词。其演变关系如下：非短语结构"从＋而"→时间副词"从而"→因果连词"从而"。

4.1 时间副词意义的形成

语法化项的语法意义形成过程是内部依据和外部条件相互作用的语用推理

过程。内部依据是语法化项自身的语义语用特征,外部条件是语法化项所处的句法环境,该句法环境能够引发语法化项的重新分析。内部依据和句法环境共同作用,在使用频率等因素的作用下,促进语法化项完成语法化。

江蓝生(2014)指出:"一般说来,虚词的语法意义跟源词的词汇意义有内在联系,源词的词汇意义决定了语法化的起点和方向。"就非短语结构形式"从十而"的构成来看,"而"本来就是功能词,没有词汇意义,"从"是实词,有词汇意义,"从"的词汇意义对时间副词"从而"语法意义的形成具有重要的贡献。"从"的本义是"跟从""跟随",其意义中蕴含着"后面、然后"的义素,因为"跟从""跟随"就意味着在"被跟从者"的后面,前面与后面,自然是一种空间意义,空间意义隐喻为时间意义是人类语言隐喻的普遍规律,汉语当然也不例外。如果将"从"从空间域投射到事件域,"从"所在的句子应该是后发生的事件。考察语料发现,如果多个事件连续的小句,包含"从而"的小句大都出现在后面,其前往往有始发句。例如:

(41)己巳,子驷帅国人盟于大宫,遂从而尽焚之,杀子如、子驺、孙叔、孙知。(《左传·成公十三年》)

(42)公都子曰:"匡章,通国皆称不孝焉。夫子与之游,又从而礼貌之,敢问何也?"(《孟子·离娄下》)

例(41)中的"遂从而尽焚之"发生在"子驷帅国人盟于大宫"之后,副词"遂"进一步表明了两个事件的先后顺序;例(42)中的时间词"又"指明了"夫子与之游入"和"从而礼貌之"两个事件时间的先后关系。

吴福祥(2005)指出:"语法化过程涉及的并非单个词汇或语素,而是包含这个词汇或语素的整个结构式","总是需要特定结构式的句法结构和语义关系作为其语法化过程发生的语用、语义和句法条件"。随着"从"语义的不断虚化和去范畴化,"从而"所在的句法构式发生语法化,即由双核结构语法化为单核结构,这就迫使"从而"黏合起来而语法化,其出现的句法环境为:"S_1,从而 S_2。"其中,S_1是先发生的事件,S_2是随后发生的事件,二者存在着时间先后和连续关系。例如:

(43)今之与杨、墨辩者,如追放豚,既入其苙,又从而招之。(《孟子·尽心下》)

(44)故镜执清而无事,美恶从而比焉;衡执正而无事,轻重从而载焉。(《韩非子·饰邪第十九》)

例(43)中的S_1是"既入其苙",S_2是"又从而招之",其中的"既"和"又"指明了两个事件的连续关系,即发生了 S_1,紧跟着发生了 S_2。例(44)中的"镜执清而无事"和"美恶从而比焉""衡执正而无事"和"轻重从而载焉"具有逻辑事理上的连续关系。"从而"经常出现在这样的句法环境中,就会吸收这种语境意义,逐渐固化成自身的语法意义,加之"从"本身的后时间性,"从而"出现在后续小句中,后面小句表示事件是接续前面小句表示事件发生的,进而将"从而"理解为"接着、跟着、就"等意义,成为表示事件接续的时间副词。这种副词用法从先秦开始,一直到清代还有用例。

4.2 因果连词意义的形成

时间连词发展为因果连词是人类语言语法化的一般规律(Heine & Kuteva,2012:4)"从而"的因果连词意义就是在时间副词意义上进一步语法化的结果。其动因在于时间副词表示的事件之间往往蕴含着因果联系,即先发生的事件往往是后发生事件的原因,后发生的事件往往是先发生事件的结果。在这样的语境中,"从而"就会不断吸收这种前因后果的语境意义,在使用频率的作用下,最后固化为因果关系的连词。例如:

(45) 夫龙肝可食,其龙难得,难得则愁下,愁下则祸生,故从而痛之。(王充《论衡·龙虚篇》)

(46) 及秦皇驭宇,吞灭诸侯,任用威力,事不师古,始下焚书之令,行偶语之刑。先王坟籍,扫地皆尽。本既先亡,从而颠覆。(《隋书·列传第十四》)

例(45)中的"难得则愁下,愁下则祸生,故从而痛之"的意思是"龙难得就会使下面的人发愁,下面的人发愁就会产生灾祸,所以箕子接着就悲痛起来"。在"愁下则祸生"事件之后,紧接着发生"痛之"的事件。这里的"从而"时间接续意义比较明显;同时,"愁下则祸生"和"从而痛之"之间有着明显的因果关系,只不过这种关系不是通过"从而"表示出来的,而是通过连词"故"表示出来的。在例(46)的"本既先亡,从而颠覆"中,前一小句中有时间词"先",后一小句的"从而"应优先理解为时间连词,但由于两个小句之间因果关系意义明显,加之又没有"故"之类的因果关系连词,"从而"已浸染了因果连词的意义。

当表示连续事件的两个小句没有时间顺序或因果关系提示时,位于后一小句中的"从而"既可以理解为时间副词,也可以理解为因果关系连词。例如:

(47) 庚子曰:"周公知管、蔡之恶,以相武庚,使肆厥毒,从而诛之,何不仁也? 若其不知,何不圣也? 二者之过,必处一焉。"(王符《潜夫论》)

(48) 翰善使枪,追贼及之,以枪搭其肩而喝之,贼惊顾,翰从而刺其喉,皆剔

高三五尺而堕,无不死者。(《旧唐书·卷一百八·列传第五十四》)

在例(47)中,如果将"从而"理解为时间副词,小句之间的关系是在"以相武庚,使肆厥毒"事件之后,紧接着发生"诛之"的事件;如果将其理解为因果连词,小句之间的关系应解读为"使肆厥毒"是"诛之"的原因。例(48)中的"贼惊顾"与"翰从而刺其喉"之间可作相同解读。

汉语具有时间相似性,戴浩一(1985)指出,两个句法单位的相对次序决定于它们所表示的概念领域里的状态的时间顺序。也就是说,句法单位的相对次序能够表达概念领域里的状态的时间顺序。对事件小句而言,小句排列的顺序就能反映出事件发生的顺序。因此,在连续发生的事件小句中,事件之间的前后顺序完全可以由小句的顺序表达出来,作为时间接续副词的"从而",其功能出现羡余,因而它就会吸收语境中的因果关系意义,进一步语法化为表示因果关系的连词。

(49)河朔三镇,素相连衡,宪诚阴有异志。而魏军骄侈,怯于格战,又属雪寒,粮饷不给,以此愈无斗志,宪诚从而间之。(《旧唐书·卷一四一·列传第九一》)

(50)失其物,去其准,道从而丧矣。(柳宗元《守道论》)

例(49)中的"魏军骄侈,怯于格战,又属雪寒,粮饷不给,以此愈无斗志"等小句不是典型的事件句,而是状态描述句,它们之间不仅没有时间顺序,它们与"宪诚间之"之间也不宜理解为时间关系,应该理解为因果关系,"因而"的功能就是彰显这种因果关系。例(50)可作相同解读。

因果连词"从而"是在时间副词"从而"的基础上进一步语法化的结果,小句之间的顺序能够反映事件发生的顺序,使得"从而"的时间接续意义产生羡余,它就会不断吸收语境中的因果关系意义,向因果连词方向语法化,最后将因果关系意义固化为自己的语法意义,从而语法化为表示因果关系的连词。

5. 结 语

现代汉语因果连词"从而"是上古汉语非短语结构"从+而"不断词汇化和语法化的产物。"从"本来是及物动词,"而"是连词。上古汉语中,"从"经常出现在连动结构的第一个动词位置上,导致"从"意义的虚化;"从"处于这个位置上,在语境的帮助下,经常不带宾语,造成"从"和"而"的毗连出现,为"从而"的词汇化奠定了形式基础;"从"功能悬空则进一步促使其意义虚化和功能弱化,当"从"不能再分析为动词时,"而"的连词功能也出现悬空,致使其所在的句法结构由连动结构重新分析为单动结构,迫使"从"和"而"的黏合,在汉语双音化规律的作用下,二者发生词汇化,这个过程在先秦时期已经完成,"从而"的词性为时间副词,这种用法一直持续到清代;时间副词"从而"主要出现在后续小句中,与先行小句往往隐含着原因和结果关系,在语用推理的作用下,"从而"吸收这种语境意义,固化为语法意义,成为因果连词,其语法化在魏晋南北朝时期已经完成。

参考文献

戴浩一　1988　时间顺序和汉语的语序,黄河译,《国外语言学》第 1 期。

冯胜利　2005　《汉语韵律语法研究》,北京大学出版社。

高长山　2003　《〈荀子〉译注》,黑龙江人民出版社。

李小军、唐小薇　2007　因果连词"因而""从而"的词汇化,《淮北煤炭师范学院学报》(哲学社会科学版)　第 2 期。

李宗江　2003　句法成分的功能悬空与语法化,吴福祥、洪波主编《语法化与语法研究》(一),商务印书馆。

刘　坚、曹广顺、吴福祥　1995　论诱发汉语词汇语法化的若干因素,《中国语文》第 3 期。

刘正光　2006　《语言非范畴化——语言范畴化理论的重要组成部分》,上海外语教育出版社。

罗竹凤　1995　《汉语大词典》,汉语大辞典出版社。

韩兆琦　2010　《〈史记〉译注》,中华书局。

金良年　2004　《〈孟子〉译注》,上海古籍出版社。

江蓝生　2014　连—介词表处所功能的来源及其非同质性,《中国语文》第 6 期。

吕叔湘　2001　《现代汉语八百词》(增订本),商务印书馆。

梅　广　2003　迎接一个考证学和语言学结合的汉语语法史研究新局面,何大安主编《古今通塞:汉语的历史与发展》,"中研院"语言学研究所筹备处。

彭　睿　2008　"临界环境—语法化项"关系刍议,《语言科学》第 3 期。

沈家煊　2003　复句三域"行、知、言",《中国语文》第 3 期。

吴福祥　2005　汉语语法化研究的当前课题,《语言科学》第 2 期。

杨伯峻　1960　《〈论语〉译注》,中华书局。

中国社会科学院语言研究所词典编辑室　2012　《现代汉语词典》(第 6 版),商务印书馆。

Bernd Heine,Tania Kuteva　2012　《语法化的世界词库》,龙海平、谷峰、肖小平译,洪波、谷峰注释,世界图书出版公司。

(作者单位:南京审计大学文学院,211815,shliushun@163.com。)

"才"的必要条件标记功能[*]

陈振宇[1] 刘 林[2]

1. 理论背景与问题

条件句由三个部分组成:前件(antecedent, protasis),即条件小句;后件(consequent, apodosis),即结果小句;条件标记,在汉语中为连词或连接副词。值得注意的是,这里的"前""后",不是指实际语序的前后,而是指逻辑意义的先后,即从事件发生的时间看,条件先发生,结果后发生;在不同语言的不同构式中,前件和后件都可能在语序上安排在前或在后。

从跨语言的角度看,有两个重要的现象:

其一,充分条件是语法化的重点,很多语言都有专门的语法标记,而必要条件就不那么重要了,没有专门的标记,往往用否定条件句或其他方式来表达。

其二,在条件标记中,标记条件小句(前件)是主要方式,而结果小句(后件)往往是无标记的。

因此,有表1所示的标记性等级。

表1 条件关系的标记性

		使用标记	不使用标记
		充分条件	必要条件
使用标记	前件	常见标记	
不使用标记	后件		罕见标记

* 本文曾在第七届现代汉语虚词研究与对外汉语教学学术研讨会(2016年7月,昆山)宣读,已发表于《对外汉语研究》第十五期(2017年5月,商务印书馆)。

其中,后件标记比较少见,必要条件的后件标记则更为罕见,在很多语言中,都是用其他范畴的形式通过推理来表达。但是在汉语中,充分条件有后件标记"就",必要条件有后件标记"才",这是一种罕见的现象。"就"我们已另文讨论,这里看"才"的问题。

根据前人的研究成果,如邢福义(1985、2001)、王维贤等(1994)、张谊生(1994、1996、1999)、李宗江(1999)、李小五(2003)、谷峰(2008)等,汉语副词"才、方、始"都可以作为必要条件句后件的标记。例如:

(1) 严格按照教育规律办事,<u>改革才能顺利进行,并取得成功</u>。(CCL 语料库)

输入的凭证必须经过审核并确认无误签章后<u>方可在计算机中生效</u>。(CCL 语料库)

一切人都须经过科举<u>始得入仕</u>。(CCL 语料库)

综合以前的研究,可以把副词"才、方、始"的历史演变顺序大致写为:

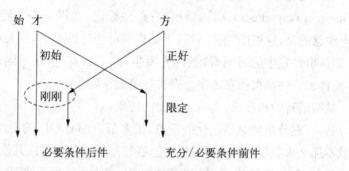

图1 "才、方、始"的历史演变顺序

研究中的两个关键问题是:

必要条件后件标记是来自时间副词"刚刚"义(李宗江,1999;刘林,2013),还是来自限定副词"只仅"义[①]? 如果必要条件后件标记是从时间副词"刚刚"义发展而来,关键的一步在哪里?

有研究者认为,汉语"只有……才"表示充分必要条件,它与传统所说的必要条件是什么关系?"才"的语气功能与其逻辑功能有什么关系?"才"如何用于现实句?

---

① 谷峰(2008)根据语义演变的单向规律认为,演变的方向必定是"限定>必要条件",演变动因在于说话人的注意焦点前移。

2. 历 时 来 源

具体标记的历史语料考察,前人已经做了很多,这种研究揭示了各种用法的出现年代,从而排列出其先后顺序。但在语法化研究中,如果只考察一条线索,会出现以下的歧解问题:

$$A \text{———} B \text{———} C$$
$$A/B \text{———} C$$

设某语言形式有 A、B、C 三种概念及其用法,其中,A、B 的出现与运用时间都在 C 之前,则不论是 A、B 大致同时,还是 A、B 有先后关系(如 A 在 B 之前),都会面临这样的多种可能性:C 有可能是单独从 A 或 B 演化而来的,也有可能是从 A 与 B 的共同作用中而来的。如果只看这样一个语言形式的历史,无法破解这一历史难题。

"才"与"方"都有时间副词"刚刚"义,如例(2)a;也有限定副词"只仅"义,如例(2)b;也有必要条件后件标记功能,如例(2)c:

(2) a 今者臣来,过易水,蚌方出曝,而鹬啄其肉,蚌合而拑其喙。(《战国策·燕策二》)

救之,少发则不足;多发,远县才至,则胡又已去。(《汉书·晁错传》)

b 赏无功之人,罚不辜之民,非所谓明也;赏有功,罚有罪,而不失其人,方任于人者也,非能生功止过者也。(《韩非子·说疑》)

士财有数千,皆饥罢。(《汉书·李广利传》)

c 民五之方各,十之方静(争),百之而后备(服)。(郭店楚简《尊德义》)

故人至暮不来,起不食待之。明日早,令人求故人,故人来方与之食。(《韩非子·外储说左上》)

李师师撒娇撒痴,奏天子道:"我只要陛下亲书一道赦书,赦免我兄弟,他才放心。"(《水浒传》第81回)

但要想知道它们之间的演化关系,需要扩大考察范围。我们考察了相关的一系列语言形式。如表2所示。根据表2,可发现这些功能之间有以下的蕴涵关系,它由关系图和蕴涵概率表组成,如图2所示。

表2 相关语言形式考察

编号	初始	刚刚	正好	限定	充分条件前件	必要条件前件	必要条件后件	案　例
1	+	+						新、初
2	+	+					+	始
3	+	+		+	+		+	才
4		+	+	+	+		+	方
5		+	+	+				适、恰、刚、上犹客家话"正"、平话"啱"
6				+				正
7		+	+	+		+		Just
8				+		+		只(有)、Only(if)、哈萨克语的-tek
9			+	+		+		哈萨克语助词-qana
10				+	+			仅、光、只(要)
11		+					+	勉语 tɕhiŋ²⁴、邦朵拉祜语 ɕɛ¹¹

注：表中的"＋"指有此种功能。

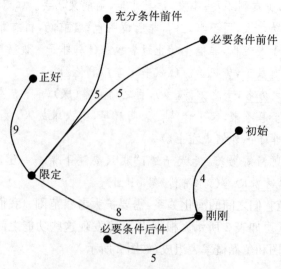

图 2   相关功能的蕴涵关系①

① 该图即加权最少边地图,制图软件见"永新语言学"(http://www.newlinguistcs.org)网站。

表3　相关功能的蕴涵关系

初始	刚刚	1	刚刚	初始	0.235294117647059
刚刚	限定	0.470588235294118	限定	刚刚	0.296296296296296
刚刚	必要条件后件	0.294117647058824	必要条件后件	刚刚	1
正好	限定	1	限定	正好	0.333333333333333
限定	充分条件前件	0.185185185185185	充分条件前件	限定	1
限定	必要条件前件	0.185185185185185	必要条件前件	限定	1

　　表3中画圈的部分告诉我们，一个语言形式如用于标记必要条件后件，则它也有时间"刚刚"义；如果用来标记条件前件，不论是充分条件，还是必要条件，都会有限制"只仅"义。也就是说，如果逻辑条件功能是语法化后期的现象，则分别有以下两个演化方向：

刚刚——必要条件后件

限制——充分/必要条件前件

　　这也为图1提供了一个旁证。但是，为什么是这样？

3. 所谓的必要条件

　　语言中的必要条件这一范畴，本身就具有逻辑上的多种意义。设有命题P、Q，所谓P为Q的必要条件，包括以下几种[①]：

　　其一，必要条件句，其逻辑公式是"$\forall t(Q(t) \rightarrow \exists ti((ti \leq t) \,\&\, P(ti)))$"[②]，意为"在事件Q实现之前，必须要有P的实现"。例如：

(3) You must make efforts if you want to be successful. 要想成功必须努力。（努力才能成功）

　　　It may be many years <u>before we meet again</u>. 在我们相见之前大概要过许多年（大概要过许多年我们才能再见）

　　　Know the facts <u>before taking a stand</u>. 确定自己的立场之前，先了解事实。（了解事实才能确定自己的立场）

　　必要条件句是最典型的逻辑必要条件表达方式，它的结构是"必要条件＝充

[①] 英语例句引自柯林斯例句库、汉英大词典、海词词典等。

[②] "ti≤t"意为 ti 的时间在 t 之前或同时。

分条件＋道义/认识情态"，如上例中的"must(必须)、may(可能)"等都起到表明必要条件的功能。

其二，否定条件句，其逻辑公式是"$\sim P \rightarrow \sim Q$"或"$\forall t(\sim P(t) \rightarrow \forall ti((ti \leq t) \rightarrow \sim Q(ti)))$"，意为"事件 P 不实现，事件 Q 就不会实现"。例如：

(4) If he hadn't already prepared his lesson, he wouldn't be allowed to go.

如果他没有准备好功课，就不能走。(他准备好功课才能走)

不努力不可能成功。

你得好好努力，不然(的话)/否则，就不可能成功。

其三，否定界点句，其逻辑公式同上，意为"在事件 P 实现之前的任意时刻，Q 都为假"。例如：

(5) Don't leave till I arrive. 我不来你不要离开。(我来你才能走)

Until she spoke I hadn't realized she was foreign. 她说话之前我还不知道她是外国人。(她开口说话我才意识到她是外国人)

The coffee shop does not open before 8：00am. 咖啡店早上八点之前不开门。(咖啡店早上八点才开门)

上述三种条件句在逻辑上等价，都是真正意义上的逻辑必要条件。下面两种情况则有所不同。

其四，唯一条件句，其逻辑公式是"$(P \rightarrow Q) \& (\sim P \rightarrow \sim Q)$"或"$\forall t(P(t) \rightarrow Q(t)) \& \forall t(Q(t) \rightarrow P(t))$"，意为"事件 P 实现，事件 Q 就实现；事件 Q 的实现是事件 P 实现的唯一条件"。例如：

(6) This question can be answered only by experiment.(只有实验才能够解决这个问题。)

Only members would be given the floor.(只有会员才拥有发言权。)

He and only he knows the world.(只有他才真正了解这个世界。)

最常见的是英语"only if"句：

(7) The placebo effect can be understood only if we acknowledge the unity of mind and body.(只有我们承认身心一体，安慰剂效果才能被理解。)

Only if presented in this way can your idea get over to the audience.(只有用这样的方式提出来，你的意思才能使听众明白。)

再如英语"alone"类：

(8) The party is trying to give the impression that it alone stands for democracy.(该党正试图让大家觉得只有它才是民主的代表。)

Its good point was the perception that <u>thought alone</u> constitutes the essence of all that is.(但它的好处在于意识到,只有思想才是存在着的事物的本质。)

有时候,"only"句法上是加在整个 VP 部分的外围的,但实际上它的语义作用范围仅仅是在后面的前件上,所以,在逻辑上与第一种是一样的语义结构。例如:

(9) It only dares to come out <u>in the daytime</u>.(因为它只有白天才敢出来。)

I only wear a tie <u>on special occasions</u>.(我只在特殊场合才打领带。)

A player can only win points <u>when he is serving</u>.(球员只有发球才能得分。)

其五,例外条件句,意为"Q 一般为假,仅在 P 为真时例外,即仅在 P 为真时 Q 为真"。例如:

(10) He never stammers, unless when he is angry. 他从不发火,除非生气了。(他生气才发火)

你不可能考及格,除非你加倍努力。/除非你加倍努力才能考及格①。

与前三种条件句不同,四、五两种条件句实际上是逻辑上的充分必要条件。如下例:

(11) Only if presented in this way can your idea get over to the audience. (只有用这样的方式提出来,你的意思才能使听众明白。)

在这里,有两重意义:

意义一:叙述事件为真,即:用这样的方式提出来,你的意思能使听众明白。

意义二:表示唯一条件,即:这样的方式是使你的意思让听众明白的唯一办法,也就是说,如果不用这种方式,就找不到其他方式使后件为真。

这两个意义在句子意义结构中的地位是不一样的:意义一是句子的预设或前提,意义二才是句子的焦点意义。检验方法如下:

(12)【否定测试】

甲:Only if presented in this way can your idea get over to the audience.

乙:No, we can try something else.

---

① 王维贤等(1994)认为,"除非……才……"可概括为 A=B,是一种相关反蕴涵。

否定时,并没有否定这种方式可让听众明白(意义一),而仅是说还可能有其他方式也可让听众明白(对唯一性的反对)。

4. 从"刚刚"到充分必要条件

根据前人对"才、方、始"的历时演化过程的研究可看出,它们不是从上述其一、其二、其三的途径语法化的,而是从与其四、其五类似的途径演变而来的。

先让我们看看"刚刚"意义的逻辑结构。沈敏、范开泰(2008)将短时义副词"才"的意义分为三个层级:已然义——规约意义,处于底层;短时义——词汇—语法意义,处于中间层(核心层);认识情态义——语用意义,处于顶层。其中的已然义是隐含的"后景"意义,单纯短时义是显性的"前景"意义;情态短时义属非规约性的"语用意义",在一定语境中可以消除。前两个意义是必需的,让我们分析一下:

(13) 他才回来。设"回来"为事件 Q,则有:

$$\exists t((t=t0)\&Q(t)\&\forall ti(((ti>t)\&(|ti-t|>\delta))\rightarrow \sim Q(ti)))$$

可以看到其中也有两个意义:

意义一:他现在回来了。"t0"表示绝对时间基点"现在","(t=t0)&Q(t)"指现在他回来了。

意义二:在离现在较远的任意时候,他没回来。"δ"表示一个时间小量,"$\forall ti(((ti>t)\&(|ti-t|>\delta))\rightarrow \sim Q(ti))$"指在现在之前一定量的时间他还没回来。

测试表明意义二也是焦点,意义一是预设或背景。

(14)【否定测试】

　　甲:他才回来。

　　乙:不,他早就回来了。

乙的话指在离现在较早的时候他就回来了。

当在前面出现具体时间时,就构成两个事件的搭配,例如:

(15) 他昨天十二点才回来。

　　设"(到)昨天十二点"为事件 P,"回来"为事件 Q,则有:

$$\exists t(P(t)\&Q(t)\&\forall ti((ti>t)\rightarrow \sim Q(ti)))$$

这与第一种必要条件句已经非常相像了,下面的意义二才是焦点意义:

意义一:他昨天十二点回来。

意义二：在昨天十二点之前，他没回来。

(16)【否定测试】

　　　　甲：他昨天十二点才回来。

　　　　乙：不，他早就回来了。

例(15)关注的是"他"回来的时间距离现在近，当说话者不是关注时间段，而是关注回来的时间点的时候，由于原来说话者预期的时间是"昨天十二点"前的某个时间点，所以，例(15)就有了认为"他"昨天回来晚了之意，由此便产生两种语义解读。而当"昨天十二点"这一时间点被现实事件所代替时，"才"便有了现实时间义。例如：

(17) 他昨天干完活才回来的。

当该事件(即 P)成为现实中重复发生的事件，"才"因之能为人的认识提供经验，从而进入非现实领域，逐渐可用来表示条件。例如：

(18) 他(每天)干完活才会回来。

一旦"才"字句脱离了具体的现实而在抽象的语境中使用时，就成为条件标记，如下面的"努力、成功"都是指一类事件，而非现实中与说话者直接相关的具体事件。例如：

(19) 努力才能成功。

意义一：努力能成功。

意义二：在努力之前，不可能成功。

(20)【否定测试】

　　　　甲：努力才能成功。

　　　　乙：不，你看人家 XXX，也不怎么努力，不也当上了教授！

具有"刚刚"义的形式有许多种，为什么有的形式没有演变为必要条件后件标记？如"新、适、恰、刚、上犹客家话'正'、平话'啱'、英语 just"等。

以汉语时间副词"刚"为例，它是现代汉语典型的"刚刚"义形式，但没有必要条件用法。与表"刚刚"的"才"一样，它是隐性否定，否定在更早的时候事件可能为真，所以不与语气词"了₂"直接搭配，如"＊他十点刚/才去学校了"。有关副词与"了₂"的搭配限制及其背后的机制，请见刘林、陈振宇(2015)。

下面看"刚"与"才"的区别：

(21) a 他才回来。　　??我才回来。　　我才回来就要我走。

　　　　他刚回来。　　我刚回来。　　我刚回来就要我走。

　　b 他昨天十二点才回来。

他昨天十二点刚回来。

张谊生(1999)认为"刚"用法简单,"才"用法复杂;"刚"的客观性强,"才"的主观性重。例(21)a 中的"刚"是较为客观地讲述事实,所以主语人称自由;而"才"含有主观量,具有表反预期的作用,预期是"应该更早回来",故含有说话者的"意外";由于一般一个人不能对自己的行为表示意外,所以,"我才回来"不合适,而主语为"你"和他"就没问题。但当"我才回来"作为次要小句,为主要小句"要我走"的前提时,这种句子层面的意外语气就会消失,因此就可以用了,如"我才回来就要我走!"。

周小兵(1987)认为,"刚"的语法意义应为动作或情况主观认定发生在不久之前。例(21)b 中的"刚"表明"昨天十二点"是相对于说话时间"现在"来说,是"主观上很近的过去"。"才"字句则未必有这一意味,它可表达一个纯粹关于昨天十二点的事,即在十二点前没回来,而不考虑昨天十二点是否是"近过去"的问题,于是,昨天十二点成了一个纯粹的相对时间基点。

综上所述,"刚"客观地报道在"现在"时间前不久发生的事,它真正突显的并不是事件的发生以及发生得较迟,而是事件的发生对现在的影响,是"近过去时"的一种;"才"则有主观预期性、互动性,其基点反倒不要求与现在有关,是一个更纯粹的相对基点。

英语的 just 也是"刚"类的标记:

(22) a I just had the most awful dream.(我刚做了个非常可怕的梦。)

　　　b My friend Jake just divorced last month.(我朋友杰克上个月刚离婚。)

例(22)a 中自由地用第一人称主语,说明 just 是客观报道;例(22)b 会觉得上个月的离婚是不久前的事。例(22)b 如果改为"才",说成"我朋友杰克上个月才离婚",就不太合适,因为有他应该早点离婚的意味,而这不合乎情理。

"刚"字句因此可以有下面的否定测试,用以"切断"事件与现在的关联性:

(23)【否定测试】

甲:我上个月刚从美国回来,现在还没缓过气来呢,你让我多休息一下。

乙:什么啊,都这么久了,还"刚"呢!别找借口,该干活了!

另外,正由于"刚"与"现在"时间的关系密切,所以一般只用于过去事件,不能用于将来事件,如不能说"明天十点他刚来学校",而"才"与"现在"无此捆绑关系,虽然依附于基点,但可以是相对基点,可更为自由地用于将来,如可以说"明天十点他才来学校"。例外主要是有时可以用情态允准"刚"的将来用法,如可以说"明天十点他肯定是刚到学校,还来不及准备呢。"或者与"才"搭配,如"明天十点他才刚到学校,还来不及准备呢。"这里的"刚 VP"表示一种事件阶段或状态,从而与绝对时间基点解脱关系,并重构与相对时间基点的近过去时关系。

小结:"刚刚"义本身并不能直接导向必要条件义,即使在语义结构上十分相似,仍有两个重要的区别:

其一,必须脱离与"现在"时间的近过去时关系,成为纯粹的相对基点,才能用于各种不同的场景之中。

其二,必须突显反预期意义,才能把句子的焦点进一步转向否定的一面,即进一步强调在时间基点或条件事件以前,结果事件不为真。

5. 从充分必要条件到必要条件

王维贤等(1994)认为,语言中,"只有 A,才 B"中的 A 不仅为 B 的必要条件,而且是 B 的充分必要条件,即 A＝B。实际上,"才"字句与"唯一条件句"都演化为充分必要条件,但二者的来源略有所不同:"才"类标记是从后件的时间标记来的,指 P 为真则 Q 为真,但在 P 为真之前 Q 不为真;而"唯一条件句"是从前件的限制标记来的,指 P 为真则 Q 为真,但 P 是使 Q 为真的唯一条件。不论来源如何,"才"字句与"唯一条件句"中意义一都是预设或背景,真正突显的焦点意义都是意义二。

汉语中的"只有……才"是这两种演化途径的复合,故有双方的性质。其中"才"是主要的,不容易省略;而"只有"一般是强化用的,可有也可无。如汉语很少说"只有努力能够成功",而"努力才能成功"却很自由、常见。

进一步的演变意味着,随着意义二的突显,意义一变得很不重要,从而可以脱落。这是因为意义一并非意义二的前提,即意义二不需要依赖于意义一。邢福义(1979)认为,"只有……才"这一句式有时并不表示唯一条件,另参见吕正春、徐景茂(1983)、马家珍(1985)从逻辑角度进行的讨论,也即,在有的语境中,意义一不一定会为真,此时,"只有……才"蜕变为逻辑上的必要条件。例如:

(24) 只有本市户口才能优惠贷款。

这并不一定意味"本市户口就能优惠贷款",因为还有其他限制条件,如购买的必须是首套房等,所以,完全有可能出现"有本市户口却不能优惠贷款"的情况。之所以这样说,是刻意强调意义二,因此也就不再顾及意义一是否为真了。

仅突显意义二忽略意义一,就从充分必要条件演变为必要条件。但对意义一的忽略,并不是一个规约化的结果,而仅仅是语用因素导致的涵义。例如:

(25) 只有确保安全，才有节日的欢乐、祥和，才有千家万户的安康、幸福。（《人民日报》，1995 年 1 月）①

不要把它当作包袱而要当作财富，有劳动力才有生产力、创造力，才能发展各种产业；有劳动力，才有多样化的消费，才有繁荣的市场。（《人民日报》，1995 年 1 月）

一旦语义上不允许这一忽视，就只能是充分必要条件。例如：

(26) 健康才是一个人最宝贵的财富。（《人民日报》，1995 年 2 月）

大众住宅才是房地产业最大、最稳定的市场。（《人民日报》，1995 年 2 月）

"最"具有唯一性，在此情况下，判断句"是"的左右只能是等同关系，而等同是充分且必要的。

有的例句并不是很明确，存在模糊的地方，如下例可以有两种解读，全看我们的认识态度，例(27)从 a 到 c，越来越可能是认为一旦有前件，就会有后件，从而更多地倾向充分必要条件。

(27) a 正是因为有了他们的奉献，才有千家万户的幸福和欢乐。（《人民日报》，1995 年 1 月）

b 只有甘愿为祖国、为民族、为社会、为人民做出奉献的人，其人生价值才会得到社会的公认，才会永不磨灭。（《人民日报》，1995 年 2 月）

c 有些报刊对"热点"新闻的理解过于偏狭，以为只有追逐某些走红的"明星"才有轰动效应。（《人民日报》，1995 年 2 月）

6. "才"的强调语气功能

"才"的语气功能，是一种极性意义，它继承的是唯一性，即充分必要条件。有的语气意义是从唯一性直接而来的，以下的例句实际上是说"这"和"我"是唯一的真面目和在英雄沿儿上之人。

(28) 这才是我的本来面目！——只有这才是我的本来面目！（王朔《空中小姐》）

过去，我才叫在英雄沿儿上呢。——只有我才叫在英雄沿儿上呢！（王朔《空中小姐》）

---

① 本文所引的《人民日报》中的例子均来自 CCL 语料库，故没有具体日期。

但语气意义与逻辑意义并不完全一致,仅是利用了唯一性的对比排他功能,但并不是说真的只是唯一。例如:

(29)a 我才不管那一套呢!(王朔《一半是火焰,一半是海水》)

　　　b 你恨她,我才真应当恨她的呢!(老舍《二马》)

例(29)a 是把我与某些人相对比,有人会管这一套,但我不会,本句也不意味着我是唯一不管那套的人。例(29)b 是"你""我"对比,并不意味着我是唯一真应当恨她的人。

在表对比意义的同时,"才"进一步成为"强调语气"标记,以表明说话者认为事件绝对为真的主观意义。在上例中,如果对比意义并不那么明确或凸显,就变为强调。又如:

(30)他会去才怪。

　　——a 他不去不奇怪,他会去才怪。

　　——b 他会去真的是很奇怪的事!(由此推出"他根本不会去"的涵义)

更进一步,当对比意义完全褪去之后,就成为纯粹的强调标记,这时,重音可以发生变化,即落在"才"后的成分上,但这是有条件的,调查发现这种情况一般出现在强调否定或含有否定的情况中,"才"后成分含有否定辩驳功能。例如:

(31)我才不稀罕呢!(翻译作品《小飞人三部曲》任溶溶译)

　　我才懒得管你们那狗窝呢。(兰晓龙《士兵突击》)

在极少数情况下,可以是纯粹的感叹,既无任何对比意义,也无任何辩驳功能。例如:

(32)看见屋里躺着个男人,赤身露体,睡得才香呢。(老舍《骆驼祥子》)

　　我戴顶小白帽,穿件去掉披肩和肩章的水兵服,系着花围裙,才好看呐。(王朔《空中小姐》)

7. 现实句中的"才"

张谊生(1996)说,"才"既可以用于条件句,也可以用于表示原因、目的的句中,的确如此。例如:

(33)他是为保护他的生命财产才投降的。(老舍《火葬》)

　　幸而街上解放军士兵很多,我们才找回旅馆。(王朔《橡皮人》)

　　许多海外人士正是通过来华旅游才得以深入了解中国及其改革开放政策的。(《人民日报》,1995 年 2 月)

我用棉花堵住耳朵,吃了两片安眠药,才勉强睡着。(王朔《浮出海面》)

例(38)中有的是因果句,有的是目的句,有的就是时间连贯关系,包括前面的例(17),它们都有一个共同的性质,就是它们都是现实句,即上述例句都有表示事件 P 或 Q 为真的成分,如"幸而、得以"以及表判断的"(是)……的"等,或者如最后两句那样用叙事句式。事件为真,就不再存在虚拟的余地,没有 P 与 Q 的可能为假,也就不是真正意义上的逻辑条件关系。

条件句是一种非现实句,在汉语中,"只有、只要、如果"等都严格遵守这一限制,即"只有/只要/如果 P"的命题 P 可以为假,也可以可能真可能假,但一定不可以肯定为真,如一般不能说"只有/只要/如果我是我——",因为"我"一般当然是"我";可以较自由地说"只有/只要/如果我是你——",因为"我"一般当然不是"你";可以说"只有/只要/如果我还是我——",因为"还"表明很可能"我"已经不再是"我"。

正因为现实与条件冲突,所以,将例(33)加上"只有"后句子反而不通了,即使勉强可以说,意义也发生了改变,现实性消失了。

(33′) 他只有为保护他的生命财产才投降。

　　*幸而只有街上解放军士兵很多,我们才找回旅馆。

　　*许多海外人士正是只有通过来华旅游才得以深入了解中国及其改革开放政策的。

　　??我只有用棉花堵住耳朵,吃了两片安眠药,才勉强睡着。

为什么"才"可以用于这些句子中,正如我们在第四部分所提到的,"才"是从时间副词演化而来的,而"刚刚"义本来就是现实性的,但这些句子也不能解释为"刚刚"义,它们反映的也是事件之间的制约关系。

我们认为,这些句子仅仅是表明说话者对事情之间的关系的一种主观看法,"才"大多可以不用,而命题意义不变。我们可以从时间先后关系来解释这些句子,但说话者完全可以不用"才",只用一般叙述就可以反映时间关系,因此,"才"的运用带来了主观性的功能,即"有条件——困难/反常"的语用迁移:

强调事件 Q 是很不容易实现的,而实现它的前提 P 往往也是一种非常的事态。

以"幸而街上解放军士兵很多,我们才找回旅馆"为例,"才"所强调的是:在当时的情况下,我们要找回旅馆是很不容易的;街上的解放军士兵为此提供了很大的帮助,而这也是非常的事态。

因此,"才"在现实句中的运用是表明整个事态的不同寻常。

8. 结　语

"才"是汉语中的必要条件标记,本文根据对一系列相关语言形式的考察得出:一种语言形式如用于必要条件后件,那它也有时间"刚刚"义;而如果用来标记充分条件或必要条件前件,则会有限制"只仅"义。为探讨其中的缘由,我们把必要条件句分为五类,汉语的必要条件后件标记是从与后两类类似的途径演变而来的。

以"才"为例,当具体时间出现在"刚刚"义副词"才"前的时候,"才"便走向往条件标记发展的路径,而当"才"脱离了具体的现实,出现在抽象语境中,便成为条件标记。必要条件后件标记"才"具有主观预期性、互动性,是一个纯粹的相对基点,它区别于客观地报道在"现在"时间前不久发生的事的"刚",因此,"刚"不能成为条件句的标记。

当"只有……才"句突显意义二(P 为真之前 Q 不为真)而忽略意义一(P 为真则 Q 为真)时,就从充分必要条件演变为必要条件。"才"的语气功能继承了"才"在充分必要条件的唯一性,但只是利用唯一性的排他对比功能,并不一定真的是唯一。在表对比意义的同时,"才"进一步成为纯粹的强调标记,进而又发展出纯粹的感叹义。"才"既可用于表条件的非现实句,也可用于现实句,此时 P 和 Q 为真,"才"表明整个事态的不同寻常。

参考文献

谷　峰　2008　古汉语副词"方"的多义性及其语义演变,《语言科学》第 6 期。

李春风　2014　《邦朵拉祜语参考语法》,中国社会科学出版社。

李冬梅　2012　时间副词"刚"的语义演变,《学术交流》第 1 期。

李小五　2003　《条件句逻辑》,人民出版社。

李宗江　1999　汉语"才"类副词的演变,见李宗江《汉语常用词演变研究》,汉语大辞典出版社。

刘　林　2013　《现代汉语焦点标记词研究——以"是""只""就""才"为例》,复旦大学博士学位论文。

刘　林、陈振宇　2015　从与"了₂"的共现关系谈汉语副词的意义类型,《语言教学与研究》第 5 期。

刘玉兰　2014　《泰国勉语参考语法》,中国社会科学出版社。

吕正春、徐景茂　1983　"只有……才"句式表达何种假言判断，《齐齐哈尔师范学院学报》第4期。

马家珍　1985　"只有A才B"不能表达假言判断吗？《绍兴文理学院学报》第4期。

沈　敏、范开泰　2008　多功能副词"才"表短时义的相关问题考察，《语言科学》第4期。

王维贤、张学成、卢曼云、程怀友　1994　《现代汉语复句新解》，华东师范大学出版社。

邢福义　1979　《逻辑知识及其应用》，湖北人民出版社。

邢福义　1985　《复句与关系词语》，黑龙江人民出版社。

邢福义　2001　《汉语复句研究》，商务印书馆。

张谊生　1994　现代汉语副词"才"的语法意义，见《语法研究和应用》，北京语言出版社。又见张谊生《现代汉语副词研究》，学林出版社，2000。

张谊生　1996　现代汉语副词"才"与句式的搭配，《汉语学习》第3期。

张谊生　1999　现代汉语副词"才"的共时比较，《上海师范大学学报》第3期。

周小兵　1987　"刚＋V＋M"和"刚才＋V＋M"，《中国语文》第1期。

（作者单位：1. 复旦大学中国语言文学系，200433，chenzhenyu@fudan.edu.cn，）

（作者单位：2. 南京师范大学国际文化教育学院，210097，liulin1860@163.com。）

"一直"与"总是"辨析[*]

蒋静忠[1]　魏红华[2]

1. 引　言

副词"一直"在现代汉语中有三个义项。一是表示顺着一个方向不变(一直走,别拐弯)。二是强调所指的范围(全村从老人一直到小孩,都对我们非常热情)。三是表示动作持续不断或状态持续不变(雨一直下个不停)(吕叔湘,1999:610)。

副词"总是"在现代汉语中有两个义项。一是表示动作、行为、性质、状态从过去到现在一直如此,很少例外。有强调的意味。二是表示事情和情况必然会如此,相当于"终归",常用于条件句中。有强调的意思(张斌,2001:765)。

有学者把副词"一直"的第三个义项(记作"一直₃")看作时间副词,把"总是"的第一个义项(记作"总是₁")看作频率副词。(张谊生,2014:22)一个有趣的现象是:"一直₃"和"总是₁"在现代汉语中虽然分属时间副词和频率副词,在一定条件下却可以互换,而所表达的意思基本不变。下面是我们在北京大学中国语言学研究中心的语料库(CCL)现代汉语子库中检索到的例句(为行文方便,下面统一用"一直"表示"一直₃",用"总是"表示"总是₁"):

(1) a 我一直觉得,不管别人怎么看,自己要看得起自己。

　　b 公司先后有150多名职工子女考入全国大中专院校,技校录取率也

---

* 本文曾在第七届现代汉语虚词研究与对外汉语教学学术研讨会(2016年7月,昆山)上宣读,已发表于《中国语文》,2017年第4期。会上得到范开泰、沈阳、王珏、张谊生、陈振宇、杨德峰、尹洪波、于泳波、关黑拽等师友的帮助,《中国语文》匿名审稿专家给予了高屋建瓴式的指导。本文同时得到国家社科基金项目"现代汉语主观量副词研究"(13BYY120)、河北省社科基金项目"现代汉语复句中的主观量考察"(HB15YY044)、河北省高等学校人文社会科学研究优秀青年基金项目"现代汉语主观量副词研究"(SY13115)、第二批河北省青年拔尖人才项目"官话方言主观量表达研究"的资助。在此一并致谢! 文中舛谬,概由第一作者负责。

一直名列全局前茅。

c 浪费现象被制止了,可是产品的收得率却一直上不去。

d 在宾夕法尼亚大街的人行道上,一直站着一位宣传和平的女士。

(2) a 但我总是没有时间坐下来做我自己想做的事情。

b 平时我们总是很忙,要工作,要过日子,须付出体力,付出心智。

c 以往我的比赛成绩总是高于训练时的水平。

d 目前的中国女排是历届女排中身体条件最好的,为什么成绩总是不理想?

例(1)中都是用"一直"的例子,例(2)中都是用"总是"的例子。如果把例(1)中的"一直"换成"总是",把例(2)中的"总是"换成"一直",它们表达的意思基本不变。这样的例子不是个别的,我们在考察语料中发现,能够这样互换的例子非常多。下面再列举一些:

(3) a 此愿已在心头萦绕数载,但我一直没有时间集中精力于创作。

b 我退休后,一直感到很难适应。

c 我很喜欢参加这样的竞赛,可一直没有机会,现在终于有了。

d 20 年一直这么买着这么吃,直到他生命的终结。

(4) a 训练中,他总是给自己加大运动量,天长日久,练就了一身腱子肉。

b 中国在联合国总是代表大多数国家、特别是发展中国家讲话。

c 此次回沪发现,她家过去天天开着的门如今总是紧闭着。

d 我总是以身作则,要求员工做到的,自己首先要做到。

一些学者早就发现了这种现象,并对两者的差异进行了辨析。(参看关键,2002;李云彤,2007;赵新等,2013:403—404;彭小川等,2013:157—159)然而,根据我们掌握的材料来看,已有对时间副词"一直"和频率副词"总是"的辨析显得不够全面,语料也不够丰富,甚至有些地方有失偏颇,因此,有必要作更进一步的研究。我们的做法是:首先,从语料库中随机检索 1 000 条带时间副词"一直"的句子,看能否用"总是"替换;其次,再随机检索 1 000 条带"总是"的句子,看能否用"一直"替换;然后把替换的结果加以归纳。发现有三种结果:一是替换之后意思基本不变[如例(1)—(4)];二是替换之后意思有所不同[例(5)替换之后意思完全不同,例(6)替换之后意思略有不同①];三是根本不能替换,替换之后

---

① 例(5)用"总是"表示每一次都是如此,换成"一直"则表示某个动作不间断进行,只进行一次。例(6)用"总是"表示大多数情况如此,极少例外;换成"一直"则表示从始到终都如此,没有片刻例外。

句子就不能说了[如例(7)—(8)]。

(5) a 中学作文是命题作文,并不总是写自己想写的事。

b 每一个变词语素只表示一种语法意义,而每种语法意义也总是由一个变词语素表示。

c 在跳高中,运动员总是采取重心较低的姿势。

d 被试总是判定方块的大小是1/2英寸。

(6) a 我最近总是感到苦闷。

b 自己深爱的人总是不在身边。

c 直立行走,使人类摆脱了总是向下方摄取印象的困境,可以眼观六路、耳听八方。

d 最不听话的是我们的心,今天要求这样,明天希望那样,总是翻来覆去,心猿意马。

(7) a 白棋虽极力反击,但黑棋把优势一直(*总是)牢牢把握到终局。

b 这种天气一直(*总是)持续至5月份,全国大部分地区开始出现气温偏低现象。

c 在香港,交通安全一直(*总是)是个引人关注的问题。

d 今后要重新评价战后一直(*总是)持续下来的政治、经济和社会制度,并且采取新的步调。

(8) a 每天天一放亮,素云总是(*一直)先做3碗蛋汤,端给3位老人。

b 无论什么地方出现怎样困难的局面,他总是(*一直)能带有极大的尊严出现在那里。

c 这以后,总是(*一直)她丈夫做好饭在家门口等她,在她回家的弯弯小路上接她。

d 每每与朝廷旨意相左时,他总是(*一直)以克制、容忍甚至妥协来处之。

下一节将重点考察第三种结果(即"一直"和"总是"不能互换),试图找到制约两者互换的条件。

2. "一直"和"总是"不能互换的句法环境

我们先来看在哪些句法环境下"一直"不能换成"总是"。通过考察语料,发现有以下四种情况:

（一）当句子表示将来的情况时，"一直"不能换成"总是"①。例如：

(9) a 他平时就这样，以后还将一直(＊总是)这样下去。

　　b 你是不是打算一直(＊总是)不结婚？

　　c 在以后的一段时间内，发展经济将一直(＊总是)作为我们工作的重点
　　　来抓。

　　d 我下学期要一直(＊总是)坚持每天跑两三公里。

（二）在"(从 T1＋)一直＋(V＋)到 T2"结构中，"一直"不能换成"总是"②。
例如：

(10) a 我初恋第一个女朋友就谈了 11 年，从高中一年级一直(＊总是)谈到
　　　　大学。

　　b 朱万良部力敌黄、白、兰三旗兵，从午时一直(＊总是)杀到傍晚。

　　c 那天会议从早上 8 点一直(＊总是)开到晚上 8 点。

　　d 世袭制一直(＊总是)沿袭到清亡，经历了近四千年的时间。

（三）在"一直＋V(了)＋下来/下去③"结构中，"一直"不能换成"总是"④。
例如：

(11) a 后来，TGIF 大会一直(＊总是)在谷歌延续了下去。

　　b 每次同时取出一黑一白两种棋子，一直(＊总是)取下去。

　　c 几代、几十代甚至上百代，这样的颜色一直(＊总是)传下去。

　　d 后来这种经营作风一直(＊总是)在荣氏家族中延续下去。

(12) a 后来，那个女孩也一直(＊总是)留了下来。

　　b 她觉得自己挺适应这工作，就一直(＊总是)干了下来。

　　c 从此这个名称就一直(＊总是)沿袭下来。

　　d 因为忙，这事一直(＊总是)拖下来。

（四）与"大都"连用时，"一直"不能换成"总是"。例如：

---

① 关键(2002：22)曾指出，"总"是对已然事件的总括……但不可以用于现在或未来的事件。例如：
＊现在我每天都总在长跑。/＊以后我要总长跑。我们认为"总(是)"不能用于将来的事件，但可以用于
现在的事件。例如：现在我们总是想方设法地"讨好"病人。(/当代/报刊/1994 年报刊精选/01.txt)

② 这里的 T1 和 T2 为表示时间的词或短语。

③ 这里的"下来/下去"取《现代汉语词典》中"下来"的第二个义项："用在动词后，表示从过去继续到
现在或从开始继续到最后"；取"下去"的第二个义项："用在动词后，表示从现在继续到将来"。

④ 李云彤(2007：18)曾指出，"一直＋在＋动词(＋着)/一直＋动词＋着(下去)"中的"一直"不能换
成"总"，我们赞同"一直＋动词＋着(下去)"中的"一直"不能换成"总(是)"，但是"一直＋在＋动词(＋
着)"中的"一直"可以换成"总(是)"，例如：审计师一直(总是)在"抓大放小"吗？(当代\\CWAC\\
CAB0120.txt)

(13) a 在我国家具制造业中,多少年来大都一直(＊总是)沿用西式的制造
技术和工艺。

b 15 年前,我结识了全国几十个笔友,几年里大都一直(＊总是)来往。

c 由于历史等方面的原因,我国股份制商业银行在制度上一直(＊总
是)大都有名无实。

d 直到 19 世纪,心理学一直(＊总是)大都坚持哲学思辨,而不是科学。

下面再来看在哪些句法环境下"总是"不能换成"一直"。通过考察语料,发
现有以下两种情况:

(五) 当前面有"每当/每次/每每……"与之呼应时,"总是"不能换成"一
直"。例如:

(14) a 每当回想起这段往事,心里总是(＊一直)难以平静。

b 而每一次思想的大解放总是(＊一直)给现行人事管理工作带来大
突破。

c 这位朋友每到高级宾馆、饭店之前,总是(＊一直)尽量先把"方便"问
题解决了。

d 马大娘每每回忆起这事儿,总是(＊一直)万分感谢杨师傅和大院里
的邻里。

(六) 当位于句首充当状语时,"总是"不能换成"一直"。例如:

(15) a 总是(＊一直)他先询问我,离婚以后的日子如何?

b 家里有人病了,总是(＊一直)他到药房买药。

c 这以后,总是(＊一直)她丈夫做好饭在家门口等她。

d 总是(＊一直)西家刚还东家又借,我颇觉自豪。

以上六种情况,除第六种完全受制于句法功能("一直"不能作句首状语)外,
其他五种都受制于语义,即语境中存在跟"一直"或"总是"语义冲突的成分。下
一节重点考察到底是哪些成分跟"一直"和"总是"在语义上存在冲突。

3. "一直"和"总是"不能互换的语义解释

要想知道哪些成分跟"一直"和"总是"在语义上存在冲突,以及是如何产生
冲突的,首先必须确定"一直"和"总是"的语义。关于"一直"的语义,《现代汉语
八百词》《现代汉语虚词例释》《现代汉语虚词词典》(侯学超编)、《现代汉语虚
词词典》(张斌主编)、《现代汉语词典》(第 7 版)、《实用汉语近义虚词词典》(赵

新、刘若云主编)等六部词典均收录并进行释义,一些学者也对"一直"的语义进行了归纳(参看关键,2002;李云彤,2007;彭小川等,2013:157)。总体来看,学者们的释义大同小异。我们综合前辈学者的观点,把时间副词"一直"的语义归纳为:在一个时段内,某种动作行为不间断或性质状态不变化。

而对于"总是",《现代汉语八百词》、《现代汉语虚词例释》、《现代汉语虚词词典》(侯学超编)三部词典都没有把它作为一个词收录在内,《现代汉语词典》(第7版)、《现代汉语虚词词典》(张斌主编)和《实用汉语近义虚词词典》(赵新、刘若云主编)把它当作一个词,同时又认为还存在一个"总"加"是"构成的词组"总是"。除此之外,张谊生(2014:22)也把"总是"看作一个词,并把它归入频率副词。综合前辈学者的观点,我们把频率副词"总是"的语义归纳为:在过去的某个时段内,某种事件、动作行为、性质状态无例外地多次发生。

从语义上来看,"一直"和"总是"有两点比较显著的差异。第一,"一直"可以表示过去、现在和将来,而"总是"只能表示过去。第二,"一直"表示动作行为等只发生一次,"总是"表示动作行为等发生了多次。

根据这两点语义差异,我们可以解释上面所提到的(一)到(五)种不能互换的情况。第一点语义差异可以解释情况(一)。情况(一)是:句子表示将来时,"一直"不能换成"总是"。因为"总是"表示无例外地多次发生,这是对过去情况的统计或估计,因此不能用于表示将来的句子中①。

第二点语义差异可以解释情况(二)(三)(四)(五)。情况(二)是:"(从T_1+)一直+(V+)到T_2"结构中的"一直"不能换成"总是"。因为这种结构限制了事件、动作行为、性质状态只有一次,而"总是"表示多次,语义上存在冲突。情况(三)是:在"一直+V(了)+下来/下去"结构中,"一直"不能换成"总是"。解释同情况(二),也是该结构限制了只是发生一次,和"总是"语义上存在冲突。情况(四)是:与"大都"连用时,"一直"不能换成"总是"。这是因为"大都"表示有例外,而"总是"表示无例外,两者相互矛盾。情况(五)是:当前面有"每当/每次/每每……"与之呼应时,"总是"不能换成"一直"。这是因为"每当/每次/每每……"表示一个复数事件,"每"指"全体中的任何个体,用来代表全体"(吕叔湘,1999:384),"每+名量词"表示复数的事物,"每+动量词"表示复数的事

---

① 我们在语料库中发现大量"总是"前面出现"现在"的句子,例如:"不管怎么说,他现在总是为人民服务哪!"我们认为,这里的"现在"不是表示说话时间,即不是表示时点,而是"从过去的某个时点到说话时间"这样一个时段,即它是包含说话时间这一时点的时段,严格来说还是表示过去时间的。

件①。因此,不能换成表示单数的"一直"。

4. "一直"和"总是"能够互换的认知解释

在对两者不能互换的情况进行解释之后,我们还要解释为什么两者可以互换。我们先从一组简单的例句开始。例如:

(16) a 上午他一直在家里看孩子。

　　b 上午他总是在家里看孩子。

例(16)a 的优势理解是:听说双方都知道的某个上午他每时每刻都在家里看孩子,没有中断过。例(16)b 的优势理解是:每个上午他无例外做的事情是在家里看孩子。这两句意思显然不同,前者是一个特定时间段(某个上午)发生的一次特定动作行为,后者是在很多个不连续的时间段(很多个不同的上午)发生多次动作行为。我们把句首的时间限定为某个特定的上午,如例(17)所示:

(17) a 昨天上午他一直在家里看孩子。

　　b ＊昨天上午他总是在家里看孩子。

这样一来,例(17)a 仍然能说,例(17)b 则不能说了。这是因为按照我们的社会常识,对于"在家里看孩子"来说,"昨天上午"这个时间段太短了,无法被分割成多个小的时间单元,使得每个小的时间单元都可以发生一次"在家里看孩子"事件。如果非要让(17)b 成立,除非为它创造一个特殊语境。例如:

(18) 昨天上午(我去看了他好几次,每次去看他)他总是在家里看孩子。

例(18)之所以成立,就是语境创造了条件,使得"昨天上午"这个较短的时间段可以分割成多个小的时间单元,每个单元都发生一次"在家里看孩子"事件,这样就满足了"总是"的语义要求。

我们再把句首的时间换成一个较大的时间段,如例(19)所示:

(19) a 上学期他一直在家里看孩子。

　　b 上学期他总是在家里看孩子。

按照"一直"和"总是"的语义,我们把例(19)a 解释为:在"上学期"这个时间段,"他在家里看孩子"这一动作行为不间断地发生。例(19)b 解释为:"上学期"

---

① 关于"每"和"每+量词"结构的语义,可参看袁毓林(2005:295/2012:128),黄瓒辉、石定栩(2013:305—318),牛长伟、潘海华(2015:10—18)的相关论述。

这个时间段可以分割为多个更小的、不连续的时间单元，每个时间单元都发生一次"他在家里看孩子"的行为。这样看来，例（19）a 和例（19）b 的意思是不同的。可是我们小范围调查的结果是：例（19）a 和例（19）b 的意思基本相同。请看例（20）a 和（20）b，大多数人感觉不到有什么不同。

（20）a 上学期他一直在家里看孩子。（哪有时间出去玩？）

b 上学期他总是在家里看孩子。（哪有时间出去玩？）

怎么解释这种现象？我们认为是语境在起作用。"一直"和"总是"的意思还是不同的，只是例（19）和（20）的语境凸显不出两者的差别，所以，句子意思差不多；而例（16）和（17）的语境凸显了两者的差别，所以，意思明显不同。

那么，在什么样的语境下"一直"和"总是"的语义差别会被中和或冲淡，或者说什么样的语境会造成两者偶然同义呢？我们认为需要具备一个条件：前面出现的时间段足够长，允许发生多次动作行为且客观上不允许一次动作行为持续这么长时间。以例（19）为例，"一个学期"足够长，允许发生多次"在家里看孩子"的动作行为，且客观上不允许一次"在家里看孩子"的动作行为持续这么长时间。

可是，"一直"表示动作行为等不间断，而例（19）既然不允许一次"在家里看孩子"的动作行为持续"一个学期"，就表示动作行为间断了。这显然是矛盾的。为什么例（19）a 还能说？我们认为，这跟人们的认知特点有关。动作行为不间断（即动作行为属于同一次动作行为）有两种不同的情况：一种是客观上的不间断，即在真实世界中动作行为没有间断；另一种是主观上的不间断，即在真实世界中动作行为间断了，但是人们主观上把它感知为没有间断。例如，我们在观看影片时，看到的画面是连续的、没有间隔。但客观上它们是不连续的、有间隔的，间隔的时间是 1/24 秒。这是为什么呢？因为我们的眼睛在感知事物时会发生"视觉暂留"现象，即看到的画面会在视网膜上停留很短暂的时间，这个时间恰好是 1/24 秒。因此，不连续的画面间隔 1/24 秒放映时，人的眼睛感觉不出它们是不连续的。

在认知世界中，人们习惯于把残缺的事物看作完整的，把不连续的事物看作连续的，这种现象被心理学家称为"完形"（gestalt）①。比如下面的三个图形中，前两个都不是圆形，但是会被人们感知为圆形。

"完形"这一认知心理存在的原因是：人们在认知世界的时候，总是借助于

① 有关"完形"的相关介绍，请参考沈家煊（1999：94—102）、叶浩生（2011：153—158）。

已有的社会认识和经验来认识新的事物和现象,在经过无数次的身体与外部世界的互动之后,人们会形成一些固定的认知模式。瑞士心理学家让·皮亚杰(Jean Piaget)把这种固定的认知模式称为图式(schema),认知心理学家 Lakoff 和 Johnson 等则称之为意象图式(image schema)。人们在认识新的事物时,往往会套用已有的意象图式,例如,汉族人在认识"山"这一事物时,就把它当成人的形体来认识,认为它像人一样有"头"有"脚",于是,出现了"山头""山脚""山腰"等词语。同理,人们在认识接近圆形的东西时,总是套用已有的意象图式,把它们感知为圆形。

Johnson(1987:126)一共谈到 20 多个意象图式,如路径图式(PATH)、容器图式(CONTAINER)、量级图式(SCALE)、部分—整体图式(PART-WHOLE)、近—远图式(NEAR-FAR)、连接图式(LINK)[1]等。后来又有学者继续补充,如 Cienki(1997)认为,直—曲图式(STRAIGHT versus NOT STRAIGHT)也是意象图式。Krzesowski(1993)认为几乎所有的意象图式都呈现出肯定或否定的意义,称为 plus-minus parameter。如前面提到的近—远图式、部分—整体图式,此外,还有中心—边缘图式(CENTER-PERIPHERY)、满—空图式(FULL-EMPTY)等。即使是那些不成对的,也都可以改造成"肯定—否定"这样成对的形式,如前面提到的 STRAIGHT versus NOT STRAIGHT,再如 BALANCE versus imbalance 和 LINK versus no link(小写表示属后来改造的)。

我们认为,"一直"和"总是"对应的意象图式就是 LINK versus no link(我们译为连—断图式)。"一直"对应的是肯定的"连","总是"对应的是否定的"断",它们正好代表哲学上的"连续"和"非连续"两个对立的概念。由于我们的认知条件的限制,我们无法完全感知连续的事物,而只能通过截取其中的一个个片断来抽象、整合。以我们最熟悉的数字为例,如果问比 1 大的最小数字是什么,我们就很难回答。因为数字是连续的,我们不知道要截取哪个点。只有给出一定的

---

① 张敏(1998:116)把 LINK 图式翻译为"系联图式"。

限制条件，比如说精确到小数点之后两位，我们才可能给出准确的回答，即 1.01。

当我们表达时间概念时也是如此。请看下面的例子：

（21）a 他每天都在看书。

　　　b 他每一分钟都在看书。

　　　c 他一直在看书。

当我们说例（21）a 时，说明"他"非常用功，而当我们说例（21）b 时，说明"他"更用功。因为"分钟"比"天"的间隔要小。如果我们要表达"他"没有间隔地看书，就会用副词"一直"，说成例（21）c。

"总是"则是有间隔的，不连续的。但是当这种间隔小到人们无法感知或者不需要分辨它们的差别时，人们在心理上就可以看作是连续的。这就可以解释"一直"（表连续）和"总是"（表非连续）为什么在一定条件下意思基本相同。

5. 结 论 及 余 论

通过上面的分析，我们可以得出如下结论：时间副词"一直"跟频率副词"总是"基本上是不同义的，两者在特殊的情况下会出现语义中和，这时，两者可以互换而基本意思不变。

纵观学界对这两个副词的比较研究，描写的内容较多，但缺乏更深层次的语义解释，特别是基于人类认知层面的解释。

我们认为，可以借鉴认知科学的意象图式和心理扫描（mental scanning）来解释和辨析这两个副词。我们把"一直"和"总是"反映的意象图式归结为"连—断图式"。"一直"对应的是"连"，"总是"对应的是"断"，这正好跟哲学上的"连续—非连续"这一对概念相对应。从这个意义上来说，副词"一直"和"总是"不仅不同义，反而相互对立。

心理扫描理论由 Langacker（1987）提出，揭示了人们在认知事物时的两种截然不同的加工方式（或处理机制）。Langacker 按照人们在认知事物时注意力移动方式的不同将心理扫描分为两种类型：一种是顺序扫描或次第扫描（sequential scanning），一种是总体扫描或总括扫描、整体扫描（summary scanning）。他把顺序扫描定义为：一种认知处理方式，其中一系列状态的表征方式呈顺次转换，其本质上是非累加性的；把总体扫描定义为：一种认知处理方式，其中各成分状态以累加性方式激活，由此一个复杂结构的各个侧面呈共存同现状态。例如：

(22) a 在高速上,小王一直以 90 公里/小时的速度行驶。

　　b 在高速上,小王总是以 90 公里/小时的速度行驶。

副词"一直"的扫描方式是顺序扫描,就好比车上带着一个速度检测仪,在行驶的过程中,检测仪上自始至终显示的速度为 90 公里/小时。副词"总是"的扫描方式是总体扫描,就好比在公路上每隔一定的距离安装一个速度检测仪,最终的结果是每个检测仪显示的速度都是 90 公里/小时[①]。Langacker 本人则更喜欢用看电影和看照片来说明顺序扫描和总体扫描的区别。

心理扫描理论可以帮助我们更进一步地解释"一直"和"总是"可以互换时细微的语用差别。因为顺序扫描是把认知对象按照事物发展的顺序依次进行扫描,而总体扫描是把认知对象的多个侧面以累加性方式激活,同时呈现在大脑中。相对而言,总体扫描对认知对象的主观性加工成分较多,主观色彩较浓。我们赞成肖惜、郭晶晶(2015)的观点,"总体扫描可以反映个人的观点态度"。副词"总是"恰恰就是如此,它以总体扫描的方式来加工认知对象,同时间接表达了说话人的观点态度。我们通过比较那些能够跟"一直"互换的例子,如例(1)—(4)各句,发现替换之后虽然意思基本相同,但是含"总是"的句子倾向于表达隐性否定的意义,例(1)a 中的"一直"换成"总是"后,变成"我总是觉得,不管别人怎么看,自己要看得起自己",隐含着说话人认为,尽管别人可能认为"你这样觉得"不恰当。再如例(2)a"但我总是没有时间坐下来做我自己想做的事情"的隐含义是:我没有时间坐下来做自己想做的事情,并不是我自己希望这样的。含"一直"的句子则倾向于客观描述,没有隐性否定义[②]。

根据我们的考察结果,"一直"和"总是"之所以能够互换而基本意义不变,其原因在于"一直"实际上包含两种情况:第一种情况是客观上的不间断;第二种情况是客观上间断,但主观上认为不间断[③]。而"一直"只有在第二种情况下才可以换成"总是"。

由客观的连续(不间断),到主观的连续(不间断/间断),再到客观的非连续

---

① 《中国语文》的匿名审稿专家指出,"一直"可以有顺序扫描和总体扫描两种扫描方式。我们认为"一直"只有顺序扫描一种方式,即使像例(19)a 这种客观上间断的情况,说话人依然主观上认为没有间断,这不符合总体扫描的特点,总体扫描主观上一定是间断的,是打乱时间顺序的累加式扫描。这样处理更适于解释两者在语用上的微妙差异(详见下文)。

② 感谢《中国语文》的匿名审稿专家指出"一直"和"总是"微妙的语用差异,以及对例(1)a 和例(2)a 所做的精彩分析。

③ 我们认为,"一直"的这两种不同用法已经体现出某种语法化的倾向,即由客观性向主观性发生渐变,这种由客观向主观的变化有可能最终导致"一直"的句法位置由低位状语(句中状语)向高位状语(句首状语)转化。

(间断),形成一个连续统。在这个连续统中,"一直"和"总是"的典型用法分布在两端,非典型用法处于中间的过渡区域。图示如下:

如上图所示,表示客观连续是"一直"的典型用法,表示客观非连续是"总是"的典型用法,这时候两者是不能互换的;主观连续则是"一直"和"总是"的模糊地带,两者可以互换且基本意义不变。但是由于意象图式和认知扫描方式的不同,两者会存在语用上的细微差别。

副词"一直"和"总是"的用法差别,背后隐藏的是人类意象图式和认知扫描方式的不同。运用意象图式理论和认知扫描理论来研究汉语的词语,揭示其背后隐藏的人类认知共性,可以加深对词语意义和用法的认识。目前,英语教学领域运用图式理论进行教学研究的成果较多,汉语教学方面则很少见到相关成果,图式理论在汉语教学领域的运用前景比较广阔。

参考文献

北京大学中文系 1955、1957 级语言班编 1982 《现代汉语虚词例释》,商务印书馆。

关 键 2002 "一直""总""老"的比较研究,《汉语学习》第 3 期。

侯学超编 1998 《现代汉语虚词词典》,北京大学出版社。

黄瓒辉 2001 《时间副词"总"和"一直"的语义、句法、语用分析》,暨南大学硕士学位论文。

黄瓒辉、石定栩 2013 量化事件的"每"结构,《世界汉语教学》第 3 期。

黄 蓓 2010 顺序扫描与总体扫描:虚设的二元对立,《天津外国语学院学报》第 5 期。

金伯莉·J·达夫(Kimberley J. Duff) 2013 《社会心理学》(中译本),宋文、李颖珊译,中国人民大学出版社。

李福印 2007 意象图式理论,《四川外国语学院学报》第 1 期。

李云彤 2007 外国留学生常用错的一组副词——"一直"和"总",《内蒙古民族大学学报》第 3 期。

陆俭明、马 真 1999 《现代汉语虚词散论》,语文出版社。

吕叔湘主编 1999 《现代汉语八百词》(增订本),商务印书馆。

牛长伟、潘海华 2015 "每+Num+CL+NP+都/各"中数词受限的解释,《汉语学习》第 6 期。

彭小川、李守纪、王 红 2013 《对外汉语教学语法释疑201例》,商务印书馆。

肖 惕、郭晶晶 2015 心理扫描认知观下的意识流小说的隐性语篇连贯新解——以伍尔夫小说《达洛维太太》为例,《黄冈师范学院学报》第4期。

沈家煊 1999 "在"字句和"给"字句,《中国语文》第2期。

叶浩生 2011 《心理学史》(第2版),高等教育出版社。

袁毓林 2005 "都"的加合性语义功能及其分配性效应,《当代语言学》第4期。

袁毓林 2012 《汉语句子的焦点结构和语义解释》,商务印书馆。

张 斌主编 2001 《现代汉语虚词词典》,商务印书馆。

张 敏 1998 《认知语言学与汉语名词短语》,中国社会科学出版社。

张谊生 2014 《现代汉语副词研究》(修订本),商务印书馆。

赵 新、刘若云主编 2013 《实用汉语近义虚词词典》,北京大学出版社。

中国社会科学院语言研究所词典编辑室编 2016 《现代汉语词典》(第7版),商务印书馆。

Johnson, Mark 1987 *The Body in the Mind: The Bodily Basis of Meaning*, *Imagination*, *and Reason*. Chicago: The University of Chicago Press.

Krzeszowski, Tomasz 1993 The axiological parameter in preconceptional image schemata. In Geiger, R. A. and B. Rudzka-Ostyn (eds.), *Conceptualization and Mental Processing in Language*. Berlin/NY: De Cruyter Mouton, 307 – 330.

Lakoff, George 1987 *Women*, *Fire and Dangerous Things: What Categories Reveal about the Mind*. Chicago and London: The University of Chicago Press.

Lakoff, George & Mark, Johnson 1980 *Metaphors We Live By*. Chicago: The University of Chicago Press.

Langacker, Ronald Wayne 1987 *Foundations of Cognitive Grammar vol. I: Theoretical Prerequisites*, Stanford, California: Stanford University Press.

(作者单位:1. 河北大学文学院,071002,bdjiang@sina.com。)

(作者单位:2. 河北大学文学院/河北大学国际交流与教育学院,071002,honghuajzh@163.com。)

判断性频度副词与类同副词"也"搭配顺序的不平行现象[*]

关黑拽

0. 引 言

黄河(1990)通过大量的实例调查,系统全面地考察、研究了现代汉语常用副词共现时的顺序,在此基础上提出了不同类别的副词在句子主要谓语动词之前的状语位置上出现时普遍遵循的排序规律:

语气＞时间/总括＞限定＞程度＞否定＞协同＞重复＞方式

他特别指出,这一副词共现顺序是就总体而言的,有些副词由于共现顺序比较灵活,无法在这一共现序列中进行具体定位,如类同副词"也"。黄河(1990)指出,当类同副词"也"跟时间副词共现时,大多数时间副词只能出现在"也"之后,例如:

(1) 国梁常到我家来的,你也常来吧,咱们好好聊聊。(转引自黄河,1990:508)

(2) *……你常也来吧,咱们好好聊聊。(同上)

但有少数时间副词(如"一向""向来""从来""永远""始终""一直""总"等)可以根据说话人的语义着重点跟"也"变换共现顺序。例如:

(3) 一年三百六十五天,他几乎老在铺子里,从来也没有讨厌过他的生活与那些货物。(同上)

---

* 本文得到国家社科基金重点项目(17AY004)的资助,初稿、修改稿曾先后在第七届现代汉语虚词研究与对外汉语教学学术研讨会(2016 年 7 月,昆山)和语言教学与研究国际学术研讨会(2016 年 11 月,天津)上宣读,并获得首届"语言教学与研究青年英才奖"三等奖,已发表于《对外汉语研究》第 17 期(2018 年,商务印书馆)。在论文写作、修改过程中承蒙导师柳英绿先生以及吴福祥先生、唐正大先生的指导,匿名评审专家在审稿过程中也提出很多宝贵意见,在此一并表示由衷的谢意。文中谬误,概由本人负责。

（4）孟俪自己从来没有想到评判父亲的曲直，从父亲挨整到他的死，她<u>也从来</u>没有任何怨责……（同上）

不过，在考察语料的过程中，笔者发现有些时间副词，如"有时""偶尔"等经常出现在"也"之前，很少出现在"也"之后：笔者对北京大学 CCL 语料库进行了全面的检索统计，结果显示"也有时"的用例仅有 95 条，而"有时也"的用例高达1 890 例，二者的用量差异明显；"偶尔"的情况也是如此，"偶尔也"有 359 处用例，而"也偶尔"仅有 49 例。

此外，虽然黄河（1990）认为时间副词"总"与"也"共现时，可根据说话人所强调的语义重点变换共现语序，但笔者认为下面两例中"也"的语义功能是否一致值得商榷，例如：

（5）她比我们要有些阅历，称呼起我们来一口一个"小孩"，提到不在场的人，<u>也总</u>说"那小孩那小孩"的。（王朔《动物凶猛》）

（6）我抬手狠狠抹眼泪，可眼泪<u>总也</u>抹不完，倔强地站在那儿一动不动。（同上）

例（5）中的"也"出现在"总"之前，用于语篇衔接，将所在的句子"提到不在场的人总说'那小孩小孩的'"与先行句"（她）称呼起我们来一口一个'小孩'"相关联。例（6）中的"也"出现在"总"之后，但由于没有相应的先行句，其语篇衔接功能并不显豁。对于"也"的这种用法，张谊生（1996）曾有论及，张先生认为类同副词"也"由于前项经常蕴含而进一步虚化，常跟在一些副词后面组成一个加强语气式的副词性短语，"也"在其中起着强化语气的作用。作为一个副词性短语，"总也"对所修饰的谓词性成分有着严格的语义限制——只能用于否定句（吕叔湘，1999：697），而例（5）中的"也"与"总"之间并无直接的组合关系。由此可见，上述两例中的"也"的性质和用法并不同一。换句话说，类同副词"也"与时间副词"总"搭配使用时仍只能出现在"总"之前。

综合起来，"总""常""有时""偶尔"这些副词在与类同副词"也"的搭配顺序上，表现出一种明显的差别，即"总""常"往往出现在类同副词"也"之后，"有时""偶尔"则通常出现在"也"之前。黄河（1990）将"总""常""有时""偶尔"归为时间副词，但近年来学界多将其称作频度副词（如周小兵，1999；邹海清，2006；史金生，2011 等），"总""常""有时""偶尔"这四个频度副词与类同副词"也"在搭配顺序上的差异是否也普遍适用于其他的频度副词（如"老""经常""间或"等）呢？如果适用，这种搭配顺序的差异又是如何形成的？本文围绕这些问题展开讨论。

1. 判断性频度副词与类同副词
"也"搭配使用的具体考察

周小兵(1999)主张将频度副词从时间副词中独立出来进行研究。此后,学界对频度副词内部诸成员的语义功能差异有了进一步的认识,并进行了相应的次类划分。分类时,大多是从语义出发,根据各个副词所表频度量值的高低差异进行次类划分,得出的结果也存在不同程度的差别,三分(史金生,2011:113)、四分(周小兵,1999)、五分(吴春相、丁淑娟,2005)的方案都有。邹海清(2006)指出,频度副词表示的频度量是一种模糊量,因此,以频度量的高低作为分类依据往往带有一定的主观性,既容易出现同一个副词归类不一致的情况,分类的结果又很难得到形式上的验证。有鉴于此,邹海清(2006)转而从语义功能出发对频度副词进行次类划分,以能否后加表示判断、指明焦点的"是"以及副词后缀"地"作为分类标准,将频度副词分为判断性和描写性两类,前者往往只能后加"是",后者则只能加"地",例如:

(7) 判断性频度副词:总(是)、老(是)、时常、常常、常、经常、通常、往往、每每、有时、时而、偶尔、间或、偶或;

描写性频度副词①:不停、不住、不断、连、连连、一连、接连、连续、屡、屡屡、屡次、频、频频、一再、再三、不时、时时、不时、反复。

虽然其中有些词(如"通常""往往""每每""连""一连""接连""连续"等)能否视作频度副词还有待商榷,但邹文从语义功能出发进行分类的认识很有启发性。与此同时,笔者认为如果在邹文的分类基础上继续做进一步的次类划分,尤其是对判断性频度副词进行分类时,语义也可以作为分类标准,因为频度副词虽然表现的是模糊频度量,但判断性频度副词内部不同成员之间在频度量上仍存在明显的层级差异。笔者在邹海清(2006)的基础上,剔除"通常""往往""每每"等表示惯常规律的副词②,并借鉴史金生(2011:113)的处理方式,根据所表频度量值的高低差异将判断性频度副词分为高频、中频、低频三类:

(8) 高频:总、总是、老、老是;

中频:常、经常、常常、时常;

---

① 描写性频度副词具有较强的描摹性,与类同副词"也"连用时,往往居后,因此,本文的讨论主要集中在判断性频度副词上。
② "通常、往往"等词与频度副词的差异参见周小兵(1994)以及石定栩、孙嘉铭(2016)。

低频：有时、时而、偶尔、间或、偶或。

下面分别考察各类判断性频度副词与类同副词"也"搭配使用的具体情况。笔者对北京大学 CCL 语料库进行了穷尽性的统计，为了确保语料的可接受度，在统计过程中排除了翻译作品中的用例以及部分来源标注不明的语料。统计结果如表 1 所示。

表 1　判断性频度副词与类同副词"也"搭配使用数据统计

类别 与"也"搭配	高　频				中　频				低　频				
	总	总是	老	老是	常	常常	经常	时常	有时	偶尔	时而	间或	偶或
也＋①	351	405	43	28	1 193	971	827	286	95	49	19	12	2
＋也	0	1	0②	0	1	56	9	8	1 890	359	18	49	1

需要说明的是，虽然语料库中有"总也"搭配的用例，但其中的"总""也"都与本文的讨论无关。例如：

(9) 照母亲的意思，虽然不勉强要他们举行订婚那一套仪式，但是<u>总也</u>要名正言顺地通知亲戚和最好的朋友一下。(杨沫《青春之歌》)

(10) 解文华故作镇静地应付着，可是<u>总也</u>沉不下心来。(刘流《烈火金刚》)

例(9)中的"总"不表频度义，而是表达一种量级让步义，表示"尽管对比项不成立，最可能成立的焦点项仍应该成立"(邓川林，2012)。例(10)中的"也"与"总"构成一个副词性短语，"也"在其中有加强语气的作用，这一点在上文已经谈过。

此外，语料库中虽然也存在高、中频副词居前的用例，但这些用例数量极少，且接受度都很差。例如：

(11) 人类从来就没有把自然只看作是一个外在于笔者的物质总体，在认识自然界的同时，我们<u>总是也</u>感受到了它那无与伦比的崇高和壮美。(《读书》Vol - 88)

(12) 没有游离于人生的历史，历史的秘密<u>常也</u>是心灵的秘密。(《人民日报》，1993 年 5 月)

综上所述，从总体来看，判断性频度副词内部成员在与类同副词"也"的搭配

---

① "也＋"表示类同副词"也"居前，"＋也"表示类同副词"也"居后。

② 语料库中虽然也有"老也"的用例，但其性质同上文的副词性短语"总也"一样，也只能用于否定句，因此，这里也不纳入统计范围。

顺序上存在不同表现:"总""总是""老""老是""常""经常""时常""常常"等表示高、中频的频度副词往往出现在类同副词"也"之后,而"有时""偶尔""间或"等表示低频的频度副词更倾向于出现在"也"之前,即"也+高、中频副词"、"低频副词+也"是优势语序①。

由于语体的原因,"时而""间或""偶或"总体使用数量本身并不多。因此,下文在讨论低频副词与类同副词"也"搭配使用时主要围绕"有时"和"偶尔"展开。从统计数据上看,"有时"后加类同副词"也"的用例数量虽然远远高于"偶尔"(前者多达 1 890 例,而后者只有 359 例)。但根据笔者对北京大学语料库中相关语料的统计,"有时"所在句子总量高达 25 806 例,其中,"有时"后加"也"的用例有 1 890 例,占总量的 7.32%;"偶尔"所在的句子总量只有 5 022 例,而"偶尔"后加"也"用例数量为 359,占总量的 7.15%。由此可见,二者后加"也"的使用比例其实十分接近。

2. 判断性频度副词与类同副词"也" 搭配顺序不平行现象的成因

按照学界以往有关多项副词共现顺序的研究(如黄河,1990;张谊生,1996),判断性频度副词与主要用于语篇衔接的类同副词"也"搭配使用时,应呈现出"也+频度副词"这样的语序模式。从上述统计数据来看,这一语序规律在高、中频副词与类同副词"也"搭配使用的实际语料中得到了充分的体现,但在低频副词与类同副词"也"的搭配使用上面临挑战:低频副词更倾向于出现在"也"之前,而不是"也"之后。那么,这一搭配顺序不平行现象是如何形成的呢?

笔者认为这一现象的形成主要与低频副词自身的语义特性有关:低频副词表示动作、事件低频或偶发,这一语义特点导致低频副词具有天然的补充说明的语篇功能。此外,低频副词出现在类同副词"也"之前,对"也"所在小句原有的语篇性质具有一定的调节作用。

---

① 匿名评审专家指出"时而""偶或"的统计数据不支持这一观点。笔者认为"时而也""也时而"的用例基本相当主要与"时而"多是成对使用有关;而"偶或"的用例极少,且全是《读书》杂志中的语料,接受度也存疑,因此并不影响低频副词通常出现在"也"前这一总体倾向的判断。

2.1　低频副词的语篇衔接功能

上文中,我们在邹海清(2006)的基础上借鉴史金生(2011：113)的处理,将判断性频度副词分为高频、中频和低频三类。但正如史金生(2011：113)所指出的,高频、中频、低频之间并不是离散的、界限截然分明的,它们构成一个频度量级序列：

```
      偶尔   有时      常常           总是
      ────────────────────────────────────────▶
      0                0.5            1
```

在这个序列上,从左向右,频度量不断增大,例如：

(13) a 他<u>偶尔</u>6 点起床。

　　　b 他<u>有时</u>6 点起床。

　　　c 他<u>常常</u>6 点起床。

　　　d 他<u>总是</u>6 点起床。

上述四个句子都是对过去一段时间内"他 6 点起床"这一事件出现频率的一个模糊统计,从 a 到 d,"他 6 点起床"这一事件的出现频率越来越高。人每天都要在一个具体的时间点(如 5 点、6 点、7 点、8 点等)实施"起床"这一行为,这些时间点形成一个时间集合。"偶尔""有时""常常""总是"等频度副词在计量"他6 点起床"这一事件出现频率的同时,还间接表达了"6 点"与同一时间集合中其他成员之间的比例关系：如 a、b 两句中,"偶尔""有时"在表示"他 6 点起床"这一事件出现频率低的同时,也意味着其他时间点的比例更高,即"他"更多是在其他时间点起床;c 句中的"经常"表示"他 6 点起床"出现频率很高,同时也意味着其他时间点的比例很低;d 句中的"总是"则不仅表示"他 6 点起床"出现频率极高,而且还具有一种排他性,即否定 6 点以外的其他时间点。综上,可以看出,虽然表示的频度量有高低差异,但"偶尔""有时""常常""总是"在修饰某一成分的时候,往往都间接表达着这一成分与其他相关成分的对比关系,只不过"常常""总是"表示修饰成分的频率高、所占比例大,而"偶尔""有时"表示频率低、比例小。

"偶尔""有时""常常""总是"之间的这种语义差异,也对它们的话语语用功能产生直接的影响。从信息量的角度来说,"总是""常常"这些表示高频、中频的副词表示修饰成分的频率高、所占比例大,因此,它们所在的句子本身就是一个足量的表达,往往表示一种常态现象、习惯规律;而"有时""偶尔"表示频率低、比

例小,所在的句子本身难以构成一个足量的表达,因此,常被用来表示对另一表述的补充说明。例如:

(14)那富贵的深宅大院和荒凉的断井残垣则交替出现,有时竟然重叠在一起。(余华《古典爱情》)

例(14)中的"交替出现"与"重叠在一起"是两种不同的变化形态,"有时"修饰后者,表示"重叠在一起"的情形出现频率低、比较罕见,句中的"竟然"也从侧面证实了这一形态的罕见、意外程度。

高频、中频副词与低频副词之间的语义差异以及由此导致的话语功能差异,也直接决定了二者在并列结构中的共现顺序,即"总是""常常""经常""时常"等高、中频副词①总是居前,"有时"和"偶尔"等低频副词往往居后。例如:

(15)许达伟总是笑嘻嘻地听着,有时也发表点意见,弄得笔者心痒难受,逼着他公开秘密。(陆文夫《人之窝》)

(16)他总是匆匆地从我身旁走过,偶尔也会看我一眼,可他用的是一个陌生人看另一个陌生人的眼光。(余华《在细雨中呐喊》)

(17)佐餐之物经常是三片萝卜,有时是一块咸鱼。(《蒋氏家族全传》)

(18)他们经常住在城镇,偶尔回村布置一下工作,多数事情叫村副职干部前来汇报,或打电话询问。(《2000年人民日报》)

(19)南山之下本有新构的园亭,他常常于其间独往独来,有时也和家人同去,而独游时为多。(俞平伯《过西园码头》)

(20)虽说还没有吃过败仗,可是我的心呀,你知道,没有一天舒展过,常常像把攥的一样,有时像压着一块石头。(姚雪垠《李自成》)

(21)陆小凤道:"我常常做错事,幸好我偶尔也会做对一次。"(古龙《陆小凤传奇》)

(22)新来的囚犯要被迫戴上黑色头罩,并且时常遭殴打和咒骂,有时还被勒令在地上爬行。(《新华社2004年5月份新闻报道》)

(23)尹光中时常过来看罗沛常雕刻,偶尔也把泥陶制作的心得和技术要点介绍给罗沛常。(《1994年报刊精选·04》)

笔者对北京大学CCL语料库进行了穷尽性的检索,具体的统计数据如表2所示。

---

① "老""老是"多用于负面的主观评价(王灿龙,2017),而"有时""偶尔"等低频副词多用于客观叙述,二者基本不共现,故此不纳入统计范围。

表2　高、中频副词与"有时""偶尔"共现顺序统计

高、中频副词 低频副词	总是		经常		常常		时常	
	总是＋①	＋总是	经常＋	＋经常	常常＋	＋常常	时常＋	＋时常
有时	36	0	60	1	89	0	9	0
偶尔	8	1	3	0	4	0	3	0

根据考察,仅有两例"有时""偶尔"居前,高、中频副词居后的用例,例如:

(24) 她有时讲究穿戴,涂脂抹粉;但经常却是邋里邋遢的。(老舍《鼓书艺人》)

(25) 一路上她偶尔笑笑,不过总是沉默,这非常吻合我今天产生的那种要命的要向别人倾诉孤独的欲望。(徐星《无主题变奏》)

例(24)(25)中的"有时""偶尔"分别出现在"经常""总是"之前,但与例(15)—(23)不同的是,这两例中的后续小句都使用了转折连词。通常来说,在转折复句中,后句往往才是语义重心所在。

基于以上数据,笔者可以初步得出一个结论,当高、中频副词与低频副词在并列结构中共现时,"高、中频＋低频"是一种无标记形式,而"低频＋高、中频"是一种有标记形式,往往需要用相应的语言手段(如转折连词"但""不过"等)来强化居后的高、中频副词所在小句的信息地位。这种组配格局的形成主要受到了语言表达中"重要性成分居前原则"的影响。

廖秋忠(1992)在探讨现代汉语并列性名词性成分排列顺序的相关原则时指出:"重要性的原则是个运用最广的原则",而在"重要性原则"的诸多标准之中,"数量的多少"又是一条重要标准,"表示数量多的并列成分在前,量少的在后"。例如:

(26) 三年多来,(天津市)市委、市政府从群众中获得了大量的第一手信息和不少好的建议。(转引自廖秋忠,1992)

史金生(2004:80)进一步指出,"重要性原则"不仅会对并列性名词性成分的排列顺序造成影响,也会影响并列小句的排列顺序,"即把说话人认为重要的小句放在前面,把认为不重要的小句放在后面。重要与否往往表现为量度的大小,通常量度大的重要,量度小的相对不重要,表现在语序上,量度大的居前,量度小的居后。"

---

① "总是＋"表示"总是"在前,"＋总是"表示"总是"居后,余者类推。

在判断性频度副词中,高、中频副词表示事件高发、常见,低频副词则表示事件偶发、少见,这种数量上的差异导致高、中频副词与低频副词在并列结构中共现时,后者往往居后,作为对前一表述的追加补充。因此,从这个角度来说,低频副词具有天然的追加补充功能。

2.2 低频副词对"也"字句的减量调节作用

对于"也"的语义功能,学界已经进行了广泛而深入的研究。就目前的研究情况来看,学界对"也"的基本语义主要有这样几种认识:"类同"(吕叔湘,1982;马真,1982),"异中有同"(沈开木,1983),"追加"(杨亦鸣,1988),"并存"(崔永华,1997)。

在笔者看来,"类同""异中有同""并存"都是反映语言表层形式之间的语义关系,"追加"则反映"也"字句内在的生成机制,也可以更好地反映"也"的篇章连接功能。张谊生(2000:300)指出,"也"具有表追加的篇章连接功能,而且是表示一种并存型追加。所谓并存型追加,是表示后面追加的事物、事件与前面的事物、事件不分主次,并存同现;互相对称,大致相当。

但是,当并存追加标记词"也"前出现低频副词"有时""偶尔"时,"也"所在的小句和先行小句间的语义关系就会发生明显的变化。例如:

(27) a 他喝白酒,也喝啤酒。

b 他喝白酒,有时也喝啤酒。

c 他喝白酒,偶尔也喝啤酒。

例(27)a 意为白酒、啤酒都喝,而且这两种酒之间没有什么明显的偏好。但 b 与 c 则不同,"也"前出现低频副词"有时""偶尔"后,白酒与啤酒之间就有了差别,显然主体更加偏好白酒,甚至前一小句"他喝白酒"都有了表示主体习性的意义,而后句只是对前句的补充,指明后句所表示的情况虽也有发生,但频率较低,并不常见。因此,从这个角度来说,"有时""偶尔"等表示低频或偶发的低频副词对表示并存追加的"也"字句有一定的"减量"调节作用,例(27)啤酒、白酒的偏好程度分别为:a. 白酒=啤酒,b、c. 白酒>啤酒

相应地,语段内部原有的语义结构也会随之发生变化:"也"所在的小句由原本的并存型追加转变为补充型追加。作为补充型追加,"有时也""偶尔也"所在的小句经常出现在词典、科普文献、论文等说明性语体中,作为对习性、常态规律性表述的补充,例如:

(28)【紫貂】貂的一种,比猫略小,耳朵略呈三角形,毛棕褐色。能爬树,吃

野兔、野鼠或鸟类,有时也吃野菜、野果和鱼。(《现代汉语词典》)

(29)金丝猴没有固定的住处,平时主要生活在树上,偶尔也下地活动,靠吃树皮、树叶、嫩芽、花冠、野果和籽实等为生。(《中国儿童百科全书》)

(30)此二症大都会周期性地情绪过度高昂或低落交互出现,近代医学因此又称之为双极性疾患,但有时也会重复出现单一症状。(吕万安《一看就懂的中医养生智慧》)

(31)表示"居住"这个概念,上古用"居"(偶尔也用"止"等),现代汉语用"住"。(《语言学论文·19》)

需要注意的是,低频副词与类同副词"也"搭配使用时,也存在"也+低频副词"的用法,只不过此时的低频副词对"也"字句并不具有前述那种减量调节作用,所在小句仍然是并存型追加。而且受语义限制影响,并存型追加"也+低频副词"对先行句有着明确的限制要求,例如:

(32)几乎在所有的小说里我都在说这句"我爱你",有时是温柔优雅地说,有时是狂躁绝望地说,也有时是贪婪地不顾一切地,或者胆怯害怕地说。

作为并存型追加,"也有时"往往要求前面已经存在相应的表达,如例(32)中前两个"有时"开头的小句;而补充型追加"有时也"则没有这一要求,因此后者的使用范围更广。这一点从二者的使用频率可以得到充分体现:北京大学 CCL 语料库中,"也有时"只有不到 100 例,而"有时也'的用例高达 1 890 例;"偶尔也"有 359 处用例,而"也偶尔"仅有 49 例。

3. 结 语

虽然同是判断性频度副词,但高、中频副词与低频副词在和类同副词"也"的搭配顺序上存在不平行现象:高、中频副词往往出现在"也"之后,低频副词则通常出现在"也"之前。这一不平行现象的形成与三类判断性频度副词自身的语义特性有关:高、中频副词表示修饰成分的频率高、所占比例大,因此,它们所在的句子本身就是一个足量的表达;而"有时""偶尔"表示频率低、比例小,所在的句子本身难以构成一个足量的表达,因此,常被用来表示对另一表述的补充说明,具有天然的补充说明的语篇功能。此外,低频副词与类同副词"也"搭配使用时,所处位置不同,表现出来的意义、功能也存在相应的差异:出现在"也"前时,补充关联作用得到突显,所在小句是对先行小句的补充追加;出现在"也"

后时,补充关联作用受到压制,所在小句是对先行小句的并存追加。也就是说,低频副词与类同副词"也"搭配使用时,出现在前的单位往往会决定所在语段的语篇性质。

袁毓林(2002)曾指出语篇原则(textual principle)制约着副词的排序,即语篇接应功能强的副词尽可能排在最前面,这一论述可以简单地概括为"强者优先原则"。不过,袁毓林(2002)针对的是那些语篇功能类型相同、强弱存在差异的多项副词,而本文所涉及的低频副词、类同副词"也"彼此的语篇功能类型并不一致。从本文的材料来看,当语篇关联功能不同的多项副词共现时,居前的副词往往决定着所在语段的语篇意义类型。当然,这只是就本文的材料而言,这一认识是否具有普适性还有待进一步研究。不过,这倒也符合人们的认知心理——为了语言交际时认知处理的方便,人们往往会尽可能早、尽可能明确地向交际对象明示自己的表达意图与内容。

参考文献

崔永华 1997 不带前提句的"也"字句,《中国语文》第 1 期。

邓川林 2012 "总"字句的量级让步用法,《世界汉语教学》第 1 期。

黄 河 1990 常用副词共现时的顺序,载严家炎、袁行霈主编《缀玉集》,北京大学出版社。

廖秋忠 1992 现代汉语并列名词性成分的顺序,《中国语文》第 3 期。

吕叔湘 1982 《中国文法要略》,商务印书馆。

吕叔湘 1999 《现代汉语八百词》(增订本),商务印书馆。

马 真 1982 说"也",《中国语文》第 4 期。

沈开木 1983 表示"异中有同"的"也"字独用的探索,《中国语文》第 1 期。

石定栩、孙嘉铭 2016 频率副词与概率副词——从"常常"与"往往"说起,《世界汉语教学》第 3 期。

史金生 2004 《现代汉语常用副词的语法化》,中国社会科学院博士后出站报告。

史金生 2011 《现代汉语副词连用顺序和同现研究》,商务印书馆。

王灿龙 2017 "总是"与"老是"比较研究补说,《世界汉语教学》第 2 期。

吴春相、丁淑娟 2005 现代汉语频率副词的层级和语义研究,《汉语学习》第 6 期。

杨亦鸣 1988 "也"字语义初探,《语文研究》第 4 期。

袁毓林 2002 多项副词共现的语序原则及其认知解释,《语言学论丛》(第二十六辑),商务印书馆。

张谊生 1996 副词的连用类别和共现顺序,《烟台大学学报》(哲学社会科学版)第 2 期。

张谊生 2000 《现代汉语副词研究》,学林出版社。

周小兵　1994　"常常"和"通常",《语言教学与研究》第 4 期。

周小兵　1999　频度副词的划类与使用规则,《华东师范大学学报》(哲学社会科学版)第 4 期。

邹海清　2006　频率副词的范围和类别,《世界汉语教学》第 3 期。

（作者单位：山西师范大学文学院,041004,guanheizhuai@126.com。）

情态副词"一味"的多维度考察[*]

张言军

0. 引 言

徐时仪(2006)对"一味"的词汇化和语法化历程做了较为全面的考察,指出"一味"是在宋代渐由偏正结构固化并语法化为一个副词的,表示不改变且一直持续某种行为。但徐文讨论的重点是历时层面的演变,并未对共时层面中"一味"的句法、语义和语用特征做深入的分析。学界对"一味"的认识也尚存分歧。例如:

一味:(副)单纯地:一味迁就/一味推脱。(《现代汉语词典》2012 年第 6 版)

一味:(副)表示坚持某种意见或做法,含有贬义。(张斌主编,2001)

一味:(副)单纯地,一个劲地(怎样做)。(提示)被修饰的成分多为动词短语;作状语形成的短语常含贬义。(朱景松主编,2007)

一味:(副)表"单纯"义,表示不顾客观条件,坚持某种做法而不加改变。多用于贬义。(提示)"一味"的贬义用法表现为两种格式:一是后面有贬义的词语;二是动作行为过了头。(王自强主编,1998)

从以上讨论来看,《现代汉语词典》的释义最为简单,认为仅表示"单纯地"的语法意义,朱景松、王自强的解释相对较为详尽,朱景松认为"一味 X"整体常含贬义,王自强则认为"一味"本身多用于贬义。在共时层面中,"一味"的语法意义究竟如何,又具有怎样的句法表现形式?本文将对这些问题进行考察和分析。

---

* 本研究受 2015 年度国家社科基金重大招标项目"湘与黔桂边跨方言跨语言句法语义比较研究"(项目编号:15ZDB105)、信阳师范学院 2015 年度博士科研启动基金项目以及信阳师范学院 2014 年度青年骨干教师计划(资助编号:2014GGJS-18)的资助。论文初稿曾在第七届现代汉语虚词研究与对外汉语教学学术研讨会(2016 年 7 月,昆山)宣读,承蒙邵敬敏、杨德峰等与会学者的指正,论文修改过程中,刘振平博士以及《汉语学习》的匿名审稿专家和编辑部又提出了宝贵的修改建议,在此一并致以诚挚的谢意!

1. "一味"的句法特征

虽然副词内部成员的特质并不均匀,但是既然都归为副词还是有共同的特征,即从句法功能上看都能充当状语。"一味"自然也不例外,它在句法结构中能够并且只能充当状语,修饰谓词性词语。杨德峰(2016)对饰句副词和饰谓副词的区分做了更进一步的对比,依照杨德峰所给出的判定标准,"一味"显然属于一个较为典型的饰谓副词。

1.1 被修饰成分的类型及其语义特征

就句法功能而言,"一味"基本只能修饰谓词性成分,其中,修饰动词性词语的用例又更多一些。在北京大学中国语言学研究中心现代汉语语料库(以下简称CCL语料库)中,对随机抽取的前200条语料做逐一考察,发现除去"一味"用作食物/中药种类的短语用法以及个别不完整的例句外,在167条有效例句中(指"一味"用作副词,下同)全部都是修饰动词性词语。例如:

(1) 他们认为,在这个强权等于公理的世界,<u>一味宣扬超卓的精神和高尚的人格</u>,只会把中国推向灭亡。(张清平《林徽因传》)

被修饰的动词短语中,常见的是状中短语和动宾短语,在上述200条语料中,未见其他类型的动词性短语。例如:

(2) 此时的许崇智虽身负重任,却<u>一味沉溺酒色</u>,松弛军纪,在广州截留税收,包庇烟赌,影响极坏。(陈廷一《蒋氏家族全传》)(动宾短语)

(3) 每天都<u>一味谨慎地、程序化地完成工作任务</u>,长此以往,工作积极性自然下降。(沈倩《生活健康密码》)(状中短语)

副词"一味"的被修饰成分常常需是一个肯定形式,偶尔可以是否定形式,不过所能搭配的否定词仅限于"不",而不能是"没(有)"。例如:

(4) 张学良、杨虎城两位将军痛感"国权凌夷,疆土日蹙",对蒋介石一味不(＊没)抵抗、并再三迫令他们率东北军和十七路军进攻陕北红军十分愤慨。(《人民日报》1996年)

(5) 时代在变,爱孩子的方式也有所改变,如一味不(＊没)求变通地将过去的经验用在孩子身上,只会适得其反……(闻卓编《给老爸老妈的100个长寿秘诀》)

此外,"一味"如果修饰形容词性词语时,形容词只能是性质形容词,不能为状态形容词。而且性质形容词与"一味"组合时,该形容词不能同时再受程度副词修饰。例如：

(6) 你老这么一味谦虚我要生气了,好像我夸你是害你似的。(王朔《顽主》)

→你老这么<u>一味</u>*很/十分谦虚我要生气了,好像我夸你是害你似的。

形容词"谦虚"在没有进入"一味 X"之前,可以自由地跟程度副词组合,如"有些谦虚、很谦虚、十分谦虚、太谦虚、过于谦虚"等,但这些带了程度限制的"谦虚"都不能跟"一味"组合。由此来看,对"一味"修饰的形容词来说,该形容词的量性特征必须具有弥散性,而不能是一个规定的量,否则,不能跟"一味"组合。

是不是满足以上条件的动词或形容词性词语都可以随意地跟"一味"组合呢? 显然并非如此。下面的词语就难以或极少跟"一味"组合。例如：

丢、懂、着迷、以为、塌、病、死、垮、怕、倒闭、知道、遇害、看见、梦见、发生、撞见……

精辟、精彩、清楚、新鲜、幸福、伟大、高尚、愚笨、凄惨、差、馋、丑陋、蠢……

通过对语言事实的观察和分析发现,只有动作的发出者或性状的主体对该动作或性状有一定的自主控制能力,才可以跟"一味"组合。换言之,这些动词或形容词须满足[＋可控]的语义特征,才能跟"一味"组合。如"攻击、谦虚"满足[＋可控]特征,所以可以跟"一味"组合;而"生病、精彩"等行为或性状的主体并没有自主控制这些行为或性状的能力,即[－可控],所以难以跟"一味"进行组合。

1.2 被修饰成分的音节特征及其与标记词"地"的共现情况

作状语时,"一味"也体现出较为明显的修饰双音节或多音节词语的倾向。在随机选取的北京语言大学汉语语料库(以下简称 BCC 语料库)中的 200 条语料中,作副词的"一味"有 171 例,仅有两例修饰的是单音节形容词(例(7)(8)),其余 169 例修饰的都是双音节或多音节成分。而在 CCL 语料库中,在随机选取的前 200 条语料中,"一味"用作副词的共 167 例,全都修饰双音节或多音节词语。

当"一味"修饰双音节或多音节成分时,标记词"地"①为可选项,即带或不带标记词"地"均可,并不影响句法结构的成立,只是从表意的角度看,带有标记词"地"的"一味地 X"更凸显"一味"的修饰功能。在北京大学 CCL 现代汉语语料库的前 200 条语料中,"一味"用作副词的共 167 例,带有标记词"地"的语料共

---

① 从语法规则上看,状语标记词应为"地",但在检索到的实际语料中,也有很多用的是"的",这也反映了人们在日常表达中,常常把"的/地"混用的,我们统一计为"地"。

55 例,占 32.9%。

如果"一味"修饰的是单音节词语,则"地"的出现就带有较多的强制性。杨荣祥(2005:207)研究近代汉语副词时指出,"在进入句法结构的时候,单、双音节副词势必表现出对被修饰成分音节构成选择的不同。这是因为,句法结构除了受句法规则的制约外,还要受韵律规则的制约。"换言之,"一味"修饰单音节词时会构成一个"2+1"的非稳定的韵律结构,为了弥补这种韵律上的缺陷,就需要标记词"地"的介入。"地"虽然不是句法构造上必需的成分,却是韵律上补足音节的必要成分。例如:

(7)他的声音平静而淡然,只是<u>一味地冷</u>,冷得连半丝火药味都不带。(乔轩《勾魂使者》)

(8)新闻稿件要讲究时效性,但这种时效性不能简单理解为就是<u>一味地"快"</u>,而是应在"快"的基础上选准最佳时机。(蔡晖、刘慧《对提高新闻舆论导向水平的探讨》)

1.3 "一味 X"小句主语的类型及其特征

通过上面的分析可见,"一味"的被修饰成分需要具有[+可控]的语义特征。而由此带来的另一个句法特点就是"一味 X"所在小句的主语常由生命度等级较高的主体来充当,句法结构中常表现为由人或社会机构来充当主语,而不能是纯粹的自然现象。原因在于生命度等级高的主体才有能力去控制相关的行为或性状特征,如果主体的生命度很低,不足以或没有能力去控制相关行为或性状,也就不会做出"一味 X"的行为或性状。

对 CCL 语料库前 200 条语料的考察发现,"一味 X"的主体都为指人名词、代词或由人所派生出来的社会化机构,均具有较高的生命度。例如:

(9)<u>孙中山</u>一味偏心两广的做法,引起同盟会非两广成员的强烈不满。(策马入林《林思云与马悲鸣的对话》)

(10)<u>普鲁士的统治阶级</u>,并非像其他欧洲国家的封建贵族那样<u>一味地因循守旧</u>,顽固拒绝一切变革。(浅析普鲁士道路的形成,人民网,2006 年 2 月 17 日)

若将"一味"跟"一直"相比较,虽然都可以表示行为或性状的持续,但"一直 X"倾向于客观陈述,并不强调主体的有意或无意[①];"一味"则倾向于主观评述,

---

① 所谓有意是主体对事件或动作本身以及动作所涉及的场所、形状、可能、方式等语义范畴的自觉性关照;无意是上述语义范畴经过动作后超越主体的意识而形成的。(宗守云、唐正大,2016)

"一味 X"不仅强调了 X 的持续,而且还凸显主体有意为之的行为或呈现出来的性状。例如:

(11) 第二天,一场暴风雨又来临了。暴雨一直(＊一味)下了整整四天四夜。(麦展荣、麦展穗译《雪海失踪记》)

(12) 14 日尽管是晴天,但一直(＊一味)刮着寒冷的南风。(新华社 2003 年 5 月份新闻报道)

1.4 "一味"一般不与完成体和经历体标记共现

在 CCL 和 BCC 语料库中,仅发现"一味"和"着"共现的用例,而并未发现跟"了、过"共现的用例。例如:

(13) 然而,再炽热的凝视也要讲个时间火候,如果<u>一味盯着</u>对方的眼睛,结果往往会适得其反,使对方的心情变坏,甚至产生恐惧的心理。(吴再丰《恋爱的艺术》)

(14) 殊不知,市场行情瞬息万变,今天的"热点",明天或许就会变成"冰点",<u>一味抱着</u>老产品不放,必然会被市场淘汰。(《市场报》,1994 年)

为什么被修饰成分要排斥"了、过"等时体标记呢?我们认为原因在于"一味"强调的是一种惯常的状态,并且是一直持续某种行为,跟"了"的完成以及"过"的曾经经历等语法意义无法达到和谐,两者也就自然而然不能在同一句法结构中共现。

2. "一味"的语义特征

关于副词"一味"的语法意义,学界已有较多的研究,这些描写基本局限于汉语本体。如果从对外汉语教学的角度看,我们认为对于事实的描写和规律的解释还可以更加细致、更加深入一些。基于对大规模语料库的调查和统计,我们认为副词"一味"的语法意义可以分为以下两个层次。

2.1 表示单纯地持续或反复

副词"一味"在这一层次的语法意义凸显客观陈述,不涉及或较少涉及说话人对该行为的主观评价。例如:

(15) 狂风吹不倒它,洪水淹不没它,严寒冻不死它,干旱旱不死它。它只是<u>一味</u>地无忧无虑地生长。松树的生命力可谓强矣!(转引自朱景松,2007:487)

(16) 我说我这辈子没干过违法的事,老实交代,树叶掉下怕砸头,只知<u>一味</u>行善,远近都知道我是有名的"方善人"。(王朔《玩的就是心跳》)

例(15)是"一味"凸显客观陈述的较为典型的例句。"它只是一味地无忧无虑地生长"较为客观地描述了松树坚强品格的一个方面,其中,"一味"凸显行为本身的持续,而并不凸显说话人对该行为的主观评价。从历时的层面看,这也是"一味"词汇化并语法化为副词时最初表现出来的语法意义。徐时仪(2006)指出,"'一味'至宋代已渐虚化为副词,用以描述不改变地一直持续某种行为"。例如:

(17) <u>一味</u>凄凉君勿叹,平生自不愿春知。(陆游《次韵张季长正字梅花》)

(18) 曾子其初都未能见,但<u>一味</u>履践将去。(《朱子语类·卷四十》)

就现代汉语层面而言,此类倾向客观表达动作行为单纯持续或反复的用法已经极少出现,除例(15)外,我们在华中师范大学现代汉语语料库中仅检索到4例。

2.2 表达因过量而带来的说话人的否定态度

近年来,词语或特定句式的隐性否定功能得到学界普遍的重视,例如,袁毓林(2007)对"都"的隐性否定功能进行了较为详细的分析,周小枚(2011)对现代汉语范围副词的隐性否定功能做了较为全面的考察。所谓隐性否定功能,是指一个词语或句式表面上看是一个肯定形式,但其所表达的意义或传递的信息却含有否定的内容。例如,"他整天只吃馒头"意味着"他整天只吃馒头而不吃其他的东西"。

关于"一味"的语法意义,一般认为表示"单纯地持续或反复",但我们认为"单纯地持续或反复"是其最初的基本义。在言语交际中,因为受到"凡事都要适度"这一民族认知心理的影响,"一味"产生"过犹不及"的衍推义,表达说话人对不改变且持续某一行为或性状的否定态度。例如:

(19) 既然如此,我们就不能采取鸵鸟政策,对伪科学避而不谈,或只是<u>一味</u>地喊杀却拒绝了解它,而是应该冷静地、理性地去研究它。(江晓原《在科学与类科学之间》)

(20) 我们都是做父亲的人,应该经常教育儿女好好做人才对,不能<u>一味</u>袒护自己的儿女,你说是不是?(《风骨 风范——追记崇州公安局纪委副书记谭开元》)

例(19)中说话者认为对伪科学"一味地喊杀"并不可取,正确的做法应是"冷静地、理性地去研究它"。例(20)中说话者认为一个合格的父亲"不能一味袒护儿女",而是要"经常教育他们要好好做人"。换言之,当说话者使用"一味 X"的时候,从来就不是在简单地叙述一个动作或性状 X 的持续或反复,而是对这种行为或性状的持续或反复做出了主观评价。因此,"一味"也成为一个表示说话者主观态度的标记词。当然,严格地说,任何话语都带有主观性,不带有说话人态度、感情、视角的语句是不存在的。(李善熙,2003)"一味"的主观评价功能到底是什么呢? 王自强(1998)、朱景松(2007)把这一主观态度概括为"贬义",我们以为并不十分妥当,如下面语句中的"一味 X"就很难说传递了"贬义"的信息:

(21) 60 年代初和 80 年代,巴西不顾国家的财政收支情况,<u>一味</u>追求发展速度,经济出现两次大起大落。(《人民日报》1998 年)

(22) 每一个国家都一样,如果是<u>一味</u>追求民主,我看,那不叫民主。(凤凰网,2013 年 2 月 27 日)

"追求发展速度""追求民主"等行为或主张不仅被社会所普遍接受或认可,甚至是被社会所鼓励的。因此,即使在表达中使用"一味"来修饰它们,"一味 X"仍难于转变为"贬义",我们认为更为合理的解释应为"否定某种行为或状态持续的合理性"。换言之,"一味"属于说话者委婉表达主观态度的一个标记词,标明说话者对不加改变的持续某种行为或状态的否定态度。

"一味"的上述特点跟学界常讨论的"几乎、差不多"较为接近,也就是说,从表面看,"几乎 VP、差不多 VP"都是肯定的句法形式,表示"十分/非常接近VP"。不过,就语用上来看,也隐含否定的信息,即"还没有 VP"。而"一味"也具有这一特性,即表达或蕴含了说话人不赞同的主观情感。因此,"一味"不能用于一般的叙述句中,只能用于评价句中。换言之,"一味"所在的句子是一种具有主观评述性的言语行为。Searle(1976)根据语用功能把言语行为分为五个大类,即阐述类、指令类、承诺类、表达类和宣告类(转引自吴为善等,2014)。吴为善等(2014)在此基础上,进一步指出"阐述类"又可以划分为两类不同的言语行为,一种是陈述事理的阐述类,就说话人的表述来说倾向于客观性;还有一种是评述,也就是说话人基于"有感而发"的主观性的评述。我们发现,当说话人在语句中使用"一味"的时候,从来都不是在客观地陈述某个事件或行为,而是在对其做出评述。这一特征也可以通过"一直"和"一味"的比较来加以验证。一般而言,"一直"倾向于客观的陈述,"一味"则带有较强的主观性评述。试比较:

(23) 如果我<u>一直(一味)</u>追求能赚钱的事业,有一天自己也一定会堕落下去。(张剑《世界 100 位富豪发迹史》)

(24) 多年来我们一直(一味)追求数量、产值,深层次的质量问题被掩盖起来。(1994 年报刊精选)

(25) 她一直(＊一味)追求写实与虚拟手法的运用,斯坦尼与卓别林表演风格的融合。(《人民日报》,2000 年)

(26) 从我记事时起,祖父一直(＊一味)骑着自行车带我去镇上赶集,五天一次,先在集市边的小吃摊坐下,吃逐渐涨价的油煎包子,然后到菜市旁边的空地上看小画书,风送过来青菜和肉的味道。(徐则臣《风吹一生》)

通过比较发现,只有例(23)(24)中的"一直"可以替换为"一味",例(25)(26)中的"一直"不能替换为"一味"。因为"一直 X"时,仅仅强调行为本身的持续性,如果换为"一味 X"则凸显说话人认为 X 持续所折射出来的片面性和不合理性。因此,只有"一直"所在句子的语义中包含了因长时间持续某种行为或性状而带来负面后果时才有可能被"一味"所替换。如果说话人仅仅是在强调行为本身的持续,这一行为没有或一般情况下也不会产生十分明显的负面后果,此时,"一直"就不太容易被"一味"所替换。例(26)中,作者仅仅是在强调"祖父骑自行车带我去镇上赶集"行为的持续性,而且在叙述中还带有一点温馨、感恩的情调,这一行为从叙述者的角度来看,并不认为 X 的持续是片面性的,也并没有或不会产生明显的负面后果,所以,此处就不适合把"一直"替换为"一味"。

"一味"衍生出隐性否定表达的功能可能是受到汉民族社团"过犹不及"的认知心理的影响。对于任何行为或性状,我们都有一个基本的、心理可以接受的度,如果超出了社团成员普遍的心理接受限度的过量行为或性状,往往不再符合认知主体的心理期待,从而产生"过犹不及"的否定性结果。例如,"追求公平"的行为是任何社会都认可的,但是过度追求公平会导致效率的降低,因此,必须在追求公平和提高效率之间找到一个平衡点。"一味追求公平"则意味着对于公平的追求已经超越了社会普遍认可的平衡点,进而会带来效率低下的不良后果。正是在这一认知心理的影响下,"一味"逐渐沾染了否定的含义。

3. "一味"的语用特征

3.1 常与限定词共现

由于"一味"表示单纯持续某种行为状态而不加改变,在句法结构中常与语法意义接近的限定副词"只、只是"连用,以强调动作行为或性状的单一。例如:

(27)只是一味埋怨人家不识货,或归咎于洋货冲击,都是不完全正确的。(《人民日报》,1993年)

(28)同时,既然是双边谈判,其结果就应符合双方利益,不能只是一味地强调自己的利益,还须考虑和照顾对方的利益。(《人民日报》,1995年)

"一味"和限定副词"只是、只"的共现可以有两种语序,一种是"只(是)一味",另一种是"一味只(是)"。根据统计数据发现,前一种是优势组合语序。在BCC语料库中,"只是一味"共有984条,"只一味"有280条,"一味只是"有2条,"一味只"有75条,合计有1341条。根据在BCC语料库中随机抽取的200条语料,171例副词用法中,跟"只、只是"共现的语料有17条,约占10%。由此可见,"一味"跟限定副词"只、只是"共现的倾向性还是较为突出的。

3.2　倾向于出现在假设复句的偏句中

说话人在使用"一味"时,并不一定都是针对某种现实行为或性状而做出的一种反应。从所出现的句法环境看,"一味"还常用于假设复句的前分句中。说话人意欲指出如果"一味 X"出现,就可能会引出某种负面结果,由此来提醒听话人或受众要注意避免这一现象或境况的出现。例如:

(29)A 师存在的问题,该暴露出的也都暴露了,要是一味争胜斗狠,伤了 A 师的元气,反倒过了。(柳建伟《突出重围》)

(30)如果一味照搬西方女性主义的思维逻辑,就可能犯东方主义的错误;而如果一味强调中国文化的特殊性,又有可能犯排斥现代化的错误。(李银河《女性主义》)

在BCC现代汉语语料库中,"如果一味 X"有732条,"如一味 X"有39条,"假如一味 X"有3条,"倘若一味 X"有29条,"若一味 X"有168条,"若是一味X"有18条,"倘一味 X"有4条,"要是一味 X"有7条,合计有1000条。根据在BCC语料库中随机抽取的200条语料,171例副词用法中,跟"如果、假如"共现的语料有16条,约占9.4%。由此可见,"一味"出现在假设复句偏句中的倾向性也是较为明显的。

3.3　与其他否定词共现以强化否定

"一味"虽然只是隐性地表达了说话人的否定态度,但在现实的言语交际中,如果说话人要凸显自己的否定态度,还可以通过其他手段来强化其否定功能。一是在"一味 X"的前面经常有"不能、不是、不再、不顾"以及"反对、克服、避免"

等表示显性否定或隐性否定的词语;二是在"一味 X"的后续句中,多含有体现说话者否定态度的词语。也就是说,为了确保说话人的否定态度被完整地呈现,以及听者/读者能够准确解读出说话人的否定态度,"一味"在使用中表现出较为明显的否定强化倾向。具体分为以下几种情形:

第一,"一味 X"前有否定词,从而体现出说话人对"一味 X"的不认可态度。例如:

(31)他比幕僚们高明一点,<u>不一味</u>想着顺利成功,也想着战事会旷日持久,甚至失利。(姚雪垠《李自成》)

(32)西方的知识界由于早有伏尔泰所谓"求真知"的传统,<u>并不一味</u>与求仕、求用紧紧相连,所以为"纯学术"保留了较多的地盘。(陈乐民《寻孔颜乐处,所乐何事?》)

例(31)因为"他不一味想着顺利成功",所以体现出"他比幕僚们高明一点";例(32)则因为"并不一味与求仕、求用紧紧相连",所以"为'纯学术'保留了较多的地盘"。正是因为说话者认为"一味 X"是不合适的或不可取的,才有了后面正向结果的出现。

第二,在"一味 X"之前并未出现显性的否定性词语,但是有隐性的否定性词语,从而也可以相对较为隐晦地表达出说话人不认可的态度。例如:

(33)她自责地想我怎么<u>一味</u>地耍起小性子来了,她深知这对她的生活是有害无益的,于是她连忙打开了衣橱门,从里取出一条水灰色的羊毛围巾,这是她早就为陈佐千的生日准备的礼物。(苏童《妻妾成群》)

(34)熊文灿之所以把事情弄糟,是因为既无统帅才能,使诸将日益骄横,又<u>一味</u>贪贿,受了张献忠的愚弄。(姚雪垠《李自成》)

上面例句中的"自责"以及"把事情弄糟"都表明行为主体对"一味 X"的不认可,进而间接呈现出说话者的主观否定态度。

第三,在"一味 X"的后面出现有显性否定的词语,从而衬托出叙述者对"一味 X"的不认可态度。例如:

(35)他懂得<u>一味口软求情</u>不是个办法,退了两步之后应该进一步试试看。(周而复《上海的早晨》)

(36)当然,见到错误不批评、不斗争,<u>一味</u>地迁就也是不对的。(冯志《敌后武工队》)

从以上例句中"一味 X"后面所出现的"不是个办法""也是不对的"来看,说话者对"一味 X"的否定或不认可态度十分明显。

第四,在"一味X"的后面尽管没有出现显性的否定词语,但却存在隐性的否定词语,体现出说话人的主观态度。例如:

(37)奇怪的是那时驹子浑然不觉,只是一味地慌张、窘迫,而在此时,他却一下子体味出那女人身子难以言状的柔软与芳香。(尤凤伟《金龟》)

(38)这大奶奶从前只会捞起藤条、棍子打她;后来慢慢改成用手指拧她,用指甲掐她,这已经比藤条、棍子厉害了;没想到近来打也少了,拧也少了,掐也少了,只是一味子缩起腮帮,对着她不怀好意地笑,直把她笑得六神无主,摸不着一点头脑。(欧阳山《苦斗》)

例(37)中的"他"在过后突然体味出那个女子的难以言状的柔软与芳香,正说明在之前他"一味地慌张、窘迫"是多么不可取,这里正体现了说话人自己对此之前的"一味X"的反思,以及进而所呈现出的不认可、不认同的态度。例(38)也是如此,不再赘述。

有时说话者对"一味X"的否定态度是在跟其他事物的对比中呈现出来的。例如:

(39)忧愁与烦恼就好像在我们身体里肆虐的洪水,及时疏通渠道,总比一味地加固河堤要来得高明。(闻卓编《给老爸老妈的100个长寿秘诀》)

通过两种不同行为的对比,反衬出"一味地加固河堤"并非一种明智的做法,进而呈现出说话者对"一味X"的否定态度。

有时"一味X"的前后并没有隐性或显性的否定词语,叙述者/说话人采用反问(反讽)的形式呈现否定的态度。例如:

(40)大清朝啊,你的本事就是作践自己的官员,而对那些洋人,却是一味地迎合。(莫言《檀香刑》)

正是由于"一味"经常出现在以上语用环境中,说话人对"一味X"的否定认识逐渐得到强化,并巩固其由于"过犹不及"所带来的否定功能。

4. 结 语

通过上文的分析可见,副词"一味"的语法意义不仅仅是表现动作行为和性状的单纯持续或反复,还表达了说话人的主观否定功能。因此,我们认为,应该将其看作是一个表达说话人主观性的情态副词。虽然从历时角度看,表示动作行为和性状的单纯持续或反复是"一味"最初也是最基本的用法。但在现代汉语中,这一用法已经极少出现,某种程度上甚至已不自然或不能成立。因为"一味

X"很容易在认知层面上转化为"过犹不及",由正面的客观陈述走向反面的主观否定。"一味"的主观否定常常是隐性的,但是在言语交际中,当说话人要凸显其否定态度时,可以在"一味 X"的前后出现其他显性的否定性词语,从而强化其否定态度。

参考文献

李善熙　2003　《汉语"主观量"的表达研究》,中国社会科学院研究生院博士学位论文。

沈家煊　2001　语言的"主观性"和"主观化",《外语教学与研究》第 4 期。

王自强编著　1998　《现代汉语虚词词典》,上海辞书出版社。

吴为善、顾鸣镝　2014　"能性否定＋疑问代词"组配的主观小量评述及其理据解析,《语言科学》第 1 期。

徐时仪　2006　"一味"的词汇化与语法化考探,《语言教学与研究》第 6 期。

杨德峰　2016　也说饰句副词和饰谓副词,《汉语学习》第 2 期。

杨荣祥　2005　《近代汉语副词研究》,商务印书馆。

袁毓林　2007　论"都"的隐性否定和极项允准功能,《中国语文》第 4 期。

张　斌主编　2001　《现代汉语虚词词典》,商务印书馆。

张谊生　2015　汉语否定的性质、特征与类别——兼论委婉式降格否定的作用与效果,《汉语学习》第 1 期。

中国社会科学院语言研究所词典编辑室　2012　《现代汉语词典》,商务印书馆。

周小枚　2011　《现代汉语范围副词的隐性否定功能研究》,湖南师范大学硕士学位论文。

朱景松主编　2007　《现代汉语虚词词典》,语文出版社。

宗守云、唐正大　2016　河北涿怀方言的两个反身代词"一个儿"和"个人儿",《语文研究》第 2 期。

Searle,J.A　1976　Classification of Illocutionary Acts,*Language in society*,(5).

（作者单位：信阳师范学院文学院,464000,henanshida123@163.com。）

说"首个"*

余义兵

1. 引 言

"首个"在报纸杂志、新闻广播和其他媒介中的使用越来越频繁,例如:

(1)他开设的网上首个思想政治工作个人网站,成为因特网上一个马克思主义阵地。他,就是石家庄火车站党委书记王跃胜。("网上书记"搞活思想工作,《光明日报》,2000年8月16日)

(2)高新区获批西部首个国家知识产权服务业集聚发展试验区(标题,《成都日报》,2015年1月13日)

(3)世界首个单光子量子存储器研制成功 世界上首个可以存储单光子形状的量子存储器日前在中国研制成功,通过将光子编码在高维空间,大幅提升存储信息量,提高量子通信的效率和量子密钥传输的安全性,这一成果在线发表在世界权威的《自然·通讯》上。(CCTV-1《新闻联播》,2013年12月10日)

(4)今天是节后的首个工作日,海南的暴雨伴随了整个黄金周,今晨仍在继续。(中央人民广播电台《新闻纵横》,2010年10月8日)

据我们考察,目前只有余双人(1999)谈到"首个",从文中的分析看,作者对"首个"表现出一定程度上的保守态度。我们感兴趣的是:为什么"首个"如此受青睐?它在意义上等同于"第一个"吗?它能看作一个词吗?本文尝试从"首个"的使用情况、句法位置、意义功能和双音化结构等方面解答这些问题。

---

* 本文曾在第七届现代汉语虚词研究与对外汉语教学研讨会(2016年7月,昆山)上宣读,已发表于《对外汉语研究》第十五期(2017年5月,商务印书馆)。

2. "首个"的使用情况和句法位置

2.1 "首个"的使用情况

据我们查阅的资料,"首个"第一次作为文章的标题是在一篇简讯中,如下:

(5) 我省首个县级中共党史研究会成立(标题,《党史研究与教学》,1986 年第 6 期)

但这不是"首个"最早的用例,请看:

(6) 三个旋压滚的运动轨迹预先设计成这样:首个旋压滚的运动轨迹(螺纹),被第二个旋压滚辗压,第二个旋压滚残留的滚迹又被第三个旋压滚辗压……(旋压工艺及其新进展,《新金属材料》,1976 年第 3 期)

(7) 随机双位系列信号的功率谱密度在 $\omega tm/2 = n\pi (n = 1, 2, 3, \cdots\cdots)$ 上重复出现零值。$tm = 10$〔秒〕的选择使得首个零发生 37.3〔弧度/分〕上,此时系统的响应衰减到原来值的百分之一以下。(周春晖主编《化工过程控制原理》,1980:310)

(8) 设 Nj 个质点分布于 Gj 个相室(或能态)的情形如下:首个质点自有 Gj 个分布法。假设次一质点的分布法为 Gj-a,第三个质点的分布法为……(吴大猷《理论物理》(第五册),1983:419)

(9) 设 IPV 为迭代参数向量,其首个分量表示所利用的迭代参数个数为 L;第二个分量为区间左端点 a;第 3 至 L+2 个分量……(ADIF 迭代法及其有关问题,《计算数学》,1985 年第 1 期)

(10) 为简化名称,我们以英文 Combination(组合)的首个字母,简称为 C-式系列净水塔。(C-式系列净水塔运行效果初步观察,《广东卫生防疫资料》,1985 年第 1 期)

(11) 1984 年是香港黄金市场相当暗淡的一年。香港金银业贸易场九九金价每两下跌 699 元,即由年初首个交易日的收市价每两 3 590 元,跌至年终最后一个交易日的收市价每两 2 891 元,跌幅 19.5%。(《中国经济年鉴 1985(六)》,1985:166)

可见,最早的一批"首个"大都出现在科技类文章中;随后,"首个"不再限于科技类文章,而是大量出现在新闻报刊中。作为国内最具权威性最有影响力的全国性报纸之一,同时也是汉语言使用典范的《人民日报》第一次使用"首个"是

在 1987 年,有 3 例:

(12) 从六月一日起 北京站全站禁烟 将成为我国首个无烟火车站(小标题,《人民日报》,1987 年 5 月 25 日)

(13) 首个商品质监站成立(简讯标题,《人民日报》,1987 年 10 月 27 日)

(14) 大丰被定为首个生态县(简讯标题,《人民日报》,1987 年 11 月 12 日)

表 1 是我们统计的 1987 年至 2016 年 30 年间《人民日报》所有使用的"首个"的频次①:

表 1　1987—2016 年《人民日报》"首个"使用频次

项目 ＼ 年份	1987	1989	1992	1993	1994	1995	1996	1997	1998	1999	2000	2001	2002	2003
标题中	3	0	3	1	0	1	0	1	1	3	4	8	12	30
文章中	0	1	0	1	2	5	3	8	14	12	27	32	46	112
小计	3	1	3	2	2	6	3	9	15	15	31	40	58	142

项目 ＼ 年份	2004	2005	2006	2007	2008	2009	2010	2011	2012	2013	2014	2015	2016	总计
标题中	39	76	67	71	73	97	128	121	83	114	129	101	112	1 278
文章中	181	258	284	334	333	508	684	657	685	760	867	912	1 039	7 765
小计	220	334	351	405	406	605	812	778	768	874	996	1 013	1 151	9 043

表 1 显示,"首个"从 1987 年 3 例到 2016 年 1 151 例,总体呈逐年上升趋势。除了科技类、新闻类作品,在我们检索的语料中,"首个"还运用于影视节目、文学作品、学校教材、人物传记、工作报告等,各举一例如下:

(15) 各位好,欢迎收看中国电视荧屏上首个青年电视公开课——《开讲啦》! 我是主持人撒贝宁……(中央电视台综合频道电视节目《开讲啦》主持人开场白,2012 年 8 月 28 日—2013 年 12 月 28 日)

(16) 在夜巴黎歌舞厅的招聘中,丽莎艳压群芳,成为首个被录取的小姐。(王海鸰《热屋顶上的猫》,1998)

(17) 此外,它还是首个参加香港举行的戏剧会演的澳门戏剧团体,首次于葡国科英布拉、里斯本演出。(田本相、郑炜明主编《澳门戏剧史稿》,1999:35)

(18) 从内地退役后被引进到澳门,我成为澳门首个引进的特殊人才,是第

---

① 该表数据统计及下表数据统计均检索自人民网(http://58.68.146.102/rmrb/20170120/1)。

· 200 ·

一个"吃螃蟹"的人。(李晓锋、吴志菲《芳菲年华 李菲传奇》,2011:72)

(19)近年来,上海住房保障工作坚持在实践中不断完善各项基本制度和配套政策,努力建立健全适合本市特点的住房保障体系。1999 年,开始在全市逐步开展旧区改造工作;2000 年,成为全国首个建立廉租住房制度的城市;2002 年……(沈开艳主编《上海经济发展报告(2013)城市功能和产业空间转型》,2013:112)

表 2 是我们统计的 2001 年至 2016 年《人民日报》中使用的全部"首个"和"第一个"的用例数情况和比例:

表2　2001—2016 年《人民日报》"首个"和"第一个"用例对比

项目＼年份	2001	2002	2003	2004	2005	2006	2007	2008
第一个	1 234	917	1 095	1 038	1 041	1 123	1 076	1 116
首个	40	58	142	220	334	351	405	406
比例	31/1	16/1	7.8/1	4.7/1	3.1/1	3.2/1	2.6/1	2.7/1

项目＼年份	2009	2010	2011	2012	2013	2014	2015	2016
第一个	1 223	1 333	1 391	1 307	1 107	1 109	1 277	1 136
首个	605	812	778	768	874	996	1 013	1 151
比例	2/1	1.8/1	1.8/1	1.7/1	1.3/1	1.1/1	1.3/1	1/1

表 2 显示,"第一个"和"首个"的用例比从 2001 年 31/1(1 234:40)到 2013—2015 年不超过 1.3/1,而 2016 年"首个"用例甚至超过"第一个"。

2.2 "首个"的句法位置

从句法结构上看,例(1)—(15)中的"首个"都是直接前置于后面的名词性词语(以下写作 NP,动词性词语写作 VP),组成"首个＋NP"的线性结构,很显然,"首个"是定语。例(16)—(19)中的"首个"和后面的 NP 之间有"VP＋的"的成分,组成"首个＋VP＋的＋NP"的线性结构,可以作两种切分:"[首个[引进的特殊人才]NP]NP"和"[[首个引进]VP 的特殊人才]NP"。对于前者,从层次上看是很容易作这样的理解,其中,"首个"也是作定语。然而问题并不那么简单。

Miller(1956)、陆丙甫(1986、1993)认为,人们为了减少记忆的负担,在理解语句时大都是一边听一边及时处理,把能够组合在一起的就尽量组合在一起,这种处理方式就是认知心理学中所说的"组块"（chunking）；语言结构的切分，是一种静态的分析，而理解句子就是这样一个动态的"组块"过程。"组块"的一个特点是只要能组块的地方就"及时组块"，也就是说，对于语句中既能同其前置成分直接结合、又能同其后置成分结合的中间单位，降低处理难度的一个基本原则是先同其前置成分结合起来。陆丙甫、蔡振光（2009）指出，有些结构的不同组块方式会带来歧义，但差别不大，不影响表达的逻辑真值，如"鲁镇的酒店的格局"；但像"爱上老板的秘书"，不同的切分导致的歧义就很大了。但实验证明，人们更多地把它理解为一个名词短语[[爱上老板的]秘书]，而不是动词短语[爱上[老板的秘书]]，因为从组块的角度来说，名词短语[[爱上¹ 老板的¹]秘书¹]的 MCN＝(1＋1＋1)/3＝1[①]，而动词短语[爱上¹[老板的² 秘书¹]]的 MCN＝(1＋2＋1)/3＝1.3。正是由于这里分析成动词短语的难度大于分析成名词短语的难度，所以，人们更倾向于把这种歧义结构理解为名词短语。同样的道理，[首个¹[引进的² 特殊³ 人才¹]NP]NP 的 MCN＝(1＋2＋3＋1)/4＝1.75，而[[首个¹ 引进¹]VP 的特殊² 人才¹]NP 的 MCN＝(1＋1＋2＋1)/4＝1.25，因此，在"及时组块"的心理和"不影响逻辑真值"的表达的驱动下，作后面的组块更为容易。陆丙甫、蔡振光（1986）还指出，"人们为了能及时组块，有时可以违反语言的其他制约"，而"首个引进的特殊人才"正是这样的一个例证。也正因为如此，"首个"在句中作谓语动词的状语的用例也频频出现，举几例如下：

(20) 卫生部已将其列入高效抗菌剂之列，湖北南洋药业有限公司在中国首个将它应用于气雾剂。（精品点击，《市场报》，2003 年 6 月 2 日）

(21) 1979 年 8 月 14 日，西藏自治区在我国首个设立省级人大常委会。（民主法制精神扎根雪域高原，《人民日报》，2009 年 6 月 10 日）

(22) 在宝安工作的陈君已端坐在沙发上了，他是花两百元钱打的前来的，怪不得首个到达。（黄群《潮音帆影》，2012：52）

(23) 广东首个成为 GDP 超 5 万亿的省份，江苏 40 903 亿元，山东 39 416.2 亿元……（罗晓梅等《西部自我发展能力的政策创新研究》，2013：166）

(24) 开幕式暖场节目石湫龙舞首个登场（标题，《南京日报》，2014 年 7 月 17 日）

(25) 昨天，"撤县设区"后的密云区在本市 16 区中首个召开人代会，这也是

---

① MCN 即平均块数（mean chunk number，MCN），它是平均每一时刻（每处理一个新单位时）脑子中记住的离散句法块数，是衡量句子结构难度的最基本标准。具体参看陆丙甫（1993）和陆丙甫、蔡振光（2009）。

密云区第一届人民代表大会第一次会议。(密云首任区长本周选出,《京华时报》,2015 年 12 月 22 日)

此外,我们发现了很多"首个"单独做宾语的用例,但谓词基本为"是",举几例如下:

(26)入夏以来,蕉城区石后乡热闹起来了:先是被宁德、福州市有关部门列为两地合作的"菜篮子"直控基地,这在闽东还是首个。(政府扮演"牧羊人",《福建日报》,2001 年 9 月 11 日)

(27)中国地质大学(武汉)"逸夫博物馆"日前被国家旅游局批准成为国家4A 级风景旅游区,这在我国高校中还是首个。(高校博物馆首次成为 4A 级风景区,《人民日报》,2006 年 12 月 6 日)

(28)据了解,广东省女子监狱成立特困服刑人员未成年子女爱心帮扶站在全国监狱系统还是首个。(首个特困服刑人员未成年子女爱心帮扶站成立,《新华每日电讯》,2005 年 10 月 27 日)

(29)"各种专家库很多,但专为技术工人设立的储备库,在我省还是首个。"据省总工会职工技术协作办公室主任富润华介绍……(宁波设立技师储备库 赋予"传帮带"新内涵,《浙江工人日报》,2007 年 5 月 30 日)

3. "首个"的意义用法和双音化结构

很显然,"首个"和"第一个"在意义上有着密切的关系。

3.1 "第一个"的意义用法

"第一"是数词,《现代汉语词典》列有两个义项:"① 排在最前面的:他考了~名。② 指最重要:百年大计,质量~"。"第一个"中的"个"是量词,《现代汉语词典》解释为"用于没有专用量词的名词(有些名词除了用专用量词之外也能用'个'):三~苹果│一~理想│两~星期│五~学校",也就是说"个"是一个用途极广的量词。"第一个"也有三种用法:一是作定语,如例(30);二是作宾语,如例(31);三是作状语,如例(32)—(34);而例(35)也可以作定语和状语两解。

(30)中国是挺身抗击轴心国侵略者的第一个国家,是抗战时间最长,达8 年之久的国家。(致中国人民,《人民日报》,2015 年 9 月 30 日)

(31)在国旅总社干了 20 多年的炊事员谷师傅说:"董事长给炊事员做饭,卢总是第一个。"(董事长为炊事员做饭,《人民日报》,1993 年 2 月 3 日)

(32)在中南海座谈会上,安排我第一个向领导做了汇报。(无论如何不能误了娃儿们,《人民日报》,1994年10月15日)

(33)他们,第一个抢通从马尔康到汶川县城的公路;他们,第一个冲上唐家山堰塞湖的抢险现场……(这一年,他们一直在战斗,《人民日报》,2009年5月13日)

(34)压力面前,杨业功第一个表态:"我支持。出了问题我负责!"(导弹司令杨业功,《人民日报》,2005年7月27日)

(35)河南是第一个采用国家绿色GDP核算方式进行生态效益评估的省份。(河南为林业生态效益"定价",《人民日报》,2007年11月12日)

例(30)(31)中的"第一个"一般理解为"排在最前面的一个",指向的是事物,"个"是量词;而例(33)、例(34)中的"第一个"并不能理解为"排在最前面的一个",因为我们不能说"一个他们""一个杨业功"。因此,这里的"个"就似乎不宜再看作量词,或者说在表示物量的概念上已经弱化,指向的是动作行为,同时"第一个"开始融合,需要作整体理解:这两句话表达的侧重点是想强调话语对象在客观事实上的"首先、最早"义,进而突显话语对象在主观意愿上的"率先、带头"义。例(32)中的"第一个"也许还保有"排在最前面的一个"义,因为做汇报的可能还有"第二个""第三个"等;但因为是作状语,所以似乎理解为"首先、最早"更好①。例(35)的分析和例(16)—(19)中"首个"的分析大致相同,也可以作两解:分析为"[第一个[VP 的 NP]NP]NP"则理解为"排在最前面的一个";分析为[[第一个 VP]VP 的 NP]NP则最好理解为"首先、最早""率先、带头"义。其实,从跨语言的共性角度看,很多语言的序数词"第一"都能从表示"排在最前面的"发展出表示"首先、最早"的意义,例如,英语的 first 兼有序数"第一"和副词"首先"的双重词性和意义,并且引申出"宁愿"主观情态义②。只不过汉语的数词一般要和量词搭配使用,"个"又是这样一个用途极其广泛的量词,因而表示"首先、最早"的意义既可以落在"第一"上,也可以落在"第一个"上。

3.2 "首个"的意义用法

"首"在现代汉语中除了做量词外一般不单用,只做语素。其本义是"头",可

---

① "用于列举事项"的一般依次为首先/第一、其次/第二、再次/第三……《现代汉语词典》(第6版)把这种用法的"首先""其次"列为指示代词,而"再次"只列有"第二次;又一次"一个义项。我们认为"用于列举事项"的"首先""其次""再次"等最好看作副词。

② 英语 first 的释义请参看《牛津高阶英汉双解词典》相关词条。其他法语的 première、德语的 erste、匈牙利语的 első、土耳其语的 ilk、马来语的 pertama、阿拉伯语的 awla、越南语的 đầu tiên 等也都兼有序数"第一"和副词"首先"的双重词性和意义。

以引申出"第一"的语素意义,如"首次""首届""首映""首演"。又因为"首"是一个文言词,用于现代汉语就带有庄重色彩和文雅意味,如"首次""首届""首映""首演"就比"第一次""第一届""第一次放映""第一次演出"显得庄重古雅,并且也更紧凑。我们认为这是"首个"最先出现在科学类文章和新闻类标题中的原因之一,也是"首个"流行起来的原因之一。

"首"也可以引申出"首先、最早"的语素意义,如"首当其冲""首推""首选"等词;"首"也可以引申出"率先、带头"的语素意义,如"首创""首倡""首义"等词。

"首个"的用法和意义与"第一个"基本上是平行的。充当定语的"首个"都可以用"第一个"来替代,因此其意义是"排在最前面的一个"毋庸置疑,如例(6)、(8)、(9)。充当宾语的"首个"也可以用"第一个"来替代,不过这些"首个"和"第一个"一样都是指称化(referentiality)的用法。充当状语的"首个"似乎也都可以用"第一个"来替代,但话语的侧重点并不纯粹是表达"排在最前面的一个",而是表现出"首先、最早"的意义,进而强调话语对象在主观意愿上的"率先、带头"的意义,如例(20)—(25)。我们认为,如果说"(密云区)第一个召开人代会"还比较侧重于客观陈述事实的话,"(密云区)首个召开人代会"就侧重于表达说写者的主观情态意义,即强调突显话语对象在主观意愿上的"率先、带头"义。这从和"首个"搭配的动词上看也有所体现,据我们查找的语料,这些动词大多是"突破""引入""晋级""召开""亮相""登台"等具有积极意义的动词,而不太可能是"落败""淘汰""遭殃"等消极意义的动词;"第一个"却没有这样的限制。还有一个例证是,例(5)标题中用了"首个",而在文章中写道:"连江县中共党史研究会在全省各县率先成立,必将进一步推动全省党史研究的工作。连江的同志带了个好头。值得庆贺。"这些意义的微妙变化和差别也许通过表3看得更清楚①:

表3 "首个"的用法及意义

例句 ＼ 意义	"排在最前面的一个"义	"首先、最早"义	"率先、带头"义
首个生态县	＋	－	－
还是首个	＋	－	－
首个[参加的戏剧团体]	＋	－	－

---

① 表格中的(＋)表示我们并不否认在"首个召开人代会"中"首个"有"排在最前面的一个"义,但这不是它的最主要的意义,因为"率先、带头"本身也含有"排在最前面"义。

（续表）

意义 例句	"排在最前面的一个"义	"首先、最早"义	"率先、带头"义
首个[引进的特殊人才]	+	−	−
[首个参加]的戏剧团体	+	+	
[首个引进]的特殊人才	(+)	+	+
首个召开人代会	(+)	+	+

"首个"在这些意义上的差异在语音上也有所体现。我们请一些被试者朗读上面的语例,绝大部分被试者把"首个+NP"和"VP+首个"中的"首个"读成"首gè";而把"首个+VP"中的"首个"读成"首ge(即轻声)";至于"首个+VP+的+NP"中的"首个",有的读成"首gè",有的读成"首ge"。这和我们预先设想的基本吻合:当"首个"用于状语,"个"读音弱化,其量的概念收缩弱化,"首"的"首先、最早""率先、带头"等语素意义凸显强化,逐渐成为整个结构的意义。

3.3 "首个"的结构分析

虽然"首个"可以表示"排在最前面的一个"的意思,但它很难用"扩充法"(朱德熙,1982:13)扩充,因此不好看作短语。余双人(1999)建议把"首个"看作一个介于短语和词之间的一个"短语词"(吕叔湘,1979:23—25)。董秀芳(2011:37)指出双音化的一些限制条件和机制:"组成部分必须是单音节的""组成部分必须在线性顺序上贴近""语义上要有一定改造""使用频率高"。石毓智(2002)也指出:"在双音化趋势的作用下,两个高频率紧邻出现的单音节词就可能经过重新分析而削弱或者丧失其间的词汇边界,结合成一个双音节的语言单位"。首先,"首个"满足"组成部分必须是单音节的"和"组成部分必须在线性顺序上贴近"这两个韵律和句法条件。其次,"首个"还发展出不同于"首+个"的"排在最前面的一个"的"首先、最早""率先、带头"意义,因此也满足语义条件。再次,"首个"已经不再是个别现象,作为国内流通最广报纸之一的《人民日报》在"首个"的使用频率上逐年增加,其语用条件也足够满足。

目前,只有余双人(1999)谈到"首个"。从文中的分析来看,作者对"首个"的出现还是表现出一定程度上的保守态度,认为"最好的办法还是积极引导"。我们认为,根据以上分析,"首个"具有所有双音化发展的限制条件,因此很容易语法化为一个副词,表达一定的主观情态义。我们认为这是"首个"受到青睐的另一个原因。

4. 结　语

总之,"首个"既比"第一个"庄重、文雅、紧凑,也符合汉语双音化的趋势;又能够表达一定的主观情态意义。当然,我们也必须看到,"第一"作为基本的序数词,"个"作为基本的量词,都是较高频词,因此,在表示"排在最前面的一个"的意义上,"首个"无论如何是无法完全取代"第一个"的,两者也许势均力敌;不过,在表示"首先、最早"义特别是"率先、带头"义上,"首个"也许会拔得头筹。

参考文献

董秀芳　2011　《词汇化:汉语双音词的衍生和发展》(修订本),商务印书馆。

冯胜利　2000　《汉语韵律句法学》,上海教育出版社。

霍恩比(Hornby, A.S.)　2009　《牛津高阶英汉双解词典》,王玉章等译,商务印书馆。

陆丙甫　1986　语句理解的同步组块过程及其数量描述,《中国语文》第 2 期。

陆丙甫　1993　《核心推导语法》,上海教育出版社。

陆丙甫、蔡振光　2009　"组块"与语言结构难度,《世界汉语教学》第 1 期。

吕叔湘　1979　《汉语语法分析问题》,商务印书馆。

石毓智　2002　汉语发展史上的双音化趋势和动补结构的诞生——语音变化对语法发展的影响,《语言研究》第 1 期。

余双人　1999　"首个"现象,《咬文嚼字》第 3 期。

张谊生　2000　《现代汉语副词研究》,学林出版社。

中国社会科学院语言研究所词典编辑室编　2012　《现代汉语词典》(第 6 版),商务印书馆。

朱德熙　1982　《语法讲义》,商务印书馆。

Miller, A. G.　1956　The Magical Mumber Seven, Plus or Minus Two. *The Psychological Review*, 63(2): 81-97.

(作者单位:华东师范大学中文系,200241,yuyibing1980156@163.com。)

"死死"的副词化及语义表达研究[*]

那洪雷

就目前来看,《现代汉语八百词》(增订版)、《现代汉语规范词典》(第三版)、《现代汉语词典》(第七版)、《应用汉语词典》(第一版),以及张谊生(2000:3—24)只是收录"死",均未收录"死死"作为词条。对"死死"的研究,从 CNKI 上的搜索结果来看,只有李晓钰(2006:65—66)从三个平面角度,分别对"死死"的语法、语义和语用角度进行了描写,并未涉及"死死"的副词化过程研究。总体来看,"死死"一直被认作"死"的单音节重叠形式,其语法作用是强化"死"的语意效果。

副词"死"在《现代汉语词典》(第七版)的解释有二:其一,不顾生命,拼死,如死战、死守;其二,至死,表示坚决(多用于否定式),如死不悔改、死不认输、死也不松手。然而,这两种"死"的义项并不能解释下列例句,例如:

(1) 张副局长立即像饿狼一般扑向杜小姐,挤到一条凳上坐下,<u>死死</u>([?]拼死、[?]至死;≈紧紧)抱住她不放,拼命地用嘴亲她的脸。(1994 年报刊精选)

(2) 对于女人,他自有一套理论,认为她们个个色厉内荏,只要<u>死死</u>([?]拼死、[?]至死;≈一直)地盯住不放,她们总有俯首就范的时候。(《人性的枷锁》)

从上面的例句中可以看出,"死死"是表示情状的描摹性副词,但词典的解释却不能很好地解释例句中的"死死",为什么会造成这种情况呢?

问题在于,"死死"在经历构形重叠到构词重叠后,通过转喻的方式成为描摹事物固定、不灵活的情状副词,只有在特定语境下,才会表达拼死、至死之意。"死死"的用法已与"死"有了很大不同,用"死"的释义自然不能代替"死死"。我

---

* 本文曾在第七届现代汉语虚词研究与对外汉语教学研讨会(2016 年 7 月,昆山)和语言教学与研究国际学术研讨会(2016)上宣读,与会专家提了宝贵的修改意见,已发表在《宁夏大学学报》(人文社会科学版)2017 年第 5 期。本文在写作时得到张谊生先生的热忱指导,笔者表示由衷感谢。

们应该重视这种语言现象,认真研究。

本文拟对"死死"从副词化(adverbialization)角度入手,本着共时与历时相结合的原则,从三个方面对副词"死死"及其相关现象进行描写分析。首先从共时角度描写"死死"的语法特征,然后从历时角度描写"死死"的词汇化路径,并比较其不同的语义表达,最后就"死死"词汇化过程中的一些相关问题进行简要分析。

本文例句均引自 CCL 语料库、BCC 语料库及网络报道,全部例句标明出处。

1. 语法特征与表达功用

本节主要描写"死死"作为副词的句法分布及用法、句式等。

1.1 句法位置的分布

"死死"作为副词在句中大多充当状语,位于谓语前面,作为补语的"死死"将在后文 2.2 进行论述。例如:

(3) 张氏当然要按当时盛行的"明媒正娶"手续,大摆迎娶场面。不料小上官却<u>死死</u>不从,说道:"若是如此,宁愿不嫁!"张氏又气又急,命张太炎亲自去韦家商谈此事。(《上官云珠》)

(4) 战场中央,被屠特若尸逐就<u>死死</u>缠住的慕容平此时都快发疯了,他面前的老狮子根本就是想和他同归于尽,而他身边的三百南匈奴武士也是浑然没有在意自己的性命,居然死死压制着他一手训练的本家子弟。(《大汉之帝国再起》)

在语料中,"死死"大多无标记,张谊生(1997:42—54)认为副词加"de"一般是为了突出方式状语的摹状性或为了舒缓口气。"死死"则是为了突出描摹的情态(modality),会加上标记词"地",试比较下面两个例句:

(5) 为了<u>死死</u>控制已经练上"×××"的员工,张义楠夫妇以"入股"为名扣发工资,反过来又要他们"忍"。(警惕合法外衣下的罪恶,《厦门日报》,2002 年2 月5 日)

(6) 眼看劫匪就要逃脱了,突然,叶女士看见从旁边冲出一个穿制服的人朝劫匪追去,很快,那个穿制服的人追上劫匪,并<u>死死地</u>控制住劫匪。(交通协管员勇擒劫匪,《厦门商报》,2004 年9 月25 日)

副词"死死"大多表示情状描摹,描摹主体的动作行为方式,使被描摹的对象

形象化生动化,在表示进行时态和完成时态的句中出现频率最高。例如:

(7) 或许,毒贩就在某一个暗黑处**死死**地盯着那辆弃车,警方对弃车采取的任何行动也都在毒贩的盯视中······(《女记者与大毒枭刘招华面对面》)

(8) 蒋经国为何**死死**抱住过去的僵硬立场不放呢? 透视蒋经国的内心世界,他之所以如此······(《晚年蒋经国》)

还可以出现在把字句和被字句中,也可以和把字句、被字句和进行时态、完成时态结合使用,同时出现在句中。例如:

(9) 就在杨越组织游击队打扫战场的时候,许大虎带着二十个队员把伪军**死死**地拖住,钉在了南庄方圆一里的地方。(《热血长城》)

(10) 钟的指针已指在 2 点 42 分上.布萨尔突然发出一声惨叫.他的手被**死死**地钳在闭合的模具中,只露出手腕来,手整个都被挤烂了,一直到胳膊。(《当代世界文学名著鉴赏词典》)

在和把字句和被字句共现时,"死死"有时会和被描摹的动词分开,例如:

(11) 莲花瓣、棋盘陀顶峰,如果走这条路,就可以**死死**地把敌人拖住,但没有退路。究竟走哪一条路呢? (难忘狼牙山,《厦门日报》,1995 年 8 月 3 日)

(12) 命运就更似维系在我的身上。才十二三岁,就**死死**被个"汕头猪"盯上了。不但要"脱光了看是不是······"(冯苓植《雪驹》)

(13) 外面严严地叫社会与事业夹着,内里又**死死**叫老婆与老娘夹着,气喘吁吁恰似成天垫着床脚。(平心静气做男人,《厦门晚报》,2000 年 11 月 15 日)

例(11)中的"死死"修饰动词"拖",例(12)修饰动词"盯",分别被"把"和"被"分开,例(13)是一个特殊的被字句,"死死"修饰的是后面的动词"夹"。

1.2 与其他副词的连用

"死死"一般在句中单独修饰动词,充当状语成分,其在语句中经常与表示意外义、转折义的副词连用。

(14) 我知道这是她折磨我的手段,你不是急于离么,而我偏**死死**拖住你,让你也好受不了。(意外 A:谈歌)

(15) ······来的寒冷将他逼到粪池边的一个墙角里,身体缩成一个团,而眼睛却**死死**地盯着粪池,如同一个被迫到一个死角里,除了保护自己以外,绝不准······(1994 年报刊精选)

(16) ······点就要来店中学习一个钟头,八点钟上班后就**死死**待在店口,晚上还要做报表。(杀人犯自食恶果,《厦门日报》,1957 年 9 月 7 日)

表示意外态的"X 是"类副词"硬是、愣是、偏是、就是"（张谊生，2015）①，常常和"死死"一起连用。例如：

(17) 风筝是邻家哥哥的，但我任凭大人们怎么劝，<u>就是死死</u>地抓着风筝不松手。（科技文献）

(18) 男子好似对扶疏的恼怒全然不觉，只一直喃喃着傻傻瞧着扶疏，明明疼的额角冷汗都出来了，却<u>偏是死死</u>攥住扶疏的衣襟，一副生怕扶疏会突然间跑了的样子。（《重生之废柴威武》）

从连用、共现的位置来看，大多数副词都只能出现在"死死"前面。这是因为"死死"原本是表示描摹副词"死"的重叠形式，描摹副词一般靠近句子的中心语。

1.3　可受修饰的动词情况

"死死"作为一个描摹副词，通常可直接出现在被修饰的动词前面，经过调查，可受其修饰的动词情况如表 1 所示。（此调查以 BCC 语料库中报刊类中随机 1 200 条语料为检索对象）

表 1　可受"死死"修饰的 V

抱	抓	盯	压	咬	缠	按	揪	卡	顶
141	113	112	58	46	34	29	21	21	15
掐	拽	拉	扭	拖	封	看	堵	捂	纠缠
14	14	13	13	12	13	10	10	9	9
控制	撑	勒	护	攥	拦	守	扣	钳	夹
8	8	8	8	8	8	8	8	7	6
摁	抠	把	粘	抵	围	套	握	捆绑	扼
6	6	6	5	4	4	4	4	4	4
捆	贴	束缚	吊	拴	吸	围困	围	困	挤
4	4	4	3	3	3	3	3	3	3
拖	禁锢	挟持	砸	蹬	扯	扣押	箍	锁	盘踞
2	2	2	2	2	2	2	2	2	2

---

① 参见张谊生(2015：38—47)。

（续表）

占据	支持	守	擒	限制	钉	牵制	踩	捏	瞪
2	2	2	2	2	2	2	2	2	2
窝	依靠	关	劝	否认	固定	在	绑	连	亲吻
1	1	1	1	1	1	1	1	1	1
保护	制	呆	坚持	扳	搭	控制	拧	捉	退拒
攀	架	瞄	跟	踏	定位	扎	扛	抢	跨
1	1	1	1	1	1	1	1	1	1
挣扎	捍卫	搂	支撑	求	停	定	盖	稳	等待
1	1	1	1	1	1	1	1	1	1
罩	套	趴	蹬	靠					
1	1	1	1	1					

从表1可以看出，可受"死死"修饰的动词单音节占优势，实义动词占优势，在语料中单音节动词多可以以"X着、X住、X在"的双音节形式出现。例如：

（19）王甲六死死压着她洋洋得意地说，现在你喊吧你叫吧，声音越大越好……（陈忠实《辘辘子客》）

（20）陈美英顾不得和几年未见的父老乡亲们说话，只是哭着死死拉着来自河南的铁路公安干警，让他吃点饭再走。（《人民日报》，1994）

（21）共产党员马裕兴忍住两手疼痛，死死抓住七根电线，徐先锋和胡茂荣用脚蹬住围墙，用胸部顶住船沿，又一次把船稳住。（暴风雨中的共产主义凯歌（转版）副题：——记四面八方支援漳州人民战胜特大洪灾的斗争，《福建日报》，1960年6月23日）

（22）在漫画里，经常有两车始终保持几厘米的距离，即便在弯道也是死死咬住不放，漫画家用画笔就可以完成了；而拍成电影，则需要两位车手的精准配合，一不小心要么追尾，要么车距过大。（吴筠《头文字D》：复制极限快感副题：根据漫画动画改编的电影版今上映，《文汇报》，2005年6月23日）

（23）舍生忘死救藏胞唐古拉山南侧的藏琼玛地区，是此次遭灾最重的地方之一，海拔6 000多米的哲布拉山等5座大山和嘎昌河、帮丘河等3条冰河把永曲、索雄两个乡的185户998人死死封在冰雪世界里。（《人民日报》，1998）

（24）然而,过去总是强调老区要做"堵资本主义路的模范",几千劳力被<u>死死</u>困在田里,即使有几个"不听话"的溜到外头做"老鼠工",又有谁敢从邮电局往家里汇款呢?(熊利武、邱国进,看谁家里汇款多,《福建日报》,1984年2月8日)

2. 词汇化的路径与语义

本节主要从历时角度描写"死死"词汇化、副词化的路径,其一,仍带有"死"的语素义,有"拼死、至死"之意;其二,失去"死"的含义,引申为"固定、不灵活"的语义。

2.1 副词化的路径

"死"在《说文解字》中是"澌也,人所离也。从歺从人。凡死之属皆从死。古文死如此。息姊切〖注〗,亦古文死。""死"的本义是人失去生命,在句中作谓语,多与表示死亡方式的状语共现。例如:

（25）曾子言曰:鸟之<u>将死</u>,其鸣也哀;人之<u>将死</u>,其言也善。(《论语》)

（26）华阳尉张士乔上疏谏,以为非礼,蜀立怒,欲诛之,太后以为不可,乃削官流黎州,士乔感愤,<u>赴水死</u>。(《资治通鉴注》史藏/编年)

（27）后如期果为沛相公,不过于祠,常见庐君,月余<u>病死</u>。(《列异传》)

例(25)中的"将死"是将要死亡的意思,"死"是句子谓语;例(26)中的"赴水死"是连动式,到水边自杀的意思,"死"在句中做谓语;例(27)"月余病死"中的"病"作为死的状语,死的方式是得病。再比如:

（28）臣九月二十一日,于滕州见安南虞候史孝慇,并得兵马使徐崇雅信,蛮贼不解水,悉皆<u>溺死</u>。(《蛮书》)

（29）敌兵舟舰相连,至晡,东北风起,上命以七舟载荻苇,贮火药,束草为人,饰以甲胄,命敢死士操之,乘风纵火,须臾抵敌舟,水寨舟数百艘悉被燔,烟焰张天,湖水尽赤,友谅弟友仁、友贵及平章陈普略等皆<u>焚死</u>。(《国初群雄事略》)

例(28)"溺死"中的"溺"本身为动词,意思是"淹没在水中","死"在句中作谓语,二者连用表示死的方式;例(29)"焚死"中的"焚"也为动词,意思是"烧",和"死"在句中连用表示死的方式。

"死"逐渐虚化,失去"人失去生命"的本义,引申为"拼死"和"至死"。在汉、隋唐时期已出现在句中作状语的情况,例如:

（30）上欲陵<u>死战</u>,召陵母及妇,使相者视之,无死丧色。(《汉书》)

（31）儿年十七,死守一夫;嫂年十九,誓不再醮。(《游仙窟》)

例(30)"死战"中的"死"已虚化为副词,已无"人失去生命"之意,是拼死战斗的意思;例(31)"死守"中的"死"同样为副词,是"至死守候、看护"之意。

随着"死＋V"这种形式分布的高频化,到汉代使用已经比较频繁,到宋元时期已基本副词化,例如:

（32）其九户为恶尽死灭,独一户为善,并得九户田业,此之谓也。(《太平经》)

（33）期年,救兵不至,禄山使阿史那承庆益兵攻之,昼夜死斗十五日,城陷,执愿、坚送洛阳,禄山缚于洛滨木上,冻杀之。(《资治通鉴》)

同时,有部分使用频率较高的"死 V",如"死守、死记、死战、死抗"等,由于"死"与被修饰成分经常共现,逐渐词汇化了,沿用至今,已收入《现代汉语词典》之中。例如:

（34）先生说:"世英敷衍皆得,明日不准死记,如违定责。(《雅观楼》)

（35）李永和自眉州败后,窜踞青神,诸军进剿,数败之,永和遁犍为龙场,负嵎死抗。(《清史稿》)

到了明清以后,随着话本、小说的产生和流行,古白话的双音趋势不断增强,为了协调音步,"死 V"重叠成为"死死 V",同时还引申出表示"固定、不灵活状态"的用法,逐渐增多。例如:

（36）张居正加府,心中着急:"可恨海瑞死死与老夫作对,今日又奏不许我告老。倘若国宝到京,皇上知情发怒……"(《海公小红袍传》)

（37）若只死死守著,恐于工夫上又发病。(《传习录》)

（38）忙叫过些小番,搬砖运水。水来水浇,砖来砖塞。一会儿,把个关门死死的堆塞起来,火也渐渐的浇灭了。(《三宝太监西洋记》)

（39）赚不得,流泪满面曰:"如是恃强,定死不从!"土行孙那里肯放,死死压住,彼此推扭,又有一个时辰。(《封神演义》)

例(36)中的"死死作对"并非海瑞拼死(至死?)与张居正作对的意思,而是指海瑞思想不知变通,不灵活的意思;例(37)中的"死死守着"指死板地守候;例(38)中的"死死堆塞"指把门固定住的意思;例(39)中的"死死压住"指土行孙一直固定不动地压在邓婵玉身上,以上均无拼死或至死之意。

至此,"死死"在紧邻语境(adjacent context)中,使用频率不断增加,重叠形式由状态化(stativizaion)最终变为词汇化(lexicalization)。其词汇化路径如图1所示。

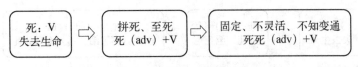

图1 "死死"的词汇化过程

2.2 词义与语境义

从"死死"的词汇化路径可以看出,"死死 V"出现之始在语义上是抛弃"死"的本身语素义的,在我们现在的语言生活中,"死死 V"有时既可以带有"死"的语素义,表示说话人主观上的拼死、至死的意愿(下文统称"死死₁");也可以失去语素义"死",而表示固定、不灵活、不知变通的含义(下文统称"死死₂")。例如:

(40)神舟升起的额济纳,入眼最多的是胡杨:戈壁深处的胡杨,痉挛般的身躯<u>死死阻挡</u>着风沙,保持着水土,守望着"神舟"飞天。(胡杨,守望戈壁圆梦飞天——走进内蒙古额济纳旗,中国政府网,2016 年 10 月 16 日)

(41)截至 7 月 19 日,郭河圩共出现大小险情共发生 160 余起,在他的指挥下,险情一次又一次被化解,咆哮的湖水被<u>死死阻挡</u>在大堤之外。(风雨中挺起不屈的脊梁——保"两湖"大会战综述之三,人民网,2016 年 7 月 21 日)

例(40)和例(41)中的"死死阻挡"意义并不一样,例(40)可以理解为带有语素义"死"的"拼死、至死",也可以理解成失去语素义的"固定";但例(41)只能理解为"固定"。再比如:

(42)国民党军攻击前进,想向碾庄靠拢,解放军<u>死死守住</u>阻击线,半步不让。(都梁《亮剑》)

(43)其他诸如时装店、化妆品商店及其他商场相比,我们获利甚微,如果<u>死死守住</u>书店不放,无异'守死'。如果我们腾出一部分空间来经营其他商······(《人民日报》,1993 年)

例(42)和例(43)同是"死死守住",例(42)可以理解成"拼死、至死",甚至也可以理解成"固定",但例(43)只能理解为"固定"。

从语料中我们可以发现,"死死₂"是先于"死死₁"出现的,也就是说,固定、不灵活义的"死死₂"首先出现,拼死、至死义的"死死₁"随后出现。但是,从语料中我们也可以清晰地发现,"死 V"出现之时,仍表"拼死、至死"之意。其关系如图2所示。

从语义演变的角度,"死死₁"无疑和"死＋V"的语义更为接近,但是在语言

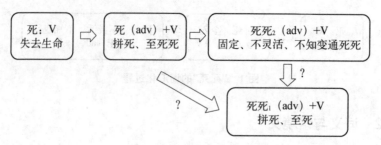

图 2　"死死"的语义路径

生活中,它却晚于"死死₂"出现。造成这种语义演变的原因是:"死死₁"最初并不表示拼死、至死,而是依然和"死死₂"一样,表示固定、不灵活、不知变通之意;它的"拼死、至死"义来自语境;它的演变机制是由于它在特殊语境中使用频率的不断增加,同时,"至死、拼死"义和"固定、不灵活"义两者之间的语义重叠,使语境义附加到语素义上,从而"死死₁"可同时兼表两种语义,这也是为什么在前文例句中,"死死₁"可以同时理解为两种语义;同时,由于语境对于语义的理解是第一位的,"词在实践中的使用就是它的意义"(维特根斯坦,2001),我们理解任何一个词都必须放在具体的语境中来观察,词的本义和词的使用义是相对独立的,也就是说,词的语境义不等同于词的本义,因此,"死死₁"在特殊语境中往往会被凸显"拼死、至死"义,如图 3 所示。

图 3　"死死₁"与"死死₂"的语义关系

3. 相关问题的分析与讨论

　　本节主要分析副词"死死"的三个焦点问题,其一,作状语的"死死"和作补语的"死死"的关系;其二,"死死不 V"与"死不 V"的关系;其三,"死死"表达的"拼死"义和"至死"义的关系。

3.1　"死死(地)V"和"V 得死死"

　　我们在检索语料中不难发现,"死死(地)V"和"V 得死死"的语料都非常普

遍,甚至"V 得死死"的出现比例还要高于"死死地 V",例如:

(44)复盘检讨中,李腾飞坦言:以前更换坦克诱导轮,都是停放在训练场的水泥地面上进行,而到了野外地域,坦克履带压进泥土里,绷得死死的,更换起来格外费时费力。(第 47 集团军某装甲旅演习失利 调整补训方案,《解放军报》,2016 年 12 月 1 日)

(45)每逢节假日傍晚,蓝天四村的小区大门,必然被络绎不绝的车辆堵得死死的,不在门口排上二三十分钟,别想将车开到家。(小区空地变饭店停车场,节假日回家要排队 1 小时,人民网,2016 年 10 月 8 日)

(46)消防官兵支招说,下水施救过程中如果被溺水者死死抓住,施救者可以憋气向下沉,这样溺水者就会出于本能向上挣扎松手。(会游泳不等于会救人,消防支招正确溺水施救,中国政府网,2013 年 5 月 21 日)

"死死(地)V"和"V 得死死"中的"死死"是否相同? 经过研究语料发现,"死死(地)V"如 2.1 所述,因为构词重叠的高频,以及语义的定型导致词汇化完成;"V 得死死"中的"死死"是"死"的重叠形式,尚处在词汇化过程中,在使用中后面必须要加上形容词标记"的"。我们先比较一下语料:

(47)而在一个石漠化严重、被层峦叠嶂的山峰藏得死死的村庄修水渠,难度可想而知。(品读党籍作保凿"天渠"的为民初心,中国共产党新闻网,2017 年 4 月 20 日)

(48)"以前一下暴雨,石头土块全冲下来,把公路堵得死死的。现在树多了,滑坡现象也少了。"重庆市黄金镇村民金祖益对记者说。(西部山川新色彩:青山秀水构筑秀美中国生态屏障,中国政府网,2010 年 1 月 8 日)

例(47)中的"藏得死死的村庄"可以接受,但是"藏得死死村庄"不能接受。例(48)中的"公路堵得死死的"可以接受,"公路堵得死死"不可接受。我们认为,"V 得死死的"中的"死死的"并未完成词汇化,其语义表示位置固定,但句法上只能加上形容词标记"的"作补语成分,其他句法位置比较罕见。《现代汉语词典》中也收录了"死"的形容词义项,其语义为固定、死板、不活动,如"死脑筋、死心眼儿、死规矩、开会的时间要定死"等。

我们认为,"V 得死死"中的"死死"保留了"死"的"固定"语义,在使用时,其后面必须加上形容词标记词"的"。

3.2 "死死不 V"与"死不 V"

我们在检索语料时,也会发现"死死不 V"这样的构式存在,其语义多表示拼

死、至死之意,少有表示固定不动义。例如:

(49) 而对他们的"放水养鱼",如何做到"店大不欺客",央企是否能让市场在资源配置中起决定性作用,而不是抱着"蛋糕"死死不放,在主体监督的同时,还需要第三方评估和监督的触角去完成信息收集和反馈。(让第三方来勇当改革的"吹哨人",光明网"时评频道",2014 年 8 月 28 日)

(50) 没了,没了,但老爷子的目光却盯着那狗死死不动了。(冯苓植《雪驹》)

例(49)表达的至死不放之意;例(50)则是说明目光固定不变。有时还会出现"死死不+能愿动词+V"的情况,能愿动词中出现最多的为"肯",例如:

(51) 朱家银说,他看到车内一名 30 多岁的女性将自己的小孩递到窗口,他赶紧去接,可是小孩因为害怕死死不肯放开妈妈的手,"我只能强行将小孩拖出窗口送到安全地方,接着回来又将小孩的母亲扶出来"。(宜宾公交爆燃事件细节:司机疏散乘客最后下车,人民网,2014 年 5 月 16 日)

(52) 战机喷着火尾,肆无忌惮呼啸着飞抵玄虎帝国广场的上空,淡淡的白云仿若一袭薄纱,霞光在淡蓝色天空上,太阳藏在里面,死死不肯出来,使广场上空显得灰蒙蒙的死气沉沉。(无极《生死决》)

"肯"这个助动词表示主观上的乐意与否,接受与否,与"死死不 V"进行连用,可以增强说话人的主观态度,同时也有增强语势的作用。试比较:

(53) 然而天上风隼盯准了他,地上的战士也向他包围过来,那个人满脸血汗,奔逃的气喘吁吁,面目都扭曲了,右手挥着剑狂舞乱辟,奇怪的是左手却抱着一个酒坛死死不放。(沧月《镜·双城》)

(54) 实际上,徐永汉和张副专员是上下级关系,从第一次求副专员为吴耿岳跑官之事推荐,徐永汉就已看明白:张副专员是有顾虑的,而且也不热心,但侥幸的心理使徐永汉抱着的希望死死不肯放。(科技文献)

在主观性这个角度上,"死死不 V"和"死不 V"有着相似的表达效果。"死不 V"和"死也不 V"这两种构式接下来衍生出很多类似的词语"打死、饿死、渴死"和构式"X 死不 V""X 死也不 V",表示强烈的施事意志(agentive volition)和主观性(subjectivity)(董正存,2016)①。

"死不 V"在生活中使用较为频繁,如死不认输、死不投降,有的已经完成词汇化,如死不瞑目。它和"死死不 V"的差别有以下两点:

---

① 参见董正存(2016:77—84)。

其一,后面所搭配使用的动词:"死不"多搭配双音节动词,"死死不"则既可搭配单音节动词,也可搭配双音节动词。例如:

(55) 各级人民法院向执行难全面宣战,无论是从自身"开刀",解决消极执行、选择性执行问题,还是制定财产保全等司法解释、与多个部门建立网络执行查控系统,这套"内外兼修"的"组合拳"招招击中执行难"软肋",让失信被执行人惯用的"走门子""躲猫猫""死不认账"等伎俩逐渐失灵。(下大力气减少"法律白条",新华社,2017 年 3 月 12 日)

(56) 没等小李解释,刘先生就揪住他的衣服死死不放,还将他扭送到云铜时代年华小区旁边的一个治安岗亭,交由一名工作人员看管,并报了警。(昆明一小伙被误当抢匪带上警车 称被穿制服的扇耳光,人民网,2015 年 9 月 9 日)

(57) 厮打中,鹊鸭终于逃到了水里,鹊鸭几次潜水想挣脱隼,但是隼一直死死不放爪,可能是隼不会游水,在水里经过几个回合,隼终于放爪了,鹊鸭逃过一劫。(实拍新疆额尔齐斯河隼鸭水陆大战,中国新闻网,2015 年 4 月 8 日)

其二,"死不 V"表达的语义多为"拼死、至死";"死死不 V"表达的语义既可为"拼死、至死",也可为"固定不灵活"。例如:

(58) 石岩是毕业于清华大学的志愿者,这位籍贯山东泰安的小伙子向记者说出了自己入藏的情怀:从小被家乡援藏干部孔繁森的事迹所感动,被孔繁森"是七尺男儿生能舍己,作千秋鬼雄死不还乡"的誓言所激动!(我国西部大开发十周年:伟大民族精神的永恒赞歌,中央政府门户网站,2010 年 1 年 10 日)

(59) 然而天上风隼盯准了他,地上的战士也向他包围过来,那个人满脸血汗,奔逃的气喘吁吁,面目都扭曲了,右手挥着剑狂舞乱劈,奇怪的是左手却抱着一个酒坛死死不放。(沧月《镜·双城》)

(60) 老蹲在办公室里死死不动,很快就把我的青春锐气消磨掉了。(泰戈尔《泰戈尔中短篇小说集》)

例(58)中的"死不还乡"是至死不还乡;例(59)中的"死死不放"是拼死也不放;例(60)中的"死死不动"是固定不动。

3.3 "拼死"同"至死"

从上文可知,"死死"有"拼死"和"至死"的语意,它们在使用上经常有所重合,既可以理解成拼死,也可以理解成至死,这样判断就需要前后文的语境。例如:

(61) 孤军死死守住阵地,有时日军从炸塌的掩体蜂拥而上,孤军壮士便身绑手榴弹,拉响弦,吼叫着向敌群扑去,和敌人一起在巨响中滚下山涧。(庐山保卫战,中国共产党新闻网,2015 年 6 月 19 日)

这里既可以理解成"孤军拼死守住阵地",也可以理解成"孤军至死守住阵地"。

但二者并不完全相同。"至死"是行为客体到某一时刻会处于死亡状态,而"拼死"则是行为客体表示一种主观上坚决的态度。当行为客体尚未死亡,即为"拼死",当行为客体已经处于让步关系的死亡状态,则只能理解成"至死"。例如:

(62)他强忍猛烈撞地的剧烈疼痛,咬紧牙关一跃而起把起身妄图逃跑的嫌疑人死死摁倒在地,并与其他民警一道,将两名主要嫌疑人成功抓获。(干出精彩的"小马哥",人民网"法治频道",2017 年 5 月 5 日)

(63)梅花官主缓缓道:"大师,当年之事,已经过去多年,难道大师还死死不休不成? 出家人,早已跳出三界之外,不在五行之中,难道大师还看不开吗?"(《道法寻宝》)

例(62)中的"死死摁倒"是拼死摁倒;例(63)中的"死死不休"是至死不休。

4. 结　语

综上所述,归纳为以下三点:(1) 就句法分布看,"死死"在句中多充当状语,也可以出现在定语谓词前,可以有标记,也可以无标记;经常出现在表示进行时和完成时的句中,也可以用在把字句和被字句里;可以和表示意外义和转折义的副词连用共现;受其修饰的动词中单音节占优势,实义动词占优势,在语料中单音节动词多可以以"x 着、x 住、x 在"的双音节形式出现。(2) "死死"在紧邻语境(adjacent context)中,使用频率不断增加,重叠形式由状态化(stativizaion)最终变为词汇化(lexicalization);其表达语意主要是固定、不灵活、不变通,有时会由于语境的原因,而获得拼死、至死的含义。(3) "死死(地)V."和"V.得死死"并不一样,前者已完成副词化,语义固定,可作状语,后者尚未完成词汇化,只能作补语时,必须加上形容词标记"的";"死死不 V"和"死不 V"都可表示行为客体强烈的主观性,有"拼死、至死"的语意,"死死不 V"还可表示"固定不灵活"之意,"死不 V."大多只能修饰单音节动词;"至死"和"拼死"在语意表达上并不完全相同,当行为客体尚未死亡,即为"拼死",当行为客体已经处于让步关系的死亡状态,则只能理解成"至死"。

本文仅探析了"死死"词汇化中副词化的路径,其形容词化的路径并未研究,留待以后继续研究。

参考文献

董正存 2016 让步条件构式的省缩及副词"打死"的形成,《语言教学与研究》第 1 期。

李行健等 2014 《现代汉语规范词典》(第三版),外语教学与研究出版社。

李晓钰 2006 说"死死",《现代语文》第 4 期。

吕叔湘 1999 《现代汉语八百词》(增订本),商务印书馆。

商务印书馆辞书研究中心 2000 《应用汉语词典》(第一版),商务印书馆。

维特根斯坦著 2001 《哲学研究》,陈嘉映译,上海人民出版社。

张谊生 1997 副词的重叠形式与基础形式,《世界汉语教学》第 4 期。

张谊生 2000 《现代汉语副词研究》,学林出版社。

张谊生 2015 从情状描摹到情态评注:副词"生生"再虚化研究,《语言研究》第 3 期。

中国社会科学院语言研究所词典编辑室 2016 《现代汉语词典》(第 7 版),商务印书馆。

(作者单位:上海师范大学语言研究所,200234,270210745@qq.com。)

汉语方言框式副词状语考察

崔山佳　王丹丹

1. 引　言

　　刘丹青(2010、2014)提出框式副词状语,此后,有的称框式状语(汪化云等,2014),有的叫粘合式(胡松柏等,2013),有的叫杂交(曹志耘等,2000),有的叫框式副词(邓思颖,2006、2007、2009)。邓思颖(2006、2007、2009)、占小璐(2012)、汪化云等(2014)都是单点方言研究。曹志耘(1998/2012,2000)虽也提到框式副词状语,但其主题是研究后置词。本文从更大范围来考察,能避免单点方言研究的缺陷,如分布范围,方言接触,区域方言学,类型的多样性,语法化等级、语气差别等,是单点方言研究不大容易体现的。

　　傅国通(2007/2010:38)说,普通话里的副词除"很"和"极"可后置当补语外,其他副词都只能前置当状语。但在浙江吴语里能或只能后置当补语的副词就较多,有"先""起""添""凑""过""煞""显""快"。前5个副词就涉及框式副词状语。

　　刘丹青(2017:72)说,谓词的修饰成分按位置前后分归状语和补语两种成分,名词的修饰成分却不管语序一律叫定语,而没有另外立一个名称,这在逻辑上是矛盾的。刘丹青(2017:75)又说,纯粹表程度的补语,特别是由副词如"很、极"等充当的程度补语,基本上是状语性的。我们赞同刘丹青(2017)的观点,把后置于中心语的副词性成分称为后置状语,把中心语前后都有的副词性成分称为框式副词状语。

2. "先……起"与"先……先"

2.1 "先……起"

台州方言有"先……起",例如:

(1) 你<u>先</u>吃<u>起</u>,我慢慢时吃。(你先吃,我慢慢吃。)

上例是副词"先"与"起"同时用于动词前后。(张永奋,1994:79)

台州温岭方言有"我先去起"。(阮咏梅,2013:273)

据曹志耘等(2000:433),处衢方言中,开化、龙游、遂昌有"先……起"。其实,常山、玉山也有。

王丹丹是常山人,普通话"你先走",常山话有以下几种说法:

(2) 尔先走。

(3) 尔走先。

(4) 尔去起。

(5) 尔<u>先</u>走<u>先</u>。

(6) 尔<u>先</u>走<u>起</u>。

(7) 尔走<u>起</u><u>先</u>。

(8) 尔<u>先</u>走<u>起</u><u>先</u>。

常山话表"你先走"的框式副词状语有三种,如例(5)、例(6)、例(8),例(6)就是"先……起"。例(7)"起"和"先"连用,都放在谓语后,作后置状语。例(8)"你先走起先"更特殊,动词前后有3个同义副词,强调的语气更强烈。

傅国通等(1985:104)说,浙江台州、温州使用"起先",并与"起"并存,这些地方位于北"起"南"先"的过渡地区。如上所说,常山也有"起先",它位于吴语西端。

据曹志耘、秋谷裕幸等(2016:610—611),婺州方言的金华、汤溪、磐安有"先……起"。

据王文胜(2015:223),处州方言的遂昌、松阳、宣平、缙云有"先……起"。

傅国通(2007/2010:38)举有如下例子:"你讲起。你<u>先</u>讲<u>起</u>。"(金华等)"你走起。你<u>先</u>走<u>起</u>。"(衢州、温州、丽水等)

地处江西但属吴语的玉山也有,例如:

(9) 他<u>先</u>做<u>一个钟头</u><u>起</u>,你再接住做。(他先做一个小时,你再接着做。)(汪

化云等,2014:178)

其他方言也有,如浙江淳安、遂安、建德(属徽语)有"先……起",寿昌有"前……起"。(曹志耘,1996:181)

据平田昌司(1998:286),徽州除祁门外,绩溪、歙县、屯溪、休宁、黟县、婺源都有"先……起"。

江西一些赣语也有,如都阳峰:"[n³⁵²]先吃酒起,等下嘚吃饭。(你先喝酒,等一会儿再吃饭。)"(卢继芳,2007:193—194)抚州方言:"你(先)到该里猥下起,我马上就过来。(你先到这里玩一下,我马上就过来。)"(付欣晴,2006:201)南昌方言:"先侭你拣起。"(张燕娣,2007:232)铅山方言:"阿先去起。"(胡松柏等,2008:330)

江西的畲话也有,如贵溪樟坪:"先睇下嘚电视起,再来做作业。(先看看电视,再来做作业。)"(刘纶鑫,2008:161)铅山太源:"偓先行起。"(胡松柏等,2013:283)

江西的畲话在赣语包围之中,可能是受赣语的影响,尤其是铅山太源畲话,与铅山方言一致,有区域方言学意义。

广西全州文桥土话(属平话)也有,例如:"你先做起(你先做)""伊面股先赤起(他的脸先红)。"(唐昌曼,2005:272)"赤"是形容词。

据浙江财经大学何婉馨同学介绍,其家乡贵州六盘水(属西南官话)也有,如"你先走起"。闽北石陂(属闽语)也有。(秋谷裕幸,2008:368)

平话、西南官话、闽语也有"先……起",说明北"起"南"先"并不完全符合方言实际。

"先……起"的中心语多为动词性成分,个别也有形容词性成分,如文桥土话。

可见,"先……起"的方言分布区域很广,涉及好几个大的方言,如吴语、徽语、赣语、平话、西南官话、闽语,还有畲话。

2.2 "先……先"

"先……先"是中心语前后用同一副词。

曹志耘(2000:310)说,据现有资料,"起先"只见于浙江丽水吴语(《丽水市志》:105)。例如:

(10) 你(先)讲先。

(11) 你(先)唱起先。

如前所说,温州、台州、衢州也有"起先"。

金华城里、汤溪有"先……起"。(曹志耘,1998/2012:274—275;曹志耘,2000:308)

据王文胜(2015:223),处州龙泉、庆元、丽水、云和、景宁、青田有"先……先"。

傅国通(2007/2010:38)说,浙江温州、丽水、衢州等有副词"先",常跟在动词后,表动作领先。这类句子中,动词前可用"先",不避重复,句意不变。如温州、平阳、云和、龙泉等说"你先走去先"。常山也有"你先走先"。

粤语也有,例如:"佢先讲先(他先说)。"(邓思颖,2009:237)"要等我先冷静吓先。(让我先冷静一下。)"(邓思颖,2012:12)"冷静"是形容词。

据曹志耘(2008:84),说"先……先"的方言点面更广:

浙江省有 15 个点,2 个是徽语,1 个是畲话,其他全是吴语。

江西省有 28 个点,3 个是吴语,2 个是江淮官话,3 个是徽语,1 个是客家话,其他全是赣语。

安徽省有 11 个点,1 个是吴语,3 个是赣语,其他全是徽语。

福建省有 1 个点,是闽语。

广东省有 4 个点,2 个是粤语,客家话、闽语各 1 个。

广西壮族自治区有 22 个点,2 个是客家话,2 个是西南官话,4 个是粤语,其他全是平话。

重庆市有 3 个点,全是西南官话。

青海省有 1 个点,是中原官话。

云南省有 1 个点,是西南官话。

"先……先"的中心语多为动词性成分,个别也有形容词性成分,如粤语。

可见,"先……先"的方言分布范围也较广,有吴语、徽语、客家话、赣语、闽语、粤语、平话、西南官话、中原官话,还有畲话,比"先……起"的分布范围还要广。

3. "再……添"与"再……凑"

3.1 "再……添"

浙南瓯语有"再……添",用不用"再"义同,连用时语气较强。例如:"再吃

碗添。"(颜逸明,2000:142)温州泰顺也有,例如:"再看一集添。"(张晓丽, 2013:74)

据曹志耘等(2000:432),处衢方言中,开化、常山既有"再……添",又有 "再……凑",龙游、遂昌、庆元有"先……添"。据占小璐(2012),玉山也有 "再……添"。

据曹志耘、秋谷裕幸等(2016:609—610),婺州金华、汤溪、永康有"再…… 添",浦江有"再……先₌儿"。

据王文胜(2015:224),处州方言10个点全部有"再……添"。

傅国通(2007/2010:39)说,在温州、丽水、金华、衢州等及杭州、绍兴的某些 方言里,副词"添"常用在动词短语或动词后,表"增加、增添"义。动词前也可同 时用同义副词"再"或"还",句意不变。例如:"吃碗(饭)添。再吃碗添。"(金 华)"买添。再买添。"(松阳)"讲遍添。再讲遍添。"(温州)"敢勿敢来添。再敢勿 敢来添。"(东阳)

绍兴也有,例如:

(12) 饭再吃碗添。(吴子慧,2007:213)

绍兴嵊州长乐话也有,例如,"坐漫辰添"(再坐一会儿)可说成"再坐漫辰 添",但不能说"再坐漫辰",即不能省略"添"。

其他方言也有。温州苍南灵溪(属闽南语)的例子如:

(13) 你再困一子仔添。(你再睡一会儿。)(温端政,1991:149)

据目前所掌握的材料可见,闽南语未见"再……添",灵溪方言有"再…… 添",应是受温州方言的影响,有区域方言学意义。

徽语也有。据曹志耘(1996:181),浙江淳安、遂安、建德、寿昌都有"再……添"。

歙县也有,例如:

(14) 吃了碗粥,我再吃碗面添。(沈昌明,2016:88)

有的"再……添"在具体语境中可表威胁意义,例如:

(15) 尔再硬下添!

(16) 尔再犟下添!

(17) 尔再美下添!(沈昌明,2016:88)

歙县话形容词也能进入"框式",如"硬""犟""美"。

绩溪也有,例如:

(18) 尔(再)吃碗添。(平田昌司,1998:285)

绩溪的"添"有两个读音,本调的[tʰeâi³¹]和轻声的[tʰeâi⁰],两者的作用有所不同。在动补、动宾结构里,"添"读本调时,语句重音在"添"上,表示追加受事的数量;读轻声时,语句重音在宾语上,表追加一个新的动作。例如:

(19) 渠买了两本书,想再买本添([tʰeâi³¹])。

(20) 渠买了两本书,想再买支笔添([tʰeâiº])。

例(19)表以前已买了两本书,现在再买一本书。例(20)表示以前已买了两本书,现在要再买一支笔。(平田昌司,1998:285)

在"VV 添"结构里,"添"读本调时,对动作的延续或追加有一种强烈的强调意味,起到一种警示、威胁的作用,如果动词前有"再",这种意味就更强烈。例如:

(21) 尔坐坐添([tʰeâi³¹])!(你胆敢再坐着!)

(22) 尔再坐坐添([tʰeâi³¹]),看我不收拾尔!(平田昌司,1998:285)

据平田昌司(1998:284—285),徽州除祁门外,绩溪、歙县、屯溪、休宁、黟县、婺源都有"再……添"。

粤语也有,例如:"你再饮一杯添。(你再喝一杯。)"(邓思颖,2007:263)

"再……添"的中心语多为动词性成分,个别也有形容词性成分,如歙县。

可见,"再……添"方言分布区域也较广,如吴语、徽语、粤语、闽语也都有。

书面上清末传教士著作中已有框式状语,例如:

(23) 我再读一遍添。(《温州话入门》1893 年:Phrases 第 392 句,转引自林素娥,2015:327)

3.2 "再……凑"

与"再……添"同义的有"再……凑",宁波话如:"你饭再吃碗凑。"

傅国通(2007/2010:39)说,象山、仙居、常山等说:"再买本凑。"余蔼芹(1993:13)说,宁波、舟山、台州、绍兴等有"(再)买一本凑"。

曹志耘等(2000:432)说玉山话没有"再……凑"。其实,玉山话也有,见占小璐(2012),她是玉山人。又如:

(24) 东西再送些你凑。(再给你送些东西。)

(25) 粥太浓啵,再清些凑,得要好吃些。(粥太稠了,再稀一些就要好吃一些。)

(26) 做事弗要样哈哈琐琐(做事不要那么缩头缩尾),胆再大些凑。(汪化云等,2014:174)

例(24)的中心语是动词,表动作行为的重复。例(25)、例(26)的中心语是形容词性词语,表程度加深。这与歙县方言"再……添"中间可加形容词性词语一样。

其他方言也有,如赣语。都昌:"茶变得好淡,<u>再</u>泡一碗<u>凑</u>。(茶淡了,重新泡一杯吧。)"(冯桂华等,2012:97)万载:"你<u>再</u>话一遍<u>凑</u>!(你再说一遍!)"(汤潍芬,2016:59—60)南昌:"<u>再</u>添碗饭<u>凑</u>。"(张燕娣,2007:233)铅山:"<u>再吃</u>(一)碗<u>凑、再吃凑</u>。"(胡松柏等,2008:331)余干:"你要不要<u>再吃一碗凑</u>?"(熊英姿)抚州也有。(付欣晴,2006:201)

江西的畲话也有。贵溪樟坪:"爱渠<u>再</u>食碗饭<u>凑</u>。(要他再吃一碗饭。)"(刘纶鑫,2008:161)铅山太源:"<u>再吃</u>(一)碗<u>凑</u>。"(胡松柏等,2013:284)

樟坪畲话、太源畲话的"再……凑"可能是受赣语影响,尤其是铅山太源畲话更与铅山方言一致,有区域方言学意义。

都昌又有"又……凑",例如:

(27) 我<u>又</u>洗得一遍<u>凑</u>。(我又洗了一遍。)(冯桂华等,2012:97)

徽语也有。如祁门:

(28) 尔<u>再</u>吃一碗<u>凑</u>。(平田昌司,1998:285)

孟庆惠(2005:273)说祁德片用"凑"后,动词前还可用"再"(如"尔<u>再</u>吃一碗<u>凑</u>"),句意未变化。口语以不加"再"为常。

祁德片方言(包括安徽的祁门、江西的浮梁、德兴)有"再……凑",但无"再……添"。这可能与祁德片处于赣语包围下,受其影响较大有关。(孟庆惠,2005:227)

休黟片婺源既有"再……添",又有"再……凑",如"<u>再</u>嬉一日<u>添</u>""<u>再</u>吃一杯<u>凑</u>"。(孟庆惠,2005:213—214)浙江开化、常山也既有"再……添",又有"再……凑"。婺源离开化、常山很近,尤其是婺源与开化接壤,应是方言接触。

曹志耘等(2000:432)说,"凑"只出现在开化、常山,这显然跟赣语的影响有关。胡松柏(2007:127)也说,"凑"是赣语性质的语法成分,"添"是吴语、徽语的共有语法成分(应是同源性的),赣东北吴语(还包括开化话、常山话)和赣东北徽语(还包括祁门话)因受赣语影响,都接受了"凑"并与方言固有的"添"构成语法成分的叠置。

其实,吴语其他多个方言点也有"再……凑",如宁波、舟山、台州、绍兴等,都远离江西,似乎不大可能受赣语的影响,因此,"'凑'是赣语性质的语法成分"不确切,分布范围要更广。不同方言有同一语法现象,有的可能是方言接触,有的与语言象似性有关。只有考察更多方言点,才能做出较符合方言实际的结论。

"再……凑"的中心语多为动词性成分,个别也有形容词性成分,如玉山。

"再……凑"的方言分布区域也较广,如吴语、赣语、徽语、畲话。

4. "再……过"与"重新……过"

4.1 "再……过"

曹志耘(2000:433)说,后置成分"过"见于常山、玉山、龙游、遂昌和庆元,开化、缙云、云和,没有相应的后置成分。"过"用在动词性词语后,表因上文所说的理由(这个理由大都是否定的),重新进行一次该动作,以便达到说话者所要达到的目的。处衢方言中,后置成分"添"或"凑"也常用来表与此相近义。"过"作后置成分时都读本调,不读轻声。

据曹志耘(2000:433),处衢方言中,开化既有"再……添",又有"再……凑",常山既有"再……添",又有"再……凑",还有"再……过",龙游、遂昌有"再……过",云和有"再……添",庆元既有"再……添",又有"再……先",还有"再……过"。

曹志耘(2000:433—434)说,"过"和"添""凑"的作用虽较接近,但还是有区别:"过"主要表重复,"添""凑"主要表追加。例如:庆元话"你□[ʔdiaʔ⁵]碗儿过"表"不要原来的那碗饭,重新吃一碗","你□[ʔdiaʔ⁵]碗儿添"则表"劝你再吃一碗"。

据曹志耘、秋谷裕幸等(2016:611),婺州也有上述"过"。后置成分"添"也常用来表与此相近义(浦江用"先₌儿")。"过"作后置成分时可能读轻声。例如:金华的"倷再讲遍过。(过~添)",永康的"尔(再)讲遍添"。

处州方言的遂昌、龙泉、庆元、松阳、景宁、缙云用"再……过"。(王文胜,2015:225—226)

傅国通(2007/2010:39)说,嘉兴、杭州、宁波、绍兴、金华等也有,例如:"再写张过""再买件过",但"再"不等于"过",不能代替"过"。"再"表"重复",有"增量"义。"过"表"重新",有"更改""增质"义。

绍兴方言也有,例如:

(29)大学今年考勿上明年再考过。(吴子慧,2007:214—215)

嵊州长乐话也有,如"再做过"。加"再"有点强调的意味,"过"义相当于普通话的"重新""再"。(钱曾怡,2002:293)

常山话表追加、继续的有"凑"和"添"。例如:

(30) 请尔(再)讲遍凑。(可以用于恐吓威胁语气。)

(31) 请尔(再)讲遍添。(没有恐吓威胁语气,比较委婉。)

还有表重复的"过"。例如:

(32) 我勴听灵清,尔(再)讲遍过。

可以说:"我勴吃饱,(再)吃一瓯凑/添。"不能说:"＊我勴吃饱,(再)吃一瓯过。"但可以这样表达:"我勴吃饱,想(再)吃过。"(此"吃过"指的是重新开灶、摆碗筷,再吃一次)

其他方言也有。严州方言除遂安外,淳安、建德、寿昌(属徽语)都有"再……过"。(曹志耘,1996:181)

江西余江(属赣语)也有,例如:

(33) 阿右听到,尔再话过。(我没听到,你再说一遍(原文作"篇")。)(胡松柏等,2009:494)

广州话(属粤语)也有,例如:

(34) 再开过一张。(再开一张。)(李新魁等,1995:561)

"再……过"方言分布也较广,如吴语、徽语、赣语、粤语。中心语都为动词性成分。

4.2 "重新……过"

处州的宣平、丽水、云和、青田用"重新……过",义同"再……过",表动作行为的重复。(王文胜,2015:225—226)

玉山话也有,"重新"读得重,"过"读得轻且须处于动词后、常处于句子或分句末尾,其表意重心在前。例如:

(35) 字写错么得擦么重新写过。(字写错了就擦掉重写。)(汪化云等,2014:175—176)

占小璐(2012:395)说玉山话有"重新……过……凑",三重重复,更能强调重新做某事的决心,表坚决的态度,如"重新演过一遍凑""重新读过一年凑"。

玉山与常山、龙游、遂昌、庆元等方言不同,玉山话"过"读轻声,而常山等"过"作后置成分时都读本调,不读轻声。玉山话"再……过"的中间是动词,有补语也是放在"过"后,如"再抄过一遍",与例(34)的广州话相似。而常山话的"尔(再)讲一遍过"、龙游话的"尔农再讲一遍(过)"、遂昌话的"你再讲遍过"等,中间都有表动量的补语。还有常山话的"(再)讲一遍过""(再)讲遍添""(再)讲一遍凑","过""添""凑"三者同义,庆元话的"(再)讲转添""(再)讲转先""(再)讲转过","添""先""过"三者也同义。

南昌方言(属赣语)也有"重新……过"。例如:

(36) 个块些子冒洗干净,重(新)洗过一下。

也有"再重新……过""又重新……过",句意不变,例如:

(37) 看都看不清,再重(新)写过。

(38) 个件不好看,我就又重新买过了一件。(张燕娣,2007:233—234)

例(37)、例(38)的中心语前用两个副词叠加。

清末传教士著作中也有此类框式状语,例如:

(39) 领口做来勿服帖,凸起来勿登样,从新再做过。(《沪语便商》散语第6章,1892年,转引自林素娥,2015:325)

例(39)的中心语前也用两个副词叠加。

"重新……过"方言分布较窄,目前所知,只有吴语、赣语才有。中心语也都为动词性成分。

5. "死……死"及其他

5.1 "死……死"

玉山方言有"死……死",前一个"死"读得重,后一个"死"读得轻且置于句子或分句末尾。例如:

(40) 水茶[ɕy³³ dzA³⁵]死苦死,我宁愿挂吊瓶。(中药太苦了,我宁愿打吊针。)

(41) 死戳目死,坐得我背后日日扯我头发。(太讨厌了,坐在我后面天天扯我头发。)(汪化云等,2014:179—180)

当"死……死"修饰不受程度副词修饰的动作动词时,表"太爱"义,与"死"前置单独修饰这类动词表达的意义同。例如:

(42) 我伊孙儿弗喜欢读书,死嬉死。(我这孙子不喜欢读书,太爱玩。)(汪化云等,2014:180)

两个"死"重复使用以修饰形容词或心理活动动词,例(40)表程度过分,例(41)表心理状态程度极深,与"死"单独充当后置状语表达的意义类似,但程度更深,常有贬义。所以,褒义的词语、表意愿的能愿动词不能出现在"框式"中,不能说"死喜欢死""死愿意死"。

汪化云等(2014：180)说,"死"单独作前置状语、后置状语,其能修饰的对象不完全相同。所以,除修饰性质形容词的例(40)外,如删掉上列其他例句中的某个状语就可能导致句子不成立:例(41)不能删掉后置状语,因剩下前置的"死"不能修饰心理活动动词;例(42)不能删掉前置状语,因剩下后置的"死"不能修饰一般动作动词。"死……死"表"过分、极深"义,所表示的程度超过了单个的"死",反映出其表意应是前后两个状语意义的叠加。前置状语读得重,故其表意重心也应在前。这是玉山方言的共性。

玉山方言的"死……死"有两种情况,即中心语是形容词与动词的不同,当中心语是形容词时,"死"可单独修饰;当中心语是动词时,"死"不能单独修饰。

常山方言也有,但有所不同。江山方言也有。玉山、常山、江山"三山"接壤。(详见王丹丹等,2017)

"死……死"方言分布范围较狭窄,只有吴语才有。中心语多为形容词,心理活动动词偶有,不多见。

5.2　明清白话小说等的框式状语

明清白话小说的程度副词既可前置作状语,又可后置作状语。例如:

(43)回头看一看后面,只见其人踉踉跄跄,大踏步赶将来,一发慌极了,乱跑乱跳。(明·凌蒙初《初刻拍案惊奇》卷36)

(44)多时不会,益发亲热得很,就坐下说了几句寒温的话。(清·兰皋主人《绮楼重梦》第6回)

例(43)的中心语前有"一发",后有"极",例(44)的中心语前有"益发",后有"很","一发……极了""益发……得很"也是框式副词状语。

现代汉语偶尔也有,例如:

(45)哦,和一个女人在一起更是妙极了,令人兴奋,像偷吃禁果一样,他丝毫也不觉得已经和梅格结了婚;这和在基努那旅店后边的圈地里搞一个小妮子,或者和趾高气扬的卡迈克尔小姐一起靠在剪毛棚的墙上胡闹一回没有任何区别。(翻译作品《荆棘鸟》)

(46)当他对马当娜郑重其事地说"小姐,你犯了个错误"时也十足地像极了007的口吻,只不过他手里没有拿枪,也没有那种小小的邪气。

明清白话小说的框式副词状语与玉山方言有不同之处:其表意重心应在后而不是在前,因程度副词作后置状语所表示的语意比作前置状语的程度要更重。张斌(2010：1263)有一表举有程度副词"很""极",意思是说,同样的程度副词,如"很"作状语与作补语(我们处理为后置状语,下同),其表达的程度作状语不如作补语来得高。

玉山的"死……死"常有贬义,明清白话小说的框式副词状语既可表贬义,也可表褒义,例如,例(43)的"一发慌极了"表贬义,例(44)的"益发亲热得很"表褒义。

5.3 "忒葛……猛"等

嵊州长乐话(属吴语)有"忒葛……猛"。这种双料副词全表程度过头,且带有强调意味。"尔来得早猛"如说成"尔来得忒葛早猛",超过正常要求义就更明确。而"老实猛""省快猛"等通常没有程度过头义,但一旦前面也加上"忒葛",那就也有了"太""过于"义。例如:

(47) 伊介囊忒葛老实猛常司介□[ᴄta]溜别囊欺待。(他人太老实,常被人欺负。)

长乐话的"忒葛"须跟"猛"合用为"忒葛……猛",不能单独用在形容词前。(钱曾怡,2002:290—291)

武义话有"忒……猛""似嫌……猛",例如:

(48) 嗳双鞋忒大猛。(这双鞋太大。)

(49) 妗妗似嫌会讲话猛。(舅母太会说话。)

例(48)和例(49)的"忒""似嫌"都是程度副词,相当于普通话的"太"。(傅国通,1961/2010:106)

武义话的"忒……猛""似嫌……猛"与长乐话的"忒葛……猛"都是框式副词状语,与玉山方言的"死……死"有相似处。

贵阳方言(属西南官话)也有类似用法,例如:

(50) 太好狠了。

"太"和"狠"意义相近,词性相同。(汪平,2003:244)

"太……狠"也是框式副词状语。

绩溪荆州方言(属吴语)有"太……很了"。(赵日新,2015:235)

徽州方言的绩歙片(属徽语)有"太……很喽"等,表谓语的性质状态程度过分义。(孟庆惠,2005:120—121)

据浙江财经大学的陈楠楠同学介绍,其家乡安徽池州贵池牌楼镇话(属江淮官话)也有"太……很了",如"太好很了。"据洪波先生说,其家乡安徽庐江(属江淮官话)也有"太……很了"。

安徽境内的不同方言都有"太A很了/喽",也有区域方言学意义。

各方言因读音关系或其他原因,还有一些框式副词状语,因篇幅有限,此略。

6. 结　语

6.1　类型归纳

前面介绍的框式副词状语,可归纳为以下几种类型:

第一种,"先……起""先……先"等表动作领先或优先。

第二种,"再……添""再……凑"等表动作继续进行或动作行为的重复,数量继续追加,有的还表程度的加深,这主要指中心语是形容词,如玉山。

第三种,"再……过""重新……过"等表动作行为的重复,有的与第二种类型有联系。据曹志耘(2000),"过"主要表重复,"凑""添"主要表追加。

第四种,"死……死"表程度的加深、心理状态程度极深,"忒……猛""似嫌……猛""太……很了"表程度的加深。明清白话小说的框式副词状语表程度的加深、心理状态程度极深。(崔山佳,2017)

6.2　演变轨迹

汉语方言不但在语音上分层次,如文白异读,且在语法上也分层次,框式副词状语是众多语法层面叠置现象的一种。

曹志耘(2000:435)说,处衢方言都有动词的后置成分,多数方言有"添"(或"凑")"先"(或"起")。例如,"你再吃一碗"分别有"你吃碗添""再吃碗添""你再吃一碗"三种句式,"你先去"分别有"你去起""你先去起""你先去"三种句式。分别代表三个层次,第一层次是方言固有说法,第二层次是方言与普通话语法现象的叠置,即框式副词状语,第三层次是受普通话影响的说法。

"凑"也是如此。吴语有的方言点说"……凑",普通话是说"再……",后受普通话的影响,在"……凑"的基础上,又前加"再",说成"再……凑"。受普通话的影响更进一步,就演变成"再……"。其演变轨迹是"你吃碗凑"→"你再吃碗凑"→"你再吃一碗"。

但各地方言的演变步伐并非完全一致。例如,嵊州长乐话只有前面两步,没有第三步,即不能说"再坐漫辰"。(钱曾怡,2002:292)也有不少方言无第二步,即没有框式副词状语。南方方言状语后置的方言点很多,但有框式副词状语的就少了不少,即这些方言没有第二步,例如,景宁畲话既有"VP+凑",又有"再+

VP",但中间未发展出框式副词状语"再＋VP＋凑"的用法。(胡方,2015：372)曹志耘(2008：84)调查"你去先",曹志耘(2008：87)调查"吃一碗添",显示不同层次的方言点更多。不同方言的发展速度不同,这也正是语言学理论所说的语言发展不平衡性在框式副词状语中的具体体现。

6.3　后置副词的语法化差异

骆锤炼(2009：476)说,这些后置副词一方面固然还或多或少地保留着自身作为副词义,另一方面却因后置而获得更多的句法诱因,后果就是逐步变为一种更纯粹的语法手段——有界化。与"再"连用,由"再"更多地承担"持续或反复"的功能,也可看作"添"进一步语法化的表现。项梦冰(1997：187)认为连城方言后置的"添"已虚化为助词,但吴语中的"添"及其他后置副词最终能在虚化的道路上走多远,则既取决于方言自身的发展,还取决于普通话对方言的影响,就目前普通话的强势影响来看,这一类后置现象恐怕不会存在很久。

张庆文等(2008)、莫霞等(2008)就认为粤语句末的"添"是语气词。张庆文等(2008：41—42)甚至认为不论从语义、线性关系还是从句法结构上来看,"仲""添"都无法形成一个框式结构。且所有其他表增加义的前置成分与"仲"类似,也都不可能与"添"组成一个框式结构。"添"有点类似于普通话中的语气词"吧"。

玉山方言"先……起"的"先"读得重,"起"读得轻且一般处于句子或分句末尾。即省掉其前置或后置状语都不改变句义,故其表意是前置状语和后置状语的同义叠置,即1＋1＝1;但因其重音在前,故可认为其表意重心在前。(汪化云等,2014：178)严州方言的"起"读本调。(曹志耘,1996：181)这涉及语法化等级。

宁波话口语中常说"……凑","凑"读本调,当是后置副词。开化、常山、玉山的"添""凑"在句中也都读本调,不读轻声。(曹志耘等,2000：432)也应是后置副词。可见,不同的方言,其语法化程度不同。相比之下,吴语多地方言"添""凑"的语法化不如连城方言彻底。

6.4　状语后置的来源

关于状语后置用法的来源,王文胜(2002)认为这可能和少数民族语言底层有关。王文胜(2015)重申此看法。我们同意此观点。据孙宏开等(2007),南方民族语言中,后置状语的分布很广。

一些民族语言在汉语的影响下,也有框式副词状语,据我们初步考察已有成果,汉藏语系语言有壮语、临高语、仫佬语、黎语、莫语、侗语、水语、毛南语、仡佬语、普标语(侗台语族),矮寨苗语(苗瑶语族),怒苏语、邦朵拉祜语(藏缅语族彝语支),阿昌语(藏缅语族缅语支)。南亚语系语言有佤语、布朗语。

有的民族语言状语演变轨迹也有三层,如壮语:

(51) 你先吃。

    a muɯŋ² kuɯm¹ koːn⁵.

      你   吃   先

    b muɯŋ² θiːn¹ kuɯn¹.

      你   先   吃

    c muɯŋ² θiːn¹ kuɯn¹ koːn⁵.

      你   先   吃   先(蒙元耀,1990:79)

例(51)a 是固有的,例(51)b 是外来的,应是受汉语的影响,例(51)c 是叠置,与汉语一些方言一样,是框式副词状语。

不少成果提到前置的副词借自汉语,故我们认为框式副词状语是受汉语的影响。但有后置状语,南方方言与南方民族语言应该是"近亲"关系。

6.5 数量象似性特征

沈家煊(2005:8)说,语言的结构与人所认识到的世界的结构恰好对应,这种对应具有广泛性和一再性,不可能是偶然的巧合,这就是语言的象似性(iconicity)。语言的象似性指的是感知到的现实形式与语言成分及结构之间的相似性,也就是说,语言的形式和内容(语言符号及其结构序列的能指和所指)之间的联系有着非任意的、有理据的、可论证的属性。既然语言符号及其结构序列的能指和所指之间的关联式是非任意的,两者之间一定会存在某种理据,而这种理据是可以论证的。

如前所说,程度副词作状语不如作补语表程度来得高。但"你先走"与"你走先",前者副词在前,后者副词在后,因两者都作状语,前者作前置状语,后者是状语后置,表达的程度一样。

框式副词状语充分体现了数量象似性特征。王寅(2007:352)指出,数量象似性的认知基础是:语符数量一多,就会更多地引起人们的注意力,心智加工也就较为复杂,此时自然就传递了较多的信息。"吃一碗凑"已表动作行为的重复,再在前面加副词"再",组合成"再吃一碗凑",更强调了动作行为的重复,使表达的主观量达到加强。特别是程度副词组成的框式副词状语,如武义话"嗳双鞋大猛。(这双鞋很大。)"与"嗳双鞋忒大猛。(这双鞋太大。)"(傅国通,1961/2010:106),显然是"忒大猛"比"大猛"程度要深,充分体现了"形式越多,内容越多"。总之,汉语方言的框式副词状语为数量象似性特征提供了不可多得的样本。

参考文献

曹志耘 1996 《严州方言研究》,(日)好文出版。

曹志耘 1998 汉语方言里表示动作次序的后置词,《语言教学与研究》第 4 期。后收入《曹志耘语言学论文集》,北京语言大学出版社,2012。

曹志耘 2000 东南方言里动词的后置成分,《东方语言与文化》,东方出版中心。

曹志耘主编 2008 《汉语方言地图集》(语法卷),商务印书馆。

曹志耘、秋谷裕幸、太田斋、赵日新 2000 《吴语处衢方言研究》,(日)好文出版。

曹志耘、秋谷裕幸主编 2016 《吴语婺州方言研究》,商务印书馆。

崔山佳 2017 《表示程度加深的"框式副词状语"》,未刊。

邓思颖 2006 粤语框式虚词结构的句法分析,《汉语学报》第 2 期。

邓思颖 2007 粤语框式虚词的局部性和多重性,《第十届国际粤方言研讨会论文集》,张洪年、张双庆、陈雄根主编,中国社会科学出版社。

邓思颖 2009 粤语句末"住"和框式虚词结构,《中国语文》第 3 期。

邓思颖 2012 言域的句法分析——以粤语"先"为例,《语言科学》第 1 期。

冯桂华、曹保平 2012 《赣语都昌方言初探》,西南交通大学出版社。

付欣晴 2006 《抚州方言研究》,文化艺术出版社。

傅国通 1961/2010 武义话里的一些语音语法现象,原载《中国语文》1961 年第 5 期,后收入《方言丛稿》,中华书局,2010。

傅国通 2007/2010 浙江吴语共时特征,原载《汉语史研究学报》,后收入《方言丛稿》,中华书局,2010。

傅国通、方松熹、蔡勇飞、鲍士杰、傅佐之 1985 《浙江吴语分区》,浙江省语言学会《语言学年刊》第 3 期方言专刊;《杭州大学学报》增刊。

胡 方 2015 浙江景宁畲话的语序及其表达功能,《方言语法论丛》第六辑,刘丹青、李蓝、郑剑平主编,中国社会科学出版社。

胡松柏 2007 赣东北方言语法接触的表现,《汉语方言语法研究》,汪国胜主编,华中师范大学出版社。

胡松柏、林芝雅 2008 《铅山方言研究》,中国社会科学出版社,文化艺术出版社。

胡松柏等 2009 《赣东北方言调查研究》,江西人民出版社。

胡松柏、胡德荣 2013 《铅山太源畲话研究》,中国社会科学出版社。

李新魁、黄家教、施其生、麦 耘、陈定方 1995 《广州方言研究》,广东人民出版社。

林素娥 2015 《一百多年来吴语句法类型演变研究——基于西儒吴方言文献的考察》,中国社会科学出版社。

刘丹青 2000/2010 粤语句法的类型学特点,原载香港《亚太语文教育学报》2000第2期,应约重刊于《南方语言学》2010年第2辑时,局部作了较大修改,尤其是4.1节,此处为2010年版。

刘丹青编著 2017 《语法调查研究手册》(第二版),上海教育出版社。

刘纶鑫 2008 《贵溪樟坪畲话研究》,中国社会科学出版社,文化艺术出版社。

卢继芳 2007 《都昌阳峰方言研究》,中国社会科学出版社,文化艺术出版社。

骆锤炼 2009 吴语的后置副词"添"与有界化,《语言科学》第5期。

蒙元耀 1990 壮语的后置状语,《中央民族学院学报》第5期。

孟庆惠 2005 《徽州方言》,安徽人民出版社。

莫 霞、冉 荣 2008 粤语句末"添"的语法限制,《广西大学学报》(哲学社会科学版)增刊。

钱曾怡 2002 嵊县长乐话的特殊语序,载《汉语方言研究的方法与实践》,钱曾怡著,商务印书馆。

阮咏梅 2013 《温岭方言研究》,中国社会科学出版社。

沈昌明 2016 安徽歙县"添"字句的特点研究,《淮北师范大学学报》(哲学社会科学版)第1期。

沈家煊 2005 认知语言学与汉语研究,《汉语学前沿与汉语研究》,刘丹青主编,上海教育出版社。

孙宏开、胡增益、黄 行主编 2007 《中国的语言》,商务印书馆。

汤潍芬 2016 万载方言特殊句式的结构考察,《汉字文化》第3期。

唐昌曼 2005 《桂北平话与推广普通话研究:全州文桥土话研究》,广西民族出版社。

汪化云、占小璐 2014 玉山方言的框式状语,《中国语言学报》(香港)第1期。

汪 平 2003 《方言平议》,华中科技大学出版社。

王丹丹、崔山佳 2017 常山话的框式状语"死……死",《汉字文化》第5期。

王文胜 2002 《吴语遂昌话的后置成分》,北京语言文化大学硕士学位论文。

王文胜 2015 《吴语处州方言的历史比较》,中国社会科学出版社。

王 寅 2007 《认知语言学》,上海外语教育出版社。

温端政 1991 《苍南方言志》,语文出版社。

吴子慧 2007 《吴越文化视野中的绍兴方言研究》,浙江大学出版社。

项梦冰 1997 《连城客家话语法研究》,语文出版社。

颜逸明 2000 《浙南瓯语》,华东师范大学出版社。

占小璐 2012 玉山方言的框式状语,《赣方言研究——赣方言国际学术研讨会论文集》第2辑,胡松柏主编,中国社会科学出版社。

张　斌主编　2010　《现代汉语描写语法》,商务印书馆。

张庆文、刘慧娟　2008　略论粤语"仲…添"的性质,《汉语学报》第 3 期。

张晓丽　2013　《泰顺方言的语法特色研究》,华侨大学硕士学位论文。

张燕娣　2007　《南昌方言研究》,中国社会科学出版社,文化艺术出版社。

张永奋　1994　台州方言的特点,《台州师专学报》(社会科学版)第 3 期。

赵日新　2015　《绩溪荆州方言研究》,安徽教育出版社。

〔日〕秋谷裕幸　2008　《闽北区三县市方言研究》,台湾"中央研究院"语言研究所。

〔日〕平田昌司　1998　《徽州方言研究》,(日)好文出版。

Anne Yue-Hashimoto(余蔼芹)　1993　*Comparative Chinses Dialectal Grammar*, Ecole Des Hautes Etudes En Sciences Sociales, Paris：Centre de Recherches Linguistiques sur l'Asie Orientale.

（作者单位：浙江财经大学人文与传播学院,310018,fhddcsj@sina.com;
2291608070@qq.com。）

现代汉语"子"后缀与闽南语"仔"后缀的比较研究

张淑敏

1. 引 言

在不少人的印象中,常认为现代汉语"子"后缀与闽南语"仔"后缀是简单易学的成分,我们却发现:在一般生活中,学生对这两个后缀的运用常出现错误。学者们对这两个后缀的相关研究,都是侧重于一两项,而非全面的探讨。这促使我提笔为文,阐释这两个后缀在句法、语音、构词、语义等方面的表现,并比较其差异,俾利教学与研究之用。本文主要探讨的问题汇整如下:第一,两种后缀的身份如何识别或界定? 第二,两者的句法表现如何? 构词域该如何界定? 制约条件又是如何? 第三,其语义内涵可分为哪几类? 过往文献所提出的说法有无错误? 其演变过程又是如何? 第四,两者的语音形式各是什么? 和语义又有何对应关系?

本文共分为五节。第一节概述本文的研究动机、目的、重点内容以及章节分布;第二节及第三节分别讨论两种后缀在句法、语音、语义、构词等方面的表现,并厘清相关问题;第四节将两个后缀的相异点整理成一个对照表格,以利教学与研究之用;第五节总结本文所有内容,并提出未来可探讨的方向。

2. 现代汉语"子"后缀

这一节探讨的主要内容是:现代汉语"子"后缀在句法、语音、语义、构词等方面的表现,并厘清相关问题。

2.1 现代汉语"子"后缀的界定标准

关于现代汉语"子"后缀的界定标准,朱德熙(1982:30)的看法是:该后缀的主要辨别标准是"轻音"([zi],如桌子、车子等),重读([zǐ])的都不是后缀(如君子、仙子等)。依据我们的观察结果,使用这个标准确实是最容易划分现代汉语"子"尾词的实词与后缀之界限。

然而,汉语"子"字在从实词渐渐转为虚词的语法化过程中,语义也同时跟着演变,并且渐渐弱化。其间的各个阶段,并非是一个阶段演变完成再接着另一个阶段,而是阶段与阶段间有所重叠,所以,若想讨论现代汉语"子"后缀的语义内涵,应该将语料的历时演变与共时的语料交互参照,才能得到较为全面的解释。此外,现代汉语"子"后缀的语义演变尚未完全结束,即它尚未完全变成一个毫无词汇意义的"语法标志"(grammatical marker),所以,还有其他的语义用法残存①。第二节将探讨现代汉语"子"后缀的多种语义内涵。

2.2 现代汉语"子"后缀的语义内涵

关于汉语"子"后缀的产生和语义演变,已有多位学者提出看法,主要有王力(1957、2001)、朱茂汉(1982)、柳士镇(2001)、李琦(2003)、曹跃香(2004)、郑萦、魏郁真(2006)等。综合这些文献的观点可知:汉语"子"字在《说文》中已出现段玉裁的注解,其本义为"人"。其语义演变过程基本上如王力先生所言:小称意是"子"字虚化的基础,"子"后缀在上古时期已萌芽,中古时期普遍使用。并且学者们也大致同意"子"后缀在唐宋时期用量大增,发展至今,其能产性已非常强大。

汉语的"子"后缀演变至今,虽已广泛用来充当语法标志,可接上大量的词根,但仍存留不少语义演变的历史遗迹,故呈现语义多样化的景况。现代汉语的"子"后缀,共有下面四种语义内涵:

一是小称。表示"短小、少量"之意,如沙子、虱子、疹子等。这类语义的"子"后缀,通常与词根结合后形成名词用法。只有极少数的例子,是与量词结合后形成副词用法,如一下子、一阵子等。

---

① 所谓的词缀(affix),是构词的单元,有其独立的语意。它是西方构词学的概念,用来与可独立成词的词做区别。所属成员有前缀(prefix)、后缀(suffix)、中缀(infix)、环缀(circumfix)等。从过往的文献中,我们发现有些学者认为只有无语意的"语法标志"才是"子"后缀,根据词缀的定义,这种看法显然不正确。

二是昵称。用来表示亲密或喜爱之意,通常用于指人名词,尤其是亲属称谓,如妹子、舅子、姨子;只有极少数用于姓或名的专称,这类专称在现代汉语已几乎不使用了,如小李子、小桂子等。

三是蔑称。用来表示厌恶或嫌弃之意,主要与形容词词根结合,形成指人名词,如胖子、矮子、疯子、麻子等。

四是零语义的语法标志。作为无词汇意的语法标志,可与大量词根结合来创造新词,经常用来作为名物化(nominalization)的标志,能产性很强,如房子、桌子、辣子、夹子、片子、段子等。

从以上汉语"子"后缀的语义内涵中可以发现:所有语义是源自实词"子"字的虚化,而后再从表示小称的词汇义继续衍生出表示情感色彩的昵称义与蔑称义,最后再虚化为零语义的语法标志。

2.3　现代汉语"子"后缀的构词功能

根据我们的观察,现代汉语"子"后缀的构词功能大致可分为下列三种:

一是辨义功能。加上"子"后缀可用来辨别语义,也就是说,加与不加"子"后缀的两个词,语义是不同的,如路≠路子、月≠月子、面≠面子等①。

二是转换词类功能。加上"子"后缀可改变词类,通常转变为名词,如包子(动词+子=名词)、乱子(形容词+子=名词)、段子(量词+子=名词)等。

三是造词功能。黏着词根加上"子"后缀可单纯用来创造新词,而"子"后缀在此没有明显的认知内涵,在现代汉语中却是必要成分,如镜子、粽子、椰子等②。

2.4　现代汉语"子"后缀的构词域以及制约条件

关于现代汉语"子"后缀的构词域,大部分的文献如秦坚(2005)、兰清(2007)、王光全(2009)等主要都提到,"子"后缀可以和名词、动词、形容词以及量词词根结合,形成名词用法;兰清(2007)更进一步提到,其词根能产性的排列顺序是:名词>动词>形容词>量词。相关例子如第二节所言,在此不再赘述。

此外,关于现代汉语"子"后缀构词的制约条件,主要文献有兰清(2007)与王光全(2009)等,经我们归纳与修正之后,分述为以下四种条件:

第一种,音韵的制约条件。包含音节数量的要求与"同音规避"的机制。大

---

① 这三个例子参李琦(2003:123)。
② 这三个例子参李琦(2003:123)。

多数的相关文献皆指出,"子"后缀通常选择单音语素担任词根,双音以上的语素担任词根的情况很少,这应是受到汉语词汇双音节化的演变因素所致。王光全(2009:388)还指出,除了音节数量的要求之外,也要避免同音相接的状况,所以,若"子"后缀与词根发生同音的情况,就会执行"同音规避"的机制,例如,我们通常会说"一个片子、一条根子",而不说"一片片子、一根根子"。

第二种,语义的制约条件。主要依据兰清(2007)的说法,经本文修正过后,分为以下四小类:

一是名词词根的语义限制条件。"子"后缀很少与抽象名词结合(如恨、善等),主要与具体名词结合;很少与群量名词结合(如群、批等),而多与单量名词结合;并且少与物质名词结合(如铜、水等),而主要与个体名词结合。

二是动词词根的语义限制条件。"子"后缀主要是与动作性很强的"二元动作动词"①结合(如刷子、包子等),而关系动词(如属、当等)、心理动词(如怒、愣等)、致使动词(如派、请等)则不能与"子"后缀结合。

三是形容词词根的语义限制条件。"子"后缀主要是与性质形容词词根结合,并且绝大多数是形成"指人贬义"名词(如疯子、胖子等),故兰清(2007)使用[-自主][+述人][-可控][-褒义]的语义特征来描述这一类形容词词根。此外,这一类相关的指物形容词词根极少(如辣子、尖子等),目前尚无法归纳其相关语义限制,可能正处于成形的过程中。

四是量词词根的语义限制条件。"子"后缀主要是与物量词词根结合(如条子、本子、段子等);动量词与"时间量词"②则很难充当词根,我们所发现的例子数量极少,前者有"一下子、一阵子",后者有"日子、月子",可能这两类也正处于成形的过程中。

第三种,口语的制约条件(王光全,2009:389)。"子"后缀主要是与口语色彩很浓的词相结合(如肚子等);书面色彩很浓的词不能加上"子"后缀(如*腹子等)。

第四种,大小的制约条件(王光全,2009:389)。同一个语义场③中,在形体、厚薄、老幼、长短等向度上,表示"相对小者"才可加上"子"后缀,大者则通常不可。此处所说的"大小",是指相对尺寸,而非绝对尺寸。例如,表示水域,可说"池子、坑子",而不能说"海子、洋子、江子";又如,表示建筑物,可说"房子、屋子、

---

① "二元动词"就是过去所谓的"及物动词"。

② 兰清(2007)认为,动量词与时间量词无法与"子"后缀结合,这个说法有误,看本文所举的例子便知。

③ 王光全(2009)所说的语义场,是指自然生活中的语义场,而非西方语言学中所指的语意特征场域。

亭子",而不能说"楼子、厦子"等。

3. 现代闽南语"仔"后缀

本节探讨的主要内容是：现代闽南语"仔"后缀在句法、语音、构词、语义等方面的表现，并厘清相关问题。

3.1 现代闽南语"仔"后缀的界定标准

关于现代闽南语"仔"后缀的来源，学者们的看法基本一致，即：闽南语"仔"后缀主要的一个来源是"囝"字，本意是"儿子"，因此它与汉语"子"后缀的来源是不同的。这个说法最早是杨秀芳(1991)提出的，文中的证据是：第一，《全唐诗》中顾况诗《囝一章》的自注："囝音蹇，闽俗呼子为囝"；第二，宋代集韵狝韵九件切："闽人呼儿曰囝"。之后的学者如连金发(1998)，郑萦、陈雅雯(2005)，曹逢甫、刘秀雪(2008)等经考证后基本上都同意这个看法。郑萦、陈雅雯(2005)更是提出《说文》的证据来补充证明闽南语"仔"后缀与汉语"子"后缀确实不同源。此外，关于闽南语[a²]后缀，现今学者几乎都选用"仔"字，杨秀芳(1991)认为，这是受到邻近方言"粤语"的小称词通用"仔"字的影响所致。

另一方面，关于现代闽南语"仔"后缀的读音[a²](本调)，经学者们的考证(连金发1998、杨秀明2009等)，认为是由原始发音形式[* kian]，经过鼻化音消失与声母消失等语音虚化程序，而演变成今日的[a²]。此外，"仔"后缀与词根结合时所发生的变调情形，主要可分为一般变调与随前变调两大类，细部的变调规则异常复杂，碍于篇幅限制，拟于日后再另文讨论。

最后，关于现代闽南语"仔"后缀的语法化情形，我们认为，"仔"后缀在语法化的过程中，语义也同时跟着演变，并且渐渐弱化。其间的各个阶段，也类似汉语"子"字的语义演变，并非是一个阶段演变完成再接着另一个阶段，而是阶段与阶段间有所重叠，所以，若想讨论现代闽南语"仔"后缀的语义内涵，也应该利用历时与共时的语料交互参照，才能得到完整的解释。此外，现代闽南语"仔"后缀的语义演变，至今尚未完全结束，还有其他的语义用法残存。第二节将探讨现代闽南语"仔"后缀的多种语义内涵。

3.2 现代闽南语"仔"后缀的语义内涵

闽南语的"仔"后缀现今虽已广泛用来充当语法标志，可接上大量的词根，但仍存留不少语义演变的历史遗迹，故呈现语义多样化的景况。根据连金发(1998)的详细考证，现代闽南语"仔"字词的来源总共有五种，这一点和汉语"子"字词的单一语源情况差异很大。现代闽南语"仔"字词的其中三种来源与"仔后缀"的生成有关；另外两种来源("且"①与"合(kap)")则与"仔中缀"的衍生相关(如"今仔日"与"父仔囝")，因此，后两种来源不在本文的讨论范围内。下面逐一讨论现代闽南语"仔"后缀的四种语义内涵及其来源：

第一种，小称。表示"形小、量少、轻薄、时短、程度低"之意的人、事、物或情状。这一大类又可分为两小类：

一是加上"仔"后缀而充当名词使用者，这类"仔"后缀的来源是"囝"，如沙仔、石仔、店仔等。

二是加上"仔"后缀而充当副词使用者，这类"仔"后缀的来源是"如/尔/然/若/而/耳"，其结构大致上有[动词＋仔](如笑笑仔)、[形容词＋仔](如慢慢仔)以及[量词＋仔](如一下仔)三种，出现在这些结构里的动词与形容词，通常会使用重叠式；而量词通常前方会与数词"一"连用。

第二种，昵称。用来表示亲密或喜爱之意，这一大类又可分为两小类：

一是呼格，这类"仔"后缀通常出现于人的姓或名之后，用作称呼使用，其来源是"也"字，如王仔舍、英仔、阿明仔等。

二是亲属称谓，这类"仔"后缀通常用于指人名词，绝大多数是亲属称谓，其来源是"囝"，如妹仔、阿弟仔、舅仔、姨仔等。

第三种，蔑称。这类"仔"后缀用来表示厌恶或嫌弃之意，其来源是"囝"，如做戏仔、剃头仔、牵交仔、趁食仔、外省仔、下港仔等。汉语表蔑称的"子"后缀多是加在形容词词根上，闽南语"仔"后缀反而是加在动词或名词词根居多。

第四种，零语义的语法标志。这类"仔"后缀是作为无词汇义的语法标志，与大量词根结合创造新词，经常用来作为名物化的标志，能产性很强，其来源也"囝"，如(大/小只)狗仔、(大/小个)笼仔、(大/小支)钻仔等。

从以上闽南语"仔"后缀的语义内涵中可以发现，大部分的语义源自实词"囝"字，而后再从小称义，继续衍生出表示情感色彩的昵称义与蔑称义，最后再虚化为零语义的语法标志。数种语义之中，只有两小类来自其他的语源，表昵称

① 郑萦、陈雅雯(2005)把含闽南语"仔后缀"的时间词(如"暗头仔、头仔、尾仔"等)的来源都说成是"且"，然而经笔者查证明清戏文、歌仔册、日治时期的闽南语文献、闽南语故事集等资料，发觉含"且"的时间词只有"今旦、明旦、一旦"三个，因此，很有可能并不是所有含闽南语"仔后缀"的时间词来源都是"旦"，郑、陈(2005)的说法很可能是过度条理化了。

的"呼格用法"来自古代的"也"字,以及作为副词用法的"小称词"来自古代副词词尾"如/尔/然/若/而/耳",因此,源自实词"囝"字而成的闽南语"仔"后缀为最大宗。

3.3 现代闽南语"仔"后缀的构词功能

现代闽南语"仔"后缀的构词功能,据连金发(1998)的观察,大致上可分为三种,经我们归纳加注,整理如下:

第一种,辨意功能。加上"仔"后缀可用来辨别语义,即:加与不加"仔"后缀的两个词,语义是不同的,如糖≠糖仔、会≠会仔、印≠印仔等①。

第二种,转换词类功能。加上"仔"后缀可改变词类,通常转变为名词或副词,这一点和汉语"子"后缀的情形不太相同,汉语中转换成副词的状况极少。各类闽南语的例子如下所示:动词词根:塞仔(动词+仔=名词)、笑笑仔(动词+仔=副词);形容词词根:圆仔(形容词+仔=名词)、慢慢仔(形容词+仔=副词);量词词根:片仔(量词+仔=名词)、一下/阵仔(量词+仔=副词)等。

第三种,造词功能。加上"仔"后缀可单纯用来创造新词,而"仔"后缀在此没有明显的认知内涵,且在现代闽南语中未必是必要成分,词根也未必是黏着语素,这两点和汉语"子"后缀的情况有异,如树/树仔、桌/桌仔等。

3.4 现代闽南语"仔"后缀的构词域及其制约条件

关于现代闽南语"仔"后缀的构词域,大部分的文献如连金发(1998),郑萦、陈雅雯(2005),邵慧君、甘于恩(2002)等虽不是以讨论"仔"后缀的构词域为主的文章,然而都曾提到:"仔"后缀可以和名词、动词、形容词以及量词词根结合,形成名词或副词的用法,其中,与名词词根结合为最大宗,例子如上一节所言,在此不再赘述。

此外,关于现代闽南语"仔"后缀构词的制约条件,至今尚无相关文献,下面拟使用汉语"子"后缀的四种制约条件,来一一检视现代闽南语"仔"后缀的相关构词情况:

第一,音韵的制约条件,即"同音规避"的机制。我们查证杨允言的闽南语/华文线顶字典、闽南语语料库(http://203.64.42.21/iug/Ungian/ungian.asp),以及台湾清华大学的闽南语语料库(http://140.114.116.3/DB/)之后所得的结

---

① 前二例来自连金发(1998:468),后一例来自郑萦、陈雅雯(2005:213)。

果是：现代闽南语"仔"后缀并不会特别喜欢选择单音语素担任词根，双音以上的语素担任词根的情况在语料库中出现很多，原因可能是：一，双音节化的条件对闽南语词汇的形成而言，其制约力量并不如对汉语所造成的那么强大；二，闽南语名字的呼格用法，是可以加上"仔"后缀来表示昵称，而闽南人的名字取双音节的很多（如明月仔），或是在呼叫时在名字前加上"阿"前缀的数量也很多（如阿月仔），所以，就造成带"仔"后缀的呼格很多都是三音节词的状况；三，闽南语的动词与形容词，通常是使用重叠式再加上"仔"后缀，来形成副词用法的词汇（如"笑笑仔讲、慢慢仔来"），因此也造成很多三音节的词汇。以上这些情况都与汉语不同。至于"同音规避"的机制，在闽南语方面的表现则与汉语较为类似，即：闽南语也必须遵守其制约，如闽南语通常会说"一块片仔"，而不说"一片片仔"。

第二，语义的制约条件，可分为以下四小类：

一是名词词根的语义限制条件。闽南语"仔"后缀较少与抽象名词结合（如恨、善等），主要与具体名词结合；很少与群量名词结合（如群、批等），而多与单量名词结合；并且少与物质名词结合（如铜、水等），而主要与个体名词结合。这里值得一提的是，闽南语的"仔"后缀可以和姓或名这一类的专有名词一起形成昵称的呼格，现代汉语的"子"后缀却极少有这种用法。

二是动词词根的语义限制条件。闽南语"仔"后缀主要也是与动作性很强的二元动作动词结合（如塞仔、夹仔等），关系动词（如姓、有等）、心理动词（如失望、生气等）、致使动词（如派、请等）则不能与"仔"后缀结合。

三是形容词词根的语义限制条件。闽南语"仔"后缀主要是与性质形容词词根结合，用来让性质形容词的程度减弱（如伊﹛瘦瘦仔/肥肥仔/媌媌仔﹜等）或是与情状形容词词根结合，形成副词用法（如慢慢仔来、轻轻仔讲等）。

四是量词词根的语义限制条件。闽南语"仔"后缀主要也是与物量词词根结合（如片仔、条仔等），但数量不是很多；动量词与时间量词则较难充当词根，我们所发现的例子数量也是极少，前者有"一下子、一阵子"，后者有"旦仔、月仔"，可能这两类也正处于开始成形的过程中。

第三，口语的制约条件。闽南语"仔"后缀主要也是与口语色彩较浓的词相结合（如店仔、厝仔等）；书面色彩较浓的词不能加上"仔"后缀（如＊铺仔、＊屋仔等）。

第四，大小的制约条件。和汉语情况类似，在同一个语义场中，在形体、厚薄、老幼、长短等向度上，表示"相对小者"比较容易加上"仔"后缀，大者则通常比较困难。例如,表示水域,可说"池仔、窟仔",而不能说"海仔、洋仔、江仔";又如,表示行政区,可说"庄仔、村仔",而不能说"省仔、县仔"等。这里值得注意的是,大小的制约条件加诸闽南语的力量,与加诸汉语的力量相比,可能相对来得弱一些。因为汉语的某些相对大者,是不能加上"子"后缀的(如 * 楼子等),闽南语却可以加上"仔"后缀(如楼仔等)。或许我们可以猜测:现代闽南语的"仔"后缀虚化的程度,比汉语"子"后缀虚化的程度来得高一些,因此,"仔"后缀能与更多数的词根结合,并且可以更加无视大小制约条件的存在。

4. 现代汉语"子"后缀与闽南语"仔"后缀的比较

从上面几节的讨论内容中可以发现,现代汉语"子"后缀与闽南语"仔"后缀在各方面都有不少相同之处,然而,两者间同时存在一些相异之处。为此,我们把两个后缀的相异点整理成一个对照表格,以利教学与研究之用。

表 1　现代汉语"子"后缀与闽南语"仔"后缀相异点对照表

相异处	汉语"子"后缀	闽南语"仔"后缀
来源	单一来源: 来自实词"子"。	三种来源: (1) 来自"也":形成昵称的呼格。 (2) 来自"如/尔/然/若/而/耳":形成副词用法。 (3) 来自"囝":其他语义。
语音	皆读成"轻音"[zi]。	本调读成[a²],与各类词根结合会产生极为复杂的变调情形,分成一般变调与随前变调两大类。
语义	(1) 小称:主要是名词用法。与量词词根结合才可产生极少的副词用法。 (2) 昵称:一般多用于亲属称谓,而姓或名的呼格只可用于极少数的专称,如小桂子、小李子,现代汉语已几乎不使用此类说法了。 (3) 蔑称:汉语表蔑称的"子"后缀多加在形容词词根上。	(1) 小称:有名词与副词用法两种。 (2) 昵称:一般可用于姓或名的呼格以及亲属称谓。 (3) 蔑称:闽南语表蔑称的"仔"后缀是加在动词或名词词根上居多。

（续表）

相异处	汉语"子"后缀	闽南语"仔"后缀
构词功能	(1) 转换词类功能：与词根结合后，将其转变为名词与极少量的副词。 (2) 造词功能：可与黏着词根结合来创造新词，零语义的"子"语法标志在此用法中属于必要成分。	(1) 转换词类功能：与词根结合后，将其转变为名词或副词。 (2) 造词功能：不一定要与黏着词根结合，零语义的"仔"语法标志在现代闽南语中不是必要成分。
构词域	可以和名词、动词、形容词以及量词词根结合，形成名词用法；并且与量词词根结合才可产生极少的副词用法。	可以和名词、动词、形容词以及量词词根结合，形成名词或副词用法。
构词制约条件	(1) 音韵的制约条件：遵守"音节数量"的要求与"同音规避"的机制。 (2) 语义的制约条件： a. 名词词根的语义限制条件："子"后缀极少与姓名类的专有名词一起形成昵称的呼格。 b. 形容词词根的语义限制条件："子"后缀主要是与性质形容词词根结合，并且绝大多数是形成指人贬义名词。 (3) 大小的制约条件：在汉语的作用比闽南语强一些。	(1) 音韵的制约条件：只遵守"同音规避"的机制。 (2) 语义的制约条件： a. 名词词根的语义限制条件："仔"后缀通常都可以与姓名类的专有名词一起形成昵称的呼格。 b. 形容词词根的语义限制条件："仔"后缀主要是与性质形容词词根结合，用来让性质形容词的程度减弱或是与情状形容词词根结合，形成副词用法。 (3) 大小的制约条件：在闽南语的作用比汉语弱一些。 由上可知，这三个制约条件对于闽南语而言，语义的制约条件影响力较大。

5. 结　论

　　本文详细探讨了现代汉语"子"后缀与闽南语"仔"后缀在句法、语音、构词、语义等方面的表现，并比较其差异性。但因为时间与篇幅之限，尚有一些课题值得深究，如两种后缀语法化的途径与相关理论的解释、其语法化的机制或手段、在语法化历程中的音韵演变情况、形成词汇后所担任的各类语义角色等，期待日后再行切磋。

参考文献

曹逢甫、刘秀雪　2008　闽南语小称词语法化研究——语意与语音形式的对应,《语言暨语言学》,第 9 卷第 3 期。

曹跃香　2004　《现代汉语"V＋子/儿/头"结构的多角度观察》,湖南师范大学博士学位论文。

兰　清　2007　《现代汉语"子"后缀构词规律研究》,四川大学硕士学位论文。

李　琦　2003　《现代汉语名词后缀"子"的用法探析》,河南大学硕士学位论文。

连金发　1998　台湾闽南语词缀"仔"的研究,《第二届台湾语言国际研讨会论文选集》。

柳士镇　2001　试论中古语法的历史地位,《南京大学学报》第 5 期。

秦　坚　2005　后缀"子"的类型与意义,《语言与翻译》第 1 期。

邵慧君、甘于恩　2002　闽语小称词类型比较,《闽语研究及其与周边方言的关系》(丁邦新、张双庆编),香港中文大学出版社。

王　力　1957　《汉语史稿》,科学出版社。

王光全　2009　构词域与后缀"子"的语义问题,《世界汉语教学》第 23 卷第 3 期。

杨秀芳　1991　《台湾闽南语语法稿》,大安出版社。

杨秀明　2009　闽南方言"仔",《漳州师范学院学报》第 1 期。

郑　絮、陈雅雯　2005　台湾闽南语"囝""囥""仔""儿"的比较,《台湾语言与语文教育》第 6 期。

郑　絮、魏郁真　2006　"子"的语意演变,《静宜人文社会学报》,第 1 卷第 1 期。

朱德熙　1982　《语法讲义》,商务印书馆。

朱茂汉　1982　名词后缀"子""儿""头",《安徽师范大学学报》(哲社版)第 1 期。

(作者单位:台中教育大学台湾语文学系,smchang0524@gmail.com。)

汉语表达"原委"的话语标记[*]

李宗江

1. 原因和原委之分

表达原委的话语标记(下文简称为原委标记)是指标记事件来龙去脉的语言表达式。廖秋忠(1986)论及现代汉语中的"释因"类篇章连接成分,曾举"原来"的例子来说明两种释因连接成分的区别。例如:

(1) 有个同志表现不坏,常常先进,要求入党二十二年,申请了十三次,才得以成为中共党员。为什么呢？<u>原来</u>档案上两次审干材料都说他的农民父亲是反社会主义分子,第三次审干才弄清前两次材料纯属子虚乌有。(《人民日报》第五版,1984年7月2日)

(2) 天地之大,无奇不有。市场上竟有卖耗子尾巴的,生意倒也兴隆。<u>原来</u>是搞爱国卫生运动,有些单位要求职工每人交上几条耗子尾巴,少交一条扣发奖金五角,自家打不到老鼠,只好花钱买。信息灵通者,便想到了发耗子尾巴财。(《人民日报》第一版,1985年1月10日)

廖先生说例(1)的"原来"是"单纯表达原因",例(2)的"原来"是表达意外的原因。我们觉得例(2)表达意外的原因只是一个巧合,其实,"原来"所引导的句子或语段的共性不是表达原因,而是表达某一结果的原委,即事情的来龙去脉或真相。以下的用例都不能理解为一般的原因。

(3) 过了一会儿,他们说到门口去等人,叫四毛坐着莫动,莫让人占了桌子。四毛就一个人死死坐着。快过十二点了,服务员又过来问可不可以上菜了,四毛说不知道。<u>原来</u>那四个人早提着十条云烟溜了。酒家就抓住四毛,硬说他们是

---

* 此研究得到国家社科基金项目"近代汉语的语用标记及其演变研究"(13BYY112)的资助。

一伙的。(王跃文《国画》)

(4) 今天一大早,金枝出门了,他立刻把金秀召过来审。几句话过去,金秀就说了实情。

原来几天前金秀就知道金枝的事了——金枝不舒服,让姐姐给开几副中药。金秀一号脉,一切了然。她当然不敢向父亲通报,只想着找个机会跟妹妹点破,一起想个瞒天过海的两全之策,谁承想昨天晚上就发生了风波。金秀更没想到,自己在金枝屋里点她的那些话,居然又让外屋的老爷子听了去。事到如今,她不实说又怎么行?(陈建功、赵大年《皇城根》)

例(3)和例(4)中的"原来"所引导的成分看作原因是比较牵强的,它们无法被替换为原因连接成分。我们觉得应该将表达原因和表达原委区分开来。从实际语例来看,"原来"侧重于表达原委而不是原因。原委是就事件真相的疑问和不解来说的,有的疑问和不解是说者曾经有的,一个意外的机会使说者发现或了解了事情的原委,原有的疑惑解除,这种原委我们称之为发现性原委,发现性原委往往代表的是反预期信息。有的疑问和不解是说话对方提出的,说话者主动道出事情的原委,以解对方之惑,这种原委我们称之为答疑性原委。答疑性原委不代表反预期信息。从汉语的原委标记来说,有的是表达发现性原委的,如由"原来"所引导的都是发现性原委。有的是表达答疑性原委,如由"是这么回事"所引导的都是答疑性原委。

2. 现代汉语的原委标记

2.1 发现性原委标记

现代汉语的发现性原委标记主要有"原来、原来是、敢情、敢情是、合着、闹了半天、弄了半天、半天"等。例如:

(5) 夜深了,他们发现防波林边有一个姑娘,就说:"社员,你敢不敢爱?"

社员哪会承认有他不敢的事?一伙子人轻悄悄抬竹床移到林子中,社员就挥戈上阵了。哪知道惨噪着翻滚下来的不是姑娘而是社员。四周的人们纷纷跑来,同伙顿作鸟兽散,独只社员捂着鲜血淋漓的下身束手就擒。

原来是姑娘穿着一条丝绸内裤,社员撕破了裤子却不曾想有几根蚕丝还牵连着,他正撞在这几根细丝上,勒了个皮破肉裂,那还不疼死他!(池莉《让梦穿越你的心》)

(6) 他开始调查哪个机关肥,哪个机关瘦,以便找个肥的,死啃一口。越调查,他越发怒。<u>敢情</u>有的机关,特别是军事机关,不单发较多较好的粮,而且还有香烟,茶叶,与别的日用品呢!这使他由悔而恨,恨自己为什么不早早的下手,打入这样的机关里去!(老舍《四世同堂》)

(7) 元妃胡思乱想未了,而銮驾已停。先听见六宫都太监夏守忠请安的声音。稍许,小太监掀开舆帘,抱琴过来搀扶。<u>敢情</u>是已到了临时驻跸之所。(刘心武《贾元春之死》)

(8) 蒋兴丰以少见的坚决说道:"好了,该说的能说的,我都说了。剩下我没说的,就是不能说的不该说的。你也别再追问了……"廖红宇再次发动"进攻":"<u>合着</u>……你把莉莉赶到那个房间去,要告诉我的就是,你蒋兴丰对工作组的现状、对橡树湾的今天完全没有一点责任?合着……你堂堂一个工作组组长,对正在橡树湾发生的这一切,就只有逆来顺受?"(陆天明《大雪无痕》)

(9) "我不是不请你,我是问你上哪家餐馆。"

"你说话了,"我惊喜地说,"<u>闹了半天</u>你不是没嘴葫芦,我本来都开始习惯和一个哑巴在一起了。"(王朔《痴人》)

(10) 小伙子开始检讨自己态度生硬:"许老师别生气,我们也是例行公事。昨天又有一架飞机被弄到台湾去了……"许还山哭笑不得:"哦,<u>弄了半天</u>把我成劫机嫌疑犯了?有这么大年龄的幼机犯吗?"(柏雨果《许还山与摄影》)

(11) 郝童:妈,你看小云她辞职连跟我说都没说一声。

小云:<u>半天</u>你是跑来我家告状来啦。(电视剧《大女当嫁》)

以上原委标记还常和"难怪、怪不得"等可理解篇章连接成分和"(我)以为"等反叙实标记搭配使用。例如:

(12) 好哇!<u>怪不得</u>昨天不赏面子了,<u>原来</u>跟人谈诗去了,我们是俗物呀!根本就不配认识你。(钱钟书《围城》)

(13) 我真傻,还<u>以为</u>不买帽子是为了省钱呢!<u>原来</u>人家没找到合适的,哼,越打扮越好看了!(邓友梅《在悬崖上》)

(14) <u>怪不得</u>那些商店没人,敢情全在这儿泡着哪!(阎宇彤《走马加拿大》)

"哎呀,<u>我打着</u>你们都是镶金贴银的钱窝子呐,敢情当教授那么不值钱呵……"(中杰英《怪摊》)

可理解的篇章连接成分和反叙实标记预设了说者曾对事件真相的误解或疑惑。

2.2 答疑性原委标记

现代汉语常用的答疑性原委标记主要有:"别提了、一言难尽、说来话长、你不知道、你可不知道、我跟你说吧、是这么回事、是这样的、事情是这样的"。例如:

(15)戈:诶,对了。牛大姐,你那件事儿处理得怎么样了? 光看你去回来,什么也没说呀。是不是不够典型儿?

牛:诶,<u>别提了</u>。我那个情况跟你们这个正好相反。男的非常忠厚老实,温文尔雅。可那个女的简直是个泼妇。天下竟有这种女人,也难怪有人要瞧不起咱们女人。(电视剧《编辑部的故事》)

(16)"朋友,我听说温室是长年四季过着春天生活的! 为甚你又这般憔悴? 你莫非是闹着失恋的一类事吧?"

"<u>一言难尽</u>!"小草叹了一口气。歇了一阵,她像在脑子里搜索得什么似的,接着又说,"这话说来又长了。你若不嫌烦,我可以从头一一告诉你。我先前正是像你们所猜想的那么愉快,每日里同一些姑娘们少年们有说有笑的过日子。什么跳舞会啦,牡丹与芍药结婚啦······你看我这样子虽不什么漂亮,但筵席上少了我她们是不欢的。有一次,真的春天到了,跑来了一位诗人。她们都说他是诗人,我看他那样子,同不会唱歌的少年并没有什么不同。我一见他那尖瘦有毛的脸嘴,就不高兴。嘴巴尖瘦并不是什么奇怪事,但他却尖的格外讨厌。又是长长的眉毛,又是崭新的绿森森的衣裳,又是清亮的嗓子,直惹得那一群不顾羞耻的轻薄骨头发颠! 就中尤其是小桃,——"(沈从文《小草与浮萍》)

(17)瘦老头以为他不识货,炫耀道:"这可是清代的曼生壶,值千儿八百哩!"秦老头摇摇头,叹了口气:"有些东西是不能标价的! 你知道吗? 这紫砂茶壶是我老伴年轻时送给我的,五十多年来,它一直陪伴着我。捧起它,我就想起去世的老伴,想起过去的好时光······"秦老头的喉咙哽住了,瘦老头被感染了,说:"老哥,这曼生壶也是我们老厅长的爱物哟! <u>说来话长</u>。老厅长当年当八路时,性子躁,脾气凶,曾犯过骂士兵、打俘虏、拼硬仗等纪律,后来给一位将军当警卫排队,那将军是和尚出身,半路还俗行武,他认为饮茶能清心修行,戒躁制怒,便送给警卫排长一把曼生壶。在一次突围中,由于警卫排长莽撞行事,过早暴露了目标,致使部队伤亡较大,将军也中弹殒身。他痛心疾首,从此视壶为珍宝。一次在杭州开会,他把壶忘在西子宾馆里,半途又返回去取。老厅长今天舍不得。他叮嘱过我,一定要让你收下,他相信你会珍惜它,你昨天发的那场脾气就

是证明。他理解你的心情。老歌,你就收下吧!"(叶大春《三瘾录》)

(18)朱怀镜不明就里,问:"卜老还有什么大愿未了?"卜知非说:"<u>你不知道</u>,我老父亲早年接过人家一幅古画来修补,后来就一直没见那人来取。那是清代石涛的一幅画,叫《高山冷月图》。据父亲说,这是石涛的一幅佚画,很珍贵。时间一晃就四十多年了,父亲一直替人家保存着那幅画。老人家说这是人家的东西,绝不可以据为己有。父亲只把这画给我看过,全家上下再没有别人知道家里有这东西。不曾想,一个礼拜前,这幅画突然不见了。父亲当天就卧床不起了。在床上病恹恹地什么东西都不肯吃,睡了七天,就闭眼去了。父亲也没别的话同我说,只在临终前对我说了一句话:人生在世,知是易,知非难啊!想我父亲给我起了这么个名字,自有他对人生的看法。可惜我天生愚鲁,慧心不够,很让父亲失望。"(陆天明《大雪无痕》)

(19)金秀"哟"了一声,看了杨妈一眼,说:"怎么又扯上金枝啦?"

"<u>秀儿,你可不知道</u>,我哪敢透这个风儿啊,那不让人说癞蛤蟆想吃天鹅肉啊!"(陈建功、赵大年《皇城根》)

(20)我们大老远从矿上来,今天我又在您府上大门房里从早上六点钟一直等到现在,我就是要问问董事长,对于我们工人的条件,究竟是允许不允许?

朴:哦,——那么,那三个代表呢?

大:<u>我跟你说吧</u>,他们现在正在联络旁的工会呢。(曹禺《雷雨》)

(21)当着人别抓脑袋,别剔指甲,别打嗝儿;喝!规矩多啦!有些留学的名士满不管这一套,可是外国人本来就看不起我们,何必再非讨人家的厌烦不可呢!我本来也不注意这些事,有一回可真碰了钉子啦!<u>是这么回事</u>:有一回跟一个朋友到人家里去吃饭,我是吃饱了气足,仰着脖儿来了个深长的嗝儿;喝!可坏了!旁边站着的一位姑娘,登时把脸子一撂……(老舍《二马》)

(22)经理:谁让你们进来的。这儿现在不营业。出去出去,啊,出去。嗯,怎么又是你?你们在这儿鬼鬼祟祟地干什么呢?

戈:啊,<u>是这样的</u>。我们是《人间指南》编辑部的。我叫戈玲,他叫李东宝,我们是一起的。

李:诶,是,我们是想采访一下双双,就是给读者介绍一位歌坛新秀,我觉得她挺有发展。(电视剧《编辑部的故事》)

(23)你愿意结识一个小流氓,并且每天同他相处吗?我想,你肯定不愿意,甚至会嗔怪我何以提出这么一个荒唐的问题。

....

事情是这样的：前些日子，公安局从拘留所把小流氓宋宝琦放出来。他是因为卷进了一次集体犯罪活动被拘留的……（刘心武《班主任》）

现代汉语的原委标记有的在近代汉语中就已经产生了，而且近代汉语中的原委标记比现代汉语更加丰富，从近代的实例中，我们可以清楚地了解原委标记的形成特点。

3. 近代汉语的原委标记

3.1 发现性原委标记

近代汉语的发现性原委标记主要有"原来、原来是、却原来、原道、闹了半天"。例如：

（24）愚人未识主人翁，终日孜孜恨不同。到彼岸，出樊笼，原来只是旧时公。（唐·释德诚《船子和尚拨棹歌》）

（25）即按云头，回至花果山界。但见那旌旗闪灼，戈戟光辉，原来是四健将与七十二洞妖王，在那里演习武艺。（明《西游记》5回）

（26）我想你庶民之家，那得许多东西，却原来放线做贼。（宋《宋四公大闹禁魂张》）

（27）那快手合主人家岂有不怕本官上司，倒奉承你这两个外来的穷老？原道他真是太爷太奶奶，三顿饭食，鸡鱼酒肉，极其奉承。（清《醒世姻缘传》27回）

（28）玉兰道："母亲休要多言。孩儿就知恪遵父命。那相公是急难之人，这样财帛是断取不得的。"甘婆听了忖想道："闹了半天，敢则是为相公。可见他人大心大了。"（清《三侠五义》108回）

近代汉语的发现性原委标记和现代汉语差别不大，都是以"原来"或由"原来"参与构成的词语为主体，换句话说，现代汉语的这类原委标记的主要成员在近代汉语就产生了。"原来"本是表示时间的，相当于"起初，开始"，例如：

（29）既奉父王劝免（勉），原来不称情怀。愁聚两眉，泪流双眼。（敦煌变文《八相变》）

作为时间词语，"原来"句预设后来事情发生了变化，与"后来"或"现在"等时间词语相对。因为发生了变化，后来人可能不知道当初的事情，所以，当了解了当初的情况后自然觉得意外，于是客观的时间意义淡化，而发现事情原委的主观意义凸显出来。

3.2 答疑性原委标记

近代汉语的答疑性原委标记,就内部构成上看,主要是由"言说"类动词和"知晓"类动词作为中心成分构成的。

3.2.1 "言说"类

"言说"类原委标记主要有:"说不得、说不了、再莫说起、休说、休说起、告诉不得你、不好告诉的、不好告诉你的、一言难尽、说来话长"。例如:

(30) 皇甫殿直见行者赶这两人,当时叫住行者,道:"五戒,你莫待要赶这两个人上去?"那行者道:"便是。<u>说不得</u>!我受这汉苦。到今日抬头不起,只是为他!"(宋《简帖和尚》)

(31) 这是谁呢?不是胡兄弟么?怎么在这里住下的?

嗳哟,<u>说不了</u>。兄弟的运气忒不好咧。前年与大哥分散以后……(清《华音启蒙谚解》)

(32) 将晚,永贞回来,见了进忠,问道:"哥哥为何着恼?"进忠道:"<u>再莫说起</u>,可恨刘家那淫妇把我银子偷去,反辱骂我,明日到城上告他去。"(清《梦中缘》17回)

(33) 王婆道:"大官人,先头娘子须也好?"西门庆道:"<u>休说</u>!我先妻若在时,却不忺的家无主,屋倒竖。如今身边枉自有三五七口人吃饭,都不管事。"(明《金瓶梅》3回)

(34) 月娘便问:"你为什么许愿心?"西门庆道:"<u>休说起</u>,我拾得性命来家。昨日十一月二十三日,刚过黄河,行到沂水县八角镇上,遭遇大风,砂石迷目,通行不得。天色又晚,百里不见人,众人都慌了。况驮垛又多,诚恐钻出个贼来怎了?比及投到个古寺中,和尚又穷,夜晚连灯火也没个儿。只吃些豆粥儿,就过了一夜。次日风住,方才起身。这场苦比前日更苦十分。前日虽热天,还好些,这遭又是寒冷天气,又耽许多惊怕。幸得平地还罢了,若在黄河遭此风浪怎了?我在路上就许了愿心,到腊月初一日,宰猪羊,祭赛天地。"(明《金瓶梅》72回)

(35) 邓九公这里便合安老爷坐下,又要了壶莼荠枣儿酒,说:"昨日喝多了,必得投一投。"安老爷合他一面喝酒,只找些闲话来岔他,因说道:"老哥哥,我昨日一回家就问你,说你睡了。怎么那么早就睡下了呢?"邓九公道:"老弟,<u>告诉不得你</u>!这两天在南城外头,只差了没把我的肠子给恒断了,肺给气乐了!我越想越不耐烦,还加着越想越糊涂,没法儿,回来闷了会子,倒头就睡了。"(清《儿女英雄传》32回)

(36) 西门庆正骑马街上走着,撞见应伯爵、谢希大。两人叫住,下马唱喏,问道:"哥,一向怎的不见?兄弟到府上几遍,见大门关着,又不敢叫,整闷了这些时。端的哥在家做甚事?嫂子娶过来不曾?也不请兄弟们吃酒。"西门庆道:"<u>不好告诉的</u>,因舍亲陈宅那边为些闲事,替他乱了几日,亲事另改了日期了。"(明《金瓶梅》18回)

(37) 西门庆道:"你如何今日这咱才来?"应伯爵道:"<u>不好告诉你的</u>。大小女病了一向,近日才好些。房下记挂着,今日接了他家来散心住两日。乱着,旋叫应保叫了轿子,买了些东西在家,我才来了。"(明《金瓶梅》22回)

(38) 那合哥道:"小娘子,你如何在这里?"万秀娘说:"<u>一言难尽</u>:我被陶铁僧领他们劫我在这里,相烦你归去我爹爹、妈妈,教去下状,差人来捉这大字焦吉、十条龙苗忠和那陶铁僧。如今与你一个执照归去。"(宋《万秀娘仇报山亭儿》)

(39) 贾琏问:"到底是谁,这样动他的心?"二姐笑道:"<u>说来话长</u>。五年前我们老娘家里做生日,妈和我们到那里给老娘拜寿。他家请了一起串客,里头有个作小生的叫作柳湘莲,他看上了,如今要是他才嫁。旧年我们闻得柳湘莲惹了一个祸逃走了,不知可有来了不曾?"(清《红楼梦》66回)

3.2.2 "知晓"类

"知晓"类原委标记主要有:"你可知道、你不知、你不知道、你哪里知道、你是不知、你还不知哩、你有所不知、好教你得知、你不晓得、你理会不得、你不曾理会得、你不省得、你们不醒的"。例如:

(40) 老弟,你方才问那十三妹,我怎生说到他是我的恩人?<u>你可知道</u>,愚兄是个"败子回头金不换"。我自幼儿也念过几年书,有我们先人在日,也叫我跟着人家考秀才去……(清《儿女英雄传》15回)

(41) 俊道:"太尉有甚事睡不着?"张太尉道:"<u>你不知</u>,自家相公得出也。"(宋《近代汉语语法资料汇编(宋代卷)·王俊首岳侯状》)

(42) (州官云)好打这厮,你不识字,可怎么做外郎那?(外郎云)<u>你不知道</u>,我是雇将来的,顶缸外郎。(《全元曲·包待制陈州粜米》四折)

(43) (虞候云)想大夫完璧还国,渑池会上那等英雄。不是大夫谋略,主公岂能还国!论大夫之功,不在廉颇之右,何故惧他?(正末云)孩儿,<u>你哪里知道</u>,俺为臣者当要赤心报国,岂记私仇也呵!(《全元曲·保成公径赴渑池会》四折)

(44) (裴舍云)小姐,你是个读书聪明的人,岂不闻:"子甚宜其妻,父母不悦,出。子不宜其妻,父母曰:'是善事我。'则行夫妇之礼焉,终身不衰。"(正旦云)裴少俊,<u>你是不知</u>,听我说与你咱。(唱)恁母亲从来狠毒,恁父亲偏生嫉妒。治国忠直,操守廉能,可怎生做事糊突! 幸得个鸾凤交,琴瑟谐,夫妻和睦,不似你裴尚书替儿嫌妇。(《全元曲·裴少俊墙头马上》四折)

(45)八戒道:"哥哥莫扯架子,他怎么伏你点札?"行者道:"兄弟,<u>你还不知哩</u>。这护教伽蓝、六丁六甲、五方揭谛、四值功曹,奉菩萨的法旨暗保我师父者。自那日报了名,只为这一向有了你,再不曾用他们,故不曾点札罢了。"(明《西游记》21回)

(46)梅氏见他走得远了,两眼垂泪,指着那孩子道:"这个小冤家,难道不是你嫡血? 你却和盘托出,都把与大儿子了,教我母子两口,异日把什么过活?"倪太守道:"<u>你有所不知</u>,我看善继不是个良善之人,若将家私平分了,连这小孩子的性命也难保;不如都把与他,像了他意,再无护忌。"(明《喻世明言》卷十)

(47)那妇人问道:"当初这个简帖儿,却是兀谁把来?"这汉道:"<u>好教你得知</u>,便是我教卖锅咖儿的僧儿把来。你的丈夫中我计,真个便把你休了。"(宋《简帖和尚》)

(48)两个前进,长老在马上问道:"悟空,你才打虎的铁棒,如何不见?"行者笑道:"师父,<u>你不晓得</u>。我这棍,本是东洋大海龙宫里得来的,唤做天河镇底神珍铁,又唤做如意金箍棒。当年大反天宫,甚是亏他。随身变化,要大就大,要小就小。刚才变做一个绣花针儿模样,收在耳内矣。但用时,方可取出。"(明《西游记》14回)

(49)俊道:"既得衢州,则无事也,有甚烦恼?"张太尉道:"恐有后命。"俊道:"有后命如何?"张太尉道:"<u>你理会不得</u>。我与相公从微相随,朝庭必疑我也。朝廷教更番朝见,我去则必不来也。"(宋《近代汉语语法资料汇编(宋代卷)·王俊首岳侯状》)

(50)行者道:"看看袈裟,有何差错?"三藏道:"<u>你不曾理会得</u>,古人有云,珍奇玩好之物,不可使见贪婪奸伪之人。倘若一经入目,必动其心;既动其心,必生其计。汝是个畏祸的,索之而必应其求可也;不然,则殒身灭命,皆起于此,事不小矣。"(明《西游记》16回)

(51)老婆道:"你去营中寻林教头来认他一认。"李小二道:"<u>你不省得</u>。林教头是个性急的人,摸不着便要杀人放火。倘或叫得他来看了,正是前日说的甚么陆虞候,他肯便罢? 做出事来须连累了我和你。你只去听一听,再理会,"(明《水浒传》9回)

(52)众人问说:"大官人怎么是个咬脐郎?"一个老鄙说道:"哎哟! <u>你们不</u>

醒的。咬脐郎打围,并边遇着他娘是李三娘。如今大官人同着小娘子打围,不中咬脐郎么?"(清《醒世姻缘传》2 回)

3.3 答疑性原委标记的来源

现代和近代的答疑性原委标记,其主体是"言说"类动词加上否定标记和"知晓"类动词加上否定标记构成的短语。由"言说"类动词加上否定标记构成的短语,其主语有两种情况:一是说话者(一般都省去),如"说不得";一是听话者(一般都省去),如"休说"。从我们搜集到的例句来看,这一类原委标记所引出的原委对说话者来说都是不好的事,如果导致一个事件结果的原委是不好的事情,人们是不希望把自己不好的事情告诉别人的,因而当对方问到或者必须说出原委时,便用表示自己不便说、不好说或者是表示不希望对方提起的短语来引出,提示对方有个思想准备。由"知晓"类动词构成的短语,其主语都是第二人称,表示事情的原委对方是不了解的,从而引出后面的情况。作为原委标记时,以上两类短语都语用化了,它们原本的结构和语义功能退居幕后,逐渐演变成一个篇章连接性的成分。

4. 原委标记的演变

表 1   近现代汉语原委标记对照表

	发现性原委标记	答疑性原委标记	
		"言说"类	"知晓"类
近代	原来、原来是、却原来、原道、闹了半天	说不得、说不了、再莫说起、休说起、休说、告诉不得你、不好告诉的、不好告诉的你的、一言难尽、说来话长	你可不知道、你不知、你不知道、你哪里知道、你是不知、你还不知哩、你有所不知、好教你得知、你不晓得、你理会不得、你不曾理会得、你不省得、你们不醒的
现代	原来、原来是、敢情、敢情是、合着、闹了半天、弄了半天、半天	别提了、一言难尽、说来话长、我跟你说吧	你不知道、你可不知道、是这么回事、是这样的、事情是这样的

从这个对照表上看,近现代汉语的原委标记有以下两点不同:

第一,就发现性原委标记来说,近代与现代差别不大,只是现代多了两个词,差别不是系统性的。

第二,就答疑性原委标记来说,近现代差别较大,在近代主要是由"言语"类动词或"知晓"类动词作为中心成分构成的,而且主要是否定性结构。而在现代汉语里,虽然也主要是由这两类动词作为中心成分构成,但每一类的成员都大为减少,特别是否定性结构大部分消失,说明系统简化了。现代汉语增加了"是+指代词"形式的答疑性原委标记。

参考文献

廖秋忠　1986　现代汉语篇章中的连接成分,《中国语文》第 6 期。

李宗江　2016　近代汉语"释因"类语用标记及其演变,《语言研究集刊》第十六辑,上海辞书出版社。

唐为群　2006　副词"原来"的多角度考察,《长江学术》第 4 期。

韩晓云　2014　浅析语气副词"敢情",《牡丹江师范学院学报》(哲学社会科学版)第 4 期。

(作者单位:解放军外国语学院外训系,215300,li1377630@163.com。)

从方所时间词语到引导元话语[*]

——以"这里、下面、现在、目前、当前"为例

殷志平

0. 引　言

　　本文研究的范围包括"这里""下面""现在""目前"和表示时间的"当前"等5个成员,我们把前2个叫"这里"类,后3个叫"现在"类。"这里"类表示靠近言说者所在位置的处所,其中,"这里"表示较近的处所,"下面"表示位置低的地方。"现在"类词语表示时间意义,都指说话的时候。以往人们对"这里"类和"现在"类词语的研究主要局限于它们在句子内的意义和功能,近来已有文献关注到它们(主要是"现在")的元话语功能。Schiffrin(1987/2007)认为英语的 Now 是话语间时间关系标记,具有推进话语的功能。Aijmer(1988)认为 Now 是连贯标记。Schourup(2011)则认为 Now 具有编码制约性程序意义,其所在话段(utterance)表明对于听读者高度可及信息的语境来讲已经显著出现了部分新信息。李宗江(2014)认为在现代汉语中"现在"除了充当时间关系连接成分,连接分句、句子或语段,还具有元话语功能,包括作为结果标记和程序转换标记。曹沸(2015)认为"现在"具有语篇衔接功能,表示对比。同样,我们注意到,"目前""当前"和"这里"类词语与"现在"一样具有组织篇章的元话语功能。那么,"这里"类词语和"现在"类词语作为元话语的特征和具体功能是什么?"这里"类和"现在"类词语不同成员之间功能上有什么共性和差异? 表方所和时间的词语是如何成为元话语的? 本文拟对这些问题做出探讨。本文例句均来自北京大学

---

　　* 本文曾在第七届现代汉语虚词研究与对外汉语教学研讨会(2016 年 7 月,昆山)上宣读,已发表于《对外汉语研究》第十五期(2017 年 5 月,商务印书馆)。

CCL 语料库,为节省篇幅,现代汉语例句均不标明出处。

1. "这里"类和"现在"类词语的元话语特征

关于元话语的特征,主要从形式和意义两个方面进行讨论。形式上的主要特征是其在话段中位置的灵活性和句法上的独立性,意义上的特征是表达程序意义,不编码真值条件意义。"这里"类和"现在"类词语 5 个成员基本上具备了这些特征。它们常常出现在句首,有的出现在段首,与后续成分之间常常有停顿。例如:

(1) 儿童思维发展是儿童心理学的重要内容,所涉及的问题很多,这里,我们只扼要地阐述以下三个问题。

(2) 关于如何提高个人的科学素养,我们将在第四章进行详细讨论。下面,我们首先给出一批看似稀奇古怪的问题。

(3) 农村问题,一直是党中央、国务院十分关心的重大问题。当前,农村卫生工作仍是一个突出的薄弱点。

(4) 不久前,在中国电热蚊香厂家代表大会上,日商向大家介绍说,目前,中国已经生产出各项指标均达到国外同类产品标准的驱蚊药最佳载体,它就是萧山滤纸厂……

(5) 但是我能够理解,对一个步子不能比你迈得大的人来说,要穿过巨人居住的房间是很吃力的。现在,请你告诉我,你是谁,到我们巨人这儿来干什么?

(6) 历史地理的研究不应该仅仅停止在静态的时空变化中,要与人类活动的足迹联系在一起。……今天研究中国历史地理的人几乎都源自这个组织。目前,全国属于这个领域的正式从业者,不到五十人。

(7) 培育市场,促进文艺繁荣,充分发挥这 4.3 万个文化站在管理文化市场、组织文化活动等方面的作用,将会有力地推动集镇文化建设的发展。当前,我们要特别注重催化和培育农村文化市场。

此外,除了"当前"以外 4 个词语后面都能出现语气词。例如:

(8) 那么我今儿跟吴大使握手,我一想,这双手是握过无数国家领导人和总统、国王的手,哎呀,我就紧张了。好,下面呢,进入我们的提问时间。

(9) 现在呢,我要让企业的会计经理给我介绍他每个月末/季度末计提坏账准备的过程(注意:这就是在了解企业自己的内控制度)。

(10) 是怎么写逼上梁山的这些人物的命运、他们上梁山的这些经历? 这是很有意思的问题。<u>这里呢</u>,我们可以大体分成这么几种情况来分别讨论一下。

(11) 我很确定你也知道,在黑暗中我可以很清楚地看见你。我可以现在就杀了你。<u>至于目前呢</u>,你那只手可能很久都不能用了。事实上,你可能一辈子都不能拿剑了。

"这里"类和"现在"类词语位于句首、其后有停顿和语气词的特征显示它们只是松散地附接于宿主话段(host utterance),句法上不与该话段产生结构关系。即使"这里"类和"现在"类词语与后续成分之间没有停顿,其功能仍然不是充当句子成分。例如:

(12) 这个具体在这儿是辗转引申,是个新名词。本来说具体就是指特殊的事件讲,<u>现在</u>我们说的具体却不指事件。

(13) 经济型旅店经营的促销方式多种多样,人们开展促销方面有很多不同的做法,<u>目前</u>比较常用的促销方式有以下九种。

(14) 2 000多年来,人们对汉字起源提出过许多不同的推测,<u>下面</u>我们择要略作述评。

(15) 但是对于不同的人来说,每次实践活动所培养的才干却往往是不一样的,<u>这里</u>就有一个实践的"效率"问题,善于从实践中锻炼和培养才能的哈佛经理,都能在实践中多看、多思、多问、多记、反复检验,反复调查,不断总结,吸取教训。

(16) 我国近地小天体的研究有一定的基础,<u>当前</u>应尽快建立我国的现代近地小天体中心。

上述各例中的"这里"和"现在"类词语可移位到主语后面谓词之前充当饰谓成分,但位移后意义变化了。例(12)的"现在"用于句首时,引导后面整个句子,同时与前面话语中的"本来"形成对照,如果"现在"移到"我们"之后,这种对照关系就不存在,整个话段也因此变得不通顺。例(13)的话题是经济型酒店的促销方式,"目前"用在句首时引导"常用的促销方式"对该话题作进一步陈述,如果位移到谓语"有"前,"目前"的功能就变成从时间上修饰"有以下几种"。例(14)中的"下面"用在句首时表达话语的次第意义,先整体上提出"人们对汉字起源提出过许多不同的推测"的话题,"下面"引导对这一话题的具体论述,如果把"下面"移位到"我们"后面,就丧失了次第意义,话语的连贯性因此减弱了。例(15)和(16)中的"这里"和"当前"都既位于句首,也位于谓语前,Schiffrin(1987:263)在讨论英语 Now 时提到过类似问题,认为 I have so far considered phonology.

Now let us consider morphology 中的 Now 的副词用法和元话语用法中和了。但例(15)和(16)中的"这里"和"当前"只是元话语用法,不是副词用法,因为它们可以删除而不改变句子的命题意义。

不仅位于谓语前的"这里"类和"现在"类删除后不改变句子的命题意义,位于主语前的"这里"类和"现在"类词语也可删除,这表明这些词语在句法上具有可选性(syntactically optional)。如例(12′)至例(14′)。

(12′) 这个具体在这儿是辗转引申,是个新名词。本来说具体就是指特殊的事件,我们说的具体却不指事件。

(13″) 经济型旅店经营的促销方式多种多样,人们开展促销方面有很多不同的做法,比较常用的促销方式有以下九种。

(14′) 2 000 多年来,人们对汉字起源提出过许多不同的推测,我们择要略作述评。

上面 3 个例子是删除例(12)—(14)中的"这里"类和"现在"得到的,两组句子之间的命题意义基本不存在差异,但对听读者来说,例(12′)—(14′)缺乏理解话段间关系的线索,话段间关系比较模糊,而使用元话语成分的例(12)—(14),言说者说出"下面""现在""目前"后,给听读者提供了指示,听读者可以预测言说者将说出什么类别的话语。

2. "这里"类和"现在"类词语的元话语功能

元话语是有关基本命题信息以外的话语,是引导读者去组织、分类、解释、评价和反映篇章所传达信息的一套机制。(VandeKopple,1985:83)根据 Hyland (2008)的分类,"这里"类词语和"现在"类词语属于引导式元话语(interactive),它们涉及作者组织篇章的方法,以及作者对读者知识的评估,读者借助这些元话语可以达到作者所期望的解释,其中,"这里""目前"和"当前"是语码注释语(code glosses),"下面"是框架标记(frame),"现在"是转换标记(transition)。

2.1 "这里"

作为语码注释语,"这里"通过改述、解释或详述(elaborative)对前面话段提供补充信息,从而保证读者能够理解作者预期的意义(Hyland,2008:45)。"这里"引导话语详述的角度有描述、解释、等同、引申和评价等。

(17)然而,仅以城市的面积计,贵阳(2 436 平方公里)竟是高居全国第六把交椅！这里,有没有一点自大呢?

(18)我觉得这在过去的管理理论中是最缺乏的。……是把企业作为一个相对静止的东西加以研究的,它是以企业—社会结构变动不大为前提的。这里,企业是一个封闭的大系统。

(19)一个曾经对事业执着追求,为公司的利益立下汗马功劳的女强人,在不足两年时间内,沦落为一个特大经济犯罪分子,这里,说明了什么问题;其中,又包含了多少人生的警示。

(20)她说:"我们学习、成长的机会很多,但对机会的把握是不一样的。这里,人的精神起很大作用。我认为最重要的是人格的铸造。"

例(17)中的"这里"引导一个提问施为句对仅以面积论城市大小的话题进行评论。例(18)中的"这里"引导"企业是一个封闭的大系统"的陈述对前文的"企业作为一个相对静止的东西加以研究的"作等同性解释,例(19)中的"这里"后的"说明了什么问题……包含了多少人生的警示"对前面的论题"为公司的利益立下汗马功劳的女强人……沦落为一个特大经济犯罪分子"做出引申解释,例(20)中的"这里"引导一个论断"最重要的是人格的铸造"对论点"对机会的把握是不一样的"评价。

2.2 "下面"

作为框架元话语的"下面"标志话语发展阶段,提示后续话段与前面话段间的发展关系,常常用于叙述情节发展。例如:

(21)野蜂常常把蜂巢筑在高高的树上,蜜獾不容易找到。所以当目光敏锐的导蜜鸟一旦发现树上有蜂巢时,便马上去寻找蜜獾。为了引起蜜獾的注意,导蜜鸟往往扇动着翅膀,身体做出特殊的动作,并发出令人注意的"达达"声。当蜜獾得到信号后,便匆匆赶来,爬上树去。而导蜜鸟则在一旁等待蜜獾把蜂巢咬碎,赶走蜜蜂,把蜂蜜吃掉。当蜜獾美餐一顿离去后,下面就轮到导蜜鸟独自享受那被蜜獾咬碎的蜂房里的蜂蜡了。

(22)预防在他人做过的创意上打转转,关键是要做一个属于自己的构想仓库,将他人做过的方案(有关这一主题)全部搜索,很容易用排除法否定掉绝大多数人云亦云的思路,下面,你就很容易明白"独辟蹊径"的方向在哪里——其实只是一个工作方法的改变,却令你少走弯路,避免了许多情绪上的大起大落。

(23)"咳,咳。"于观单肘横陈桌上,在麦克风前咳嗽了几声大声说,"下面我宣布,'三T'文学奖发奖大会现在开始——"

例(21)中的"下面"指示后续话语陈述的情节是前面话语陈述情节的发展，例(22)虽然是论证性话题，但"下面"连接的话语仍然是叙事，"下面"指示情节的进一步发展，虽然"下面"后紧接着出现了"就"，似乎可以理解为条件关系，但言说者使用"下面"是针对"将他人做过的方案(有关这一主题)全部搜索，很容易用排除……"而言，后续话段陈述的情节是该情节的进一步发展，例(23)中的"下面"通过引导一个施为句指示话语发展。

用"下面"指示的情节发展要求保持同一叙述角度，表现在形式上是前后话段陈述的主题保持不变。例(21)的情节是导蜜鸟如何利用蜜獾吃蜂蜡，"下面"前紧邻话段的主语虽然是蜜獾，但叙述角度还是导蜜鸟利用蜜獾吃蜂蜡。例(22)的情节是如何有创意，叙述角度是言说者向听读者说话，可以在"下面"前话段中补出主语"你"显示这种前后一致的叙述角度："(你)将他人做过的方案(有关这一主题)全部搜索，(你就)很容易用排除法否定掉绝大多数人云亦云的思路，下面，你就很容易明白。"下面例子中的"下面"改变了叙述角度：

(24)梅兰芳在1910年前后，经常和一些前辈老生演出《汾河湾》。戏演到柳迎春被调戏跑回寒窑，用椅子把门顶住，就按照老规矩往椅子上一坐，背身对着观众，一动不动了。<u>下面</u>，观众的视线就转向窑门外的薛仁贵，集中精神去听他那一段西皮。

例(24)是关于舞台演出的情节叙事，"下面"前面话段说梅兰芳如何演戏，后面的话段说台下观众的反应，叙述角度由梅兰芳转到观众。这里的"下面"应该理解为指示观众所在的处所。

2.3 "现在"

作为框架标记的"现在"指示添加，即增加论题要素和潜在的组成项(consists of items，Hyland，2008：50)。"现在"指示的添加是在已有项目基础上增加另一个项目，与已有项目相比，增加项目的命题信息与"现在"前话段对应的命题相比产生了变化(Schourup，2011)，有的增加了新的要素，有的程度产生了变化，有的范围扩大或缩小了，如果命题的信息变化到相当程度，就成为对照。例如：

(25)这是改革开放以来第一个蒋氏《中国近代史》的重刊本，也是该书出版以来的第一个新版本(有所删节)。1990年，上海书店将此书按1939年商务版重印，收入《民国丛书》第二辑，编为第75种。<u>现在</u>，上海古籍出版社又把它作为《蓬莱阁丛书》之一，重排出版。

（26）安琪低头饮泣，她本来心情不好，<u>现在</u>，被高太太埋怨，就更加伤心了，她又不敢驳嘴。

（27）一个非常有力的证据是，在我访问的几十位总编辑中，只有 2 人曾经来过中国，但是<u>现在</u>，他们中的很多人计划在一两年内访问中国："中国的经济影响力越来越大。"

（28）也许，你们之间有些误会。我们不合适，早就应该分手。误会？我们俩在一起本身就是误会。如果……夏琳，你听我说句真心话……如果你觉得这事儿与我有关，那么，<u>现在</u>，我向你保证，从今以后，我绝对不会跟陆涛有任何来往，以前的事，不管什么，我现在道歉。

例（25）介绍《中国近代史》的出版情况，在介绍 1990 年重印的基础上，"现在"引导的话段添加了另一个出版信息，该添加项目增加了新信息：出版社由上海书店变为上海古籍出版社，出版系列由《民国丛书》变为《蓬莱阁丛书》。例（26）先介绍安琪心情不好的情况，"现在"引导的话段添加了一个心情不好的情况，该添加情况在程度上变化了（更加伤心）。例（27）前面小句介绍"只有两人曾经来过中国"，"现在"添加一个与此相比程度变化的情况"<u>很多人</u>计划在一两年内访问中国"，该添加项目与"现在"前项目构成对照，"现在"前的"但是"将这种对照关系强化了。例（28）中说话人认为自己与夏琳之间有误会，"现在"引导一个承诺行为"绝对不会跟陆涛有任何来往"，该添加显现了他与夏琳之间关系的变化。

有时从紧邻的话段看，"现在"指示后续话段是前面紧邻话段的结果，但实际上"现在"对应的是更大范围的命题信息。例如：

（29）再说杨古利正在指挥士兵骂阵，忽听鼓声大作，城门大开，一男一女，两员将领出城来到两军阵前……杨古利禁不住哈哈大笑道："俺不杀你！赶快回城去，叫林丹出来受死！"尼喇英哈听了，又羞又气，只得勒转马头回城去了。林丹见了说："建州兵厉害无比，在库滋里城，你父亲也不是他们的对手。<u>现在</u>，只有加紧守城，不与他对阵，几天后他们就会撤兵了。"

如果只看到"现在"前后邻近话语"建州兵厉害无比……"与"只有加紧守城……"，"现在"连接的似乎是因果关系；但实际上"现在"引导的话语对应的是前面话语"城门大开，一男一女，两员将领出城来到两军阵前"，一个是开城门迎敌，一个是紧守城门，两者之间是平行添加关系。有时"现在"后续话段对应的项目只是暗示的（implicit），例如：

（30）上次股东大会我们做出了寻找大攀拳似人的决议。会议一结束，我们立即派出了九路人马奔赴五湖四海。截至昨天午夜，九路人马已经回来了八路。这八路人马访遍了三山五岳，全部空手而归。<u>现在</u>我们只能寄希望于第九路了。

例(30)是李宗江(2014)讨论的例子，李文认为上例中的"现在"相当于"于是、所以"，表示结果。我们认为这里的"现在"仍然指示部分发生变化的项目添加：根据上次股东大会关于寻找大攀拳似人的决议，"我们"派出九路人马，暗示我们寄希望于这九路人马，现在希望的范围发生了变化——"只能寄希望于第九路了"。

"现在"连接的紧邻话段之所以具有因果关系，是由于"现在"引导的话段与前面的话段相比部分要素发生了变化，而前面紧邻"现在"的话段往往说明造成这种变化的因素，考察"现在"前面出现"所以"的话语，可以进一步澄清"现在"的语用功能。例如：

(31) 以往年度加薪，总会有部门在 C&B 汇总数据后又要求调整，一会儿你要调整，一会儿他要调整，沈乔治一概不敢拒绝，搞得自己又混乱又疲劳很是头痛……散会后，拉拉告诉沈乔治："我向上面要求了给 C&B 加人手，但是老板回绝了我的要求。所以，<u>现在</u>，我们得自己想办法减少不必要的工作量，集中力量做最核心的工作。"

例(31)中的"现在"和"所以"引导的都是"想办法减少工作量"，但两者连接的范围不一样，"所以"对应的是"老板拒绝加人手要求"，"现在"对应的是"一概不敢拒绝"，"现在"连接的两者之间都是关于工作量的问题，"想办法减少"是变化部分。

2.4 "目前"

虽然"目前"也是语码注释语，但与"这里"不同的是，"目前"引导的是例证性详述，即后面的小句通过提供例子对前面小句进行详述。"目前"常常用于论证性语篇中，先提出一个论点，然后用"目前"引导一个事实陈述，用来支持该论点。支持论点的事实一般是正面性的，也有反面的。例如：

(32) 从世界各国公司法对有限责任公司股东人数的规定来看，限制人数的最高限是通例，而对股东人数的下限是否作规定就差别较大。<u>目前</u>，越来越多的国家公司法放弃对有限责任公司必须由两人投资组成这一下限的限制，而承认一人有限责任公司的合法性。

(33) 中国妇女参与国家和社会管理的程度不断提高。九届全国人大有女代表 650 人，占代表总数的 21.82%，比上届提高 0.82 个百分点。九届全国政协有女委员 341 人,占委员总数的 15.5%,比上届提高 1.54 个百分点。<u>目前</u>,有 4 位女性担任国家领导人,有 18 位女性正副部长。

(34) 人力资源管理部门在企业中是一个服务部门,服务于企业和职工。但 <u>目前</u>,国企的人力资源部门往往把自己错误地定位在权力部门,并时时处处维护 其至高无上的权力和不可侵犯的地位。

(35) 这次会议以后,九届全国人大常委会的工作就要全面展开。<u>目前</u>,要 抓紧做好以下几项工作:第一,起草本届常委会任期五年和本年度的工作要点。

例(32)先陈述世界各国公司法对股东人数下限的规定存在较大差别的论 点,"目前"引导"越来越多国家……承认一人有限责任公司的合法性"的例子来 支持该论点,这里把"目前"改为"例如"后话语意义基本不变。例(33)的论点是 "中国妇女参与国家和社会管理的程度不断提高",为支持这一论点,作者先列举 了人大代表和政协委员中女性人数,又列举了国家领导人中的女性人数,第一次 列举时未用话语引导标记,但可以添加"目前",第二次列举时用了引导标记"目 前",但可以省却。作者在第二次列举时使用"目前",意在强调国家领导人中女 性人数的提高对于妇女参与国家和社会管理程度的意义。例(34)的论点是人力 资源部门是个服务部门,"目前"引导的用以支持该论点的是一个反面例子:有 的国企将其定位为权力部门。例(35)中的"目前"的前后话语都是指令施为句, "目前"引导的指令言外行为"抓紧做好以下几项工作……"对前面的指令施为 "这次会议以后……工作要全面展开"做出例证性详述。

2.5 "当前"

"当前"也指示后续话段对前面话段进行例证性详述。"当前"也常常用于论 证性语篇中,它引导一个事实陈述,用来支持前面已经陈述的论点。支持论点的 事实除了正面性的外,有较多的是反面性的。例如:

(36) 户籍制度改革要把握好节奏和步骤,过激的户籍制度可能会使我国城 市化进程畸形发展,并可能带来其他不良后果,<u>当前</u>,可以采取既稳妥又积极的 制度创新,在教育领域可以率先逐步放开户籍制度。

(37) 必须看到,推进均衡发展的任务比起实现普及的任务来说,更艰巨、更 复杂,用的时间会更长。<u>当前</u>,区域间、城乡间、学校间的不均衡的矛盾仍较突 出,推进区域内义务教育的均衡发展,将伴随着缩小学校之间办学水平差异、整 体提升教育质量的全过程。

(38) 通知指出,今年的防汛形势不容乐观,各地区、各部门要有清醒的认识,绝不能掉以轻心。<u>当前</u>,防汛工作时间紧、任务重、涉及方方面面,既是一项重要的经济任务,又是一项重要的政治任务。

(39)荒漠化是可怕的,但也不是不能治理的,从某种意义上说,现在的荒漠化土地是一种巨大的资源。<u>当前</u>,必须从单纯防治荒漠化逐步走向综合治理、综合开发。

例(36)中的"当前"的前面话段陈述论点"户籍制度改革要把握好节奏和步骤",后面话段用"……在教育领域可以率先逐步放开"的例子对该论点进行详述。例(37)的论点是均衡发展更艰巨复杂,"当前"引导均衡发展方面存在的矛盾对该论点进行详述,例(38)的论点是对今年的防汛形势要有清醒的认识,"当前"引导防汛工作时间紧、任务重的情况支持该论点。例(39)的论点是荒漠化土地是一种巨大的资源,"当前"引导一个指令言外行为"从单纯防治荒漠化逐步走向……综合开发"对这一论点做出例证性详述。

3. "这里"类和"现在"类成员间元话语功能比较

"这里"类成员和"现在"类成员在元话语功能方面存在一些交叉情况,表现在两个方面,一是同类词语同类元话语之间有差异,"目前"和"当前"都是时间词,同属详述标记,但存在细微差异;二是不同类词语不同类元话语功能之间有共同性,方所词语"这里""下面"与时间词语"现在"虽然具备不同类别的元话语功能,但在引导同类施为句方面表现出相同点。

3.1 同中有异

"目前"和"当前"都能引导例证性详述句,但两者存在细微差别。"目前"侧重于客观陈述,"当前"则呈现主观性,包含言说者对命题的态度。"当前"引导指令施为句的比例远比"目前"高,搜索CCL语料库,"当前,要"和"当前,我们要"分别有300例和43例,"目前,要"和"目前,我们要"分别只有42例和6例。同样是引导指令行为,两者的语力(即引导的指令行为强度)不一样,"当前"的指令强度比"目前"要高,"当前"引导的施为句着眼于必要概念,"目前"引导的施为句着眼于意愿概念,搜索CCL语料库,"当前,必须"和"当前,我们必须"分别有16例和9例,"目前,必须"只有2例,"目前,我们必须"则没有用例。

(40)在近代史上,中国曾饱受外来侵略和压迫之苦,深知和平的珍贵。<u>当</u>

前,中国人民正沿着和平发展的道路,聚精会神搞建设,一心一意谋发展。

(41) 近年来,中比关系出现了良好的发展势头,双边贸易额稳步增长,比利时对华投资也取得显著成效。<u>目前</u>,中国人民正处在改革开放和现代化建设事业的重要历史时期,需要与世界各国相互学习,共同发展。

(42) 张德江强调,坚定理想信念是共产党人的毕生追求和终身课题。他说,<u>当前</u>,必须清醒地看到,一些党员和干部在理想信念上确实存在一些不可忽视的突出问题。

(43) 在税收方面,有法可依早已解决。<u>目前</u>,要着力解决有法不依问题。

例(40)和例(41)中的"当前"和"目前"可以互换,但用"目前"时言说者把其引导的命题信息作为一种客观存在情况加以陈述,而用"当前"时言说者对其引导的命题信息包含了积极的态度。例(42)和例(43)中的"当前"和"目前"也可互换,但例(42)中的"当前"换成"目前"后说话人的语力和强调的道义性减弱了,不符合说话人的身份和语境;例(43)中的"目前"换成"当前"后语力增强了,由意愿变成道义,也不符合说话人的本意。

3.2 异中有同

3.2.1 "这里"和"现在"

"这里"的元话语功能是详述,"现在"的功能是添加,但两者在引导断言施为句和表情施为句时,"这里"和"现在"可以互换,且话语的基本意义维持不变。

(44) <u>这里</u>,我相信史学家们首先关心的也应是波普尔所谓的情境逻辑。

(45) 裴正定接受采访时说:"我一看到有的孩子吃冷饭、穿脏衣,一副缺少照料的样子,就觉得他们可怜。我比别人多一个小孩,我更要付出 200% 的心力,让孩子们感到妈妈不兑水的爱。<u>现在</u>,我就觉得我的孩子比别的孩子幸福,成长环境好,因为他们不管有什么问题,随时都可以和家长交流。"

(46) 这几年党风廉政建设和反腐败斗争成绩的取得,同纪检监察战线广大同志的努力是分不开的。……其中有一批特别能战斗的优秀分子……他们不愧是维护党和人民利益的坚强卫士。<u>这里</u>,我代表中央,向纪检监察战线的全体同志表示感谢和问候。

(47) 在过去的几个月里,中国人民同历史上罕见的大洪水展开了一场波澜壮阔的斗争……这场斗争已取得了全面胜利……<u>现在</u>,我代表党中央、国务院和中央军委,代表全党、全军和全国各族人民,向战斗在抗洪抢险第一第一线的广大干部和群众……致以崇高的敬意!

例(44)、例(45)中的"这里"和"现在"引导的都是断言施为句,例(46)、例(47)中的"这里"和"现在"引导的都是表情施为句。

3.2.2 "下面"和"现在"

"现在"的元话语功能是添加,"下面"是话语发展阶段标记,但两者在引导请求性指令和宣告施为句时,"下面"和"现在"可以互换,且话语的基本意义维持不变。

(48) 可惜宋建平先生不日将去西藏,这对我们医院无疑是一个巨大损失,但是,院方还是决定尊重他个人的意见。<u>现在</u>,请宋建平先生给大家讲话。

(49) 事情已经发生好几天了,诸位都有了自己的想法。<u>下面</u>,请先生们发表意见。

(50) 男:在此,我谨代表永坪炼油厂全体干部职工,向长期以来关心支持我厂发展的各位领导、来宾致以节日的问候,并表示衷心的感谢。谢谢你们! <u>现在</u>我宣告:永坪炼油厂八届三次职代会文艺联欢会现在开始!

(51) 师:鲜花怒放齐争艳,彩旗飘飘迎队会。亲爱的孩子们,在这特殊的时刻,我们又将迎来了一批新的少先队员。<u>下面</u>我宣告新队员入队仪式现在开始。

例(48)、例(49)中的"下面"和"现在"引导的都是请求性指令施为句,例(50)、例(51)中的"下面"和"现在"引导的都是宣告施为句。

3.2.3 "这里""下面"和"现在"

"这里""下面"和"现在"在引导提供性承诺施为句时三者间可以互换,且话语的基本意义维持不变。

(52) 近年来看到不少研究社会主义经济运行行为核心内容的社会主义宏观经济学和社会主义微观经济学的书籍,<u>这里</u>,向读者推荐上海三联书店出版的这方面的几本新著。

(53) <u>现在</u>,我给大家举一个真实的例子,让大家意识到身体重心和姿势的重要性。

(54) 于是,根据自己的经验,我给她开列了一个打行李用的清单。有了这个清单,女儿每次离家远行,很快就能把行李打点齐全。<u>下面</u>我就毫无保留地把这个清单公之于众。我从衣、食、住、行、工作、探亲访友和旅行这7个方面,来开列打点行李清单。

方所时间词语在句子层面有不同的语义和功能,但在语篇层面,例(44)—(54)各例中方所时间词语的语义差异已经接近中和,这是因为断言、表情、宣告、请求性指令、提供性承诺施为句表示的言外行为都具有现场性和即时性,而"这里"类词语和"现在"类词语的语用意义是互相隐含的,即"这里"类词语指明现场性时也指明即时性,"现在"类词语指明即时性时也指明现场性,两类词语具有相同的语用功能,从而能够引导同类施为句。

4. "这里"类和"现在"类词语的历时演化

4.1 "这里"

在隋唐五代已发现较多的"这里"用例,并在指称物质领域处所基础上产生了指称语篇领域话题的功能。指称篇章时,"这里"既可指示前面已经出现的篇章,也可指向后面的篇章。例如:

(55)师曰,汝已住一方,又来这里作麽。(《洞山语录》)

(56)师有时谓众曰:"这里直须句句不断始得,如似长安路上诸道信耗不绝。"(《祖堂集》)

(57)师曰:"是也。""如何是不分。"师云:"无弁处。"僧曰:"只如无弁处,这里岂不是父子通为一身?"师云:"汝还会麽?"(《祖堂集》)

例(55)指称靠近说话人的处所,例(56)中的"这里"指称话题,例(57)指称某一方面。此时的"这里"以地点转喻抽象的话题(刘探宙,2016)。有的"这里"位于充当主语的人称代词后面,"以地点转喻动作行为方",相当于"某个方面"。例如:

(58)霞曰,于大川法道即得,我这里不然。(《洞山语录》)

"这里"从指称具体事物到指称抽象事物的另一个表现是与"那里"对举,表任指。例如:

(59)"为什麽不道?"曰:"道则在一尘。"鼓山问静道者:"'古人道这里则易,那里则难。'这里则且从,那里事作麽生?"道者曰:"还有这里那里麽?"(《祖堂集》)

(60)为贤为圣,皆只在此。圣人恐人未悟,故如此说,又如彼说;这里既说,那里又说,学者可不知所择哉!(《朱子语类》)

宋代话本中的"这里"的意义向更虚的方向发展。具体表现是"这里"用在主语前面,只对后续话段起引导作用。例如:

(61)放下一头。正是:鳌鱼脱却金钩去,摆尾摇头再不回。不提。却说这里刘官人一觉直至三更方醒,见桌上灯犹未灭,小娘子不在身边,只道他还在厨

下收拾家火,便唤二姐讨茶吃。(《话本》)

例(61)先叙述一个事件,"放下""不提"这个事件后用"这里"引导另一个事件,显然,"这里"并不是"刘官人一觉直至三更方醒"发生的处所。

至清代,上述引导事件的用法进一步发展,用于句首的"这里"后面出现了停顿,句法上与后面的句子关系变松,语义上没有指称意义,语用上引导与先前事件对应的一个事件,"这里"只是起连接作用,构成一个说故事框架"那里如何如何,这里怎样怎样",两个事件间具有对待性,这种叙事框架意在表达情节发展的紧张气氛。例如:

(62)那官儿也只得说:"给相爷请安。"包兴连声答应,退下来,抓鬃上马,如飞的去了。这里,押解三公子的先到兵马司挂号,然后便到大理寺听候纶音。(《七侠五义》)

(63)唯有蒋平等因奉相谕访差韩彰之事,说明他三人还要到翠云峰探听探听,然后再与公子一同进京,就请公子暂在衙内将养。他等也不待席终,便先告辞去了。这里,方先生辞了公子,先回家看视女儿玉芝,又与宁妈妈道乏。(《七侠五义》)

4.2 "下面"

隋唐五代出现"下面"用在名词后面构成方位结构的用例,指称位于该名词所指事物下部的地方,例如:

(64)云间日孤秀,山下面清深。(《全唐诗》)

同时,"下面"也有与"上面"对举的用法,并可脱离名词,指位置较低的地方,例如:

(65)千牛将军北面张弓,以袂顺左右隈,上再下一,弓左右隈,谓弓上面下面。

以衣袂摩拭上面再度,一度也。西面,左执弣,右执箫以进御讫,退立于御榻东少后。(《通典》)

至宋代,"下面"产生了表示较低等级的意义,由空间转指关系。例如:

(66)不简底自是烦碎,下面人难为奉承。(《朱子语类》)

宋代"下面"也产生指称篇章的用法。例如:

(67)及到得五十,即除了下面两字,犹今人不敢斥尊者呼为几丈之类。(《朱子语类》)

(68)又曰:"只是下面两句,便是'毋不敬'"。(《朱子语类》)

同时,从指称篇章空间又到了指称篇章叙说次序,由空间关系转指过程。例如:

(69)上面是服药,下面是说药之效验。(《朱子语类》)

(70)"人若不孝弟,便是这个道理中间跌断了,下面生不去,承接不来了,所以说'孝弟也者,其为仁之本欤'。"(《朱子语类》)

(71)孟子说话,初间定用两句说起个头,下面便分开两段说去,正如而今人做文字相似。(《朱子语类》)

(72)如论语首章言学,只到"不亦说乎"处住,下面便不说学了。(《朱子语类》)

次序意义往往依靠与其他方所成分[如例(69)的"上面"、例(70)的"中间"]、次第成分[如例(71)的"初"]或副词[如例(72)的"只"]对举而获得。

4.3 "现在"

古汉语的"现在"是动词短语"现+在",其中的"现"是时间名词,相当于现代汉语的"现在","在"是"存在、活着"的意思。最早在东汉可以见到"现在"连用的用例,例如:

(73)云何行,得十力正真慧? 云何行,心一等念十方诸佛悉现在前? 云何行,知四事之本无?(《佛说般舟》)

(74)欲得见十方诸现在佛者,当一心念其方莫得异想,甘是即可得见。(《佛说般舟》)

上述两例中的"现在"都是"现在存在"的意思。何亮(2006)认为,东汉译经中产生了相对时点词"现在",时间意义的获得是为了宣传佛教教义"受汉语对时间的认知方式影响"而产生的。例如:

(75)过世贤者同是苦谛,未来世贤者亦是苦谛,现在世贤者亦是苦谛。(《四谛经》)

(76)于过去法知过去法,是曰为著;于当来法知当来法,是曰为著;于现在法知现在法,是曰为著。(支娄迦谶《道行般若经》)

宋代在非佛教用语中也有时间词"现在"的用例,例如:

(77)回首驱羊旧节,入蔡奇兵,等闲陈迹。总无如现在,尊前一笑,坐中赢得。(辛弃疾《苏武慢·雪》)

至清代,时间词"现代"的使用已经很普遍,并且产生了元话语用法。例如:

(78)冒得官抵死不肯吃粪,却指着小姐叹气说:"我寻死是为她呀,我们

现在也不是什么低微人家,可统领大人看上了她,要她过去做小。"(《官场现形记》)

(79) 现在虽没有事,究竟主上记着一个'贾'字就不好。(《红楼梦》)

(80) 现在我替你想,随便花上十几万,弄他一个别的实缺。(《官场现形记》)

例(78)中的"现在"出现在主语"我们"后面,删除"现在"也不影响句子表达,例(79)和例(80)中的"现在"出现在句首,意义都已经泛化,其作用主要是语用上起一种引导话语的作用。

4.4 "目前"

"目前"原为名词短语,由名词"目"和方位词"前"构成,意为"眼之前",汉代出现用例,例如:

(81) 剧于目前,是为可知。(《太平经》)

(82) 说者当时各见其目前所睹者□□,故虽十辩之,犹不知也,内不然此也。(《太平经》)

按照概念转喻规律,"目前"的意义发展应遵循这样的路径:由空间概念的"眼之前"到空间关系"(眼之前有限空间)的近距离",再到时间域"近时间",但在唐代才出现近距离义的"目前"用例,而时间义"目前"在魏晋六朝就产生了。例如:

(83) 明月挂青天,遥遥如目前。(《全唐诗》)

(84) 此二者之戒,昭然著明,而循覆车滋众,逐末弥甚,皆由惑当时之誉,昧目前之利故也。(《三国志》)

(85) 况实握事要,日在目前,傥因疲倦之间有所割制,众臣见其能推移于事,即亦因时而向之。(《三国志》)

例(83)中的"遥遥"指明了"目前"的距离义。例(84)中的"目前"与"当时"呼应,显现时间义,例(85)中的"目前"通过与之匹配的"日"显现时间义。

至清代,"目前"已有只起语篇引导作用的例子,例如:

(86) 周师韩道:"肚子里不记得就要吃亏。"傅知府道:"目前且不管吃亏不吃亏,总得想个法子把人弄回来才好。"

4.5 "当前"

"当"的本义是"相当、相抵","当前"在古汉语中的一种用法是构成动宾复合

短语,意为"在面前"。动宾短语用法最早在春秋战国就出现。例如:

(87) 圣王者,有听微决疑之道,能屏谗,权实,逆淫辞,绝流语,去无用,杜绝朋党之门,嫉妒之人,不得着明,非君子术数之士莫得<u>当前</u>。(《鹖冠子》)

(88) 则游骑<u>当前</u>、战骑当后、陷骑临变而分,皆曹公之术也。(《兵法》)

从动宾短语的"在面前"到空间概念"位于面前的地方"的转化在魏晋在发生,例如:

(89) 王榻后作一木龛,以金银五香木杂钿之,龛后悬一金光焰;夹榻又树二金镜,镜前并陈金甏,甏前各有金香炉;<u>当前</u>置一金伏牛,前树一宝盖,左右皆有宝扇。(《北史》)

汉代出现"当前"与方位词语"其后"对举的用法,可见"当前"意义由空间到时间的变化,例如:

(90) 出人事殊无知虑,而见<u>当前</u>,不顾其后,合祸离爱,谤讪善人。(《太平经》)

清代产生完全表示时间义的"当前",例如:

(91) 岂不知小不忍则乱大谋,陛下奈何学妇人之仁,而不究<u>当前</u>之祸? 今元勋俱已老迈,后进之士志气清明,上下归心,有如木兰者乎!(《木兰奇女传》)

但"当前"在清代动宾短语用法还是占主流,至民国也如此,其作为元话语的用法似乎是在现当代才产生的。

4.6　从基本话语到元话语

"这里"类和"现在"类 5 个成员发展路径各不相同,"这里"和"下面"在宋代就具备了组织篇章、引导话语的功能,而"现在"和"目前"到清代、"当前"到现代才具有引导语篇的功能。"这里"类词语从方所词语到元话语的发展过程中,有两个关键节点:一是从指称物质空间到指称语篇空间,二是从指称语篇空间到引导语篇发展。这正符合 Schiffrin(1987/2007)关于元话语语境坐标的两种功能:一是指示性,将前面和/或后面语篇指称给言说者和/或听读者;二是把当前话语在话语层面中进行定位。"现在"类词语从时间词语到元话语的发展过程中,也有两个节点:一是从动词、名词短语发展出时间意义,用以指示连接事件的变化和发展;二是从指示事件到指示语篇发展,由于"现在"类词语指示的时间与说话时间重合,时间近指意义可依赖语境获得,于是失去命题意义,只起引导篇章的作用。从基本话语到元话语的发展归纳为表1。

表1　基本话语和元话语的不同角色

词语	角色	基本话语	元话语
	关系	指示、连接活动、事件	指示、连接语篇
这里	详述	指明事物存在的处所	指示语篇、提供语码注释
下面	顺序	指明事物方所及活动和事件发生次序	指示语篇话语发生次序
现在	添加	添加活动项目	添加语篇项目
目前/当前	详述	指明事物存在和活动发生的时间	引导语篇、对语篇进行解释和详述

5. 结　论

方所词语与时间词语都是直示现象的语言表达形式,是表达语用功能的成分(刘探宙,2016)。"这里"类和"现在"类词语位于句首,其后有停顿和语气词,句法上具有独立性,它们是否出现不影响句子意义,也不影响句子真值,但编码程序意义,这些特征显示它们具备了元话语特征。

"这里""目前"和"当前"都引导注释性命题,但"这里"引导详述性注释,"目前"和"当前"引导例证性注释。"目前"和"当前"的功能比较相似,但"目前"侧重于客观陈述,"当前"则呈主观性;同样是引导指令行为,"当前"着眼于必要概念,"目前"着眼于意愿概念,"当前"的指令强度比"目前"要高。"下面"是话语发展阶段标志,常用于叙述情节发展,提示后续话段与前面话段间的顺序关系,用"下面"指示的情节发展要求保持同一叙述角度。"现在"指示添加,增加项目的命题信息与"现在"前话段对应命题相比产生了变化。"这里""下面"和"现在"具有直示性和近指性,具有相同的语用功能,在引导具有现场性和即时性施为句时方所意义和时间意义的差异已经接近中和。

"这里"类和"现在"类5个成员发展路径各不相同。"这里"类词语从方所词语到元话语的发展过程中,有两个关键节点:一是从指称物质空间到指称话语空间,二是从指称语篇空间到引导语篇发展。"现在"类词语从时间词语到元话语的发展过程中,也有两个节点:一是从动词、名词短语发展出时间意义,用以指示事件的变化和发展;二是从指示事件变化到指示语篇发展。

参考文献

曹　沸　2015　论时间词"现在"的语篇功能——兼谈对外汉语语篇教学,《杭州电子科技大学学报》(社会科学版)第 2 期。

戴浩一　1988　时间顺序和汉语的语序,黄河译,《国外语言学》第 1 期。

何　亮　2006　"过去""现在"和"未来",《语文学刊》第 10 期。

胡　华　2013　"当"的本义与"当"类词语释义问题——兼论本义本位释义法,《辽东学院学报》(社会科学版)第 3 期。

李宗江　2014　"现在":由时间标记到元话语,《浙江外国语学院学报》第 4 期。

刘探宙　2016　汉语地点直示成分在句法结构中的表现,《世界汉语教学》第 1 期。

吴福祥　2007　汉语方所词语"後"的语义演变,《中国语文》第 6 期。

邢福义　2001　《汉语复句研究》,商务印书馆。

殷树林　2012　《现代汉语话语标记研究》,中国社会科学出版社。

Fraser, Bruce　1990　An Approach to Discourse Markers. *Journal of Pragmatics*, 14(3): 383-398.

Fraser, Bruce　1996　Pragmatic Markers. *Pragmatics*, 6(2): 167-190.

Halliday M. A. K.　1994　*An Introduction to Functional Grammar*, second edition, Edward Arnold.

Halliday, M. A. K. & R. Hasan　1976　*Cohesion in English*. London: Longman.

Hansen, M.-B. M.　1997　Alors and Done in Spoken French: A Reanalysis. *Journal of Pragmatics*, 28: 153-187.

Hyland Ken　2008　《元话语》,外语教学与研究出版社。

Ifantidou-Trouki, Elly　1993　Sentential Adverbs and Relevance. *Lingua*, 90: 65-90.

Ifantidou, Elly　2005　The Semantics and Pragmatics of Metadiscourse. *Journal of Pragmatics*, 37: 1325-1353.

Schiffrin Deborah　1987/2007　*Discourse Marker*, Cambridge University Press/世界图书出版公司。

Schourup Lawrence　2011　The Discourse Marker Now: A Relevance-theoretic Approach. *Journal of Pragmatics*, 43: 2110-2129.

(作者单位:上海观致汽车有限公司,200120,yin-zhiping@hotmail.com。)

基于网络的"A 到 X"

孟艳丽

本文主要研究出现在网络上类似以下例句中的"A 到 X":

(1)"90 后"女生<u>帅到没朋友</u>　超俊俏被赞帅过吴彦祖(人民网,海南视窗)

(2)杨幂光头造型<u>美到逆天</u>　盘点女星光头造型(新华网,青海频道)

侧重讨论以下三个方面的问题:第一,"A"的性质;第二,"X"的特征;第三,"到"的功能。

1. "A"的性质

张谊生(2014)认为"A 到 X"中的"A"是具有量幅的形容词。文章对《汉语形容词用法词典》中的 890 个双音节性质形容词进行了考察,发现:第一,不太常用的形容词,通常不能构成"A 到 X",总共有 288 个,约占 32%;第二,有相当部分双音节形容词在北京大学语料库中不能后接"到 X",尽管频率不高,但是在人民网中却出现用例,共有 208 个,约占 23.4%;第三,还有部分"A 到"虽然不能后接谓词性"X",但可以后接体词性"X"表程度,共有 98 个,约占 11%。

张文所得的结论非常具有启发性。在查找语料的过程中,我们发现网络上单音节形容词在 A 位置上的出现比例非常之高,甚至出现了很多固定的流行说法。本文主要尝试对单音节性质形容词进行考察。

张国宪(2006)把性质形容词分为饰物形容词和饰行形容词。饰物形容词主要分布在空间、度量、色彩、年纪、属性和评价等语义域中,饰行形容词主要分布在时间、速度、方式、程度、情状、频度等语义域中。他所分类罗列的都是单音节形容词,我们以此为依据,共筛选出 76 个词项进行考察。在百度搜索中输入词项,考察限定在 30 个页面,每个页面有 10 条例句,所以,每个词项共考察 300 条

例句。我们通过考察,得到以下结果:

首先,76 个单音节性质形容词中没有找到在"A 到 X"中用例的有 14 个,约占 18.4%。这一类的性质形容词包括方、圆、平、黑、黄、青、生、直、早、晚、迟、稳、怪、勤。

从比例上看,其数量远远低于张谊生先生 32% 的统计结果。需要说明的是,这 14 个词只是在一定的范围内没有找到用例,无法保证真的不能用于"A 到 X"。因为在网络语境中,A 的范围处在不断发展、扩大的过程中。这提醒我们,语言的动态性必须得到重视。

其次,虽然大部分的单音节形容词都可用于"A 到 X",但是出现频率以及与其同现的 X 在能产性、多样性方面有着非常大的差异。举几个我们搜到的用例(不重复用例):

高	矮	白	绿	冷	凉	帅
47 条	6 条	12 条	1 条	10 条	1 条	56 条

这些词用例的多少基本上跟《现代汉语频率词典》一致,但也有一些特殊案例。"帅"在词典中使用度不高,但在"A 到 X"中的用例非常之高,这也反映出网络语境中词语使用频率的变化。

2. "X"的特征

2.1 "X"的词类性质及作用

"X"由谓词性词语充当,表示"A"的程度。"X"表示程度跟"A"有直接关系。张谊生(2014)认为是"A"制约了"X"的表义功用,在和谐机制的作用下,"X"表示"A"的程度。郭锐(2001)、张国宪(2006)认为,性质形容词作谓语是有标记的,标记之一就是要与表程度的成分同现,程度成分可以是程度副词、程度补语、"比"字结构、"于"字结构等。我们认为,在"A 到 X"结构中,"X"正是通过程度补语的标记形式满足"A"作谓语的句法、语义要求。

2.2 "X"具有程度大量的倾向

吕叔湘(1944)指出,表示"程度高"有多种方式,除了副词和数量词以外,还包括感叹语气、叠用形容词、用典型的事物来比拟、用结果来衬托、用比较和假设来表示极限、以含蓄表示极致等。蔡丽(2012)在吕先生观点的基础上把程度表达总结成9种类型。这些研究细化了对程度表达的认识。具体到"A 到 X","X"表程度主要采用两种方式:

第一种,直接表程度。"X"由表示程度的词语充当,其程度大量义是其本身自带的。例如:

(3) 靠脸和炒作吃饭,演技差却<u>红到不行</u>的 10 大明星!(微头条)

(4) 住酒店这些东西能不碰就不碰,<u>脏到要命</u>。(中国网)

(5) 英签新网站 visa4uk 网页<u>慢到死</u>,一直 load 打不开!(穷游)

(6) 女星容貌一天一个样,刘亦菲皮肤<u>白到逆天</u>。(腾讯视频)

(7) 邹市明情商<u>高到爆表</u>,奈何娶了个爱显摆的老婆,一路招黑!(光明网)

(8) 校服"<u>丑到爆</u>"不仅是审美问题(中国教育在线)

例(3)—(5)中的"不行""要命""死"在《现代汉语词典》(第 6 版)中的解释分别为:

不行⑤:动词,表示程度极深;不得了。

要命②:动词,表示程度达到极点。

死④:形容词,表示程度达到极点。

这三个词的词义中都包含程度大量的语义。例(6)中的"逆天"《现代汉语词典》(第 6 版)中没有收录,也就是说它们作为词的地位还没被完全承认,但是从它们语义抽象化、整体化的程度以及用法来看,已经非常接近了。张雪梅、陈昌来(2015)认为,"逆天"最初是个述宾短语,意思是"违逆天意",发展出"违背常规,超乎寻常"义,进而词汇化成一个形容词,位于补语位置时获得了极高的程度义。例(7)中"爆表"的用法,《现代汉语词典》(第 6 版)中也没有收录。张雪梅(2015)认为,"爆表"已经词汇化成一个动词,表示程度极高。它是从最初的仪表爆炸、超出仪表限度义发展出程度极高义的。同理,例(8)中的"爆"也表示程度极高义。

第二种,间接表程度。"X"本身不带有程度义,它的程度大量语义是所在格式带来的。具体来说,是从"A"和"X"构成因果关系的格式中推导出来的。"X"表示结果有两种情况:一种是常态性结果;一种是异态性结果。具体情况如下:

第一种,常态性结果。例如:

(9) 王菲巩俐张曼玉 明星出道前后变化<u>大到认不出</u>(中国青年网)

(10) 陈浩民晒老婆孕照 尺度<u>大到不能看</u>(安徽电视台)

(11) 心酸!欧弟早年替父还债,压力<u>大到割腕自杀</u>(南报网)

(12) 2013 年 8 月 8 日 南充两楼<u>斜到碰</u>(凤凰网)

常态性结果是一种自然的、不带个人感情色彩的客观结果。例(9)中"变化大"与"认不出"之间有一种自然的关联,这种因果关系是客观存在的,是一种生活经验。其他例子也可作相同理解。

第二种,异态性结果。例如:

(13)中国 FM 的门票真的贵到<u>吐血</u>(美拍)

(14)世行副行长:某些高管薪酬已"高到<u>不道德</u>"(新华网)

(15)情调高到<u>顶破天</u>,复古风水果店!(微头条)

(16)这些美到<u>窒息</u>的明星婚礼 你最期待哪一个?(中国日报网)

(17)中国也有一条66号公路:美到<u>灼伤双眼</u>(爱微帮)

异态性结果是一种夸张的、带主观性的结果。例(13)中的"吐血"是一种夸张说法,与"贵"之间没有自然的关联。其他例子也可作相同理解。

观察语料发现,"X"还常用"惊人、惊呆、吓人、不可思议、难以置信、不敢相信、无法想象、不可想象、想不到"等表达结果的非预期性和异态性。例如:

(18)马化腾回应微信提现收费 腾讯转账月成本高到<u>惊人</u>!(Techweb)

(19)《夏洛特烦恼》VS《港囧》评分高到<u>难以置信</u>(粉丝网)

(20)任正非:主航道只会越来越宽,宽到你<u>不可想象</u>(新华网)

(21)中粮第九家上市公司即将诞生 业绩差到<u>出人意料</u>(新浪财经)

我们不禁要问:为什么在因果关系中,X 会有程度大量的解读呢?

如前所述,A 是性质形容词,有量幅特征,可以用"稍微、比较、很、最"修饰体现不同的量级,不同的量级对应不同的结果。假设对应关系如下:

稍微　　　比较　　　很　　　最
结果1　　结果2　　结果3　　结果4

跟"最"对应的"结果4"应该是最终的结果。拿例(9)来说,如果变化是"稍微大",认出的概率最大;如果变化是"最大",达到极点,认出的概率最小,接近零,也就是"认不出"。换句话说,"A 到 X"中"X"表示的结果一定是在与"最"对应的"结果4"的位置上。由于存在这样的对应关系,"X"在表结果的同时,也获得程度大量的语义。为什么"X"表示的结果一定是最终结果,这跟"到"的本义有关。最初"到"引出一个极点义成分,从极点义到结果再到程度大量有认知上的相似性,属于认知隐喻。

间接程度是在一定的句子结构中由特定的语义关系形成的,是一种临时性的程度。不过,大量例子证明,间接程度可以通过意义泛化逐渐向直接程度发展。例如:

（22）丑到没朋友

（23）帅到没朋友

（24）短文中的超短文，短到没朋友！

从例（22）到例（24），"没朋友"沿着"述人、消极意义→述人、积极意义→述物"的方向变化，"没朋友"与"A"的因果关系越来越虚化。再看一下"飞起"和"哭"的泛化实例：

（25）小学生 30 秒跳绳 222 下，快到飞起，看得清绳吗？（新浪网）

（26）永不卡顿、快到飞起的小屏旗舰机，联想 ZUK Z2 体验（中国民生时报网）

（27）热到飞起。

（28）爱到痛了，痛到哭了，于是选择放手了。（微口网）

（29）脱了鞋矮到哭！李小璐赵丽颖真实身高惊人（腾讯新闻）

（30）南京深山里竟然开了一家海鲜自助餐厅！性价比高到哭！（微口网）

2.3 "X"具有主观性特征

"X"所表示的程度大量带有极强的主观性，不是按客观标准划分出来的。例如"圆"，它有一个严格的客观标准：平面上的一条线段，绕它的一端旋 360 度，留下的轨迹叫圆。而实际上，当我们说阿 Q 划的那个圈很圆或者比较圆的时候，就已经带上了主观性。所以，可以说"圆到没朋友""圆到哭"等。正由于此，X 非常能产，允许多种主观大量形式的表达。以"帅"为例：

帅到没朋友	帅到不行	帅到惊人
帅到惊动党中央	帅到想舔屏	帅到不敢相信
帅到让外星人自杀	帅到屏幕碎裂	帅到无法无天
帅到掉渣	帅到尖叫	帅到逆天
帅到（被）驱逐出境	帅到没烦恼	帅到辣眼睛
帅到无敌	帅到不可思议	帅到男女通吃
帅到犯罪	帅到窒息	帅到丧心病狂
帅到不能自理	帅到交通都堵塞	帅到没天理
帅到飞起	帅到逆天	帅到屌丝都想买
帅到爆（炸）	帅到被人砍	帅到没脾气
帅到爆表	帅到整晚睡不着觉	帅到"惨绝人寰"
帅到炸裂	帅到人神共愤	帅到让你哭

3. "到"的功能

3.1 "到"的词类性质和功能

吕叔湘(1980)认为,"形+到+动/小句"表示状态达到的程度,"到"的作用接近于引进结果—情态补语的助词"得",多数例句可以改用"得"。不过,吕先生把"到"看成趋向动词。张谊生(2014)认为,"到"是结构助词,是当代汉语新兴的补语标记。根据上文的讨论,我们觉得在现代汉语中,"A 到 X"中"到"的词类性质已经发生了变化,可以参照"得",确定为结构助词,它的功能是引进表示程度大量的补语。

3.2 "到"与"得"的区别

第一,"到"与"得"都可以引进程度大量补语,但是组合能力有明显不同。目前,学界对程度大量补语的判别标准及划分范围意见不一,所收数量少则几个,多则二十多个。蔡丽(2012)对马庆株、房玉清、刘月华等所收录的程度大量补语进行对比分析,确定了 12 个典型形式:很、极、死、透、要死、要命、不行、多、坏、慌、厉害、不得了。拿"得"和"到"分别与其进行组合测试,如下表。

表 1 "得"和"到"搭配程度大量补语的测试结果

	很	极	死	透	要死	要命	不行	多	坏	慌	厉害	不得了
得	√	×	×	×	√	√	×	√	×	√	√	√
到	×	×	√	√	√	×	×	×	×	×	×	√

从上表可以看出,能与"得"组合搭配的程度大量补语更多一些。有些补语即使与"得"和"到"都能组合,但实际用例"得"更多。这也说明"到"的语法化程度较弱,"到"之后还能带名词性宾语表示程度也说明了这个问题。

第二,在表义上,"A 得 X"侧重静态"状态—程度"的表达,"A 到 X"侧重动态"结果—程度"的表达。例如,"热得衣服全湿透了"侧重回答"热得怎么样";"热到衣服全湿透"侧重回答"热到什么程度"。

第三,在一些南方方言中,"到"和"得"也都可以用作补语标记,但是二者有区别。吴福祥(2001)收集大量方言资料证明,用"到(倒)"作补语标记的方言都可以同时用"得"作补语标记。在这些方言中,"得"和"到(倒)"的用法有所不同:大致说来,可能补语标记只能用"得";状态、程度补语标记既可以用"得",也可以用"到(倒)"。用"得"时,补语侧重于描写动作的结果或状态;用"到(倒)"时,补语往往强调某种状态所达到的程度。所以,有人推测,普通话中"到"的补语标记用法可能受到了南方方言的影响。

参考文献

蔡 丽 2012 《程度范畴及其在补语系统中的句法实现》,世界图书出版公司。

郭 锐 2001 汉语形容词的划界,《中国语言学报》第 10 期。

吕叔湘 1944 《中国文法要略》(下卷),商务印书馆。

吕叔湘 1980 《现代汉语八百词》,商务印书馆。

吴福祥 2001 南方方言几个状态补语标记的来源(一),《方言》第 4 期。

张国宪 2006 《现代汉语形容词功能与认知研究》,商务印书馆。

张雪梅 2015 流行语"爆表"的多角度分析,《齐齐哈尔大学学报》(哲学社会科学版)第 11 期。

张雪梅、陈昌来 2015 网络流行语"逆天"的演变与成因,《当代修辞学》第 6 期。

张谊生 2014 试论当代汉语新兴的补语标记"到",《当代语言学》第 1 期。

(作者单位:解放军外国语学院外训系,215300,2013mengyl@sina.cn。)

"被认为"的传信功能

吴卸耀

1. 引　言

吸引我们注意的是这样一种语言现象：

(1) 在东南亚国家中，印尼被认为是在处理恐怖威胁或攻击事件方面最有经验的国家之一。

例(1)中的"被认为"与句子其他部分之间到底是一种什么关系？

"被认为"源于"认为"，要是改为主动式，其相应的表达方式应该是：

(1′) 有人认为在东南亚国家中，印尼是在处理恐怖威胁或攻击事件方面最有经验的国家之一。

无论是"有人认为"还是"被认为"，它们在结构中都表示信息来源，所以，它们是传信表达形式。

本文试图探讨以下四个问题：

第一，"被认为"形成的动因是什么？

第二，"被认为"是什么类型的传信语？

第三，"据认为"也是表示信息来源的，与"被认为"有什么不同？

第四，"认为"和"被认为"为什么能用来表示信息来源？

2. "被认为"形成的动因

语法学界以往所讨论的"被"字句一般都局限于一个命题内的操作，比较经典的是类似下面这种情形：

(2) a 骗子骗走了他的钱。

b 他的钱被骗子骗走了。

例(2)a、b 两句尽管语序或语态不同,但表达一个相同的命题。而"认为"是一个认识动词,与它相关的主动式和被动式却包含两个命题,即主句命题和宾语小句所表达的命题。如:

(3) a (有)一些人认为在医疗资源分配不均衡的情况下,互联网医疗是缓解看病难问题的有效方式。

　　b 在医疗资源分配不均衡的情况下,互联网医疗被一些人认为是缓解看病难问题的有效方式。

命题1:一些人认为 X;

命题2:X——在医疗资源分配不均衡的情况下,互联网医疗是缓解看病难问题的有效方式。

其中,被动式的操作方式用"被"来介引认知主体,然后连同认知行为一起插入到宾语小句的主谓之间。但这一操作对认知主体的指称成分通常是有要求的,或者是类指成分,如:

(4) "艾森"被科学家认为来自奥尔特云,它的运行轨迹将撞入太阳,其亮度可媲超过去近一个世纪的诸多彗星。

或者是不定指成分,如例(3)b 中的"一些人",再如:

(5) 外形俊朗的张晨被不少球迷认为是"最帅的男排队员",在石家庄的主场,尽管河北与江苏的激战正酣,但仍有球迷在看台上喊出"张晨加油",他也成为客队队员中,唯一以个人身份享受到主场球迷关爱的球员。年少成名,之后备受伤病纠缠,这位老兵用一次次的坚持诠释了一个排球世家对排球的爱。(《"最帅男排队员"张晨:被伤病作弄的坚强老兵》)

类指成分只限定了所指事物的范围,而对所指范围内的个体不作规定,比如,例(4)中的"科学家"到底是所有科学家还是部分科学家,如果是部分,又是哪部分,都是不确定的。不定指成分只对事物的类以及类中的部分成员进行限定,所传递的信息当然也是不确定的,如"一些人"和"不少球迷",正是由于认知主体的这种不确定性,给略去不说提供了可能性。当略去不说时,"被"和"认为"就直接组合在一起了。

但这样说马上会遇到困难,我们发现,被动式中的认知主体也可以是定指成分,例如:

(6) 越南的战略地位很重要,(　　)被美国认为是新的合作伙伴。

(7) 这件事深深触动了袁庚,(　　)被他认为是赴港学习的"第一课"。

(8) 我反的东西不多：庸俗化,群体化,一般化。大多数人都在做的事,被我认为是不可取的,越多人做就越值得怀疑,就像生活在由低廉的假货所构成的虚伪的世界里。

上述例子中的"美国""他""我"都是确定性很高的定指性成分,但它们也出现在被动式中。因此,要解释"被"和"认为"之间可以省去认知主体的问题,除了确定性之外,必须找到其他原因。

语言表达的用功之处,其背后必有功能的动因。主动式中,言语主体将认知主体置于主语位置,突显其在篇章表达中的重要性,看下例：

(9) 国务院发展研究中心研究员程国强认为,改革任务重、难度大,当务之急是推进农产品价格形成机制改革。此次会议已确定,要积极稳妥改革粮食等重要农产品价格形成机制和收储制度,抓好玉米收储制度改革,做好政策性粮食库存消化工作。

这里,言语主体通过详细列明具体身份(国务院发展研究中心研究员)来强化认知主体的角色定位,并以此突显该人物在相关领域的权威性,从而体现引语的引证价值。

还有一个毋庸置疑的事实是,主动式中的认知主体也可以是类指或不定指的,例如：

(10) a 随着 2012 年中国 15 至 59 岁劳动年龄人口在相当长时期里首次出
      现绝对下降,外界认为中国人口红利正趋于消失。

     b 这条微博瞬即引发了网友热议,不少网友认为张歆艺身为公众人
      物,此举会影响到医患关系的舆论。

例(10)a 的下文是："'(外界)说中国人口红利没有了,(我觉得)人口红利正在起来。'对于上述质疑,厉以宁在 2016—2017 中国经济年会上指出,当前中国正处在一个剧烈变化期,其中最大的变化就是人力资本革命正在开始。"这篇文章将"外界"的说法与"厉以宁的说法"进行对比,作为一个对比项,其重要性是显而易见的。例(10)b 上文引出"网友",随后用"不少网友"来回指。以上都可以说明"认为"的认知主体在主动式中扮演了重要角色。

再回头看例(6)—(8),被动式的宾语小句主语(越南、这件事、大多数人在做的事)都是语段中的话题,可见,言语主体之所以采用被动式进行表达,很重要的原因就是顾及了宾语小句主语的话题地位和维护篇章话题的一致性。相应地,认知主体的地位降低了。这在语言形式上也有所表现,被动式中无论是表示定指还是类指或不定指的名词性成分,在语言结构形式上都较为简单,不能像主动

式如例(9)那样具体列出认知主体的具体身份。

我们从中新网搜索了 1 300 个页面,共发现 50 例在"被"和"认为"之间含不同指称意义的认知主体的案例。具体情况如表 1 所示。

表 1 "被"和"认为"之间的认知主体的指称意义

指称类别	数量(例)	比例(%)	词　　语
类指	33	66	朋友、家长、消防员、职业棋手、外国人、英国人、外国专家、市场、业界、业内、业内人士、外界、公众、当地舆论、世界
不定指	11	22	人们、大多数人、不少球迷、不少网友、一些人、一些媒体、许多人
定指	6	12	中国铁路总公司、市政府、《纽约时报》、马可·波罗、他、他们

从统计数据看,类指和不定指的使用频率占 88%,远超定指的 12%。

在被动式中,言语主体用"被"来标记认知主体,并将"被……认为"结构插入到宾语小句的主谓之间,认知主体的语义角色由直接论元变为间接论元,这本身就是对认知主体的降格处理,同时也降低了其在篇章中的重要性。这种降格处理也为省去不说提供了可能性,从而使得"被"与"认为"直接组合为"被认为"。但只要有需要,"被"和"认为"之间还是可以出现认知主体或其他成分的,这说明"被认为"并没有完成词汇化。

3. "被认为"的传信特征

"被认为"是一个什么类型的传信语?

许多学者注意到传信范畴与现实性有关。张伯江(1997)在介绍传信范畴之前重点讨论了现实性。周韧(2015)综合"现实性"的定义:现实性主要用来描述已经或正在发生和实现的情境,指的是现实世界已经或正在发生的事情。相反,非现实性主要用来描述只在想象中出现的情境,一般指的是可能世界中可能发生或假设发生的事情。

我们认为,与表达两个命题相一致,跟认识动词相关的现实性实际上也涉及两个层面,一个是由认识动词本身所体现的认知行为层面,另一个是由认识动词所带宾语小句来体现的命题层面。这两个层面都存在与现实性的对应关系。

例如:

(11) 在最新的权威选秀预测网站上,周琦被认为将在首轮 28 顺位被太阳选中。

其语义结构可以描写为:周琦将在首轮 28 顺位被太阳选中＋(在最新的权威选秀预测网站上,被认为)

这里,从认知行为层面看,与传信相关的情境是现实的,时间在言语主体报道之前,地点是"在最新的权威选秀预测网站上",也就是在具体的时间和地点认知主体产生了认知行为;而从命题小句层面看,"将"表明这是未来可能发生的事件,所以是非现实的。也就是站在现实角度对未来可能发生的事情进行预测。由于"认为"的宾语小句所表达的是某个尚未得到验证的观点,所以,它的宾语小句应该都是非现实的。

认知行为则既有现实的也有非现实的。我们主要关注现实性和认知行为层面之间的关系。结合两者之间的关系,我们将"被认为"归入两种类型,一种是传闻型。传闻型的认知行为是现实发生的。例如:

(12) 地瓜:别名甘薯、红薯、白薯,被认为是祛病延年、减肥保健的绝佳食品。

语义结构:地瓜是祛病延年、减肥保健的绝佳食品＋(被认为)

在言语主体实施言语过程之前,某个观点(地瓜是祛病延年、减肥保健的绝佳食品)已经产生,并且通过一定的途径传达到言语主体;在实施言语行为之时客观地引述了这个观点。

为了确保传闻的真实性,如有需要,言语主体就会在"被认为"前加上表示过去或现在的时间词语。例如:

(13) 4×100 米一向被认为是最刺激最紧张的比赛。

语义结构:4×100 米是最刺激最紧张的比赛＋(一向＋被认为)

空间词语也能缩小传闻的范围,对"被认为"进行限定。例如:

(14) 中国的孩子在国外被认为独立性差、依赖性强。

其语义结构可以描写为:中国的孩子独立性差、依赖性强＋(在国外＋被认为)

范围副词也可对认知主体及认知行为进行限定,例如:

(15) 在所有兄弟姐妹中,老幺一般都被认为是制造麻烦、不负责任、渴求关注、为所欲为的熊孩子。

语义结构:在所有兄弟姐妹中,老幺是制造麻烦、不负责任、渴求关注、为所

欲为的熊孩子＋（一般都＋被认为）

具有真实性或现实性的传闻，也经常作为背景化小句来修饰核心名词。例如：

（16）在此之前的 1 月 18 日，美国《国家利益》网站刊登了题为《美国军方如何计划挫败难以想象的情况：无人机群》指出，一度被美国认为是好东西的无人机，逐渐成为潜在对手对付美国的利器，文章发出了天空不再友好的感叹。

（17）一向被认为是阳光男人典型代表的陆毅，也玩起了文身。婚后陆毅出席各大场合的时候，被媒体记者拍到胸部有若隐若现的文身。

（18）据美国"石英"网站 5 月 23 日报道，在印度很常见的一种被认为对咳嗽等多种疾病都有用的草本植物对姜黄根，正成为西方国家热捧的饮料配方成分。

这里的背景化小句实际上是核心名词的关系化定语从句。其间的关系是这样的：

无人机一度被美国认为是好东西——一度被美国认为是好东西的无人机；

陆毅一向被认为是阳光男人典型代表——一向被认为是阳光男人典型代表的陆毅；

草本植物对姜黄根被认为对咳嗽等多种疾病都有用——被认为对咳嗽等多种疾病都有用的草本植物对姜黄根。

另一种类型是推断型。推断是言语主体所实施的行为。例如：

（19）近日我们获悉，美国车辆安全监管机构表示，由人工智能系统驾驶的谷歌无人驾驶车，将被认为符合联邦法律，即谷歌无人驾驶系统正式被认定为司机。这将是道路车辆自动化上重要的一大步。

"由人工智能系统驾驶的谷歌无人驾驶车，符合联邦法律"，在言语主体实施言语行为（如"美国车辆安全监管机构表示"）之时并没有成为颁布的法律，因而是非现实的。这里，言语主体（美国车辆安全监管机构）对该法案未来实现进行肯定性预测。

（20）而且在盘问中，王小姐一问三不知，有可能被认为有不诚信的表现，完全可以被作为拒绝入境的理由。

从"王小姐一问三不知"的情况，言语主体推断情境中的询问人有怀疑王小姐"有不诚信的表现"的可能性。

（21）尽管轻歌剧被视为一种小型的音乐戏剧，起初主要描绘 19 世纪中叶存在于法国的中产阶级的情感和无忧无虑的生活，但其实轻歌剧的表演融合了演唱、散文、合唱、舞蹈和华丽的服装与布景,因此,轻歌剧可以被认为是具有高贵血统的。

从"轻歌剧的表演融合了演唱、散文、合唱、舞蹈和华丽的服装与布景"这一前提,言语主体推断"轻歌剧是具有高贵血统的"。

(22)有的人说,日军之所以偷袭珍珠港以及随之而来的对一系列太平洋国家作战,都是为了要解决它对中国的战争,前者不过是后者的继续和延长,因此,1937年7月7日日军在卢沟桥发动的全面侵华战争应该被认为是犯罪日期的起点。

根据"有的人说,日军之所以偷袭珍珠港以及随之而来的对一系列太平洋国家作战,都是为了要解决它对中国的战争,前者不过是后者的继续和延长"这个前提,言语主体做出推断:"1937年7月7日日军在卢沟桥发动的全面侵华战争是犯罪日期的起点"。

(23)2015—2016赛季,对很多球队来说就像梦境。去年秋天,如果有谁说四川金强男篮能够拿到CBA总冠军,一定会招来嘲讽的白眼;去年秋天,如果有谁说莱切斯特城队将争夺英超冠军,一定会被认为疯了。

在言语主体做出假设的情形下,有人说出"莱切斯特城队将争夺英超冠军"这样的话,则意味着此人"疯了"。

以上这些例子中的"被认为"前出现了各类具有非现实意义的词语(如"将、有可能、可以、应该、一定会"等),所涉及的情境中既包含前提,也含有结论。作为推断的结论,只要前提发生变化,结论也就可能被证伪了。

由于非现实的情境具有不确定性,人们一般不会使用不确定的信息来给某个人物或事物进行背景定位,因此,表示推断型的"被认为+述谓"不能关系化为定语从句。

4."被认为"与"据认为"的比较

要认清"被认为"传信的具体特征,有必要与"据认为"做一个对比。"据认为"是一个更为典型的传信语。

与"被认为"相似,"据"和"认为"之间也可以出现认知主体,例如:

(24)自从2008年起,中国人开始对收购法国酒庄兴趣浓厚,且胃口越来越大。有法国媒体报道指出,从2008年到现在,已经有二十多个波尔多酒庄被中国人收购。据专家认为,这一趋势还在扩大。

(25) 盖里特利估计五分之一的男人在他们的基因中有着性别选择偏见。据他认为,目前有着男性偏见的男人更多,这就解释了为什么出生性别比率中男女比率至少是 106:100。

但"据认为"和"被认为"之间存在着诸多的不同。

根据我们前文的考察,"被认为"的传信类型有传闻型和推断型之分,"据认为"则只有传闻型一种。而且即使同样表示传闻,两者也不同。例如:

(26) 事故发生在当地时间 13 日,位于土耳其西部马尼萨省索马地区的一处煤矿发生爆炸起火。事发当时共有 787 名矿工在井下作业。386 名被困人员获救,80 多人受伤。据认为,目前仍有数十人被困。

(27) 由于在石化领域有丰富经验,滨海新区乃至天津的很多大型石化项目,据认为都与杨栋梁息息相关。

(28) 叶泉志介绍说,在汤博冰原西侧的过渡地带,有一些据认为是冰山的结构,其高度估计在 3 000 米左右。在一个蛇皮褶皱区到冰原区的过渡地带,被非正式地命名为"炎魔",也就是《魔戒》中的角色。

从以上例子可以看出,"据认为"可以出现在小句谓语前的任何未经证实的传闻信息之前,并且作为一个语言单位与周围其他语言单位之间没有结构上的联系。这表明"据认为"是一个独立的插入语。

"被认为"则固定在宾语小句的主谓之间,即使在关系化定语从句中也是在谓词前出现。"被认为"前面可以出现时空词语、范围副词、情态词语等,这说明该构式具有一定的动词性。据我们考察,"据认为"前不出现任何修饰性成分,北京大学语料库中共 746 例,均不含修饰成分。

形式背后是功能的差异。"据认为"表明所标记的信息是未经证实的某个观点。而"被认为"则表明所标记的信息不属于言语主体本人的观点,作为言语主体而言,不明确说出认知主体,一者是为自己免责,二者也是对信息提供者实施保护策略。

5. "被认为"与叙实性

最后,有必要探讨为什么"认为"和"被认为"能够作为表示信息来源的传信语?

从叙实性看,认识动词可分为叙实性认识动词、非叙实性认识动词和反叙实性认识动词。无论叙实还是反叙实,其宾语小句所表达的信息都不具有争议性,要么是真的,要么是假的。非叙实动词既不能预测宾语小句所表达的命题为真,也不能预测其为假,"认为"符合这一语义特点,因此,"认为"是一个非叙实性认识动词。

"认为"作为非叙实动词在句法行为上有别于叙实动词(如"知道")。"知道"可以带名词性宾语,甚至在一定的上下文中省略宾语,如说"他知道,他知道了,他知道这件事,他知道张三的情况",但绝不可以说"他认为,他认为了,他认为这件事,他认为张三的情况"。两者对宾语小句的控制度也不同。方梅(2005)指出:"所谓控制度,是指动词对其引导的宾语小句的影响程度,表现为引导宾语小句的动词与其后小句之间存在的共变关系。即主句动词的控制度越强,从属小句的独立性越弱;主句动词的控制度越弱,从属小句的独立性越强。"她认为"知道"和"认为"一样,对宾语小句的控制度都较弱,其后都可以带多个小句。但我们认为,"知道"和"认为"对宾语小句的控制度还是有区别的。例如:

(29)他知道理财规划相关专业很有前途吗?

　　*他知道哪个专业很有前途呢?

(30)他认为理财规划相关专业很有前途吗?

　　他认为哪个专业很有前途呢?

(31)他知道理财规划相关专业很有前途的。

(32)他认为理财规划专业很有前途的。

从上述疑问语气和确认语气的测试对比中可以发现,在"认为"句中,语气词归属于宾语小句,"知道"句的语气词则归属于主句而不是宾语小句。可见,两者对宾语小句的控制度是不同的,"认为"对宾语小句的控制度明显弱于"知道",这就难怪两者的句法行为存在很大的差别了。越是对宾语小句控制度弱的认识动词,越有利于虚化,如"觉得"。

另外,从认知行为看,"知道"只是认知主体对现实中已经发生事实的接收,"认为"则向外界传达出认知主体的观点。所以,只有后者才可以表示信息来源。

以往学界比较重视叙实动词和反叙实动词的语义语用特征,认为它们属于预设触发语,而忽视了非叙实动词的语义语用特征。我们认为,非叙实动词不能预测宾语小句的真实性,这本身也是一种预设,那就是,宾语小句所表示的命题是认知主体的看法,但这种看法是有待证实的,因而也是有争议的。

(33)去年12月,龚某的精神疾病发作,认为同屋老人要害他,于是找来木棍,在深夜将对方打死。

"同屋老人要害他"是认知主体"龚某"精神病发作时的看法,言语主体只是报道了这件事情,当然也不用去承担认知主体杀人的罪行。

(34) 茶饮被认为是一种自然的排毒饮料。喝茶往往是促进消化和排毒的好方法,饭后喝茶更是健康又减肥的一种好习惯。所以,餐间喝茶是非常有效的一种排毒减肥方法。

言语主体在这里引用"茶饮是一种自然的排毒饮料"作为一个现成的观点,尽管认同这种观点,但假如后来的实验证明这个观点是错的,言语主体也不需要为此承担全部责任,只是引用了他人的观点而已。

既然是某个观点,它也会随着时间的变化以及相关条件的变化而被证实、被质疑或被证伪。例如:

(35) 他说,两山夹一河的地理地貌,加之冬季处于静风状态,兰州的大气污染当时被认为是"难治之症"。

(36) 曾子才说:"厨师过去往往被认为是比较低微的职业,但近年在媒体提倡美食文化下,社会普遍对熟练掌握烹饪技巧的厨师给予更多尊重,令许多学生纷纷报名厨艺课程。"

(37) 报道称,爆炸现场一片狼藉。此外,报道还指出,在爆炸中遇难的人员暂时被认为是巴勒斯坦法塔赫组织官员。

例(35)和例(36)的观点已经被证伪,情况已经发生变化,兰州的大气污染正在得到有效治理,厨师的社会地位也在近年得到提高。例(37)的命题还有待证实,遇难人员的真实身份还需要进一步甄别。言语主体对一些有待证实的信息,采用"认为"或"被认为"进行标记,规避了当它们为假时所应负的责任。

这样,我们可以得出结论:作为非叙实动词的"认为"既能引出宾语小句又能保持真假两可的特点,使它适合传达信息来源。

6. 余 论

张伯江(1997)将汉语的传信语概括为三种类型,第一种表示信息来源的插入语是最为典型的。"据认为""被认为"都符合这一项。

传信与互文之间存在着密切的联系。要是引用了别人的观点,应该负责地标明信息来源,不然就有剽窃之嫌。标明来源具有两方面的语用价值,一是真实性,像新闻语体和介绍语体,言语主体通过不同渠道获得信息,通过传信标记来增加信息的真实性,二是免责功能,万一观点后来被证明是错误的,引用者也无须为此担责。

　　"认为"的被动式是一个比较新的语言现象。以"被认为"为例,我们查阅北京大学语料库古代汉语部分,一例也没有发现。一种新的语言现象既可能产生于这种语言内部的语言演变,也可能产生于与其他语言的接触。信息社会存在海量的翻译,外语中有这种表达方式而汉语中没有,于是,新的语言现象也就产生了。

参考文献

方 梅 2005 认证义谓宾动词的虚化,《中国语文》第 6 期。

张伯江 1997 认识观的语法表现,《国外语言学》第 2 期。

周 韧 2015 现实性和非现实性范畴下的汉语副词研究,《世界汉语教学》第 2 期。

(作者单位:上海大学国际交流学院,200072,wxyjiad@163.com。)

"都 XP 了"复句篇章功能研究[*]

乔　倓[1]　肖奚强[2]

现代汉语"都"和"了"共现搭配产生了构式"都 XP 了"[①]。学界对此主要进行静态分析[②]。此外,从动态视角来看,邢福义(1984:23)简略提到了"都 XP 了"在复句中充当分句,并指出在复句中两分句之间的语义关系。然而,学界对于"都 XP 了"分句及其相邻分句在上下文中的衔接关系及整个复句的篇章功能,尚未进行充分的研究。

1. "都 XP 了"的语义功能

"都 XP 了"在使用中须依存其他分句,目前已成为学界共识[③]。而它之所以具有依存性,邢福义(1984:21)指出句末助词"了"是其关键因素。邓思颖(2004)就所有"NP+了"作从属偏句给出的解释,针对"都 XP 了"须依附其他分句,我们认为,其语义功能也起到一定作用。

以往对"都 XP 了"语义功能的解读,或从构式自身的句法层面出发,李文浩(2010)指出,该构式整体具有"对已然事态极性程度的强调";或将整个复句义等

---

[*] 本文曾在第七届现代汉语虚词研究与对外汉语教学学术研讨会(2016 年 7 月,昆山)宣读,已发表于《新疆大学学报》(哲学人文社会科学版)2017 年第 2 期。本文是国家社会科学基金项目(16BYY102)"韩国留学生汉语篇章衔接手段习得研究"的阶段性成果之一。

[①] 本文中所称的 XP 包含 NP(名词短语)、VP(动词短语)和 AP(形容词短语)。须指出的是,本研究的"都 XP 了"不包括状态或结果描述性的情况。例如:"你唱得真好听,我都听呆了。"由于此时"都"和"了"是临时的线性组合。而"都 XP 了"构式作分句所在的复句中,它与前面分句之间的逻辑语义关系应是倒置因果关系。这在下文中会有说明。

[②] 参见邢福义(1984:21—26)、徐以中,杨亦鸣(2005:24—29)、李文浩(2010:57—63)、庞加光(2014:52—60)。

[③] 在我们这项研究检索到的所有语例(740 例)中,"都 XP 了"都无法独立进入篇章,或前或后或同时前后都有其他分句,再次证明了"都 XP 了"是依存小句的观点。

同于这一构式义。石慧敏,吴为善(2014)认为:"该构式表达了说话人的一种反预期的主观评述"。

我们认同"都 XP 了"是一种主观性表达,表层语义上有强调事态极性程度的作用,然而,在上下文语境中,我们发现它本身并不表达反预期信息,它仅具有表示预设或人们共有常识的功能。例如:

(1) 都局长了,还这么不检点。

石、吴文认为上例"都局长了"包含有"作为局长应该检点,但实际上出现不检点的行为状态"的反预期义。然而,这一反预期义实际是由后续分句中的反预期标记"还"及其后的谓词结构所负载的。Heine(1991:92)提出鉴别反预期标记的两个标准:一是反预期标记存在于断言的非常规情形与预设的常规情形的对比语境中;二是反预期标记能够将断言情形和常规情形联系起来。因此,显性的反预期标记"还"必须出现于非常规情形与常规情形同现的对比语境中,"还"后面的否定性谓词结构"不检点"负载了非常规情形,"还"前面的"都 XP 了"分句负载常规的预设情形。正因为如此,"都 XP 了"能为"还"实现反预期功能作前提和铺垫,重要的是,"都 XP 了"并非强制搭配反预期信息,例(1)还可以说成:

(2) 都局长了,行为应该检点。

可以看到,"都 XP 了"既能搭配"不该如此"之类的反预期信息,如例(1);也能搭配"应该如此"之类的正预期信息,如例(2)。相邻分句中不同的信息方向,能影响整个复句的类型,即"都 XP 了"所依存的复句在语义关系上大致可以分为转折和因果两大关系①。具体表现为:

(1) a 都局长了,却还这么不检点。(表转折关系)

　　　 还这么不检点,虽然都局长了。(表倒置转折关系)

(2) a 都局长了,所以行为应该检点。(表因果关系)

　　　 行为应该检点,因为都局长了。(表倒置因果关系)

可见,"都 XP 了"语义上是不自足的,只有搭配了表示说话人预期走向的分句,语义才得以自足。还需指出的是,含有预设或人们常识性信息的语义功能,使"都 XP 了"在转折或因果复句中充当的是原因或条件分句。为叙述便利,我

① 邢福义(1984)总结出因果、转折、倒置因果、倒置转折、归结按注等五种关系。在我们这项研究搜索到的所有语例中,仅 1 例可划为归结按注关系,即:"你又不是小孩儿,都这么大人了!"除此之外,"都 XP 了"与相邻分句之间的语义关系主要有因果、转折、倒置因果、倒置转折。其中,后两种关系是指"都 XP 了"小句作后分句时与前分句的关系。为论述方便,我们把"都 XP 了"与分句之间的关系统称为因果和转折两大关系。

们根据"都 XP 了"与相邻分句的语义关系,在转折或因果的偏正复句中,称"都 XP 了"为偏句,相邻分句为正句。

我们在 1 600 万字①的语料中检索到 740 例包含"都 XP 了"的语例,发现"都 XP 了"偏句及其正句在上下文中有三种位序,形成有三种格式。Ⅰ式:"都 XP 了"作先行偏句,Ⅱ式:"都 XP 了"作后续偏句,Ⅲ式:"都 XP 了"作居中偏句。

Ⅰ式:都 XP 了,正句 S　例如:

(3) 都到这个时候了,你还跟我说这个!(海飞《麻雀》)

Ⅱ式:正句 S,都 XP 了　例如:

(4) 你怎么才来,都几点了!

Ⅲ式:正句 S1,都 XP 了　正句 S2　例如:

(5) 你怎么光说不练,都半拉小时了,怎么还没动静?(王朔《千万别把我当人》)

这三种格式一般分布在口语对话或事件叙述中。由于汉语偏正复句的强势语序就是偏句在前,正句在后,而Ⅰ式正是这一语序,所以,三种格式中Ⅰ式有594 例(80.3%),占有绝对优势。Ⅱ式是Ⅰ式的变换式,人们为了凸显焦点信息的需要,将偏句置后,正句置前,有 94 例(12.7%)。Ⅲ式较为特殊,说话人认为置前的正句 S1 依然不足以凸显焦点信息,在偏句之后,再追补一个跟前面正句信息方向一致或相反的正句 S2。此式数量较少,仅有 52 例(7%)。在Ⅲ式中,正句 S1 与"都 XP 了"形成因果倒置关系,同时,"都 XP 了"与正句 S2 形成因果或转折关系,即总体上有"因果+因果"和"因果+转折"两种语义关系。前者数量比例占绝对优势,有 47 例(90.4%),S1 与 S2 信息方向一致,如例(5);后者仅出现个别语例,有 5 例(9.6%),两个正句之间的信息方向相反,例如:

(6) 早该睡觉了,都这么晚了,还叫你们出去。(Ⅲ式)

我们在上下文中考察Ⅰ式、Ⅱ式、Ⅲ式处于不同位置上的"都 XP 了",发现713 例中的 XP 同义回指上文出现的信息,平均同义回指率高达 96.4%,即 XP绝大多数属于旧信息②,具体到每一格式中,XP 同义回指的发生概率有所不同:

---

① "都 XP 了"一般分布在口语中,因而本文研究的语料来源于畅销小说中的人物对话部分、BCC 语料库中的口语体语料及日常生活口语录音语料,其中,从 BCC 语料库及日常生活口语录音语料中选取的例句不再标明出处。

② 李文浩(2010)认为"都 XP 了"构式整体对 XP 的语义和语用产生压制,导致 XP(不管是 NP、VP还是 AP)从信息分布上是一个新事态。但根据我们对语料的分析和统计,发现其更倾向于引进背景或常识性信息。

Ⅰ式 585 例(98.5%)、Ⅱ式 78 例(83.0%)、Ⅲ式 50 例(96.2%)。即先行、居中偏句位置上的 XP 同义回指率高于平均值,后续偏句位置上的 XP 则低于平均值。根据"距离相似性"原则,与上文距离越近,对上文的关联度越紧密,则句子越靠前的位置的上文关联度越高,旧信息也就越倾向于分布在句子靠前的位置上。因而,"都 XP 了"的语序位置决定 XP 同义回指上文的程度,按同义回指率高低排序,则有:

先行位置(Ⅰ式)>居中位置(Ⅲ式)>后续位置(Ⅱ式)

XP 将上文信息作为原因或条件引入"都 XP 了"偏句中,对于说话人来说,"都 XP 了"偏句的内容在语境中就是人们共有的背景知识或常识。即 XP 通过对上文的同义回指,实现"都 XP 了"引进背景或常识性信息的功能,从而作为话题在复句中关联相邻的正句。

综上,我们发现,"都 XP 了"自身不仅具有表示预设的功能,而且还具有将上文同义信息背景化的功能。

接下来,我们通过对这 740 例的分析,探讨三种格式中"都 XP 了"偏句及其正句与上下文的衔接关系,以揭示整个复句在推进篇章连贯性过程中的篇章功能。

2. "都 XP 了"偏句的篇章衔接关系

"都 XP 了"偏句不仅句内关联其他分句,而且还有跨句的篇章衔接性。

2.1 "都 XP 了"偏句同义关联

上文已提到"都 XP 了"偏句高频同义回指上文信息,就"都 XP 了"同义关联上文的表现形式来看,按使用频率的升序排列,三式中的 XP 表现为完全同形、部分同形、代词回指及完全异形四种类型。

2.1.1 完全同形

完全同形是指 XP 完全照搬上文信息的语言形式,不作任何改变。此类回指的自由度最低,限制度最高。因而,三式中 XP 实现此类回指的情况最少,共有 55 例(7.7%),其中,Ⅰ式 47 例(8.0%),Ⅲ式 7 例(14%),Ⅱ式仅 1 例(1.3%)。即,除了Ⅲ式,完全同形回指率在Ⅰ式、Ⅱ式各回指类型中都是最低的。例如:

(7)"不会吧,老大,现在才 10 点呢。""都 10 点了,你们还不睡吗?"(随侯珠

《别那么骄傲》)（Ⅰ式）

（8）入了秋河水真有些凉……忽听狗子娘惊呼了一声："可了不得，安姑娘怎么下水了，这都入秋了，着了凉可是一辈子的事儿，快着上来吧，有客来寻姑娘呢。"（欣欣向荣《厨娘当自强》)（Ⅲ式）

（9）"专门给你带的……""太没诚意，我才不要呢。""还没诚意啊？都专门给你带的了。"（Ⅱ式）

2.1.2 部分同形

部分同形是指 XP 部分复制上文信息的语言形式，XP 中既有照搬部分，也有变化部分。相较于完全同形，它的自由度有所升高，相应的限制度有所降低，因而部分同形的数量多于完全同形，三式共有 69 例（9.7%），具体为Ⅰ式 55 例（9.4%），Ⅲ式 12 例（24%），Ⅱ式 2 例（2.6%），即部分同形的回指率都高于同式的完全同形。例如：

（10）"咋办？我紧张！我紧张得快喘不过来气了！"……"我都紧张得不得了了，你还捉弄我！"（Ⅰ式）

（11）孙玉河点头，"……大半夜的打车跑过来，结果你连个生日礼物都不让我看，你行啊。"……"不说我走了，这都后半夜了，两个大老爷们在这玩什么纯情。"（Twentine《忍冬》)（Ⅲ式）

（12）"希望第四次见面成功。"……这也太过分了吧，分手后别说相亲，她可是对别的男人看都没看一眼，他倒好，可真是没闲着呢，这都第四次相亲了。（是今《独爱你一味》)（Ⅱ式）

2.1.3 代词回指

XP 同义回指上文的语言形式还可以是代词、包含代词的体词性或谓词性结构。由于此类回指以高度经济性的表现形式回指上文的具体信息，这类回指的数量较多。三式共有 143 例（20.1%），其中，Ⅰ式数量最多，有 124 例（21.2%），且代词类型丰富，高频出现的代词成分主要有近指代词"这样"、"这"、"这么"及疑问代词"什么"、"几"。例如：

（13）他脸肿得都变了形，仿佛骤然两颊多出很多肉，眼睛肿成一条细缝儿，额头腮侧布满了瘀血和青紫，皮肤亮晶晶颤巍巍像一块块透明的肉冻。他的头发被剪得乱七八糟，贴着纱布，可以看到渗透纱布的血渍和边缘的褐黄碘酒。一条胳膊打着夹板弯曲地搁在胸前。……"孩子都这样了，你们俩还闹什么？"（王朔《我是你爸爸》)（Ⅰ式）

（14）早晨起来我们都没叠被，还有这几日换下来的脏衣服也没洗，乱扔在

屋里。……"家都成<u>什么样子</u>了,猪窝似的……"(王朔《过把瘾就死》)(Ⅰ式)

此外,Ⅰ式中还有远指代词"那"。需指出的是,Ⅰ式中虽然可以出现远指代词,但数量极少,仅 3 例(2.4%),且回指的信息对说话人来说是负面消极的。例如:

(15)小姑娘边跑边把肉塞进自己的嘴巴……"你都<u>那样子</u>啃肉了,还指望我把你当女孩子吗?"(关就《就爱对你耍心机》)(Ⅰ式)

(16)"你和周翔怎么回事?""<u>我们俩离了</u>。"……"我和他都搞成<u>那样</u>了,你还让我给他打电话?"(Ⅰ式)

与Ⅰ式相比,Ⅱ式和Ⅲ式中出现的代词类型较为单一,二者高频出现的代词都只有近指代词"这"类。可见,由于句子先行位置对上文的关联性最强,这一语序允许近指代词、疑问代词、远指代词进入而不影响其回指上文的篇章功能;而句子居中、后续位置关联上文的强度都不及先行位置,这使得它们对于代词类型的选择就具有限制性,削弱其上文关联度的远指代词就无法进入句子居中、后续位置,拉近心理距离的近指代词则可以。例如:

(17)<u>第一轮牌</u>,大伙让着杨昭,让她先坐庄。……又走了几圈,只剩下杨昭没有开门了。……"是接着打,还是新开?""接着打吧,都打了<u>这么多</u>了。"(Twentine《那个不为人知的故事》)(Ⅱ式)

(18)"你们什么时候结婚?""<u>七一,党的生日</u>,公司不是说要搞集体婚礼?"……"别起什么邪念,起也没用,都到<u>这节骨眼</u>了,满意不满意符不符合你那什么梦想也由不得你了,你就踏踏实实跟我过日子吧。"(王朔《永失我爱》)(Ⅲ式)

此类回指Ⅱ式有 16 例(20.5%),Ⅲ式有 3 例(6%)。相较之下,Ⅰ式、Ⅱ式的代词回指率都高于同式的部分同形,而代词回指率在Ⅲ式中是最低的。

2.1.4 完全异形

完全异形是指 XP 除了与上文信息有同指关系外,在语言形式上没有任何关联。相较于上述三种类型,此类回指的自由度最高,限制度最低,且汉语篇章追求形式变换,同义内容避免相同形式的复现,因此,这类回指的数量最多,共有 446 例(62.6%)。其中,Ⅰ式 359 例(61.4%),Ⅱ式 59 例(75.6%),Ⅲ式 28 例(56.0%),即完全异形的回指率在各式中都是最高的。例如:

(19)季柏尧想都没想,冲了上去!当他看到她安然无恙躺在他怀中时,他心里一松,随即剧痛袭来,痛得浓眉狠狠地皱了起来。他的手压在一根钢管上,<u>他听到了自己骨裂的声音</u>。……"我都<u>英雄救美光荣负伤</u>了,安慰我一下总不过分吧?"(关就《就爱对你耍心机》)(Ⅰ式)

(20) 林锦楼便<u>披星戴月</u>地归家了⋯⋯"别闹了,都<u>半夜</u>了。"(禾晏山《兰香缘》)(Ⅱ式)

(21) "下星期是你<u>二十五岁生日</u>,我和你赵伯伯说想跟你一起吃饭庆祝生日。""不用了,我都<u>多大</u>了,不用过生日了。"(莫菲勒《许诺明似艳阳天》)(Ⅲ式)

可见,"都 XP 了"与上文衔接时,XP 的使用频率总体上按完全同形到完全异形的序列递增,这一结论与肖奚强、王灿龙(2008)研究"之所以"小句回指类型的分布情况一致,再次印证"表现形式的使用频率随着表达自由度的上升而依次提高"这一规律。需要指出的是,Ⅲ式中 XP 完全同形、部分同形的使用频率超过代词回指,这与Ⅰ式、Ⅱ式不同。Ⅲ式中"都 XP 了"偏句处在两个正句之间,它与前后两个正句建立语义联系的同时,还要关联上文信息,多重语义篇章功能的负荷,要求 XP 更倾向于明确高效的表达形式。代词成分虽形式简洁,但语义笼统,相较于形式上对上文复制的回指类型,代词回指上文信息的效率就略为低下,因而Ⅲ式中这一回指类型的数量较少,但该式 XP 使用频率的总体趋势与Ⅰ式、Ⅱ式一致。

2.2 "都 XP 了"偏句同义关联下文

"都 XP 了"在跨句篇章中主要是关联上文的功能,这源于 XP 经常同义回指上文。然而,并不是所有的 XP 都是上文出现过的旧信息,在全部 740 个语例中,有 27 例 XP 是新信息,其中仅有 8 例(1.1%)可在下文中找到与 XP 相关联的信息。它们都表现为 XP 同义下指下文中的某处信息,这一信息延续了"都 XP 了"所开启的新话题,并予以补充解释。例如:

(22) "你以为我爱提? 脸都<u>丢尽</u>了! ⋯⋯否则那样<u>丢人</u>,婵姐儿只有上吊自尽才能将这丑事抹平了!"(禾晏山《兰香缘》)(Ⅱ式)

(23) 天都<u>阴</u>了,可老哥还在操场上踢球⋯⋯"不要紧,我想着<u>今天可能下雨</u>,带着伞呢⋯⋯"(Ⅰ式)

这 8 例"都 XP 了"同义关联下文的例子中,Ⅰ式有 2 例(0.3%)、Ⅱ式有 6 例(6.4%),相较而言,Ⅱ式中"都 XP 了"关联下文的能力稍强。即,"都 XP 了"作后续偏句时,关联下文的可能性稍大一些,这正与它较弱的上文关联能力形成互补。

3. "都 XP 了"相邻正句的篇章衔接性

与"都 XP 了"偏句一样,正句也具有跨句的篇章衔接性。但由于它负载着焦点信息,与上下文的衔接关系较为复杂。

3.1 正句关联上文

在740个语例中,共有704例(95.1%)正句S(S1)关联上文,其中,Ⅰ式570例(96.0%)、Ⅱ式82例(87.2%)、Ⅲ式52例(100%),可见,三式正句都高频关联上文。

前面我们提到"都 XP 了"高频关联上文,而正句也同样高频关联上文,这二者所关联的上文是怎样的关系呢?

"都 XP 了"关联的上文和正句S(S1)关联的上文并不是同一处上文信息。前者关联的上文称为上文ₐ;后者关联的上文称为上文ᵦ。我们发现,在篇章推进的线性序列中,不管"都 XP 了"偏句的语序如何,上文ₐ一般都在上文ᵦ的前面,即"都 XP 了"偏句与上文ₐ形成远距离关联,相对的,正句与上文ᵦ是近距离关联。如图1所示。

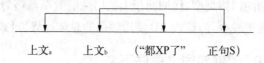

上文ₐ　　上文ᵦ　　("都XP了"　　正句S)

图1　"都 XP 了"复句跨句衔接的多数情况

(线轴上方的箭头用实线表示代表"上文 a"在"上文 b"前面的情况居多,线轴下方用双括号包含的是"都 XP 了"复句)

(24) 她摇摇晃晃地走在前面(上文ₐ),摆手说:"不用跟着我,我没事(上文ᵦ),你回去吧!""你都快站不稳了(关联上文ₐ),还说自己没事(关联上文ᵦ)。"(衔玥《再婚难于上青天》)(Ⅰ式)

(25) 时间早过了他给自己规定的起床时间(上文ₐ)。他掉脸一看,儿子也仍在他的床上酣睡(上文ᵦ)……"该起床了(关联上文ᵦ),都几点了(关联上文ₐ)?"(王朔《我是你爸爸》)(Ⅱ式)

(26) 香兰进来添了茶就赶紧退出去了(上文ₐ)。……林锦楼只盯着她出神(上文ᵦ)。"别看了(关联上文ᵦ),人都出去了(关联上文ₐ),整天都在你身边,还没看够?"(禾晏山《兰香缘》)(Ⅲ式)

只有少数情况下的上文ₐ才在上文ᵦ的后面。如图2所示。

上文ᵦ　　上文ₐ　　("都XP了"　　正句S)

图2　"都 XP 了"复句跨句衔接的少数情况

（线轴上方的箭头用虚线表示，代表上文 a 在上文 b 后面的情况较少，这是为了与占有优势地位的上文 a 在上文 b 前面这一情况相区别。）

（27）"去我那里，我再给你做点别的吃的（上文ᵦ）。"蓝衫想到这两天他生病了（上文ₐ）她却没理他，一阵愧疚。……"你都生病（关联上文ₐ）了，就不要做饭了嘛（关联上文ᵦ）。"（酒小七《隔壁那个饭桶》）（Ⅰ式）

篇章的连贯性主要表现为组成篇章的各个部分之间是相互联系的。在篇章中，"都 XP 了"所在的复句，不仅其内部各分句之间有必然的语义联系，而且其不同的分句与不同的上文信息也具有不同的关联，即上文ₐ、上文ᵦ复线衔接"都 XP 了"所在的复句，用"双通道"合力推进信息传递，加强上下文的关联性。相较于单线连接的篇章推进模式，"都 XP 了"所在的复句与上文互动更为紧密，其篇章的连贯性更强。这也是"都 XP 了"偏句及其正句在篇章功能方面最鲜明的特征。

与"都 XP 了"偏句仅同义关联上文不同的是，正句 S(S1)的语义与上文之间的关系，按使用频率的高低排序，表现为反义关联和同义关联两类。

3.1.1 正句 S(S1)反义关联上文

此时，三式用于否定、反驳上文信息，以实现与上文的反义关联，此类共有384 例(54.5%)，是正句 S(S1)主要的篇章功能。为了增强否定、反驳的信服度，Ⅰ式、Ⅱ式两个分句间的语义都以因果关系为主。例如：

（28）"在开车，有事呢，喝不了。""嘁，人都在外面了，还喝不了？"（未再《洁身自爱》）（Ⅰ式）

（29）"你怎么不来哄我？""还哄你呢，多大了都！"（Ⅱ式）

Ⅲ式正句 S1、S2 与"都 XP 了"偏句也以"因果＋因果"关系为主，此时，S1、S2 同义异构，它们都否定、反驳上文信息。例如：

（30）"我还以为人人都像我这么认真呢，我感到茫然。""你就别拿着那劲了，我都撕下脸了，你可还装什么？"（王朔《我是你爸爸》）（Ⅲ式）

Ⅲ式中各分句还有"因果＋转折"的关系，此时，S1 与 S2 语义相反，S1 否定、反驳上文信息，而 S2 与上文同义。例如：

（31）"我这就赶紧翻医书去。""孙大人您真的假的啊？ 都什么时候了，您还有工夫翻医书呢，救人吧赶紧！"（欣欣向荣《杏林春暖》）（Ⅲ式）

在正句 S(S1)反义关联上文的篇章中，Ⅰ式有 302 例(53.7%)、Ⅱ式有 46 例(51.1%)、Ⅲ式有 36 例(69.2%)，除Ⅰ式之外，Ⅲ式、Ⅱ式之所以也能高频分布，是因为相较于旧信息，正句 S、S1 表示与上文语义相反的信息，对说话人来说，是新的、重要的信息。张伯江,方梅(1996)指出:"重要的信息成为说话人急于说出来的内容,而次要的信息就放到了不显要的位置上"。对于Ⅱ式和Ⅲ式来说,它们都是将负载重要信息的正句 S、S1 前置到先行位置,而把"都 XP 了"置于其后,这是短时紧凑对话条件下突显焦点信息的有效方式。

正句 S(S1)与上文反义关联能从一些形式标记中表现出来,主要分为两类。一是反问句,各式正句都倾向于使用,是数量最多的一类。其中,Ⅰ式 254 例(84.1%)、Ⅱ式 29 例(63.0%)、Ⅲ式 20 例(55.6%)。例如:

(32)"你要强硬一点。""他们都给我换寝室了,我还强硬什么?"(Ⅰ式)

(33)王淑贤第一次用擀面杖打梁夏末还是在十年前,第二次就是现在。迟冬至吓得站起来去拦王淑贤,"妈,你怎么还动真格的了,他都这么大的人了。"(苏遮目《第二根肋骨》)(Ⅱ式)

(34)"小夏相公倒是个好的,只是无甚钱钞的……""没钱算什么? 他都已经官老爷了,还怕日后不能吃香喝辣?"(禾晏山《兰香缘》)(Ⅲ式)

二是陈述句或祈使句中的否定词,如"不(是)"、"没(有)"、"别"等,例如:

(35)"哎! …我说周先生。……咱赏脸瞅一眼呗。"这都点名了,阿南还是没一点动静……(Twentine《阿南》)(Ⅰ式)

(36)"你老说这种话,使我痛苦。"……"别假招子了,都恶心坏我了。"(王朔《浮出海面》)(Ⅱ式)

(37)"我们等天亮再走吧。""别动坏脑筋,都什么时候了,我劝你老实点。"(Ⅲ式)

这些否定词Ⅰ式有 20 例(6.6%),Ⅱ式有 10 例(21.7%),Ⅲ式有 11 例(30.6%)。与反问句相比,各式中否定词所占的比例普遍不高,可见,各式否定、反驳上文时更倾向于选择语气强烈的形式标记,加之"都 XP 了"自身包含有不满的感情(郭文贵,1997),也进一步加大整个复句否定、反驳上文的力度。

3.1.2 正句 S(S1)同义关联上文

此时,三式用于评述已发生的事件或重复已出现过的信息,从而实现与上文的同义关联。此类共有 320 例,是正句 S(S1)的第二大篇章功能。Ⅰ式两分句间以转折关系为主,Ⅱ式 S、Ⅲ式 S1 与"都 XP 了"偏句之间依旧以因果关系为主。例如:

(38)慕善不明白到这个时候,他为什么还可以这样镇定? ……(慕善)又好气又好笑:"都什么时候了,你倒有闲心。"(丁墨《慈悲城》)(Ⅰ式)

(39)"时候不早了,我该走了。""这么快就走?""该回去了,都叨扰你们两天

了。"(Ⅱ式)

(40)"你不知道我有多辛苦。""你是挺辛苦的,都晕倒了,还不好好休息?"(Ⅲ式)

当Ⅲ式S1同义关联上文时,各分句间的关系仍以"因果+因果"为主,此时,S2与S1信息方向一致,如例(40)。

此外,各分句间的关系仅有1例为"因果+转折",此时,S1与S2信息方向相反,例如:

(41)"大晚上的加什么班!""对啊,能有什么急事啊,都睡觉了,还打电话让我们加班!"(Ⅲ式)

可见,与反义关联上文情况相同的是,S1与S2信息方向一致的占主流,即说话人选择Ⅲ式时都倾向于顺向表述。

在正句S(S1)同义关联上文的篇章中,Ⅰ式有268例(45.1%),Ⅱ式有36例(38.3%),Ⅲ式有16例(30.8%)。与反义关联上文的情况相比,Ⅲ式、Ⅱ式占据的比重下降较多,Ⅰ式虽有所降低,但依然有使用优势。之所以这样,是因为XP和正句S都同义关联上文,对于说话人来说,这两者都是旧信息,不存在因信息新旧而调整语序的问题,使用原式(即Ⅰ式)的倾向性就强;加之XP作为正句S陈述事件的原因或条件,自然要先说明,Ⅰ式的语序安排也正好符合这一逻辑顺序。因此,Ⅰ式的使用频率并不像Ⅲ式、Ⅱ式那样有较大滑落。

3.2 正句关联下文

"都 XP 了"相邻的正句并不都能关联上文,Ⅰ式、Ⅱ式正句S对下文也有关联性。它们对下文的关联主要为同义关联,即正句S同义下指下文中的某处信息①,此类数量相对较多,是正句S位列第三的篇章功能,共29例(85.3%),其中,Ⅰ式居多。例如:

(42)都自责成这个样子了,他哪还说得出什么责怪的话,他昧着良心说:"老大,这不关你的事。"(随侯珠《别那么骄傲》)(Ⅰ式)

(43)"别瞎说了,赶紧洗漱一下睡吧,都几点了?"把老妈劝回卧室休息,夏真钰简单洗漱了下也回到自己的房间上床躺下。(晨雾的光《一婚再比一婚

① "都 XP 了"同义关联的下文和正句S同义关联的下文并不是同一处下文信息,二者都同时关联下文的情况极少。例如:"我人都在这儿了(同义下指b),还不见你半个影子(同义下指a)!"居然是杨帆打来的? 李响赶紧打起精神,"……我今天生病了,所以没有去上班(a)。"……杨帆挂断电话后乐不可支,坐在桌上问旁边的前台小姐和人事专员(b)……

高》)(Ⅱ式)

Ⅰ式、Ⅱ式正句 S 关联下文还表现为反义关联,即正句 S 的语义与下文某处信息相反,此类数量较少,是正句 S 最低频的篇章功能,共 5 例(14.7%),依然是Ⅰ式居多。例如:

(44)严曜带我去的就是酒店附近的一家餐厅,很意外,都大半夜了,还在营业,进去的时候才知道原来是刻意的,灯火通明的大厅没有其他的客人。(吴越依然《繁华尽处》)(Ⅰ式)

(45)"你快点开车,这都几点了!"周瑾宇轻哼一声才开了车……还故意放慢车速。(晨雾的光《一婚还比一婚高》)(Ⅱ式)

正句 S 关联下文与"都 XP 了"偏句关联下文都是二者较为劣势的篇章功能。前者有 34 例(4.6%)衔接下文,而后者仅有 8 例(1.1%),可见,正句关联下文的能力强于"都 XP 了"偏句。而正句 S 较高比例地关联下文,得力于Ⅰ式处于后续位置上的正句 S,其与下文的距离较近,加之Ⅰ式使用频率最高,自然就增加了正句 S 关联下文的可能性。

4. 结 论

第一,从篇章视角,"都 XP 了"含有预设或人们共有的常识,此外,还通过 XP 高频同义回指上文,能将上文信息背景化,以利下文展开。

第二,"都 XP 了"偏句主要同义关联上文,极少同义关联下文。它同义关联上文的程度会因其语序位置的不同而有所差异。"都 XP 了"偏句同义关联上文的形式总体上按完全同形、部分同形、代词回指、完全异形的序列递增。

第三,正句对上文的关联也最为强势,此时,整个复句复线衔接不同的上文信息,这是"都 XP 了"复句最鲜明的篇章功能。正句的篇章衔接关系按照使用频率的高低排序,分别为反义关联上文、同义关联上文、同义关联下文、反义关联下文。

参考文献

邓思颖　2004　空动词从属偏句的特点,《汉语学报》第 1 期。

郭春贵　1997　时间副词"已经"和"都"的异同,《世界汉语教学》第 2 期。

李文浩　2010　作为构式的"都 XP 了"及其形成机制,《语言教学与研究》第 5 期。

石慧敏、吴为善　2014　隐性语义等级序列的激活机制及其语篇整合效应,《世界汉语教学》

第 4 期。

武　果　2009　副词"还"的主观性用法,《世界汉语教学》第 3 期。

肖奚强、王灿龙　2008　"之所以"偏句篇章功能论略,《世界汉语教学》第 3 期。

邢福义　1984　说"NP 了"句式,《语文研究》第 3 期。

张伯江、方　梅　1996　《汉语功能语法研究》,江西教育出版社。

HEINE B, CLAUDI U, HüNNEMEYER F　1991　*Grammaticalization: A Conceptual Framework*. Chicago：University of Chicago Press.

（作者单位：1. 河南中医药大学外语学院,450046,qiaot811@163.com。）

（作者单位：2. 南京师范大学国际文化教育学院/汉语国际教育研究所, 210097,hunanxiaoxiqiang@163.com。）

"是吗"的话语功能及虚化

邹海清　周孟菲

1. 引　言

在说话人说出的一段话语里,就"是吗"出现的线性位置来看,可分为以下四种情况:

位置一,话语结束位置。例如:

(1)陈鲁豫:他说当年跟您喝酒,每次都把您给喝倒了<u>是吗</u>?[1]

　　冯国林:我不会喝酒,我这喝酒是业余的,他是专业的。

位置二,话语中间位置。例如:

(2)罗兵:不过我们刚才说到,打小就开始练射门<u>是吗</u>? 冲一个门使劲踢,
　　　　前锋的底子呀。

　　苏醒:我一般是 9 号半,介于中场跟前锋之间,影子前锋。

位置三,自成一段话语。例如:

(3)观众:其实我比她还闹。

　　主持人:<u>是吗</u>?

　　观众:我特能折腾。

位置四,话语起始位置。例如:

(4)吴晓波:是知识分子阶层有这样一个仇富情节。

　　窦文涛:<u>是吗</u>? 那你说这个就直接影响到一百年来中国企业家的做
　　　　人,为人处事?

---

[1] 本文语料主要来自中国传媒大学媒体语言语料库和北京大学现代汉语语料库,为节省篇幅,对来自这两个语料库的语料都不标明出处,另外,在不影响理解的情况下,对部分过长的语料进行了删减。

本文拟对不同位置的"是吗"的话语功能进行全面的考察和分析,并讨论其虚化过程。

2. 话语结束位置的"是吗"

2.1 形式表现

话语结束位置的"是吗"在句法上表现为疑问句中的附加问,"是吗"在口语中一般总是紧跟前面的陈述部分,中间没有停顿,即以一个语调单位(intonation unit)的形式出现,但在书面语中,作为附加问的"是吗"跟前面的陈述部分可以用逗号隔开,也可以不用逗号隔开。例如:

(5)"70年代初您曾来过中国,是吗?"

(6)"你说,把死的……容易的交给别人,把难的交给我是吗?"

2.2 三种话语功能

高华、张惟(2009)把附加问的基本话语功能归为寻求核实与请求允可,其中,寻求核实的功能还可进一步细分为两类:一类是说话人要求听话人核实所陈述事实的真实性或观点的正确性;一类是说话人就陈述内容向听话人寻求话语认同。经考察我们发现,作为附加问"是吗"的话语功能可细分为寻求核实、寻求认同和警告三种类型①。

2.2.1 寻求核实

当说话人认为听说人在命题信息的知晓方面比自己更权威时,处于话语结束位置的"是吗"的功能表现为寻求核实。例如:

(7)记者:这个车间是在给回收自行车维修是吗?

　　陈玉成:是的,各区不要的车子,都回收到这边来我们进行维修。

(8)杨澜:……所以在比较恐怖的气氛中,你需要自卫、抗争,但慢慢地,抗

　　　　争成了一种习惯,你也就以此为乐趣了,是吗?

　　李敖:也不是。我要看对象。

附加问传达的疑问性较低已成为学界共识,张伯江(1997)指出:"附加问句

---

① 就高华、张惟(2009)的表述来看,只明确指出"是吗"具有寻求核实的功能,并没提到"是吗"具有寻求认同的功能,他们认为寻求认同的功能主要是由"是吧""对吧"和"哈"来承担的。

是轻微的征询口气,倾向于相信命题的真实性,缺少强烈的质疑色彩。"这说明说话人在很大程度上是命题信息的知晓者。既然说话人相信命题为真,为什么说话人还要向听话人核实命题的真实性呢? 其实,这跟说话人对听说双方对命题信息知晓度的判断有关,当说话人认为听话人在对命题信息的知晓度上比自己更权威时,说话人就可能对命题信息的真实性向听话人核实。寻求核实的"是吗"使用的语境基础来自说话人认为听话人在命题信息知晓度上比自己更权威,如果缺乏这种语境基础,就容易造成句子的不合适。请看下面笔者自拟的两个例句:

(9) a"我得了重病,是吗?"(对医生说)

  b ?"我得了重病,是吗?"(对朋友说)

一般说来,一个人是否得了重病,医生比他本人更知情,他本人又比朋友更知情,所以,在缺乏相应语境支持的情况下,例(9)b会显得不太合适。

寻求核实就意味着命题信息有真假之分,所以,从相应的应答句的特点来看,针对这个位置的"是吗"的回答既可以是肯定的回答,如例(7),也可以是否定的回答,如例(8)。

这个位置的"是吗"所在的话语中如果出现了叙述性的话语,叙述部分中的动词既可以用"问"这样的动词,如例(10),也可以用"说"这样的动词,如例(11)。

(10)"你不要钱,是吗?"我迟疑地问道。

(11)冯先生看在眼里,仍然镇定地对坐下来的女儿说:"我昨天晚上不问青红皂白就胡乱地猜测,无端地责骂你,你一定认为我所关心的根本就不是你,是成心要挑你的毛病,和你作对,是吗?"

寻求核实的"是吗"是就命题信息本身的真假进行询问,是真性问句,反映的是"是吗"的概念义,寻求核实是"是吗"最为核心的功能。

2.2.2 寻求认同

当说话人认为听说双方在命题信息的知晓方面处于同等状况时,位于话语结束位置的"是吗"的功能表现为寻求认同。例如:

(12)"今天天气真好,是吗?"她说。

  "像春天一样。"我说。

(13)刘思谦说:"你别把我搅糊涂,跟我玩绕弯子的游戏! 我们在讨论的是你的婚事,是吗?"

  "是的。"

(14)林仙儿道:"我们总不能去找无辜的人,是吗?"

  阿飞道:"我们找的对象,自然是那些为富不仁的恶霸,坐地分赃的强盗。"

例(12)谈论的是当天的天气,听说双方都是天气状况的现场感知者;例(13)中的听说双方都是所述事件的参与者,例(14)所述的内容是被社会普遍认同的道理,命题信息被全社会共享。上述例句都表明,听说双方在信息的知晓方面处于同等状态,不存在听话人比说话人对所谈信息更知晓的语境基础,"是吗"在这样的语境里的功能不再是寻求核实,而是寻求认同。

寻求认同跟寻求核实最大的不同在于,寻求核实是以听说双方在命题信息知晓度上处于不平等状态为基础的,这决定其交际以信息交流为主,寻求认同是以听说双方在信息知晓度上处于平等状态为基础的,这决定其交际不再是以信息交流为主,而是以情感交流为主,构建听说双方的互动关系。

正因为寻求认同的"是吗"关注的是听说双方的情感交流,而不是命题信息的真假,所以,其相应的应答句一般情况下都是肯定性的回答,如例(12)—(14),而前文提到的寻求核实的"是吗"关注的命题信息的真假,所以,其相应的应答句既可能是肯定性的,也可能是否定性的,这是二者的不同之处在应答句中的表现。

正因为寻求认同侧重于情感交流,问的意味非常弱,所以,话语中如果出现了叙述性的话语,其中的动词一般不用"问"而用"说"或"道"这样的动词。

2.2.3 警告

这个位置的"是吗"还能用于警告。例如:

(15) 这儿典型的小镇贫民窟里一个细瘦的姑娘,身穿格子布衣服,在拱门昏暗的亮光底下,探出头来喊道:"你们看,这个偷着逃跑的下流鬼——这个杀人不眨眼的凶手!你以为你能逍遥法外,是吗?"

(16) 待车门一开,又有人跨进车内,高声嚷嚷:"赶快下车!愣着干什么?敬酒不吃,想吃罚酒,是吗?"接着,便进入车厢,硬是将全部乘客赶下了车。

例(15)(16)中的"是吗"具有反问功能,"是吗"是以反问的形式表示警告。警告是一种言语行为,凸显的是语力(illocutionary force),例(15)表达的意思是"(我警告你)你不可能逍遥法外",例(16)表达的意思是"(我警告你)你别敬酒不吃,吃罚酒"。

正因为警告代表着一种言语行为,所以,一般也不需要听话人回答,如例(15)(16)在实际的上下文中就没有相应的应答句,这是它跟寻求核实和寻求认同的"是吗"的不同所在。

起警告功能的"是吗"所在的话语如果出现叙述性话语,其中的动词往往用"喊""嚷"这样带有强烈不满情绪的动词。

3. 话语中间位置的"是吗"

3.1　形式表现

单从构成来看,如果话语结束位置的"是吗"后再附上一些话语,就会让"是吗"处于话语的中间位置。例如:

(17)"一点紧张都没有,就想马上实验一下是吗?你想好好跟他们练练口语。"

(18)"要是真是有马大哈把它放在衣服里头,扔在洗衣机里头洗了,洗完了他这场比赛就不能去看了,是吗?还有没有可能再发给他一张新的?"

从书面语中的形式表现来看,处于话语中间位置的"是吗"后除了可以用问号外,还可以用逗号。例如:

(19)"我敢断定他就是你家的一个老宝贝吧,是吗,你们南方人压根儿不懂得怎样对待黑鬼。你们把他们都宠坏了。"

(20)"平淡无奇是吗,大概让您失望了吧,总统先生?"

3.2　构建共识

话语中间位置的"是吗"的功能主要表现为构建共识,即表明前面的所述信息是听说双方的共有知识,起到组织话语、实现互动的作用。

会话是一种双向的言语交际活动,构建共识在这种双向的言语交际中占有非常重要的地位,因为只有在形成共识的基础上,才能最大限度地减少言语冲突和保证谈话的顺利完成。相反,形不成共识就难免产生言语冲突,也就无法保证谈话顺利进行下去。正是基于共识在会话中的重要地位,说话人在谈话中常常有意无意地把自己或对方的话语变成听说双方共同的话语,即达成一种共识,从而起到尽可能减少言语冲突和保证谈话能顺利进行下去的作用,处于话语中间位置的"是吗"就有构建听说两方共识的话语功能。细究起来,处于话语中间位置的"是吗"构建共识的功能可分为以下两种情况:

一种情况是说话人把自己的认识变为听说双方共同的认识。例如:

(21)"嘿,她可真不错,是吗?她是个花枝招展的人儿。她还稍许胜过姐姐一点。"

(22)"拘留算吧?如果是故意拘留的话,这肯定是算性质恶劣是吗?它也没有硬性的规定?"

"是吗"的真值语义为求证性询问,但位于话语中间位置的"是吗"不表真值语义,也不具有句法上的强制性,主要起组织话语的作用,根据 Schiffrin (1987)对话语标记的判断标准,位于话语中间位置的"是吗"只是一个话语标记,在话语中起构建共识的作用。用求证的形式去构建共识的好处在于,它使说话人的话显得不绝对,留有商量的余地,体现说话人对听话人的关注,这实际上起到照顾听话人面子的作用,从而使所述话语变得更容易被听话人认同和接受,起到很好的情感互动作用。

另一种情况是说话人把对方的认识变成听说双方共同的认识。例如:

(23) 立新:我就不知道他这个有没有滞后的时间,他应该是通过卫星图片来传回。

朱勤:他是有一个车。

立新:他是有车<u>是吗</u>? 不是卫星拍摄的。

(24) 许戈辉:那你现在还在挂职上海的那个……

王励勤:乒羽中心的副主任。

许戈辉:副主任<u>是吗</u>? 你需要做什么行政工作吗?

例(23)—(24)中的"是吗"前的陈述基本上是对对方所说话语的拷贝,这里的"是吗"在功能上同样没有询问功能,也是一个话语标记,起到构建共识的作用。就共识的达成途径来看,是说话人把对方所述内容变成双方的共识,体现了说话人对对方所述话语的关注。

4. 自成一段话语的"是吗"

4.1 形式表现

自成一段话语的"是吗"除了例(3)这种常见的形式之外,跟在"啊,哦"等叹词后面的"是吗"跟自成一段话语的"是吗"在功能上完全一样,所以,本文把以这种形式出现的"是吗"也视为自成一段话语的"是吗"。例如:

(25) 曲黎敏:……和谐的话题,其实是母系的一个词汇。

梁 冬:哦,是吗?

(26) 小王子不解其意。说道:"<u>啊? 是吗?</u>"

4.2 三种话语功能

单就在对答结构中所处的位置来看,自成一段话语的"是吗"在对答结构中,既可处于回应语的位置,又可处于引发语的位置。这两个位置上的"是吗"的话语功能具体可分为寻求核实—出乎意料、反馈信号和应付三种情况。

4.2.1 寻求核实—出乎意料

自成一段话语的"是吗"跟前文提到的位于话语结束位置的"是吗"一样,在对答结构中处于引发语的位置,具体的话语功能表现为寻求核实。例如:

(27) 普拉达:总的来说,探究学习和理解。我所探究的不是很具体的东西,
    而是预示未来、与众不同、有意思的东西。

  杨 澜:<u>是吗?</u>

  普拉达:是的,我同时还得学习。我从没去上过一节课,都是凭晚上自
    学获得大学学历的,因为在白天我要做其他事情。

(28) "八爷,大喜! 老龙已答应了你给的价钱!"

  "<u>是吗?</u>"孙八仿佛听到万也想不到的事情!

  "<u>是</u>! 现在只听你选择吉期! 钱自然是在吉期以前给他的!"

但自成一段话语的"是吗"在对答结构中还兼具回应语的位置,这使得这个位置的"是吗"在表示寻求核实功能的同时,还附带出乎意料的话语功能。为什么这样说? 根据会话合作原则中质的准则,即"不要说自己认为是不真实的话"、"不要说自己缺乏足够证据的话",(何兆熊,1989)一般情况下,我们会默认对方所述内容都是真实可信的,不会要求对方对其所提供信息的真实性进行核实。如果我们对对方所述内容产生核对其真实性的需求,一定是对方所提供的信息超出我们的意料。正因如此,这使得自成一段话语且功能表现为寻求核实的"是吗"都附带着出乎意料的话语功能,即表现为寻求核实—出乎意料。

在实际的会话语料中,我们发现,针对自成一段话语且功能表现为寻求核实—出乎意料的"是吗"的应答一般来说都是肯定性的应答,如例(27)、(28),针对位于话语结束位置且功能表现为寻求核实的"是吗"的应答既可以是肯定性的应答,也可以是否定性的应答,如前文提到的例(7)、(8)。

4.2.2 反馈信号

反馈信号也可称为反馈项目或回馈信号(刘虹,2004;方梅,2005),一般出现在听话人的话语里,用来表明自己认同对方所说的话,或对对方所说的话感兴趣,或仅仅表明自己在听对方的谈话,刘虹(2004)指出,所有的反馈信号都必须

具有以下六个基本特征:第一,由听话者发出;第二,客观上不打断说话者的话语;第三,主观上没有索取话语意向,而是鼓励说话者保持话语;第四,形式上比较简短;第五,内容上不提供新信息;第六,不充当对答结构的引发语。违反其中的任何一条,都不能算作反馈信号。经考察我们发现,自成一段话语的"是吗"有时是作为反馈信号出现的。例如:

(29)许戈辉:其实我觉得等儿子长大的时候,他的这个模样就会特别招人
　　　　　　喜欢,现在这个流行小眼男生。

　　　 林永健:<u>是吗</u>?

　　　 许戈辉:特别受宠。

(30)烧　饼:跟着我师父学艺呢有很多年了,学了不少知识。

　　　 曹鹤阳:<u>是吗</u>?

　　　 烧　饼:包括做艺,包括做人。

例(29)—(30)中的"是吗"满足反馈信号所需的六个标准,应视为反馈信号,不是一个独立的话轮;表寻求核实—出乎意料的"是吗",却不同时具备这六个条件,是一个独立的话轮,如例(27)和例(28)中的"是吗"。

4.2.3　应付

自成话轮的"是吗"还有应付功能。"应付"指的是一方对另一方所谈话题不感兴趣,想结束谈话,但出于礼貌又不便明说时所采用的一种消极回应策略。例如:

(31)郁青青里里外外张罗着,走到叶松旁边,问:"怎么,你女儿没来?"叶松很不好意思,红着脸抱歉地解释:"她……她上班走不开。"

"<u>是吗</u>?"郁青青不再问什么,皱皱眉头走开了。

例(31)在实际的上下文里找不到针对"是吗"的应答句,原因在于"是吗"的话主(郁青青)说话的重点既不是想寻求核实,也不是想鼓励对方继续说下去,而是想以"是吗"作为应付语来结束谈话。

5. 话语起始位置的"是吗"

5.1　形式表现

从形式构成来看,自成一段话语的"是吗"后面再附上一些话语,就变成位于话语起始位置的"是吗"。例如:

(32)我曾开玩笑地对她说过:"你呀,是人物!早晚我要以你为主角写一篇

小说。"

　　她高兴地叫起来:"是吗? 我是一个人物? 你写,我支持。"

(33) 易解放:这里本来就是野山杏的原生态的基地。

　　记　者:是吗? 那本来它适合在这儿生长,它为什么没长成呢?

　　在书面语里,位于话语起始位置的"是吗"后除了问号外,还能用逗号。例如:

(34) 白雪说:"你小看邱老师了,团里要说权威,除了你见过的那个王老师
　　　　就数邱老师了,他不光戏演得好,秦腔理论也懂得的多,县志
　　　　上的戏剧卷就是他执笔的哩!"

　　夏风说:"是吗,这么权威的还张罗什么草台班子?"

5.2　出乎意料——接过话题的话语功能

　　位于话语起始位置的"是吗"在对答结构中,不充当对答结构的引发语,所以,不具备自成一段话语的"是吗"所具有的寻求核实的功能,但位于话语起始位置的"是吗"与自成一段话语的"是吗"在对答结构中都能充当对答结构的回应语,这使得它们在话语功能上表现出相同的一面,即表示对方所说的话语在自己的意料之外,具有出乎意料的话语功能。例如:

(35) "你仍然是那么沉默寡言、孤芳自赏,小陆,在大学时期,人人都说你冷
　　　僻到极点。"

　　"是吗?"我诧异,"我自己认为我做人最随和不过。"

(36) 席间,他不无感触地说:"林先生,为什么每次我到您家,都会遇到一些
　　　年轻的朋友?"

　　林先生则笑着逗他:"是吗,那下次你再来,我一定要请一位头发都掉
　　　光了的老先生。"

　　例(35)、(36)中的"是吗"都含有出乎意料的意思,正是因为这样,这个位置的"是吗"只有出现叙述性的话语时,才会常和含有意外义的词语共现,如(35)中的"诧异"。

　　但是,位于话语起始位置的"是吗"在话语中的功能并不仅仅简单地表出乎意料,而是想借此表明自己对对方所述内容很感兴趣,想把话题延续下去,所以,这个位置的"是吗"除了表示出乎意料的功能外,还兼具从对方那里接过话题并把话题延续下去的功能,例(35)是说话人通过"是吗"把关于"我性格的特点"这个话题从对方接过来,并把这个话题延续下去;例(36)是说话人(林先生)通过

"是吗"把"邀请的是什么年龄段的朋友到家里来"这个话题从对方那里接过来并把这个话题延续下去。因此,我们把位于话语起始位置的"是吗"的功能概括为出乎意料—接过话题。

6. "是吗"的虚化

6.1 "是吗"的总体虚化路径

"是吗"的核心功能在于询问,即寻求核实,"是吗"的其他功能如寻求认同、构建共识、警告、寻求核实—出乎意料、出乎意料—接过话题、反馈信号和应付都是在寻求核实的基础上产生的,经历了相应的虚化过程。

方梅(2005)对"是不是"的虚化路径做过研究,她指出"是不是"的虚化路径为:焦点疑问>命题疑问>交际疑问>话语—语用标记。我们发现,"是吗"的虚化路径跟"是不是"的虚化路径有类似之处,"是吗"的虚化路径总体表现为:

命题疑问>交际疑问>话语—语用标记

据方梅(2005)认为,命题疑问是"以整个命题为辖域的,内容的,客观的";交际疑问是"以命题为辖域的,内容的同时也是程序的";话语—语用标记是"以话语为辖域的,程序的,交互主观的"。就"是吗"的功能来看,功能表现为寻求核实的"是吗"是就命题信息本身的真假状况进行询问,属于命题疑问;功能表现为寻求认同的"是吗"并不针对命题的真实性进行询问,只是表达自己对命题的认识或征询对方的态度,构建听说双方的情感互动,属于交际疑问;功能表现为构建共识、警告、反馈信号和应付的"是吗"都不表示真值语义,主要起组织话语或示言外之力,属于话语—语用标记;功能表现为寻求核实—出乎意料的"是吗"既有命题疑问的一面,也有交际疑问的一面;功能表现为出乎意料—接过话题的"是吗"既有交际疑问的一面,也有话语—语用标记的一面。具体情况如表1所示。

表1 "是吗"的话语功能与虚化程度

	话语功能	命题疑问	交际疑问	话语—语用标记
话语结束位置	寻求核实	+		
	寻求认同		+	
	警告			+

（续表）

	话语功能	命题疑问	交际疑问	话语—语用标记
话语中间位置	构建共识			+
自成一段话语	寻求核实—出乎意料	+	+	
	反馈信号			+
	应付			+
话语起始位置	出乎意料—接过话题		+	+

6.2 "是吗"的具体虚化路径

具体说来，"是吗"的虚化沿以下两条路径进行：

寻求核实＞寻求认同＞警告/构建共识

寻求核实＞寻求核实—出乎意料＞出乎意料—接过话题＞反馈信号/应付

"寻求核实＞寻求认同＞警告/构建共识"这条虚化路径出现在话语结束位置和话语中间位置的"是吗"上。寻求核实是"是吗"的概念义，是"是吗"的核心功能。附加问是征询性的询问，即说话人很大程度上相信自己所述的信息为真，希望得到对方的认同，所以，附加问中寻求核实的"是吗"实际上蕴含着寻求认同义，当说话人明知听说双方在命题信息的知晓度上处于同等状态，却仍然采用附加问的形式时，附加问句中"是吗"的寻求认同的功能就会得到凸现，从而使"是吗"的功能表现为寻求认同；警告作为一种言语行为，目的就是通过警告的方式强制对方认同自己的观点，这使得寻求认同的"是吗"在警告这样的言语行为中，容易表现出警告的话语功能来；一般说来，寻求认同无非是为了在相关问题上形成共识，所以，当"是吗"处于话语中间位置时，在寻求认同的基础上又产生出构建共识的话语功能，从而形成"寻求核实＞寻求认同＞警告/构建共识"这条虚化路径。

"寻求核实＞寻求核实—出乎意料＞出乎意料—接过话题＞反馈信号/应付"这条虚化路径出现在自成一段话语和位于话语起始位置的"是吗"上。自成一段话语和位于话语起始位置的"是吗"在对答结构中都具有回应语的功能，受回应语和会话合作原则的影响，"是吗"的寻求核实义虚化出出乎意料义。出乎意料体现了说话人对对方所说话语的关注，即对对方所说的话语感兴趣，如果这种关注以接过对方的话题并想把话题延续下去为目的，出乎意料的"是吗"就虚化出接过话题的功能,如果这种关注不以接过对方话题为目的,只是表明"我在听""你说的话我很感兴趣""请继续说"等,出乎意料的"是吗"就虚化出反馈信号功能,如果这种关注只是出于礼貌的应付,真正的用意在于想结束会话,出乎意料又虚化出应付功能,从而形成"寻求核实>寻求核实—出乎意料>出乎意料—接过话题>反馈信号/应付"这条虚化路径。

参考文献

方 梅 2005 疑问标记"是不是"的虚化——从疑问标记到话语—语用标记,载《语法化与语法研究》(二),商务印书馆。

高 华、张 惟 2009 汉语附加问句的互动功能研究,《语言教学与研究》第 5 期。

何兆熊 1989 《语用学概论》,上海外语教育出版社。

刘 虹 2004 《会话结构分析》,北京大学出版社。

张伯江 1997 疑问句功能琐议,《中国语文》第 2 期。

Schiffrin, D. 1987 *Discourse Markers*. Cambridge：Cambridge University Press.

(作者单位：中国传媒大学汉语国际教育中心,100024,
haiqingzou@163.com,memphyzhou@126.com。)

极性程度构式"A 到没朋友"研究*

周敏莉

程度范畴作为一种重要的语义范畴,其表现形式在汉语中极为丰富,而且不断有新兴程度表达方式产生,这在网络语言和当代年轻人的口语中表现得极为突出。"A 到没朋友"就是近来网络上用于表示极高程度的一个流行语①。例如:

(1) 11 月 4 日,阔太胡静微博晒出一组巴黎庆生美照,感谢给她提前庆生的导演,大赞帅到没朋友的古天乐、方中信是超级好的人,称郭采洁可爱美丽又有天分。(娱乐圈最美艳的 15 位辣妈,人民网,2014 年 11 月 5 日)

(2) 全球最轻薄"纸手机"问世 真是薄到没朋友(和讯网,2015 年 5 月 25 日)

(3) 餐厅的炭火烧烤味道特别足,简直好吃到没朋友!(合肥"超有料"人气小馆大野屋爆款美食曝光,万家热线,2015 年 10 月 28 日)

很明显,例(1)中的"帅到没朋友"不能理解为古天乐、方中信由于"长得帅,以至于没有朋友",因为至少"胡静"就是他们的朋友;例(2)、例(3)中的"纸手机""炭火烧烤"都为非有生名词,无所谓有没有朋友。其实,从上下文语境来看,例(1)中的"帅到没朋友"就表示古天乐、方中信很帅,例(2)、例(3)则说明"纸手机"特别薄、"炭火烧烤"非常好吃。可见,上述三例形如"A 到没朋友"的结构只能理解为说话者认为主体的某个性状达到了极高程度。根据 Goldberg(1995),"C 是一个构式,当且仅当 C 是一个形式与意义的配对<F_i,S_i>,且 C 的形式或意义的某些方面不能从 C 的构成成分或其他先前已有的构式中得到完全预测",我们也可以说"A 到没朋友"是一个构式。

---

* 本文曾在第七届现代汉语虚词研究与对外汉语教学学术研讨会(2016 年 7 月,昆山)宣读,已发表于《社会科学论坛》,2016 年第 10 期。
① 本文的所有语料均来自网络,且均注明出处。检索时间为 2016 年 1 月 16 日—2016 年 1 月 20 日。

1. 构式"A 到没朋友"的语块分析

构式"A 到没朋友"属于图式构式,由三个语块组成,其中,A 是核心语块,不止一个实例,另外两个语块"到"和"没朋友"是固定语块。

1.1 关于"A"

该构式中的 A 主要是单音节性质形容词,但也有少数双音节(例 3)甚至多音节的形容词,再如:

(4)给小吃换个洋名字 瞬间高大上到没朋友(网易旅游,2015 年 6 月 9 日)

(5)没想到曾被指老气的针织毛衫也能秒变性感利器,高冷时髦到没朋友!(毛裤外穿就是这么拽,人民网,2015 年 11 月 4 日)

例(4)三音节形容词"高大上"其实是由形容词性语素"高""大""上"组合形成的并列式合成词,例(5)情形相似。这些词大体上能受程度副词"最、很、比较"等的修饰,总体功能上偏向于性质形容词。

我们在百度新闻以"到没朋友"为关键词进行检索,得到相关新闻语篇96 200 篇。然后随机抽取其中的 200 条新闻语篇信息①,经过筛选②后共得到182 例"A 到没朋友"构式。其中,A 为单音节性质形容词的共 146 例,A 为双音节性质形容词的共 36 例。另外,使用频率排在前五位的分别是:帅到没朋友(34 例),美到没朋友(19 例),酷到没朋友(17 例),便宜到没朋友(14 例),高到没朋友(11 例)。我们认为,在"A 到没朋友"构式中,单音节而非双音节性质形容词占较大比例,可能与韵律的制约有关。根据冯胜利(2009),汉语的标准音步是两个音节,三音节音步是"超音步"。在"A 到没朋友"构式中,单音节的性质形容词刚好和"到"结合形成一个标准音步"A 到",单音节否定词"没"则贴附于相邻的双音节音步"朋友"上,构成一个三音节的超音步"没朋友"。

1.2 关于"到"

张谊生(2014)指出,当代汉语中的"A 到 X"经历了由连谓程度式向述补程

---

① 百度新闻检索页面每页显示 20 条含关键词"到没朋友"的新闻语篇信息,为了尽可能避免完全重复的语料,我们从第一个检索结果显示页开始,每隔 3 页进行统计,一共统计了 10 个检索结果显示页。检索时间和统计时间均是 2016 年 1 月 16 日。

② 此处的筛选主要指的是排除关键词"到没朋友"前是名词或动词的情况。这些例外下文将专节讨论。

度式转化的过程，从功能和作用看，其中的"到"正在发展为一个非典型的补语标记。根据该文补语标记"到"的确认方法，"A到没朋友"构式中，"到"可以直接用"得"替换，且替换后原结构句法语义不变［如例（6）］。"A到没朋友"还可与"A得＋谓词性补语"结构对举、配合使用［如例（7）］，因此，我们认为该构式中的"到"在功能上也相当于一个补语标记。

（6）田亮罕有晒儿子正脸照　网民惊呼"帅得没朋友"（华龙网，2015年11月10日）

（7）国内机场服务区物价贵到没朋友　盘点他国是否贵得离谱？（央广网，2015年8月26日）

1.3　关于"没朋友"

构式"A到没朋友"中，极高程度义主要是由"没朋友"来承担的。根据蔡丽（2011）提出的程度补语确认标准，从语义方面来看，正如本文开头已经提到的，"没朋友"并非实义，而是已经抽象虚化到表示程度，在语义上指向前面的形容词，此不赘述。从形式上来看，在构式"A到没朋友"中，"没朋友"的功能单一、黏着、定位，不能单说，不能单独用来回答问题［如例（8）］，一般只能充当光杆补语，不能自由扩展［如例（9）］，也不能被否定，而且具有较强的组合能力。

（8）真的丑到没朋友？（盘点史上十大奇葩机箱，太平洋电脑网，2014年11月6日）

　　答：是的，真的丑到没朋友。

　　＊是的，真的没朋友。

（9）美国FBI超变态招聘题，答案变态到没朋友！（百度贴吧，2014年9月30日）

　　＊美国FBI超变态招聘题，答案变态到非常没朋友！

因此，在该构式中，"没朋友"在功能上相当于其前形容词A的程度补语，再加上它承担的极性程度义，我们也可以称为极性程度补语（刘兰民，2003）。

2.　相关的构式压制现象及其成因

上文已提到，构式"A到没朋友"中的A主要是性质形容词，但我们在语料中还发现，有一些能受程度副词（如"很、非常、特别"等）的修饰或者能带其他程度补语（如"极、厉害、不得了"等）的动词，如"像、缺、有钱"等，也能进入形容词A

所在的位置,形成"V到没朋友",如例(10)表示"像"的程度非常高,例(11)表示非常有钱:

(10) 像到没朋友!娱乐圈神级撞脸大赛震惊网友(新华网,2015 年 9 月 8 日)

(11) 暑期档综艺大战 台台拼独播:有钱到没朋友(央广网,2015 年 10 月 13 日)

2.1 相关的构式压制现象

还有一些动词,如下面三例中的"跌、下、断"等,本身不能够受程度副词的修饰,也不带程度补语,却也能进入形容词 A 所在的位置:

(12) 英镑跌到没朋友 可能贬至 1985 年水平(数米基金网,2016 年 1 月 15 日)

(13) 云南多地降雨 网友吐槽"真是下到没朋友"(网易新闻,2015 年 8 月 9 日)

(14) 最近,山东农业工程学院齐河校区的同学们频频吐槽他们的校园网"断到没朋友",网络当真差到这个地步吗?(齐河一学校网络"断到没朋友"移动称"天生有缺陷",齐鲁网,2015 年 4 月 23 日)

甚至,还有一些名词,如"土豪、渣"等,也能进入形容词 A 所在的位置:

(15) 迪拜将引进机器战警执勤 土豪到没朋友(网易,2015 年 5 月 11 日)

(16) 新花千骨是什么?不是那个渣到没朋友的花千骨手游的新版本吧?(百度知道,2015 年 8 月 10 日)

我们认为,上述现象可能与构式压制有关。施春宏(2015)指出:"所谓构式压制,指的是这样的现象:在组构成分进入构式的过程中,构式向组构成分提出需要满足的准入条件,如果组构成分的功能、意义及形式跟构式的常规功能、意义及形式不完全吻合,则通过调整其功能和意义结构及形式结构中的某些侧面以满足该准入条件。若两相契合,则构式压制成功;若不能两相契合,则构式压制无效"。很明显,因为构式"A 到没朋友"的核心意义是极高程度义,其中的"到没朋友"是对"A"的程度加以说明或强调,这就要求能够进入该构式 A 位置上的组构成分要具有隐性的弥散的量幅(张国宪,2000),才适合于将性状延伸进而具体化、生动化。性质形容词都具有弥散的量幅,因此非常容易进入"A 到没朋友"构式。现在的问题是,像动词"跌、下、断"、名词"土豪、渣"等是否包含有跟构式相契合的某些特征呢?

2.2 对"N 到没朋友"的解释

根据《现代汉语词典》(第六版),"土豪"是指旧时农村中有钱有势的地主或恶霸。不过该词经过网络造词运动,已经被重新赋予新义,指"花钱盲目的人和那些有钱又很喜欢炫耀的人"(郑燕芳,2014)。"渣(滓)"是指物品提出精华后剩下的东西,或者比喻品质恶劣、对社会起破坏作用的人。可见,这些名词之所以能够进入构式"A 到没朋友"并占据原本形容词 A 所在的位置,是因为它们语义中的某个部分能在构式中得到凸显,例如,"土豪"凸显了"有钱"义、"渣"凸显了"品质恶劣"义。那么,究竟"有钱"到什么程度,"品质恶劣"到什么程度,这两个意义具有隐性的弥散的量幅。因此,例(15)中的"土豪到没朋友"实际上是说迪拜这个城市非常有钱,例(16)中的"渣到没朋友"的意思可能是指原来的花千骨手游非常不好玩,或者游戏设计得非常不好等。

2.3 对"V 到没朋友"的解释

动词的情况要稍微复杂一些。《现代汉语词典》(第六版)对例(12)至例(14)中的"跌、下、断"释义相对简单,"跌:(物价)下降;下:(雨、雪等)降落;断:断绝,隔绝"。如果单从释义的表面来看,似乎并没有发现能在构式中得到凸显的语义成分。不过,根据框架语义学的核心思想,"人们是在词语所激活的语义框架中理解词语的意义的"(牛保义,2012)。框架语义分析"是一种动态的联系场景的语义分析",其中,"能够激活一个场景的词语被看成是该场景形成的语义框架的词元",而"场景的参与者与外部条件等被看成是框架元素"(马洪海,2010)。比如,在动词"下"的语义框架里,框架元素包括所下之物、下(雨、雪)的范围、下(雨、雪)的量、持续时间等。例(13)的新闻正文就体现了这些框架元素:

(13′) 据监测资料显示,<u>8 日 8 时至 9 日 8 时</u>(持续时间),除文山、香格里拉和滇南边缘局地以外,<u>全省大部地区都出现了不同程度的降雨</u>(范围),局地还出现了暴雨(<u>会泽降雨 84.5 毫米、寻甸 70.2 毫米、陆良 53.5 毫米</u>)(降雨量),另外<u>全省还有 17 个监测站的监测数据显示降水量达大雨量级,33 个监测达中雨量级,50 个监测站达小雨量级</u>(降雨量)。(云南多地降雨 网友吐槽"真是下到没朋友",网易新闻,2015 年 8 月 9 日)

下(雨、雪)的范围和下(雨、雪)的量有大小之分,持续时间有长短之分,也就是说,动词"下"的这些框架元素都有抽象的程度上的区别。因此,我们认为,正是这些框架元素在量上具有隐性和弥散性的特点,才使得动词"下"符合构式"A

到没朋友"的准入条件,从而进入并占据形容词 A 所在的位置。例(13)"下到没朋友"可以理解为雨下得非常大。

同样,在动词"跌"所激活的场景形成的语义框架里,框架元素包括下跌物、下跌的幅度。在动词"断"的语义框架里,框架元素则包括所断物,持续时间、频率等。而下跌的幅度、持续时间、频率等,都有抽象的程度上的区分,因此,都符合构式所要求的组构成分要有隐性的弥散量这一语义。例(12)中的"跌到没朋友"应该是指英镑的跌幅非常大;例(14)中的"断到没朋友"则可能指网络非常不稳定、经常断网。

3. 影响"A 到没朋友"构式义凸显的因素

当"A 到没朋友"作为一个表示具体实在义的短语时,"到"是及物动词,用在连谓结构的后项,以进一步引出连谓结构前项所达到的程度/状态,或者结果,整个短语可理解为"A 到以至于没有朋友"。另外,"没朋友"表示的结果或状态一般是不太如人意的,语义上指向形容词 A 的性质主体。例如:

(17)美国 3 岁女神童智商 160　医生担心其聪明到没朋友(《现代快报》,2014 年 2 月 18 日)

……不过,有医生表示,阿莱克西斯不宜入读普通学校,因为根据经验,天才儿童若长期与资质平庸的同龄者相处,会产生高度焦虑,交不到真正的朋友。

从例(17)的正文可知,医生担心的是女神童阿莱克西斯"交不到真正的朋友",因此,标题中的"没朋友"应该是指因"聪明"造成的一种不好的结果,语义上指向"聪明"的性质主体女神童阿莱克西斯。此标题中的"聪明到没朋友"还不是极性程度构式"A 到没朋友"的一个实例,至少不算是一个典型实例。我们认为,"A 到没朋友"构式义的凸显,应当与两个因素有关,一是主体的生命度,二是形容词 A 的主观评价义。

3.1　主体的生命度

"朋友"本来是指彼此有交情的人,因此,当形容词的性质主体是表人的名词或短语时,"A 到没朋友"既可能表示实在结果义,也可能表示极性程度义。例(18)形容词"抠门"的性质主体"这些星座"实际指"这些星座的人",我们从标题的后半部分"只好友尽"可知,"抠门到没朋友"可以理解为"(这些星座的人)因为抠门,以至于没有朋友",此时,该结构是实义短语。此例也可以根据标题的后半部分"如此抠门",将"抠门到没朋友"理解为"太抠门、非常抠门",此时,该结构是极性程度构式。

(18)这些星座抠门到没朋友 你如此抠门只好友尽(网易,2014年7月21日)

(19)世界最丑狗大赛的冠军就是下面这只……看一眼都难受,完全是丑到没朋友啊!(世界上最丑的9只狗,今日头条网,2016年1月12日)

例(19)中的形容词"丑"的性质主体是"狗",生命度也比较高。不过,"朋友"作为一价名词,所关联的领有者论元语义上一般要求具有[＋人]的特点。因此,例(19)似乎较难把"丑到没朋友"理解为"(这只狗)由于丑,以至于没有朋友"。其实,文章中的"最丑狗"以及标题中的"最丑的9只狗",已经提示此处的"丑到没朋友"应该理解为"丑"的程度相当高。可见,当形容词的性质主体是表示动物的名词或短语时,"A到没朋友"表示实在结果义的可能性大大降低,表示极性程度义的倾向显著增强。

当形容词的性质主体是无生命物时,"A到没朋友"基本上只能表示极性程度义。例(20)中的"差到没朋友"只能理解为"(信号)极差"。

(20)信号差到没朋友,屏幕易碎,而且照相卡机照不了,经常系统更新,还会自动关机。(乐迷社区,2015年9月20日)

3.2 形容词A的主观评价义

从一般的认知常识来看,人们乐于交往的对象常常是在自身看来具有一些积极的、正面的、值得肯定的特质,比如这两年的一个流行语"土豪,我们做朋友吧!",土豪具有"有钱"这一积极特质,一般人还是愿意与之为友的。相反,如果交际对象被认为具有一些消极的、负面的、否定的特质,愿意与这些人成为朋友的可能性会少些。因此,当主体的生命度较高时,如果形容词A的主观评价义是消极的、负面的,"A到没朋友"既可能表示实在结果义,也可能表示极性程度义。

如果单看新闻标题,例(21)中的"穷到没朋友"会比较倾向于被理解为"(他)因为穷,以至于没人愿意与之交朋友",这样该结构便是实义短语。实际上,这则新闻的正文从头到尾都只强调他"月光"这一特点,根本没提到他有没有朋友这一回事,可见此处的"穷到没朋友"还是应该理解为"非常穷",该结构是一个极性程度构式。

(21)高富帅年薪30万 为何穷到没朋友?(新浪博客,2016年1月7日)

有一位"月光先生",他拥有某名牌高校的博士学位,就职于一家外企的中国分部,任部门经理,不算奖金,年薪 30 万元。……

可是这位仁兄,每月的薪水都花光了,年终不但没有积攒下一分钱,而且还欠银行贷款十万余元,是一位彻彻底底的"月光先生"。

有这么高的收入,为何也成为"月光族"呢?……

当主体的生命度较高,且形容词 A 的主观评价义是积极的、正面的时,"A 到没朋友"表示程度极高义的可能性很大。因为这时认知常识和推理会否定掉"没朋友"的实在结果义。在例(22)中,既然雪熊"可爱",就不太可能"没朋友",所以,此处的"可爱到没朋友"会被理解为"可爱"的程度非常之高。

(22)有老师表示"雪熊可爱到没朋友,全片满满正能量,30 号上映当天一定带着宝贝和宝爸一起合家欢"。(《熊出没》众家欢海报强势曝光,凤凰网,2015 年 1 月 16 日)

3.3 "A 到没朋友"构式义凸显的倾向性序列

综上所述,"A 到没朋友"从表示实在结果义到程度极高义,实际上是一个渐变的过程:

① 主体生命度高+形容词 A 具有消极/负面/否定的主观评价义→② 主体生命度高+形容词 A 具有积极/正面/肯定的主观评价义→③ 主体生命度低

在这个序列上,越往右,"A 到没朋友"的构式义(即极性程度义)越凸显;越往左,"A 到没朋友"作两种理解的可能性越大,既可能凸显实在结果义,也可能凸显极性程度义,具体凸显哪种意思要依语境而定。

为了进一步考察"A 到没朋友"的使用与主体生命度以及形容词 A 的主观评价义之间的关系,我们把上文筛选得出的 182 例"A 到没朋友"进行统计,发现有 100 例属于主体是低生命度的(其中,形容词 A 的主观评价义是积极/正面/肯定的有 88 例,是消极/负面/否定的有 12 例),若再加上主体是高生命度且形容词具有积极/正面/肯定的主观评价义的用例 69 例,则占到了 93%,这充分说明了在具体使用中,"A 到没朋友"实际上已基本成为一个表达极高程度义的构式。另外,在全部的 182 例中,形容词是积极/正面/肯定的主观评价义的用例有 157 例,占到 86%,这说明相对于主体的生命度来说,形容词的主观评价义对构式义的凸显有特别显著的影响。虽然"没朋友"本身是表示不太如人意的结果,但是它所关联的形容词却以积极/正面/肯定的主观评价义为主,这也在一定程度上说明"没朋友"的语义已经虚化,"A 到没朋友"已经正在成为一个构式。

4. 构式"A 到没朋友"的形成及其语用价值

从上文的分析可知,"A 到没朋友"从实义的述补短语到表达极高程度义的构式,其起点应该是从形容词的性质主体是高生命度且形容词表示消极/负面/否定的主观评价义开始的,例如:

(23) 一个女生人品<u>差到没朋友</u>,她依然一副很傲的样子是为什么(百度知道,2015 年 11 月 1 日)

例(23)之所以能表达两种意义,是因为中间存在一个认知推理过程:如果一个女生人品"差",以至于到了"没朋友"的程度,那就说明该女生人品"差"的程度非常高了。如果说在这种情况下,"A 到没朋友"的实在结果义是凸显的,极高程度义是隐含的,那么,当"A 到没朋友"进一步扩展到形容词的性质主体是高生命度但形容词表示积极/正面/肯定的主观评价义,甚至扩展到形容词的性质主体是低生命度时,该结构的实在结果义会逐渐消减、隐含,极高程度义则会越来越凸显。这种扩展和类推之所以能够发生,也与两个因素有密切关系:一是认知上的隐喻机制的作用,二是修辞上的陌生化表达。

4.1 隐喻的认知机制

隐喻是我们用来理解抽象概念、进行抽象推理的主要机制。一般来说,隐喻是用一个概念来描述另一个"相似"概念。在"A 到没朋友"的泛化过程中,隐喻机制的作用主要体现为:把无生命的主体隐喻为有生命的主体,或者把生命度低的主体隐喻为生命度高的主体,这主要发生在类推过程的第二阶段。例如:

(24) 名人蜡像"<u>丑到没朋友</u>"?(人民网,2015 年 8 月 17 日)

(25) 这些地方的荷花<u>美到没朋友</u>(凤凰网,2015 年 7 月 8 日)

隐喻的重点在于相似性,现实中的芸芸众生有朋友之分,例(24)中的"名人蜡像"虽然是无生命的主体,但在数量上肯定也不止一座名人蜡像,因此,蜡像也可以像人一样有"朋友"。例(25)中的"荷花"是植物,属于低生命度的主体,情况相类。因此,例(24)是极言蜡像之丑,例(25)则是极言荷花之美。

4.2 陌生化的修辞表达

俄国形式主义学者什克洛夫斯基在论及陌生化问题时指出:"艺术的目的是要人感觉到事物,而不是仅仅知道事物。艺术的技巧就是使对象陌生,使形式变得困难,增加感觉的难度和时间长度,因为感觉过程本身就是审美目的,必须设法延长"(马国新,2002)。同样,为了吸引别人注意并让人留下深刻印象,人们在使用语言时,也会利用陌生化手段,尽可能标新立异,从而使人以一种新奇的眼光去感受事物的生动性和丰富性。这在类推过程的第一阶段和第二阶段都起着重要作用。

(26)汤姆·克鲁斯旧照曝光　帅到没朋友(光明网,2015年9月16日)

(27)CX-7直降7.4万　15.98万起售　便宜到没朋友(易车网,2016年1月1日)

一般来说,帅的人比较容易交到朋友,因此,像例(26)中的"帅到没朋友"这种"超常搭配"极容易引起听者的注意:汤姆·克鲁斯那么帅的人,怎么可能没有朋友?当字面意义与听者/读者的常识不一致时,会唤起听者/读者的新鲜感,从而使听者/读者做进一步的认知推理:如果汤姆·克鲁斯"帅到连朋友都没有",只能说明他太帅了。这个过程使得语言使用者把"帅到没朋友"这一形式和"帅的程度极高"这一意义联系起来。例(27)中的陌生化程度更高,因为CX-7是指一种车,属于无生命体,更是无所谓有没有朋友。

4.3　语用价值

构式"A到没朋友"表达对人或事物主观评价的极端程度,具有夸张、引人注意甚至炫耀的表达效果。此外,"由于程度补语的焦点性,程度补语比程度状语有更强的强调作用(刘丹青,2008)",因此,该构式除了在句中充当谓语、定语,或位于判断动词"是"以及言说动词"惊呼、调侃"等后作宾语以外,还常独立成句表示感叹,且常用在标题中,例如:

(28)浙江10个高速路段今天很堵　新岭隧道会堵到没朋友(新华网,2014年10月7日)

(29)复杂到没朋友的腕表　这些功能你懂几个(新浪时尚,2014年8月25日)

(30)恒大的夺冠,堪称实至名归。无论是投入、人员配置上,他们都冠绝中超,以至于被人调侃"孤独到没朋友"。(恒大五连冠,《新民晚报》,2015年11月1日)

(31)强悍到没朋友!一款NB车的NB故事(TOM网,2015年11月28日)

为了进一步加强语气,该构式还常和副词"真的、绝对、简直、完全"等共现,或者和其他表示高程度义的副词共现,例如:

(32) 如果想尝试,除了可以跟着我们去当地找现成的,也可以把我们教的几招学起来,绝对让你的鸭嘴鱼**鲜到没朋友**。(骨脆肉嫩鸭嘴鱼美食咋做? 新华网,2015 年 11 月 5 日)

(33) 重庆现最牛违建"**牛**"**到没朋友**(中青网,2015 年 8 月 31 日)

此外,我们还发现,作为一种新兴的程度表达方式,绝大多数构式"A 到没朋友"几乎都是用在最易直接引起人们关注的娱乐休闲活动和商业消费活动中。我们统计了上文的 182 例"A 到没朋友",分布的社会生活领域有:"两性/服饰/美容"13 例(7%),"旅游/风景"12 例(7%),"体育/健身"6 例(3%),"科技/数码家电"16 例(9%),"游戏/星座/风水"7 例(4%),"房产/建筑/装修"7 例(9%),"手机"5 例(3%),"汽车"32 例(18%),"教育/财经"6 例(3%),"明星/名人"72 例(39%),"餐饮/食品"4 例(2%),其他 2 例(1%)。

5. 余 论

语言的发展与社会息息相关,一种新的话语表达方式的流行,往往折射出一段时间内人们的社会心理。随着现代社会生活节奏的加快和压力的增大,尽管交通更发达、通讯更便捷,但也难以阻挡人们内心深处孤独情绪的蔓延,而朋友之情更显得弥足珍贵,"没朋友"对于任何一个社会人来说都是一件极度恐慌和难以想象的事情。因此,我们认为,极性程度构式"A 到没朋友"的流行,有其深刻的社会心理基础。需要指出的是,尽管该构式满足了人们使用语言时的"求新求异"心理,但"没朋友"从表示具体实在义发展到极高程度义,符合汉语程度补语语义演变的一般规律。现代汉语中有许多程度补语,如"傻、蒙、慌、疯、坏、惊人、吓人、够呛、够受的、够瞧的、可怜"等,本质上也是表达一些极端的消极的心理感受[1],在这一点上"没朋友"也是如此。类型学视野下的研究,是希望对人类语言通过符号表达意义的多样方式进行考察,以期发现语义表层多样性背后的深层共性。那么,汉语内部如此丰富的程度表达方式,特别是极性程度表达方式,其来源和语义演变具有哪些跨语言的规律,将是有待深入研究的课题。

参考文献

蔡 丽 2011 现代汉语中程度补语的范围及类别,《宁夏大学学报》第 4 期。

---

[1] 邱冬梅(2011)为"感受程度补语"。

冯胜利　2009　《汉语的韵律、词法与句法》,北京大学出版社。

刘丹青　2008　《语法调查研究手册》,上海教育出版社。

刘兰民　2003　现代汉语极性程度补语初探,《北京师范大学学报》第 6 期。

马国新　2012　《西方文论史》,高等教育出版社。

马洪海　2010　《汉语框架语义研究》,中国社会科学出版社。

牛保义　2012　《构式语法理论研究》,上海外语教育出版社。

邱冬梅　2001　口语中普遍而又特殊的补语类型——感受程度补语,《广州大学学报》第 10 期。

施春宏　2015　构式压制现象分析的语言学价值,《当代修辞学》第 2 期。

张国宪　2000　现代汉语形容词的典型特征,《中国语文》第 5 期。

张谊生　2014　试论当代汉语新兴的补语标记"到",《当代语言学》第 1 期。

郑燕芳　2014　"土豪"新解,《语文建设》第 1 期。

Goldberg，Adele E.　1995　*Constructions: A Construction Grammar Approach to Argument Structure*，Chicago：University of Chicago Press.

（作者单位：广东第二师范学院中文系,510800,minlizhou@163.com。）

固化短语"这样的话"的话语功能[*]

杜可风

1. 引 言

在现代汉语中,存在着表层形式相似而内在性质不同的"这样的话"。例如:

(1) 刘纪文一下把宋美龄拉到自己胸前,且仍然重重地喘口气说:"你杀了我吧。假如我对你有私心,假如你再问这样的话,你就杀了我吧。"

(2) 我想您给我们建立了一个宏观的意识,讲完老子的之后,该讲讲孔子。因为刚刚讲完老子,还新鲜热辣嘛,您拿孔子跟老子做个对比,这样的话,我觉得才能更好地讲清楚孔子,对不对?

例(1)中,"这样的话"作宾语,是指代前文宋美龄提出的问话,要求刘纪文作答,表示实在意义;例(2)中的"这样的话"在语篇中起着承上启下的作用,不作句法成分,处在句中位置,独立成句,不与前后的话语成分构成更大的语言单位。

固化是指两个或几个紧挨在一起的语言单位,由于频繁使用而化为一个相对稳固、整体性的语言单位。"这样的话"就是这样的固化结构,有两种主要的使用情况:一种是用在句中,起到指代作用;另一种是用在句际,具有话语标记的功能。目前尚未有对固化短语"这样的话"和作为话语标记的"这样的话"进行专门研究的文献。因此,本文主要考察"这样的话",它是由指示代词"这样"和助词"的话"组成的固化短语,一般用来连接前后小句,具有衔接连贯功能,我们认为这种用法的"这样的话"具有话语标记的性质。说话人通过说出"这样的话"来表示他在向听话人提出可能的假设,"这样的话"前面的话语成分一般是提出这一

---

* 本文曾在第七届现代汉语虚词研究与对外汉语教学学术研讨会(2016 年 7 月,昆山)上宣读,已发表于《现代语文》,2016 年第 9 期。

假设的语境或背景,后面的相关话语就是提出这种假设所形成的可能结果。

近年来汉语界学者们对"这、那、这样、那样"等指示性话语标记进行了不断的探讨,张伯江、方梅(1996)详细讨论了现代汉语北京口语中"这""那"的虚化用法。徐默凡(2001)指出,"这""那"从单纯的指代功能发展出很多延伸用法,并探讨了"这""那"的语义虚化、语篇衔接作用以及不对称现象。方梅(2002)指出北京话中的"这"已经产生了定冠词的语法功能。

上述研究对我们考察汉语指示性话语标记起到十分重要的作用,有鉴于此,本文主要对"这样的话"的构成及其话语功能进行讨论。与"这样的话"类似的话语标记比较多,如"这样说来、这样讲来、这样一来、那样一来、那样的话"等。本文将在前贤研究的基础上,力争对固化短语"这样的话"的用法进行深入的考察,语料主要来自北京大学 CCL 语料库和人民网。

2. "这样的话"的构成

"这样的话"从整体上看已演变为固化短语,在句中主要充当功能性成分,其组成成分"这样"和"的话"由于各自性质不同,其具体功能是不一样的。吕叔湘(2006)指出:"任何语言里的任何一句话,它的意义决不等于一个一个字的意义的总和,而是还多点儿什么。按数学上的道理,二加二只能等于四,不能等于五。语言里可不是这样。"本文所讨论的"这样的话"不能从构成成分推知整体意义,具体来讲,"这样"主要起连贯衔接的作用,具有话题延续的功能,"的话"则一般用来标示假设。

2.1 "这样的话"中的"这样"

《现代汉语词典》对"这样"的解释是:"指示代词。指示性质、状态、方式、程度等。""这样"是个多功能代词,主要是指示和替代两种功能,在句中的分布位置较灵活。"这样"在句中作谓语,如"那就这样吧。"在句中作补语,如"哪儿就冷得这样了!"在句中作主语,如"这样比较漂亮。"在句中作宾语,如"冻成这样。"谢晓明(2010)指出:"如果将标示假设关系的关系词语重复使用,可以使所假设的条件在语义上得到强化,进一步增强假设的语气,从而使语言表达显得更加委婉、舒缓。"因此,我们在使用语言时,"这样的话"比"这样"显得委婉客气。"这样"的语义指向主要有指上和指下两种,此外,"这样"的语义指向还有同步现象。(段业辉,1987)本文的研究对象"这样的话"与"这样"不同,"这样的话"在句中的指

代能力受到限制,一般只能指上,不能指下,也不能同指。例如:

(3) 首先,热水可以起到稀释痰液,使痰易于咳出的作用;其次,饮水的增多增加了尿量,可以促进有害物质的迅速排泄;另外呢,还可以抚慰气管与支气管黏膜的充血和水肿,使咳嗽的频率降低。<u>这样的话</u>,人就会感到舒服通畅很多。

(4) 我碰到查扣最惨的一次是二十七期,都是我弟弟李放惹的祸。我告诉李放很多次,所有的书不要全部在装订厂集中,<u>这样的话</u>,他们到现场抢书,顶多只能抢到一千本。书到期那天正好是礼拜六下午,天气很好,李放看第一批书已经安全出笼没有被抢。

例(3)中“这样的话”指代喝热水的作用,以此引出下文喝热水达到的好处。例(4)中“这样的话”指“所有的书不要全部在装订厂集中”,后文是阐述如果这样做会产生的结果。“这样的话”主要用来指示上文的内容,表达时语气舒缓,在句中的使用既能避免行文重复,又能自然地引出下文。

2.2 “这样的话”中的“的话”

张谊生(2002)考察了“的话”在现代汉语书面语和口语中使用的情况,指出其出现频率很高,分为“的话$_1$、的话$_2$、的话$_3$”。“的话$_1$”为结构助词“的”＋名词“话”;“的话$_2$”附在具有表述性的各类语言单位之后,既具有一定的关联功能、情态功能和管界功能,又具有多样的篇章功能和语用功能;“的话$_3$”在反问句中出现,以反问的方式来否定对方因误解而说的话,以消除对方误会。江蓝生(2004)论证了话题标记“的话”是“说 NP/VP 的话”短语话题化的产物,指出它是个跨层非短语结构,并分析了“的话”的词汇化过程。付琨(2012)分析了后置关联标记“的话”所出现的复句类型,认为“的话”不仅可以无标记地出现在假设复句中,还可以出现在虚拟性让步和推论因果等复句小类中。通过以上关于“的话”的研究可以看出,“的话”主要表示假设,在语言的动态发展中逐渐语法化,衍生出了话题标记的功能。

3. 固化结构“这样的话”的语篇功能

“这样的话”具有话语标记的衔接性、非真值条件性的特征。刑福义(1990)指出:“一个语言符号存在的根据就在于它在自己所处的系统中有着独特的价值,不然,它就会成为多余的东西,就会被淘汰。”“这样的话”在语篇中有自己独特的价值,既可以避免重复,又可以连接上下文,用来表达一定的话语功能。

"这样的话"所指代的事件具有未然性,一般用于连续的事件之中(为行文方便,文中把出现"这样的话"前面的部分标为 X 句段,后面的标为 Y 句段),可以承上启下,组织语篇,使表达更加简洁。"这样的话"用于话语中间,句法上独立,功能上起连接 X 句段和 Y 句段的作用。方梅(2000)研究了自然口语中弱化连词话语标记的多种功能,如话语组织、话题切换、话轮转接等。"这样的话"的话语功能也十分丰富,主要有以下四种。

3.1　连贯衔接功能

Halliday、Hasan(1976)认为,语篇的连贯性表现在两个方面:语篇在语境方面是连贯的,因而在语域上是一致的;语篇自身是连贯的,因而是衔接的。衔接是一种谋篇意义,即用来组织概念意义和人际意义的谋篇意义关系,它通过语言的形式特征来组织概念意义和人际意义。也就是说,语篇的组成成分应该由衔接手段连接起来。"这样的话"是一个具有连贯衔接功能的固化短语,作为话语标记,它的语篇功能主要体现在通过指代关系以简洁的形式衔接前后信息,以此形成连贯、通顺的语篇。例如:

(5)记者据负责转地补偿的工作人员的证词可知,资料显示该荔枝园的土地面积大,且园内优良树木品种多。这样的话,按照青苗补偿标准将给予高额补偿款。

(6)当时我还抱着最后一点希望,我想,妈妈也许是最近才对我有看法的,一定是我做了什么错误的事。这样的话,只要她告诉我,我究竟犯的是什么错误,就会使她改变对我的看法。

(7)在明丽的阳光和葱茏的绿叶当中做这些事,既是严肃的工作,又是轻松的游戏,既"起了作用",又很好玩,实在叫人快乐。这样的话,对于一个十四岁的孩子,不论在身体上、情绪上,都非常相投。

上述例句中,"这样的话"位于语段的开头,独立于前后句,主要作用在于把它前面的话语和后面的话语连接起来,使得语篇在形式上保持连贯,使前后语段在语义上不会显得突兀。

3.2　假设功能

"这样的话"在句中连接 X 句段和 Y 句段,"这样"将这一事件指称化,其假设功能主要由"的话"所赋予,"这样的话"可以回指前句,引出未然结果。X 句段的话语成分作为后续 Y 句段讨论的出发点,为下面的话语提供语境或依据,Y

句段则是假设后所形成的结果或影响。例如:

(8) 李子华说,经济效益好的企业要摆脱我,经济效益差的企业要紧紧依附我,<u>这样的话</u>,我集团怎么办呢?

(9) 罗斯托茨基对我们说:"你会深深地同情这些姑娘,不希望战争再发生一次,而且开始想,万一发生战争,我该怎么办?能以这五个姑娘作为自己的榜样……<u>这样的话</u>,这部影片的目的就达到了。"

(10) "中华鳖"不是商标而是国鳖的品种名称,全国各地大部分地方捉到的鳖学名都叫"中华鳖",岂能容常州中华鳖开发集团独家霸占?<u>这样的话</u>,国家工商总局何不把"中华鳖"作为商标名称唯一批准给常州中华鳖开发集团独家专营,全国成百上千家鳖制品厂全部改行转业?

上述例句中的"这样的话"标示前后两部分话语之间的因果关系,对前文事件做出假设,引出后文的结果。"这样的话"可以用"这样一来""这么一来""如此一来"等表示假设的词语替换。

3.3 话题延续功能

作为话轮延续标记的"这样的话"用在相邻对的起始处,主要是对当前话题的延续和维持,不与其他语法成分组成更高一层的语法单位。删略后不影响句子的真值条件,但原句所传达的缓和语气的功能就不存在了。我们认为,作为话语标记"这样的话",在概念结构上有建构语篇的作用,在言语行为上有延续话题的功能。例如:

(11) 长乐先生:同样都是追求公平性,东方讲究入情入理;而西方的管理依据是法规、制度。东方和西方管理模式的取向也不一样。东方表现得含糊合理,取其中庸,共性的东西多一些,更强调文化;西方的强调精确、理性,个性的东西多一些,注重制度层面。

星云大师:<u>这样的话</u>,效率就会有不同。树干很硬,树叶很软;骨骼很硬,脑组织很软——什么样的位置,就该有什么样的质地。

(12) 老妈子赶紧说道:"是有花工,可到了时候请外头的匠人来修整花园,是每年的常例。""<u>这样的话</u>,家里的花工做什么用?老爷怎么说的?"雪瑛有点不耐烦起来。

(13) 王湛表示"<u>这样的话</u>,比赛就结束了,总比分1比3后鲁能队只能压上去,萨米尔刚刚被替换上场,体能优势很明显,这球可以明显看出鲁能队员体能跟不上了。"

在例(11)的对话语体中,中心话题主要是围绕东西方在追求公平性方面表现的差异而展开,星云大师使用"这样的话"对话题继续探讨。在例(12)和(13)中,"这样的话"出现在第二话轮的起始位置,主要用于延续话题,可以删略,删略之后,话轮之间缺少过渡,语气上显得直接而生硬。

3.4 事件指代与推导功能

"这样的话"应用在 X 句段和 Y 句段两个小句中间,体现了前后话语在语义或者逻辑上的紧密联系。我们认为,"这样的话"具有双向语用辖域,既对 X 进行事件指代,又对 Y 进行推论。这时,"这样的话"作为话语标记,标志着后段是在前段的基础上推导出来的。例如:

(14)欧盟果树委员会主席福洛林说:"建议今后能够引进矮化的砧木和新的苹果品种,这样的话树不会长得太高,可以节约劳动成本,而且果实长得非常大,质量非常好,采摘更容易些。"

(15)中国家电协会理事长姜风说,企业就可以很快了解消费者的需求,同时消费者也可以参与产品的设计,这样的话可以创造用户的最佳体验,所以智能互联工厂的建成,提高了中国家电的国际竞争力,这是我们未来制造业转型升级的一个方向。

(16)因为神经受损,陈陈的一只胳膊到现在都没有知觉,医生说,如果有可能,陈陈最好能转到更好的医院做手术,这样的话,他的左手还有痊愈的可能。

上面例句中,"这样的话"表现出说话人由上文提出前提条件引出下文判断结果的推论过程,运用"这样的话",使得听话人能由此结合语境对话语信息进行反馈,帮助听话人迅速理解话语,把握话语含义。

4. 结 语

本文主要对汉语中常用的固化短语"这样的话"进行了研究,指出"这样的话"在省力原则和频繁使用的作用下逐渐凝固,成为一个固化的、整体性的语言单位,语法功能和意义趋于专门化。随着语言的发展和演变,"这样的话"的功能发生了扩展,产生了话语标记的用法,其语篇功能可概括为四种类型:连贯衔接功能、假设功能、话题延续功能、事件指代与推导功能。

从以上分析来看,"这样的话"负载了一定的主观情态意义,能够引导听话人去推论说话人的意图,指明话语与语境之间的连贯关系或者话语之间的序列关系,以便让听话人能结合语境快速理解话语信息,还能有效地拉近说话人和听话人之间的心理距离,缓和话语节奏,减少话语交流中的言语冲突,从而使听话人心理上更易于接受。

在日常会话交际中,使用话语标记"这样的话",可以使会话进程更为自然、得体、顺畅,还可以使说话人有充足的时间组织话语、延续话题、调节会话进程,这是"这样的话"作为话语标记在话语组织和交际过程中发挥作用的缘故。

参考文献

曹秀玲 2014 从问到非问:话语标记的一个来源——以"怎么说呢"为例,《山西大学学报》(哲学社会科学版)第 4 期。

储泽祥、曹跃香 2005 固化的"用来"及其相关的句法格式,《世界汉语教学》第 2 期。

方 梅 2000 自然口语中弱化连词的话语标记功能,《中国语文》第 5 期。

付 琨 2012 试论后置关联标记"的话"的篇章分布与关联特征,《渭南师范学院学报》第 7 期。

江蓝生 2004 跨层非短语结构"的话"的词汇化,《中国语文》第 5 期。

卢英顺 2012 "这样吧"的话语标记功能,《当代修辞学》第 5 期。

吕叔湘 2006 《语法学习与语文常谈》,复旦大学出版社。

马建忠 1983 《马氏文通》,商务印书馆。

谢晓明、陈 琳 2012 "的话"的话题标记功能及相关问题讨论,《语文研究》第 4 期。

邢福义 1990 现代汉语语法研究的两个"三角",《云梦学刊》第 1 期。

张伯江、方 梅 1996 《汉语功能语法研究》,江西教育出版社。

张谊生 2002 《助词与相关格式》,安徽教育出版社。

Halliday、Hasan 1976 *Cohesion in English*,Longman,London.

(作者单位:上海师范大学对外汉语学院,200234,DKFDTT@163.com。)

标题中具有强制归类作用的
"A 也是 B"结构[*]

标题中具有强制归类作用的"A 也是 B"结构 *

王　倩

1. 引　言

近 20 多年来,汉语学界对标题的研究从未停止过。代表性研究有尹世超的著作(2001)及其系列论文(1991、1992a、1992b、1995、1996、1998、2005、2006、2008),刘云的系列论文(2002a、2003a、2003b),单篇论文有陆俭明(1985)、张琪昀(1995、1996)、戚晓杰(2004)等,博士论文有刘云(2002b)、白丽娜(2013)等。这些研究主要从语法、修辞、语用等角度讨论以下几方面的问题:第一,标题的性质和内容构成;第二,新闻标题中的特殊用语、特殊句式、特殊词语研究;第三,特殊词语在标题中的修辞作用,标点符号在标题中的使用等问题。还有一部分论文涉及外汉新闻标题比较,也有一些写作学、新闻学领域研究者从写作的角度去探讨新闻标题的规范性等问题。

可以说,学界的这些研究既有广度又有深度,但是仍有可深入的空间,比如从标题语篇的角度对标题中的一种常见的"A 也是 B"格式的讨论较少。看下面的语例:

(1) 反角也是角儿(《当代电影》,2009 年 10 月 1 日)

(2) "废柴精神"也是精神(《南方文坛》,2015 年 9 月 15 日)

(3) 沉默也是一种言说——论梁启超(《史学理论研究》,2011 年 4 月 28 日)

* 本文初稿曾在第七届现代汉语虚词研究与对外汉语教学研讨会(2016 年 7 月,昆山)上宣读,承蒙邵敬敏、高顺全、殷志平等先生赐教;本文在写作过程中得到徐正考、吕明臣、柳英禄、王光全、黄玉花、岳辉、吴长安、曹秀玲等诸位先生和黄健秦学长的帮助和支持,在此一并致谢。文责自负。本文为国家社会科学基金青年项目(编号:15CYY036)的阶段性成果之一。

(4) 做一朵闲云也是一种成功(《中国大学生就业》,2015 年 10 月 5 日)

(5) 筑路也是战斗(《中国档案》,2015 年 12 月 15 日)

以"(A)也是一种(B)"为关键词,我们搜索了 1980—2013 年超星发现系统的学术期刊标题类语料,发现这种形式标题的使用在整体上呈上升趋势。如图 1 所示。

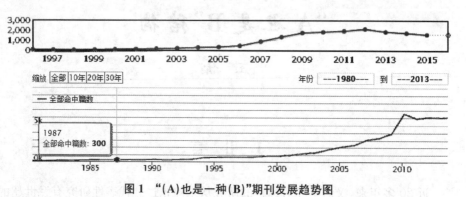

图 1 "(A)也是一种(B)"期刊发展趋势图

涉及"A 也是一种 B"的研究,目前仅有谭学纯(2011,2012)从福建省高考半命题作文"这也是一种 X"出发,讨论了高分作文标题话语的选择对语篇建构过程的影响和制约。谭文指出"这"与"X"存在三种认知选择关系,不同的认知选择在构建语篇时张力不同,因而语篇构建难易程度及效果也不一致:认知 1 是具有逻辑上的属种关系,会陷入语篇叙述困境;认知 2 是逻辑属种关系不突显,进行逻辑还原后,语篇叙述空间收窄;认知 3 是不存在逻辑属种关系,完全是一种认知上的强制重建,语篇叙述空间拓宽。

按照谭文的观点,认知 3 是最好的一种标题类型,因为具有强烈的修辞构建作用。实际的语言使用情况是不是这样呢?我们在中国知网中以"也是"为关键词检索,返回 24 032 条结果,排除非此类格式的用例,得到"A 也是 B"用例 18 321 条①。我们随机抽取了 500 条用例进行调查,发现标题中不乏以认知 1 或认知 2 为基础构建的标题话语,如例(1)、(2)即为明显的种属关系。另外,"A"与"B"的语义关系不仅仅具有种属关系,还有可能是自然的反义关系,如例(3)。谭文将这类用例直接归为认知 3,我们认为这种分类不够细致,因为反义关系的 A、B 相较于毫无自然联系的 A/B,建立两者的认知选择更为容易,因此,我们认为有必要区分这两种不同类别的格式。

---

① 调查时间为 2016 年 4 月 30 日,其中包括"A 也是一种/类 B"等变体形式。

更让我们好奇的是,在这 500 条随机用例中,理工医科类的标题有相当一部分选用认知 1 或认知 2 类的标题格式,如:

(6) 酵素也是酶 你应该知道的(《养生大世界》,2015 年 10 月 1 日)

(7) 水也是营养素(《饲料博览》,2005 年 11 月 25 日)

为什么会出现这种情况呢? 并不是所有语域中都是认知 3"人为重建"类命题最常见,最多用,最有效。认知 1、认知 2 所复述及还原的 A 与 B 之间的逻辑关系在科技语域中比较常见。为什么会有这种不同的倾向? 另外,"A 也是 B"在正文文本中往往不作为首发句,一般都有表示类同的前项,但是作为标题的"A 也是 B"往往单独出现,从形式上看,没有任何前项。语言中"A 是 B"也可表示归类,从发话人角度看,为什么选择"A 也是 B"的格式?

谭文对我们的选题具有一定的启发作用。我们从描写"A 也是 B"格式的分类入手,分析和调查实际语言生活中的这一标题格式的不同类别在不同语域中的分布情况,通过区分交际参与者的关系、互动目的等方面的不同,尝试合理解释其分布的不同,并探讨"也是"在标题语篇中的话语互动功能。我们的研究与谭文的区别在于:一是研究对象拓宽,"这也是一种 X"实际是"A 也是 B"格式中的一个特例;二是研究视角不同,谭文主要是从语文教学的角度去反思这一类标题的作用,我们则着重于调查和分析实际语言生活中"A 也是 B"格式在不同语体语域中的实际使用情况。

2. A 与 B 自然联系型的"A 也是 B"标题

2.1 "A 也是 B"标题分类总述

标题中的"A 也是 B"按照 A 与 B 的语义关系可以分为不同类型。从语言表达的角度看,标题类型不同,其语义重点也是有区别的。根据 A 与 B 在语义上是否存在一定的自然联系,对标题"A 也是 B"进行分类,可将其分为自然联系型和人为建立联系型。所谓自然联系型,是指 A 与 B 是天然相互关联的,自然联系程度是由自然向人为过渡的连续统,联系程度越高,其自然性也越高,可推导性越高,其自然联系的程度也越高,如 2.2 中谈到的各例。人为建立联系型与自然联系型正好相反,是指 A 与 B 之间为非必然联系或为非自然联系的关系,我们也称之为非自然种属型标题,如本文第三部分中所举各例。

2.2 自然联系型"A 也是 B"标题

这一类标题,A 与 B 较少依靠人为因素建立起彼此的关联,主要依据自然范畴被天然地划分在一个范畴中,A 与 B 从语义关系上看一般是上下义从属关系、反义相对关系或类义关联关系。

2.2.1 A、B 为反义相对关系

首先看 A 与 B 存在反义相对关系的例句,如前文例(3)及此处几例:

(8) 守业也是一种创业(宋欣,《现代企业文化(上旬)》,2015 年 1 月 5 日)(A 与 B 为矛盾关系)

(9) 学生其实也是我们的老师——浅谈迎合新时代的教育(杨志科,《新课程(下)》,2011 年 1 月 8 日)(A 与 B 依存关系)

(10) "柔软"也是一种力量(李蜜佳,《政治指导员》,2015 年 6 月 1 日)(A 与 B 为反对关系)

(11) 不在军营也是兵(外一首)(张洪泉,《当代音乐》2015 年 10 月 25 日)(A 与 B 为相对反对关系)

(12) "不听话"也是好孩子(安雅,《绿色中国》,2008 年 3 月 16 日)(A 与 B 为相对反对关系)

(13) 撒谎也是好孩子(苏小,《人生与伴侣(上半月版)》,2014 年 1 月 1 日)(A 与 B 为相对反对关系)

(14) 寒冷也是一种温暖——迟子建对生命和死亡的观照(时悦,《哈尔滨师范大学社会科学学报》,2015 年 3 月 15 日)(A 与 B 为反对关系)

我们所说的"反义关系"是广义上的反义关系,并不是严格意义上的反义词之间的反义关系,A 与 B 并不一定是反义词,而是在语义特征上具有一定的矛盾关系或反对关系。我们将 A 与 B 在某一语义特征上具有相反关系的均归入此类,暂时不考虑二者的音节、词类匹配关系。按照语言常识,A、B 处于矛盾或相对关系,同属一个范畴,二者是平行对立的,地位是对等的,肯定 A 则否定 B 或对 B 未置可否,但是在"A 也是 B"标题中,则从形式上将 A 纳入对立项的范畴中,其语义传达的是"A 属于(一种 B)",其语用意图是发话人(作者)帮助听话人(读者)重塑 A 与 B 的自然联系,将对立关系改为种属关系。

2.2.2 A、B 为上下义从属关系

当 A 与 B 为上下义关系时,又可分为显性与隐性两种联系:

一是显性联系。A 与 B 为自然性的种属关系,A 为种概念,B 为属概念,二

者语义上存在天然的上下位意义的关系,这种自然性基于人的日常百科知识而存在于人们的认知常识之中,是一种蕴含关系,我们将其称为显性的自然种属型标题。如上文例(1)、(2),在此再补充几例:

(15) 倒置的关系也是一种关系(范小青,《中国比较文学》,2013 年 1 月 20 日)

(16) 好忘事的孩子也是好孩子(史峰,《家庭与家教》,2006 年 8 月 1 日)

(17) "不选择"也是一种选择——"社会困境"博弈中拒绝游戏的作用与意义(闫大卫,《当代经济研究》,2006 年 8 月 15 日)

由于 A 与 B 具有蕴含关系,对于听说双方来说,"A 也是 B"传达的并不是一种认知上的新信息。为什么作者(发话人)要使用这样的形式作为标题呢?我们认为,从发话人的角度看,这种标题的作用在于将交际双方共知的背景性信息凸显出来,以引起听话人的注意。为什么要使用这种标题形式进行突出呢?因为 A 是 B 的下位概念,人们往往对 A 的理解过分关注其作为种概念的个性化特征,而忽略了其上位范畴的共同性特征。如例(1)说到"反角儿",认知经验促使人们首先想到的往往是[+否定][+负面][+坏人]等个性特征,却忽视了[+人][+角色]等范畴共性特征。因此,发话人有意识地将其种属概念突出,特别强调在共性特征范畴 B 概念下去认识事物 A 的种概念。值得注意的是,这种标题中 A 作为 B 的下位概念,一般是一个集合中的"弱势元素"或"非典型元素"。例如在影视剧中,一般主角都是正角,而反角往往是配角,是消极的,不被重视的。因此,更确切地说,发话人使用此类"A 也是 B"作为标题的语用意图是"改变 A 在 B 范畴中的弱势地位,将其凸显出来。"

二是隐性联系。A 与 B 为自然性的种属关系,但是二者的"自然性"不是基于人的日常百科知识,而是基于专业认知的一种认识。这种专业认识有别于人们的日常认知,人们的日常认知是一种公共性的集体认知,专业认知则有赖于言语参与者的专业背景知识,一旦不具备专业知识,"A 也是 B"所传达的就是全新的信息,此时,标题"A 也是 B"的作用是发话人向听话人告知或言明"A"与"B"存在种属关系,我们将其称为隐性的自然种属型标题。如例(6)、(7),另如:

(18) 字母词语也是汉语词语(曹学林,《语文建设》,2000 年 7 月 13 日)

(19) 粪便也是一味"药"(徐建中,《华人时刊》,2016 年 5 月 1 日)

(20) 手机依赖也是病(蒋娅娅,《解放日报》,2012 年 10 月 25 日)

(21) 性爱也是一种体育锻炼(曹海,《北京科技报》,2004 年 4 月 7 日)

(22) 超纯水也是毒药(秦湖,《发明与创新(大科技)》,2015 年 3 月 1 日)

从篇章组织到词汇、句式的选择,我们能够看到作者具有明显的告知意图,但这种明显的告知意图却隐含在话语中,显然,这种告知不是简单的。以例(7)的文本为例,一步步地进行详细解析(此文本按照作者原文分段展示于此,用带圈序号标注自然句):

① 水是最普通的简单化合物。

② 从营养学角度看,自然饮水并不提供能量、蛋白质或脂肪、碳水化合物、维生素等营养素,但可能多少不一地夹带些矿物质元素。

③ 由于水的这种自然物质属性,人们不把它看成是饲料,也不把它看成是营养素,认为水就是"水"。

④ 现代营养学观点认为,水在动物生命活动中扮演着极重要的角色,而且是不可须臾或缺的,水应当看作是营养素,只是它是目前较易充分供应又不计量的营养素。

水平衡和水周转	水的功能
......	......
失水和缺水	水的来源
......	......
水需要量及其影响因素	水的排泄
......	......

其中,①②句首先说明水的自然属性,指出其属性特点不含蛋白质等常见的营养素,然后,③句总结一般人的认知经验的处理方式,认为水就是"水",不是其他物质,也不是"营养素"。最后,④句通过理论向读者宣告"水是营养素的一种",指出这种营养素在供应及计量方面区别于其他营养素的特点。因此,整个文本组织过程可概括为下图:

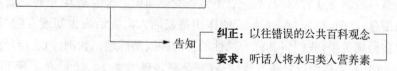

2.2.3　A、B 为类义关联关系

A 与 B 都是类义语义场中的组成成员,在类义语义关系中,A 与 B 一般是地位平等、力量均衡的,而在"A 也是 B"标题中,将在人们认知常识中势力均衡的两个成员进行重新归类,将一个成员归入另一个成员中,建立二者的上下位关系,或者帮助建立 A、B 二者的等同关系。

(23) 健身也是健"心"(马家辉,《深圳商报》,2016 年 9 月 30 日)

(24) 餐桌也是课桌(杨学博,《人民日报》,2007 年 5 月 21 日)

这种类义关系构成"A 也是 B"标题的形式比较少见,其中,"也是"既可以理解为表示归类,也可以理解为表示等同,有一定的歧义。以例(24)为例,"课桌"在此篇新闻正文中指青少年的体质下降问题及相关的科学应对对策,"餐桌"指系统健康的青少年饮食安排。从非语境的角度看,抛开新闻正文,读者看到这个标题的第一阅读感受其实可分为两种:一是这个标题既可以把"餐桌"看成"课桌"的一员,二者具有类属关系,暗示还有其他问题,如体育课在课程比例安排上严重不足、家务劳动时间被人为剥夺等;二是可以将其理解为"餐桌"、"课桌"具有等同关系,表示"课桌"(学习科学文化知识)固然重要,而学生的饮食健康同等重要,是值得学校、社会、家庭重视的营养学知识,也是一个重要问题;通过"课桌"的重要性,阐释同类成员"餐桌"的重要性,建立二者的等同关系。从杨学博的文章来看,作者的实际表达意图为第一种,"也是"表示的是"归类",将"餐桌"看成"课桌"的一员。

3. A 与 B 非自然联系型的"A 也是 B"标题

当 A 与 B 之间为非必然联系或为非自然联系的关系时,我们将其称为非自然种属型标题。此时,在标题"A 也是 B"中,A 被人为地归至 B 范畴之下,由发话人建立起二者的种属关系,这种联系不是天然的,而是人为强制归类的结果。在我们获得的 18 321 例"A 也是 B"语料中,相对于"A、B 存在自然联系"的标题,这种非自然性的标题占绝对优势,占标题总数的 78.2%。如:

(25) 当代艺术收藏也是一种文化创造(栗宪庭,《东方艺术》,2009 年 11 月 1 日)

(26) 财富创造也是一种道德行为(朱卫嘉,《哈尔滨工业大学学报(社会科学版)》,2001 年 12 月 30 日)

(27) 享受孤独也是一种美(李沐阳,《思维与智慧》,2015 年 1 月 5 日)

(28) 版式设计也是生产力(武维、王宏伟,《中国报业》,2015 年 4 月 15 日)

(29) 散伙也是个技术活儿(马方,《销售与市场(评论版)》,2014 年 12 月 10 日)

在这种标题中,A 与 B 之间的语义特征是毫无联系的,表现在:从语义范畴上看,A、B 双方不属于同一、相近、相类或相交范畴;从语义共容性上看,二者的语义特征信息中没有任何共享共容信息。因此,这一类标题中的 A 与 B 之间并不是基于社会集体百科知识的认知,而是基于个人性的创新认识。这种标题之所以占大多数,是因为这种标题相较于自然类种属型标题而言,从交际过程看,发话人传达的"A 也是 B"完全是一个新信息，A 与 B 之间建立关系的基础不依赖于任何百科理据，而是人为地将不容易实现关联的 A 与 B 强制性地归类在一起，具有未知性、低推导性、不可预知性的特点，对于发话人来说，具有比较高的语篇创造性（谭学纯，2012），相对来说更容易摆脱公共认知的局限，而使得篇章内容更富于创造力和表达力。

是不是这种标题最好呢？谭学纯（2011，2012）从高考作文的语义修辞化重建角度分析认为，这类标题的修辞性最强，因而这一类作文得分最高。我们认为这是从文学性的角度去看待语言使用，但是语言使用不仅仅局限在文学领域，在社会各个领域都要用到。不同语域中，根据交际双方的不同关系，标题的构建也应有不同的指导原则。因而，我们可以根据"A 也是 B"标题的类型在不同语域中的分布情况去重新审视这一问题。

4. 不同类型的"A 也是 B"标题在各个语域中的分布情况

尽管非自然联系型的"A 也是 B"标题在各类标题中占绝对优势，但是我们发现，不同语域的文章，其"A 也是 B"标题命名的规律也并非完全一致。见表 1。

在社科人文领域中，我们以中国语言文学类为例，可发现非自然类标题约占总数的 97%，占绝对优势，其中，具有自然联系型的标题占极小的一部分，没有隐性的种属类的标题模式；在理工科医药卫生领域中，尽管显性的种属标题和隐性的种属标题并不占优势，但是约占整个科技语料总数的 27%。除了这一分布特点，我们发现在纯文学领域的"A 也是 B"标题中，在标题形式上往往讲究对称性，这种对称表现为语音音节数量的对应、语法类别的呼应以及语义内容的照应性上，如"死亡也是重生""寒冷也是一种温暖"。而在理工类、医学类、政治经济类语域中，此特点并不突出。

表 1　不同语域中的"A 也是 B"标题分布情况（单位：例）

语义分类	语域类别	理工类 （医学类为代表）	社会人文类 （文学类为代表）
自然联系型标题	反/类义	0/433	27(反)＋11(类)/1 969
	显性种属类	23/433	18/1 969
	隐性种属类	93/433	0/1 969
非自然联系型标题		317/433	1 913/1 969

从以上分布情况可以看出,"A 也是 B"标题在不同语域主要有两个分布特点:

一是理工医学领域,相较于政治、文学、哲学等偏社会人文科学领域,自然种属型标题运用的倾向性更大。

二是社会人文领域中几乎没有隐性的自然种属型标题,总体来说,自然联系型标题不占优势,人为建构的强制归类的非自然种属标题则占绝对优势。

5. 从交际过程参与者视角分析标题
"A 也是 B"语域分布的原因

Austin(1962)和 Searle(1969)开创的言语行为理论中多有对言语参与者关系的讨论,刘大为(1994)、陶红印(1999)、方梅(2007)、冯胜利(2010,2011)、徐默凡(2013)等均从语体的角度讨论过交际参与者的互动关系对语言的形式选择限制等问题。徐默凡(2013)指出:

$$\text{语体言语行为} \xrightarrow{\text{决定}} \text{构成性规则} \xrightarrow{\text{决定}} \text{语言形式特征}$$

根据前贤时哲的这些观点,我们认为:尽管从写作—阅读的交际过程看,任何领域的文章作者和读者之间都有传递信息、接受信息的互动共性,但是细化到不同的专业领域,作者和读者之间的互动关系、互动目的均有一定差别,这些差别直接决定了作为标题的"A 也是 B"结构的建构倾向、形式选择、语义匹配等关系上也会有所差别。

5.1 写作—阅读过程中交际参与者的关系不同

从写作—阅读的交际过程看,同为期刊杂志,不同领域的作者与读者受众关系是不同的:医学类作者与读者的专业知识结构关系高度不对等,写作者一般是具有高、精、尖医学知识的专业人士,读者除有相关医学专业的从业人员外,还有众多对医学知识并不精通甚至非常陌生的普通大众,因而在交际过程中,就导致医学类文章的标题"A 也是 B"具有明确的行使告知、纠正义务的任务,作为知识传播的文章,其标题讲究严谨性和实证性,篇章讲求说明性,故而在这一类领域中,"A 也是 B"标题中的 A、B 存在或鲜明或隐藏的自然联系是必然的。而文学类作者的文学知识虽然是专业性的,但是这种专业性相较于理工领域的专业性来说,难易程度是可接受的,是容易被普通受众自修习得的。在文学类领域中,那些非自然联系的标题,其交际意图不在于传播知识,而在于传递作者的观念。

若将知识背景的难易程度画出一个序列,则可形成以下序列:社会常识<文学建构知识<理工医学类专业知识。根据这个序列,我们可以从知识背景的专业性角度将作者—读者的背景知识关系序列化为:小说<文艺评论<文学理论<经济学理论……<医学专业理论知识。

5.2　写作—阅读过程中交际参与者的目的不同

以上的知识结构关系序列决定了在写作—阅读交际中,作者和读者双方言语行为的交际意图在本质上是不同的,从而导致标题形式选择不同:当专业性低时,写作者的交际意图在于表达自己的观点及传递自己的信念;当专业性强时,写作者的交际意图主要是介绍和说明知识,故而知识的传播是首要任务。更具体地说:

医学类文章写作的目的是科普或科研,发现并介绍事物与事物之间的自然关系,因此,作为标题的"A 也是 B"具有传播专业知识、说明 A 与 B 之间关系、宣告事实的作用,专业知识具有科学严密性、逻辑严谨性的特点,自然种属型标题恰好符合这一要求,因而倾向于选用这类标题。这在此类标题中的某些前导句或后续句中很明显地体现了这种告知介绍功能。如例(6)。

文学类文章写作的目的不在于科普知识,而在于陈述观点或表达情感,作为该类文章标题的"A 也是 B"并不用于说明严谨性的自然科学知识,作者用标题来构建个人观念,是具有立论性质的观点陈述,故而多采用人为强制构建的方式,将某两个事物之间建立起一定的联系。

综上所述,我们从言语交际参与者的角度说明了不同类型的"A 也是 B"的语域分布特征的原因。我们知道,无论是科技文本还是文学文本,其根本目的都是吸引受众。既然说"A 也是 B"具有归类作用,具有相同归类作用的句式很多,"A 是 B"也具备这种功能,为什么作者要选择"A 也是 B"的形式?

6. 标题"A 也是 B"中"也是"的激活强制认知作用

"也"的基本用法是表示类同,从格式上可以分为以下三种类同(马真,1982):

第一种,XW,Y 也 W(他来了,我也来了);

第二种,XW1,X 也 W2(他搞文艺批评,(他)也搞文艺创作);

第三种,XW1,Y 也 W2(风停了,浪也小了)。

"是"是最基本的肯定性判断词,具有归类作用。因此,"也"和"是"连用大致相当于"同样是",其意义表示前后项相同,用来表示类同。理论上说,"A 也是 B"可以分为以下三种类型:

其一,X 是 B,A 也是 B。如:晓明是学生,薇薇也是学生。(B 为范畴集,激活范畴集中的两个成员 A 与 X)

其二,A 是 C,A 也是 B。如:晓明是导演,也是演员。(A 为范畴集,激活范畴集中的属性)

其三,X 是 C,A 也是 B。如:晓明是部长,薇薇也是社长。(双项激活,激活范畴集,激活成员)

表示类同的"也是"在语篇中不会作为首发句,往往承继前一项而存在。我们粗略地搜索了北京大学 CCL 语料库,刨除表示责怨评价意义的"也是",作为类同短语的"也是"出现于"逗号"所隔开的后续句中的比例占绝大多数。而在诸多标题性语篇中,标题语篇往往位于一篇文章之首,"也是"却使用在这里,这是为什么?

首先,我们必须认识到,作为标题的"A 也是 B"具有强烈的归类功能,一般而言,更倾向于表达"将 A 成员归入 B 范畴集合"的语义。从形式上看,它有一个比较常见的变体形式"A 也是一种 B"①。如:

(30) 美学与艺术也是一种生产力(陈炎,《文史哲》,2004 年 5 月 27 日)

(31) 寒冷也是一种温暖(时悦,《哈尔滨师范大学社会科学学报》,2015 年 3 月 15 日)

(32) 放弃也是一种拥有(漠北,《宁波通讯》,2014 年 2 月 8 日)

其中,"寒冷""温暖"是形容词,"放弃""拥有"是动词,但是在标题中,很显然是将"寒冷"和"放弃"作为一个成员,归入"温暖"和"拥有"的范畴中去,前边有明显的归类标记词"种"。

其次,通过例(30)—(32)我们可以看出,这种归类不是简单地归纳 A 与 B 的关系,而是通过"也是"意图激活 A 或 B 的相关信息,从而实现一个由常态归类(A 是 B)上升到激活预设信息的推导性归类(A 也是 B)的过程。

这种推导性归类体现在发话人意图通过在标题中构建一定的预设信息,从而在行文过程中由标题中隐含的预设信息引出并帮助构建自己的篇章内容。例

---

① 当然也有类似"耳朵也是蛮累的"这种性质状态判断的标题,我们认为这里的"也是"虚化了,与我们所说的表示类同的标题是不同类别。

如陈炎的《美学与艺术也是一种生产力》(《文史哲》):

人们对"生产力"的认识,是随着人类文明的发展和产业结构的调整而不断深入的。在以农、林、牧、渔为代表的第一产业占主导地位的<u>前工业时代</u>,<u>人的体力和经验是最为重要的生产力</u>要素;在以机器制造业为代表的第二产业占主导地位的<u>工业时代</u>,<u>科学和技术跃居于生产力要素的首位</u>;而在以服务业为代表的第三产业占主导地位的<u>后工业时代</u>,<u>美学和艺术作为生产力的要素也便具有了越来越重要的地位</u>。这种新的生产力要素主要是通过三种途径加以实现的:首先是制造直接用于审美欣赏的精神产品,其次是这种产品的衍生物,最后是实用产品中的审美附加值。

在"美学与艺术也是一种生产力"这句话中,"也是"帮助读者激活的是生产力各要素,我们可以看到作者在构建篇章时,将不同时代"生产力 B"的下位成员一个一个展示出来,然后点明在后工业时代,美学与艺术具有的地位越来越重要,由此帮助读者推导出标题中的观点"美学与艺术也是生产力"。

发话人(作者)通过标题中的"也是"帮助激活听话人(读者)的背景知识,这在文本阅读中具有强烈的引导性阅读的作用,具体表现在激活读者对预设信息的先期构建。我们就"A 也是 B"标题激活的信息类型做了实验调查,调查方法是将"A 也是 B"标题出示给学生,一次是让学生自省造句,一次是通过给出选项选择。在自省造句的过程中,95%的学生都使用了自然联系型标题的方式,通过观察 A 与 B 之间的语义关系,从而选择前项的内容。而在选项选择的实验调查中①,我们可看到表 2 中的结果:

表 2　"也是"的激活项(单位:人次)

标题类型 激活类别	自然联系类标题					非自然联系类标题				
	反义	上下义				文学				科学
	文学	文学	科学							
A 是 C,A 也是 B 激活范畴集 A	4	9	25	22	32	18	18	27	30	21

① 以"粪便也是一味药"为例,我们设计的选项主要是看哪一项容易被激活,我们设计的选项如下:

第一,粪便是动物体排出的废物,粪便也是一味药。(集合激活)

第二,胎盘是一味药,粪便也是一味药。(单项成员激活,胎盘—粪便均与人体有关)

第三,珍珠粉是一味药,粪便也是一味药。(单项成员激活 珍珠粉—粪便 类别差异大)

第四,老鼠是一种实验品,粪便也是一味药。(双项激活,老鼠—粪便在百科知识中均为负面意义,药和实验品具有一定的科学功用。)

（续表）

标题类型	自然联系类标题				非自然联系类标题				
	反义	上下义			文学				科学
激活类别	文学	文学	科学						
C 是 B,A 也是 B 激活范畴集 B 中的成员 C/A	3	46	32	38	27	40	39	29	28	37
C 是 D,A 也是 B 激活范畴集,激活范畴集中的成员	53	5	3	0	1	2	3	4	2	2
语料	最难的也是最易的	村干部也是官	粪便也是药	水也是营养素	菠萝也是止痛药	享受孤独也是一种美	散伙是个技术活儿	秋天也是一种开始	苍凉也是美丽	宽容也是养生道

从表中我们可以清晰地看出,标题"A 也是 B"中,"也是"对听话人预设背景信息的激活主要集中在单项激活上,要么激活集合,要么激活成员项。这说明,该类型标题确实更容易帮助读者先期构建推导,从而帮助读者对文本的理解。

7. 结 语

从语言使用的实际情况出发,去观察作为标题的"A 也是 B"结构,去看待不同语域中文本建构的规则,我们会发现修辞性的"A 也是 B"结构并不是语言生活的全部,在文学语域中,修辞性结构占主体地位;而在科技领域中,说明性、逻辑还原性占有重要比例。如此一来,反思我们的语文教育,就会发现:以往的中小学语文教育过于重视修辞美学教育,忽视了作为逻辑分析的语言能力的训练及培养。纵观高考作文,以抒情文议论文居多,说明文却不占优势;反观我们的大学教育,说明性论文的写作则是整个学术教育的重要一环,这就导致高中语文教育与大学语文教育的错位及脱节。这一问题不仅要引起中小学语文教育的重视,也要引起大学语文教育的重视,更要引起整个语言学界的重视。

参考文献

白丽娜　2013　《空间的制约与语言的表达——基于汉语报刊新闻标题的考察》,华东师范大学博士学位论文。

方　梅　2007　语体动因对句法的塑造,《修辞学习》第6期。

冯胜利　2010　论体的机制及其语法属性,《中国语文》第5期。

冯胜利　2011　语体语法及其文学功能,《当代修辞学》第4期。

刘大为　1994　语体是言语行为的类型,《修辞学习》第3期。

刘　云　2002a　篇名中的隐含,《华中科技大学学报》(人文社会科学版)第5期。

刘　云　2002b　《汉语篇名的篇章化研究》,华中师范大学博士学位论文。

刘　云　2003a　篇名的话题性说略,《暨南大学华文学院学报》第2期。

刘　云　2003b　论篇名语言的标记性,《云梦学刊》第4期。

陆俭明　1985　"名+在+名(处所)"结构作标题,《中国语文》第4期。

马　真　1982　说"也",《中国语文》第4期。

戚晓杰　2004　从语序足句看标题与词组的区别,《汉语学习》第4期。

谭学纯　2011　"这也是一种X":从标题话语到语篇叙述,《语言文字应用》第2期。

谭学纯　2012　"这也是一种X"补说:认知选择、修辞处理及语篇分析,《语言教学与研究》第6期。

陶红印　1999　试论语体分类的语法学意义,《当代语言学》第3期。

徐默凡　2013　论语体言语行为,《当代修辞学》第2期。

尹世超　1991　标题说略,《语文建设》第4期。

尹世超　1992a　标题中标点符号的用法,《语文研究》第3期。

尹世超　1992b　说几种粘着结构做标题,《语言文字应用》第3期。

尹世超　1995　报道性标题与称名性标题,《语言教学与研究》第2期。

尹世超　1996　说"甲骨学三十年"类标题格式,《烟台大学学报》(哲学社会科学版)第1期。

尹世超　1998　现代汉语标题语言句法研究的价值与方法,《世纪之交的中国应用语言学研究——第二届全国语言文字应用学术研讨会论文集》,华语教学出版社。

尹世超　2001　《标题语法》,商务印书馆。

尹世超　2005　标题用词与格式的动态考察,《语言文字应用》第1期。

尹世超　2006　有标题特点的"A与/和B"格式,《汉语学习》第6期。

尹世超　2008　汉语标题的被动表述,《语言科学》第3期。

张琪昀　1995　"A和B"用作标识语,《汉语学习》第1期。

张琪昀　1996　谈冒号在新闻标题中的运用兼及冒号的定义,《汉语学习》第2期。

John L. Austin　1962　*How To Do Things With Words*. Oxford：Clarendon Press.

John R. Searle　1969　*Speech Acts*. Cambridge：Cambridge University Press.

(作者单位：吉林大学文学院,130012,qiankqw_99@126.com。)

基于中介语语料库的留学生动态助词偏误研究[*]

基于中介语语料库的留学生动态助词偏误研究[*]

祁　峰[1]　朱思铮[2]

1. 引　言

对于动态助词"了""着""过"的研究一直以来是国内汉语语法研究的热点，这方面已经取得了不少成果，如吕叔湘（1980）、朱德熙（1982）、刘月华（1988）、房玉清（1992）、竟成（1993）、戴耀晶（1997）、陈立民（2002）等。根据吕叔湘（1999）的说法，"了"有两个。"了$_1$"用在动词后，主要表示动作的完成。"了$_2$"用在句末，主要肯定事态出现了变化或者即将出现变化，有成句的作用。本文探讨的范围限于动态助词"了$_1$"。动态助词"着"用在动词或形容词之后，表示动作正在进行或者状态的持续。"着"用于存在句，表示以某种姿态存在。"动$_1$＋着＋动$_2$"构成连动式，可以表示两个动作同时进行，动$_1$和动$_2$之间有手段和目的的关系或者动$_1$进行中出现动$_2$的动作。动态助词"过"可以用在动词和形容词之后，有三种基本的用法：第一种是"过"用在动词后，表示动作完毕；第二种是"过"用在动词后，表示过去曾经有这样的事情；第三种是"过"用在形容词后，一般需要说明时间，有同现在相比较的意思。

在对外汉语教学方面，关于动态助词"了""着""过"的教学也有一些研究成果，比如孙德金（2005）曾考察北京语言大学中介语语料库中英语母语者使用动态助词"了""着""过"的情况，收集带"了"句 579 个，带"着"句 199 个，带"过"句

---

　* 本文初稿曾在第七届现代汉语虚词研究与对外汉语教学学术研讨会（2016 年 7 月，昆山）上宣读，得到宋春阳、吴中伟等与会专家的指正，谨致谢意！本研究得到 2016 年上海市浦江人才计划"基于中介语语料库的在沪留学生汉语学习偏误研究"（项目编号：16PJC026）资助，已发表于《对外汉语研究》第十五期（2017 年 5 月，商务印书馆）。

74个,并通过对8个学时等级的考察,统计出这三个动态助词的偏误率。可见,留学生中介语语料库在动态助词"了""着""过"的研究上有着重要的参考价值,所以,本文的研究主要基于华东师范大学中介语语料库,该中介语语料库搜集来自日本、韩国、泰国、美国、英国、意大利、芬兰、俄罗斯、哈萨克斯坦、斯洛伐克、乌克兰、喀麦隆等国家的中级汉语水平留学生的作文,共计300余篇。由于基于不同的语料库,本文的结论跟孙德金(2005)的统计结果不尽相同,本文除了统计动态助词"了""着""过"的整体偏误率之外,还增加这三个动态助词的使用频率及冗余、遗漏、替代、错序四种偏误类型的统计。

因此,本文在已有研究的基础上,对华东师范大学中介语语料库中所有有关动态助词"了""着""过"的偏误现象进行数据统计,并基于偏误例句就偏误产生的原因再作具体的分析,最后提出相应的教学建议。

2. 动态助词"了""着""过"的偏误统计

我们将华东师范大学中介语语料库中所有动态助词的偏误现象进行分类与统计,把偏误现象分为冗余(动态助词多余)、遗漏(动态助词缺少)、替代(动态助词误用)和错序(动态助词位置错误)四种类型。

2.1 动态助词"了"的偏误数据统计

动态助词"了"共计出现531次,使用偏误共计155次,其中,冗余69次,遗漏80次,替代1次,错序5次。因此,动态助词"了"的总偏误比例为29.19%,其中,冗余偏误占偏误总数的44.52%,遗漏偏误占偏误总数的51.61%,替代偏误占偏误总数0.65%,错序偏误占偏误总数3.22%。详见表1。

表1 动态助词"了"的偏误数据统计

	冗余	遗漏	替代	错序	合计
次数(次)	69	80	1	5	155
百分比(%)	44.52	51.61	0.65	3.22	100

可见,遗漏是留学生在使用动态助词"了"时出现的最常见的偏误,占偏误总数一半以上。冗余偏误数量仅次于遗漏,也占据相当大的比重,二者相加占偏误总数的95%以上;而错序和替代偏误出现的次数都很少,都不到5%。

2.2　动态助词"着"的偏误数据统计

动态助词"着"共计出现 105 次,使用偏误共计 20 次,其中,冗余 2 次,遗漏 11 次,替代 7 次,错序 0 次。因此,动态助词"着"的总偏误比例为 19.05%,其中,冗余偏误占偏误总数的 10%,遗漏偏误占偏误总数的 55%,替代偏误占偏误总数的 35%,错序偏误没有出现。详见表 2。

表 2　动态助词"着"的偏误数据统计

	冗余	遗漏	替代	错序	合计
次数(次)	2	11	7	0	20
百分比(%)	10	55	35	0	100

可见,遗漏是留学生在使用动态助词"着"时出现的最常见的偏误,占到偏误总数的一半以上。跟动态助词"了"不同,替代偏误数量仅次于遗漏,而冗余偏误出现次数较少,错序偏误没有出现。

2.3　动态助词"过"的偏误数据统计

动态助词"过"共计出现 81 次,使用偏误共计 13 次,其中,冗余 3 次,遗漏 7 次,替代 2 次,错序 1 次。因此,动态助词"过"的总偏误比例为 16.05%,其中,冗余偏误占偏误总数的 23.08%,遗漏偏误占偏误总数的 53.85%,替代偏误占偏误总数的 15.38%,错序偏误占偏误总数的 7.69%。详见表 3。

表 3　动态助词"过"的偏误数据统计

	冗余	遗漏	替代	错序	合计
次数(次)	3	7	2	1	13
百分比(%)	23.08	53.85	15.38	7.69	100

可见,遗漏是留学生在使用动态助词"过"时出现的最常见的偏误,占到偏误总数的一半以上。跟动态助词"了"相同,冗余偏误数量仅次于遗漏,二者相加占偏误总数的 75% 以上;而替代和错序偏误出现的次数相对较少。

我们再将动态助词"了""着""过"的偏误统计数据进行纵向比较,可以看到,留学生在使用"了""着""过"这三个动态助词时的偏误情况如下:

在使用频率方面,使用频率最高的是动态助词"了",共 531 次,占到这三个动态助词使用总量(717 次)的 74.06%,远远高于动态助词"着"和"过"的使用频率。动态助词"着"的使用频率略高于"过",为 14.64%;动态助词"过"的使用频率相对而言最低,为 11.30%。详见表 4。

表 4　动态助词"了""着""过"使用频率统计

动态助词	了	着	过	合计
使用次数(次)	531	105	81	717
百分比(%)	74.06	14.64	11.30	100

在偏误率方面,动态助词"了"的偏误率最高,为 29.19%;其次是动态助词"着",为 19.05%;动态助词"过"的偏误率相对最低,为 16.05%。

在偏误类型方面,遗漏是留学生在使用动态助词"了""着""过"时出现最多的偏误类型,共出现 98 次,占所有偏误总数的 52.13%;冗余共出现 74 次,占偏误总数的 39.36%;替代共出现 10 次,占偏误总数的 5.32%;错序共出现 6 次,占偏误总数的 3.19%。详见表 5。

表 5　动态助词"了""着""过"的偏误类型统计

偏误类型	冗余	遗漏	替代	错序	合计
次数(次)	74	98	10	6	188
百分比(%)	39.36	52.13	5.32	3.19	100

根据以上的数据统计,可以看到,留学生在使用动态助词"了""着""过"时,使用频率最高的是动态助词"了",相应出现偏误率最高的也是"了"。动态助词"着"在使用频率和偏误率上略高于动态助词"过";在四种偏误类型中,遗漏是留学生偏误出现最多的类型,其次是冗余,而替代和错序相对而言比较少。

3. 动态助词"了""着""过"的偏误分析

下面具体分析动态助词"了""着""过"的偏误现象。

3.1　动态助词"了"的偏误

3.1.1　动态助词"了"的遗漏

动态助词"了"的遗漏是指动词后面应该用动态助词"了",但是没有使用。

以下是华东师范大学中介语语料库中的偏误例句：

（1）＊我的妻子反对她说，"你选择我活着博士过程，只选择一个。"所以，我<u>放弃</u>我的梦想。

（2）＊我已经<u>发现</u>巨大的进步，我的汉语水平提高得那么快。

（3）＊我感觉选这个大学真的太好了，而且<u>给</u>我很多愉快的回忆。

（4）＊虽然我的妻子反对买很贵的东西，我给我的女儿<u>送</u>很贵的生日礼物。

（5）＊我父母也培养好习惯，<u>培养</u>对阅读的兴趣，有解决我自己的问题。

（6）＊我写了这样子非常少，可是我认为这个事秘诀我们的日记<u>继续</u>很久时间。

（7）＊从我来看，反正租房或者买房都可以。我觉得房子找的时条件是重要。然后<u>看</u>很多房子。

通过上述例句可以发现，留学生在描述过去发生的事件或者已经完成的动作时，在谓语动词之后没有加"了"。具体而言，主要有以下两种情况：

一是"了"用在结束性动词之后表示动作的完成，如上面例句中的"放弃""发现""给""送"等动词，应该在其后加上"了"，表示动作的完成；

二是"了"用在持续性动词之后表示动作的实现，如上面例句中的"持续""培养""看"等动词，应该在其后加上"了"，表示动作的实现。

通过对华东师范大学中介语语料库的统计，可以看到，当动态助词"了"用在结束性动词之后表示完成意义的使用频率很高，出现的遗漏偏误类型相应也很多，其中，"发现""给""送"等动词后面的"了"的遗漏现象出现频率非常高，占所有动态助词"了"的遗漏偏误总数的 71%，这值得对外汉语教师重视。

3.1.2　动态助词"了"的冗余

动态助词"了"的冗余是指动词后面不需要用动态助词"了"，但是用了"了"。这类情况比较复杂，具体有以下几种：

第一种情况如下：

（8）＊我想一想以后，终于我<u>决定了</u>去中国留学。

（9）＊她打算从北京到上海坐汽车去。可是第二天她忽然<u>发现了</u>小偷把她的钱包偷走了。

（10）＊当我在高中学习欧洲语言的时候，就<u>开始了</u>对亚洲文化格外感兴趣。

当谓语动词后带的宾语是动词短语或小句时，动词后不能带动态助词"了"，在语料库中，这类偏误出现时常见的谓语动词有"发现、决定、开始"等。

第二种情况如下：

(11) * 我上中学的时候,她<u>工作了</u>很辛苦,让我学习交际舞还跟辅导学习英文。

(12) * 为了考试<u>看了</u>课本的时候,我常常想起来老师说的话。

(13) * 包里有同济大学<u>发给了</u>我的录取通知书。

(14) * 我5月<u>回了</u>日本的时候,在大阪看见了很多中国人。

上面这些例句中的动作虽然发生在过去,但是没有表示动作完成或者实现的意义,很有可能是留学生将其母语中的过去时态与汉语中的动态助词"了"混淆造成的偏误。

第三种情况如下:

(15) * 因为我把这次考试看的太容易。所以我,<u>没看了</u>考题。

(16) * 大概三年前,我去了郑州留学。当时我<u>不熟悉了</u>郑州生活。

上面例句为否定句,事件虽然发生在过去,但由于句子中有"没""不"等否定词否定动词的实现,所以不能用动态助词"了"。

第四种情况如下:

(17) * 这是因为我们有很多中国公司在喀麦隆所以很多人认为<u>认识了</u>中国可以容易找到了工作。

(18) * 每个人需要节约要不然可以容易<u>变成了</u>穷鬼。

(19) * 我们<u>经常</u>周末<u>有了</u>比赛和集训。

(20) * 运动员跟这些花样滑冰运动员一样<u>总是</u>给我<u>留下了</u>很深的印象。

在上面例句中,动作的时间不是发生在过去,有对未来的预测,如上例(17)(18);或者句中有"经常""总是"等频率副词,说明事件没有完成,如上例(19)(20),所以,上述例句不能用动态助词"了"。

第五种情况如下:

(21) * 我第一次接触汉语是17岁的时候,我们学校的老师<u>让了</u>学生都研究一下自己理想的大学和专业。

上面例句是兼语句,使令动词的受事是后面动作的施事,在兼语句中,使令动词之后不能加"了",如上例中的"让"。不过,这种偏误在语料库中出现的次数较少。

3.1.3 动态助词"了"的替代

动态助词"了"的替代是指动词后面应该用动态助词"了",但是用了其他词。这种偏误类型在华东师范大学中介语语料库中出现较少,仅有1次,例句中"带来"之后误用结构助词"的"代替动态助词"了"。例如:

（22）＊他对不明白的学生一边使用例句，一边再说明，他的教学生的方式对我<u>带来</u>的深刻引象。

3.1.4 动态助词"了"的错序

动态助词"了"的错序是指动态助词"了"在句中的位置出现错误。这种偏误类型在华东师范大学中介语语料库中出现也较少，一共有 5 处。其中，有表处所介词"在"和动态助词"了"的语序偏误，如例（23）；有动态助词"了"和谓语动词的语序偏误，如例（24）（25）；有离合词用法偏误导致的动态助词"了"的错序，如例（26）（27）。

（23）＊读大学的时候，他一边学习一边打工。而且因为自己租房子很贵，他<u>住了在</u>远亲的家。

（24）＊一天，我受不了，<u>了带</u>保安。

（25）＊我<u>去了看</u>房子。房子对我一个印象不太好。顶棚很低。所有的设施很旧。

（26）＊她常常带我去她家给我吃她妈妈做的台湾菜。况且春节的时候跟我一起回台湾，跟她家人和亲戚一起<u>过年了</u>。

（27）＊虽然我跟他<u>生气了</u>，但是我决定不对他表示我的怒。

在上面例句的偏误中，表处所介词"在"和动态助词"了"的语序偏误和动态助词"了"和谓语动词的语序偏误是比较容易纠正的偏误，只要留学生多加练习，就可以掌握；而离合词用法偏误导致的动态助词"了"的错序相对来说是留学生汉语学习中的难点。

3.2 动态助词"着"的偏误

3.2.1 动态助词"着"的遗漏

动态助词"着"的遗漏是指动词后面应该用动态助词"着"，但是没有使用。先看下面例句：

（28）＊我们大声哈哈地<u>笑</u>。气氛也放松。

（29）＊我喜欢每天早上<u>看</u>学校的川河来上课。

（30）＊饲主突然死亡了。可是这个狗一直<u>等</u>饲主。

（31）＊狗一直<u>爱</u>饲主，所以我也一直<u>爱</u>我的狗。

（32）＊春天天气越来越暖和，出去的每次看到各种花开花，果树<u>花怒放</u>。

（33）＊一整天<u>化妆</u>，在外面了，所以一定要洗澡。

动态助词"着"的遗漏偏误类型出现的比例比较高，占所有"着"的偏误现象的 55%。上面例句中的动词都有表示动作或状态持续的意义,如"笑""看""等""爱""怒放""化妆"等。

3.2.2 动态助词"着"的冗余

动态助词"着"的冗余是指动词后面不需要用动态助词"着",但是用了"着"。这类偏误类型在语料库中出现 2 次。例如:

(34) *我丈夫小心翼翼地打开门了。于是,在门口一位叔叔站着,他说:"钥匙插着在外面的钥匙孔,很危险的。"

(35) *即使我说的没有道理,她也不劝我,听着到我说完为止。

上面两例因为动词后面出现了表示动作结束意义的"在""到",所以,动词后面不能带表示持续意义的动态助词"着"。

3.2.3 动态助词"着"的替代

动态助词"着"的替代是指动词后面应该用动态助词"着",但是用了其他词。例如:

(36) *因为成长的时候父母悉心照顾我,所以我每天都活过很幸福的生活。

(37) *我一直耐住过,是因为跟父母在一起的时间很珍惜。

(38) *我妈妈的性格很温柔。所以我或者妹妹们被挨批评的时候,我妈妈默默地看看,然后她来到我们的方便安慰我们。

(39) *每一个同学跑步跑步。那时候,听到了谁叫我的名字。

例(36)(37)中的动词后面应该用动态助词"着",而误用动态助词"过";例(38)、(39)中的动词后面应该用动态助词"着",而误用动词重叠形式。

3.3 动态助词"过"的偏误

3.3.1 动态助词"过"的遗漏

动态助词"过"的遗漏是指动词后面应该用动态助词"过",但是没有使用。先看下面例句:

(40) *度过 90 岁没坐出租车,不远的距离走来走去。

(41) *我从来没租房或者买房,但是去年哥哥上大学,他选择的专业在热那亚大学不太好,所以他应该搬家。

(42) *我从来没当教师。我的学生都是 16—19 岁。

(43) *我来中国以前,我没学习中文,只学了法语和英语。

(44) *大概三年前我在郑州有经历的爱情故事。

在语料库中,动态助词"过"的遗漏偏误出现 7 次,是动态助词"过"的偏误数量最多的一种偏误类型。动态助词"过"用在动词或形容词后表示曾经发生某动作或存在某状态。留学生都没有在动词后加上动态助词"过",特别是当动词前出现否定词"没"的时候。

3.3.2 动态助词"过"的冗余

动态助词"过"的冗余是指动词后面不需要用动态助词"过",但是用了"过"。例如：

（45）＊现在<u>学过了</u>两年多。看电视有字幕的时候看得懂。

（46）＊我从来没想过放弃了,从我学习汉语到现在,<u>发生过</u>中国文化很有意思。（注：动词应为"发现"）

根据房玉清（1992：18）的观点,"过"表示的是时点上的动态,例（45）中出现表示时间段的"两年多",例（46）中出现表示时间段的"从我学习汉语到现在",所以,上面例句都不能用"过"。

3.3.3 动态助词"过"的替代

动态助词"过"的替代是指动词后面应该用动态助词"过",但是用了其他词。例如：

（47）＊我小时候<u>去了</u>冲绳县游泳了。

例（47）侧重曾经发生过的事,动词后面应该用"过",而不用"了"。

3.3.4 动态助词"过"的错序

动态助词"过"的错序是指动态助词"过"在句中的位置出现了错误。这种偏误类型在语料库中只出现 1 次,例如：

（48）＊我的公司同事们一起<u>去过看</u>棒球比赛。

例（48）中,学生将动态助词"过"用在动词"看"之前,语序发生错误。在"去/来＋V"这样的结构中,动态助词"过"只能加在动词 V 之后。

4. 动态助词"了""着""过"的偏误原因

基于上述对于华东师范大学中介语语料库的偏误统计及分析,可以看到,造成留学生对动态助词掌握不好的原因有很多,包括主观原因和客观原因。根据动态助词的偏误类型,主观原因可以分为学习者刻意规避、学习者母语的负迁移、学习者混淆语法点和学习者错误记忆语法点,客观原因可以分为语法点本身的复杂性和教材语言过于理论化。

4.1 偏误产生的主观原因

4.1.1 学习者刻意规避——动态助词遗漏

如前所述,遗漏是留学生在使用动态助词"了""着""过"时出现最多的偏误类型,这类偏误有一部分是由于学生的刻意规避而造成的。留学生刚刚学习动态助词"了""着""过"的用法,较为生疏,害怕出现错误,因此,在写作中避而不用。留学生对不熟悉的语法点的规避心理是一种较为常见的现象,由此会造成动态助词"了""着""过"的遗漏现象。

4.1.2 母语负迁移——动态助词冗余

对于母语为有动词变位的语言的留学生来说,汉语动态助词"了""着""过"有可能会与其母语中的过去式、完成时、进行时混淆,例如,母语的负迁移会导致动态助词"了""着""过"的冗余。对母语是英语的学生来说,"了"在动词之后可以表示动作完成,留学生有可能把"了"等同于英语中的"have/had done",学习者在表示已经完成的动作的动词后都加上"了",造成"了"的冗余。表示动作进行的动态助词"着"和表示曾经发生某动作的动态助词"过"的冗余现象也是同理。学习者没有考虑到句中其他成分已经表示了动作的完成或进行等意义,而误把汉语动词后加上动态助词"了""着""过"等同于其母语中动词的时态,从而造成偏误。

4.1.3 学习者混淆语法点——动态助词替代

动态助词"了""着""过"的替代偏误很大部分是由于学习者将不同的语法点相混淆。一方面是学习者混淆了这三个不同的动态助词,另一方面是学习者将这三个动态助词和其他词相混淆。"了""着""过"这三个动态助词表达的意义有相似的地方,动态助词和其他语法点也有表示相似意义的地方,这是因为留学生对动态助词的适用范围掌握得不够。比如,例(47)"＊我小时候去了冲绳县游泳了。",该句属于留学生混淆动态助词用法的句子,因为"了"和"过"都有表示"完成(完结)"的意义,留学生不了解这二者之间意义的细微差别和适用范围。再如,例(39)"＊每一个同学跑步跑步。那时候,听到了谁叫我的名字。",该句是留学生混淆了动态助词和其他语法点的用法。

4.1.4 学习者错误记忆语法点——动态助词错序

对于汉语初学者来说,刚刚学习过语法点后可能会由于记忆错误而在写作中出现偏误。动态助词"了""着""过"的错序现象很多是由于学生的记忆错误而造成的,比如例(23)"＊读大学的时候,他一边学习一边打工。而且因为自己租房子很贵,他住了在远亲的家。"这个句子属于表处所的介词"在"和动态助词"了"的语序偏误。要纠正这一类偏误相对比较容易,留学生只要记住动态助词"了"应该用在介词"在"之后就可以解决了,经过简单练习,留学生的这类偏误就可以得到纠正。

4.2　偏误产生的客观原因

4.2.1　语法点本身的复杂性

动态助词"了""着""过"的语法知识较为复杂,规律掌握比较困难,对于留学生来说是一个学习难点。根据语料的偏误数据统计,可以看到,"了"是三个动态助词中偏误率最高的,为29.19%;其次是"着",偏误率为19.05%;"过"的偏误率最低,为16.05%。根据《现代汉语八百词》(增订本),"了₁"不同的用法共计24种,"着"有9种,"过"有6种,"了"的用法多,掌握难度更高,所以会出现更高的偏误率。可见,偏误率跟语法点本身的难度成正相关。

4.2.2　教材语言过于理论化

汉语教材在解释语法点时经常会使用较为理论化的解释,对于汉语基础薄弱或者没有语言学基础的留学生来说,这样会比较费解。大部分汉语教材中只有汉英两种语言的注释,对于英语非母语的留学生来说,可能会不好理解。有些教师在进行语法点讲解时会使用教材中的说法,对于留学生理解语法点的帮助很有限。以初级汉语教材《基础汉语40课》为例,其注释部分的语言会用到一些语言学术语和比较抽象的描述,例如:

"动词+了+时量"表示动作从开始到完成持续多长时间。

"Verb+了+duration"indicates the length of time an action has lasted from the beginning to the end.(选自第十四课《参观人民广场》)

再如:

动态助词"过"放在动词后边,表示动作曾在过去发生,强调经验;否定式是"没(有)+动词+过";如动词后有宾语,宾语一定要放在"过"之后。如要询问是否有某种经历时,可以在用"过"的陈述句尾加"没有"或"吗",或者并列动词的肯定式和否定式。

过 is used after a verb to express an experience in the past. The negative form is 没(有)+verb+过.If the verb takes an object, the object should only be placed after 过.When inquiring whether an action has taken place as a past experience,没有 or 吗 is added to the end of sentence with 过,or parallel the affirmative and the negative forms of the verb.(选自第十五课《去中国朋友家做客》)

通过上面例子可以看出,汉语教材中用到的汉语解释不是初学者阶段可以看懂的,英语解释也要求留学生有一定的英语基础,即便留学生的英语阅读能力没有问题,汉语教材中抽象的语言描述不足以帮助学生正确地运用语法点。

5. 动态助词"了""着""过"的教学建议

根据华东师范大学中介语语料库的偏误数据统计,可以看到,"了"是三个动态助词中使用频率最高的,为 74.06%;其偏误率也是最高的,为 29.19%。在偏误类型方面,遗漏是出现次数最多的偏误类型,占所有偏误总数的 52.13%;冗余的偏误频率也较高,占偏误总数的 39.36%。为此,汉语教师可以根据不同的动态助词在几大偏误类型上的偏误率,来确定教学的侧重点。比如,"了"是使用最为频繁,也是出现偏误最多的一个动态助词,教师可以在平时加强该语法点的练习;又如,遗漏是动态助词出现最多的偏误类型,教师可以对留学生强调在哪些情况下必须使用动态助词,以减少遗漏这种偏误类型的产生。

下面根据动态助词"了""着""过"的偏误原因,我们提出以下几点针对性的教学建议,具体如下:

第一,教师可以把不能与动态助词"了""着""过"搭配的常见动词列出来,以帮助学生在使用中减少偏误。在语料库中,有一些动词的偏误出现频率比较高,如"决定、建议"等动词和"了"的共现。对于这些具有一定共性的偏误现象,教师可以单独列出来,以加深学生印象。

第二,教师可以针对学生的学习特点有的放矢,将学生的母语和汉语进行对比。每种语言都有时态,这是所有语言的共性,但是简单地将两种语言的某种语言现象等同是不提倡的,比如直接告诉学生"了"就是完成时,这是一种错误的教学策略。在进行两种语言的对比时,既要让学生明白这两种语言的共通之处,也要让学生明白汉语的动态助词和其母语的语法现象不完全等同。

第三,教师可以用例句来说明语法点的适用范围,以避免留学生混淆意义相似的语法点。比如动态助词"了"和"过"都可以表示动作完成(完毕)的意义,在具体的条件下应该选用哪一种语法结构,就需要在教学中加以进一步的说明。典型的例句不仅可以帮助留学生理解语法点的适用范围,也可以让留学生以此为模板,写出正确的句子。

第四,教师可以多运用公式法,这种方法比较直观,没有多余的描述性语言来增加学生的理解难度,便于记忆。比如在语料库中,动态助词出现错序偏误的这种情况多是因为留学生对固定结构的掌握还不够扎实,才会出现把动态助词置于动词之前这样的偏误。

6. 结 论

本文基于华东师范大学中介语语料库,对留学生动态助词"了""着""过"的偏误现象做了统计和分析。我们发现,留学生在使用动态助词"了""着""过"时,偏误率最高的偏误类型是遗漏,其次是冗余,而替代和错序的偏误出现比较少。在此基础上,我们总结出留学生在习得动态助词"了""着""过"时产生偏误的主客观原因,主观原因包括:学习者刻意规避、学习者母语的负迁移、学习者混淆语法点、学习者错误记忆语法点;客观原因包括:语法点本身的复杂性、教材语言过于理论化。最后根据偏误类型和偏误原因的分析,本文给出如下教学建议:首先,教师应确定教学的侧重点,列出不能搭配的常见动词让学生记忆,与学生母语做对比帮助学生掌握母语和目的语的异同,运用例句、公式法等帮助学生加深理解。

本文对于中介语的研究只限于单句,尚未充分考虑到上下文语境对于留学生使用动态助词"了""着""过"的影响;此外,我们没有对留学生进行访谈和跟踪调查,来验证本文所提出的偏误原因和教学建议,这些问题将有待于进一步研究。

参考文献

陈立民　2002　汉语的时态和时态成分,《语言研究》第3期。

陈绂宁主编　2003　《基础汉语40课》(上册),华东师范大学出版社。

戴耀晶　1997　《现代汉语时体系统研究》,浙江教育出版社。

房玉清　1992　动态助词"了""着""过"的语义特征及其用法比较,《汉语学习》第1期。

高　蕊　2006　《欧美学生汉语体标记"了""着""过"的习得研究》,北京语言大学硕士学位论文。

竟　成　1993　关于动态助词"了"的语法意义问题,《语文研究》第1期。

李大忠　1996　《外国人学汉语语法偏误分析》,北京语言文化大学出版社。

刘月华　1988　动态助词"过₂、过₁、了₁"用法比较,《语文研究》第1期。

刘月华等　2001　《实用现代汉语语法》(增订本),商务印书馆。

卢福波　1996　《对外汉语教学实用语法》,北京语言文化大学出版社。

吕叔湘主编　1999　《现代汉语八百词》(增订本),商务印书馆,1980 年初版。

孙德金　2005　《描写与实证——汉语要素的多视角考察》,北京语言大学出版社。

王　静　2007　《"了"的用法与对外汉语教学》,华中科技大学硕士学位论文。

肖奚强等　2015　《外国留学生汉语偏误案例分析》,世界图书出版公司。

张　杨　2012　《动态助词"了""着""过"的偏误分析及对外汉语教学研究》,黑龙江大学硕士
学位论文。

周小兵等　2007　《外国人学汉语语法偏误研究》,北京语言大学出版社。

朱德熙　1982　《语法讲义》,商务印书馆。

(作者单位：1. 华东师范大学国际汉语文化学院,200062,
fqi@hanyu.ecnu.edu.cn。)

(2. 哥伦比亚大学教育学院,10027,
zhusizheng@yeah.net。)

日语母语者汉语否定结构的习得研究*

吴廷廷　宋春阳

1. 引　言

汉语否定结构涉及语言的接口问题,是汉语二语习得的一大难点。汉语"昨天他没有吃饭。""＊昨天他吃没有饭。"两个句子中否定词"没有"的位置不同,句子合法性就不同,这说明否定词的句法位置是受限的。句法位置不同以及否定词的不同会带来句子意义和交际功能的变化。位置是句法问题,否定的辖域、焦点等则属语义问题。因此,汉语否定结构涉及句法、语义多个层面,关涉语言的"接口假说"(Interface Hypothesis)问题。

"接口假说"由 Sorace 和 Filiaci(2006：340)提出,认为二语纯句法知识能被习得,而句法与语义、语用等接口知识的习得难度较大,甚至不能被最终习得。

本文以日语为母语的留学生为考察对象,研究其对汉语否定结构的习得问题,意在进一步探讨语言的接口知识,丰富相关研究成果。

2. 文 献 回 顾

有关对留学生汉语否定结构习得情况的研究成果不少,如王建勤(1997)、白荃(2000);也有学者从国别的角度对汉语否定结构习得情况进行研究,如何山燕(2004)、郑青霞(2007)、杨洪建(2007)、高亚云(2009)、常辉、郑丽娜(2014)等。

　＊ 本文曾在第七届现代汉语虚词研究与对外汉语教学研讨会(2016 年 7 月,昆山)上宣读,为教育部人文社会科学研究项目"外国人汉语习得动态作文语料库建设及研究"(编号：11YJA740076)、上海市哲学社会科学规划课题(编号：2010BYY006)的阶段性成果。

以往汉语作为二语的习得研究,主要集中在偏误分析方面。从研究对象上看,只是对单一母语背景学生的习得状况进行研究,而没有对不同语系的母语的习得状态进行对比研究;另一方面,语料多源自北京语言大学 HSK 动态作文语料库,都是高水平的汉语习得者的语料,不够全面。鉴于此,笔者以日语为母语的学生作为考察对象,重点考察汉语否定结构的习得状态,并与常辉(2014)的研究成果进行对比,以发现英、日不同母语背景者习得异同,并验证"接口假说"的合理性。

本文将基于上海交通大学外国人汉语习得动态语料库(DCFW)的语料对上述问题开展研究。DCFW 语料库目前共约 202 万字,其中,日本留学生的作文语料近 53 万字,包含从零基础到 HSK6 级所有水平阶段学生的语料。

3. 实 证 研 究

3.1 知识框架与分析工具

汉语否定结构包含句法、语义两方面规则。句法规则包括句法成分的位置与共现的限定条件,即句法成分的顺序、不同词性成分能否搭配的问题。① 句法成分的顺序规则。如:汉语普通话否定词"没",表示陈述时一般置于被否定词之前,如可以说"没看见",不可以说"看没见""看见没";② 不同词性成分搭配规则。如汉语"不"、"没(有)"可与谓词性的词语搭配,除了抽象名词以及对举格式一般不存在"不+名词"的情况,如可以说"不想""不漂亮"等,一般不可以说"不桌子""不枕头"等。

语义规则着眼于句法意义的差异,是在具有相同的句法位置和词类组合搭配条件下,"不"与"没(有)"呈现的句法意义差异。例如:在"NP+否定词+VP"中,否定词"不"与"没(有)"否定意义存在差异。"我不去"中"不"用于否定个人意愿或将要发生的动作;"我没去"用于否定已经实现的动作。

将表否定的虚词"不"和"没(有)"的用法分为句法、语义规则两个层面,目的是探讨与验证其在接口层面习得情况如何,验证"接口假说"的合理性。另外,特殊句式既涉及句法又涉及语义,甚至有语用的问题,情况较复杂,因此,本文将对特殊句式单独讨论。

3.2 研究问题

第一,句法层面,日语为母语的留学生对"不"、"没(有)"的习得情况。

第二,语义层面,日语为母语的留学生对"不""没(有)"的习得情况。

第三,英语母语者和日语母语者对"不""没(有)"的句法和语义习得有无差异?

3.3 语料说明与整理

本研究将外国人汉语习得动态语料库(DCFW)的语料划分为初、中、高三个级别,其中,初级为 HSK3 级以下水平,中级为 HSK4 和 HSK5 级水平,高级为 HSK6 级以上水平。

首先通过检索"不"和"没",得到关于"不"的语料 6 461 条,关于"没(有)"的语料 2 090 条,然后除去"不过、不但、不仅、不管"等含"不"语素的词,再除去"说不定、差不多、要不然、恨不得"等习语和"不知不觉、毫不犹豫、百读不厌"等成语,再除去"不能、不会、不可以、会不会、能不能"等"不十能愿动词"单独作谓语或正反问的情况,以及"淹没、没完没了、埋没、有没有"等,最后得到关于"不"的有效语料 3 539 条,关于"没"的有效语料 1 556 条。另外,关于"不""没(有)"全部 5 095 条有效语料,几乎全部都是陈述句,仅有 114 条疑问句语料,且全部疑问句中仅有 5 句是偏误句,为使研究结果更具有说明性,本研究排除 114 条疑问句语料,仅对 4 981 条陈述句语料进行研究。

3.4 结果分析与讨论

3.4.1 句法层面

本研究为考察方便,将否定结构分为简单否定结构、能愿动词作状语的否定结构、其他词语(排除能愿动词)作状语的否定结构、含补语的否定结构及特殊句式中否定结构五个方面。

3.4.1.1 简单否定结构

简单否定结构即"不""没(有)"直接否定名词、动词、形容词的情况,数据如表 1 所示。

表 1 简单否定结构

不/没	不			没(有)		
类型	不+V	不+N	不+Adj	没(有)+V	没(有)+N	没(有+Adj
总次数	974	3	782	422	915	25
偏误次数	39	3	2	43	43	18

研究发现:

第一,简单否定结构中,日语母语者使用"不"的数量多于"没(有)"。对比 CCL 语料库的检索结果:含"不"的语料 2 195 655 条,含"没(有)"语料 576 666 条,说明汉语母语否定结构"不"比"没(有)"更常用;而日语母语者使用 "不"的情况多于"没(有)",说明日本学生的习得特点跟中国人一致。这与常辉 (2014)对英语为母语的留学生的研究结果一致①。

第二,"不"对动词、形容词的否定,其正确率分别为 96%、99.8%,说明日语 母语者在习得这一结构中能实现参数重设,普遍语法可及,此结论与常辉 (2014)英语为背景的学生习得情况一致。

第三,"没(有)"否定动词、形容词偏误率分别为 10.2%、72%,虽偏误率较 高,但问题集中于"'不''没(有)'误用"情况,属语义层面。句法层面,日语母语 者都能将"没(有)"置于动词、形容词前,没有发生否定词与动词、形容词的错序 问题。

第四,关于对名词的否定,使用"不"的偏误率虽高,仅该类语料总共只 有 3 条,这说明以日语为母语的学生基本能掌握除对举等特殊格式外,"不" 不能与名词搭配的规则;而使用"没(有)"的偏误率为 4.8%,且 95% 的偏误 类型表现为名词与否定词"没有"的错序问题,说明大部分学生能习得此结 构。例如:

(1) *我的理想没有。(初级)

(2) *结果我对男人自信没有了。(中级)

(3) *日本的孩子越来越少,很多夫妇不愿意生孩子,因为学费太贵,自己 的时间没有。(中级)

按照 Chomsky 的普遍语法理论,人类所有语言遵循共同的普遍语法,但各 个语言有自己的语法参数。此类结构中汉语是把名词置于否定词"没(有)"右 侧,形成"我没有理想",日语是把名词置于否定词"没(有)"左侧,形成"私(我)は (主格助词)理想(理想)が(格助词)ありません(没有)"。因此,个别日语母语者 在习得"没有+名词"结构时发生母语负迁移,出现偏误现象。

第五,相对于其他否定结构,以日语为母语的学生对"没(有)+名词"结构的 习得情况较差,其语料在各阶段分布如表 2 所示。

---

① 常辉(2004)研究的语料主要来自北京语言大学 HSK 动态作文语料库。

表2　"没有＋名词"结构中名词与否定词"没有"错序偏误在各阶段的分布

汉 语 阶 段	初 级	中 级	高 级
"没有＋N"总次数	195	609	111
"没有＋N"错序次数	21	17	3
偏误率	10.8%	2.8%	2.7%

表2表明,中级阶段的学生对"没有＋名词"结构使用最多,高级阶段对该结构使用最少。中、高级阶段使用该结构时偏误率较低,说明随着学习时间的增加,习得效果变好。

3.4.1.2　能愿动词作状语的否定结构

按照黄伯荣、廖序东(1991)的观点,能愿动词是指"能用在动词语、形容词语前边表示客观的可能性、必要性和人的主观意愿"的词,排除"不能、不会"等能愿动词单独作谓语和"会不会、能不能"等肯定否定并列表疑问的情况,本文只讨论"不""没(有)"对"能愿动词＋V/adj"的否定情况。统计结果如表3所示。

表3　含能愿动词作状语的否定结构

类　型	不＋能愿动词＋V/adj	没(有)＋能愿动词＋V/adj
总次数	859	0
偏误次数	5	0

研究发现：在否定"能愿动词＋V/adj"时,以日语为母语的学生集中选择了"不",并且都能将否定词"不"置于能愿动词左侧,例如：

(4) 他刚刚来的时候,除了"谢谢""你好"以外,都不会说。(初级)

(5) 可是朋友有丈夫,他不能待在那很长时间。(初级)

此结构正确率达到99.4%,说明日语母语者基本能习得"不＋能愿动词＋V/adj"结构,与英语为母语的留学生习得特点一致。

3.4.1.3　其他词语(排除能愿动词)作状语的否定结构与含补语的否定结构

按照黄伯荣、廖序东(1991)的观点,状语是指"谓词性短语里中心语前面的修饰语",其否定可用"不""没(有)"。按照李德津、程美珍(1988)的观点,补语是"谓语动词或形容词后边补充说明谓语的词或词组"。日语为母语的学生对此结构习得情况如表4所示。

表4　其他词语(排除能愿动词)作状语的否定结构与含补语的否定结构

不/没	不			没(有)		
类型	不+状语 +V	不+状语 +adj	V+不+补语； 不+V+补语	没+状语 +V	没+状语 +adj	没+V +补语
该结构总数	135	355	260	46	22	1
偏误句数	6	1	5	7	3	0

研究发现：第一，在以上两种否定结构中，"不"明显多于"没(有)"，此结论与常辉对英语为母语的留学生的研究结果一致。

第二，"不+状语+adj."偏误率极低，仅为 0.2%；"没(有)+状语+adj."偏误率较高。

第三，关于"不+补语"包括"V+不+补语"(如"吃不完")和"不+V+补语"(如"不吃完")两种结构，偏误句仅有 5 句，偏误率仅为 1.9%，说明日语母语者基本能习得这一结构，这与王建勤(1997)的研究结论"'V+不+补语'贯穿习得过程的始终，习得难度大的结论"不符；也与常辉"英语为背景的留学生对'不+补语'结构习得较差"的结论有差异。因此，不同于以英语为母语的学生，以日语为母语的学生学习含补语的否定结构时基本能实现参数重设，习得此结构。

第四，"不/没(有)+状语+V"结构中全部 13 条偏误语料中有 7 条偏误类型表现为"不/没(有)"与"状语"的错序问题，"不/没(有)"与状语的位置问题偏误率为 3.8%，说明大部分学生能掌握汉语否定结构置于状语前的事实，但仍有部分同学在此问题上存在困难，例如：

(6) ＊医生积极不治疗，用科学方法让患者摆脱痛苦。(高级)

(7) ＊我再也在外不过夜了。(高级)

这类句法偏误说明日语母语者习得"不/没(有)+状语+V"时仍存在障碍，与常辉"以英语为背景的留学生都能将否定词置于附加语左侧，正确习得这一结构"的结论有差异。这是因为相比于日语，英语与汉语两种语言的相似距离更近。以"医生不积极治疗"为例，汉语与日语、英语的对应关系如下：

汉语：医生不积极治疗。

日语：医者は(医生)積極的に(积极地)治療し(治疗)ない で(不).

英语：The doctor(医生)did not(不)cure(治疗)actively(积极地).

研究发现,英语把否定词"不"置于谓语动词左侧,通常靠近主语;日语把否定词"不"置于谓语动词右侧,通常在句尾。如表达"医生不积极治疗"时,英语为背景的学生只需把描写性状语"积极地"提到动词左侧,按照汉语多层状语的顺序,相比于否定词,描写性状语多靠近谓语中心词,故以英语为母语的学生很容易写出"医生不积极治疗";而日语母语者则需把"不"提到动词左侧,故在"不"靠近谓语中心词还是主语的问题上留学生容易混淆,因而容易带来多层状语的错序问题。所以,从否定词的位置看,英语与汉语语言相似距离更近,以英语为母语的学生更容易习得此结构。

综上,以日语为母语的学生在"不/没(有)+状语+V"结构上习得情况较差,具体等级数据分布如表5所示。

表5 "不/没(有)+状语+V"中否定词与状语错序问题在各阶段的分布状况

汉语水平阶段	初 级	中 级	高 级
"不/没(有)+状语+V"结构总次数	32	94	55
错序偏误次数	1	2	4
偏误率	3.1%	2.1%	7.2%

研究发现,汉语水平为中级的学生对"不/没(有)+状语+V"结构使用最多,初级对此结构使用最少,这是由于初级阶段的学生刚开始学习此结构,存在回避问题,中高级阶段的学生已经熟悉此结构,中级阶段的学生能熟练运用此结构,且偏误率较低,成为该结构习得情况最好的人群。但高级阶段的学生使用情况有所减少,且偏误率较高,说明存在一定的"石化"现象。

3.4.2 语义层面

对否定结构"不""没(有)"的习得不但涉及句法知识,更涉及语义知识方面,根据白荃(2000)的观点,留学生习得"不""没(有)"在语义方面的习得难点主要表现为时、体等理解错误带来的"了""过"错误搭配及"不""没"误用问题,因此,本节将从"不""没(有)"与"了""过"的搭配问题、"不"与"没(有)"误用问题两方面进行研究。

3.4.2.1 "不""没(有)"与"了""过"的搭配问题

根据 Li&Thompson(1981)以及 Li(1999)的观点,"没(有)"主要用于对已发生事件的否定,有终结性特征[+telic],只能与表经历体的"过"一起使用,不能与表完成体的"了"一起使用;如可以说"他没有洗过澡",不可以说"他没有洗了澡"。"不"具有非终结性特征[−telic],是中性否定词,是对习惯性动作等未完成事件的否定,不能与表完成体的"了"和表经历体的"过"一起使用,如可以说"他不喜欢我",不能说"他不喜欢过我""他不喜欢了我"。常辉在对英语为母语的留学生的研究中表明,以英语为母语的学生基本能习得这一语义特征,否定词与体貌标记错误较少。日语为母语的留学生对"不""没(有)"和"了""过"习得的相关语料数据如表6所示。

表6 "不"、"没(有)"与"了"、"过"的搭配问题

类 型	不…了	不…过	没…了	没…过
总次数	139	0	89	133
偏误次数	6	0	16	12

研究发现:第一,留学生虽写出很多貌似"不……了""没……了"等语义上不允许的句子,但这里的大部分"了"不是表完成体的体貌标记,而是结尾表变化的"了₂",如"我的汉语水平提高不少了""我的身体没有以前好了",这是可以接受的。但留学生在习得这一结构时也出现了较多"不"或"没(有)"与表完成的"了₁"共现的偏误句,例如:

(8) ＊没有朋友们,就不可能到达了山顶。(中级)

(9) ＊爸爸从来没有骂了我。(中级)

(10) ＊好在我从来没得了大病了。(中级)

该类偏误率分别为 4.3%、18%,说明日语母语者在习得"不""没(有)"与"了""过"的搭配问题时存在障碍,与常辉(2014)的英语为母语的留学生习得特点结论不一致。

第二,"没……过"在语义上是允许的,但偏误率仍有 9%,出现很多诸如"过"遗漏,误加"了"等偏误,例如:

(11) ＊从来在国外没有赢过了那么多钱。(中级)

(12) ＊我的朋友也说向来没看见那么大的礼物。(中级)

例(11)误加"了₁",应改为"从来在国外没有赢过那么多钱",例(12)遗漏"过"。应改为"我的朋友也说向来没看见过那么大的礼物"。

综上,日语母语者在习得"不""没(有)"与"了""过"的搭配问题时,习得难点表现为存在"不""没(有)"与表完成的"了₁"共现的情况,各阶段的数据如表7所示。

表 7 "不/没(有)"＋表完成体的"了 1"在各水平阶段学生中的分布状况

汉语水平阶段	初 级	中 级	高 级
"不"＋表完成体的"了 1"句数	3	3	0
占比	50%	50%	
"没(有)"＋表完成体的"了 1"句数	3	10	3
占比	18.8%	62.5%	18.8%

研究发现,高级阶段的学生中未出现"不"与表完成体的"了 1"连用的情况,其偏误人群主要来自初、中级的学生;而出现"没(有)"与表完成体的"了 1"连用的人群主要来自中级的学生,说明关于"不""没(有)"不能与表完成体的"了 1"连用的问题,中级阶段的学生掌握较差。

3.4.2.2 "不"与"没(有)"误用问题

关于"不""没(有)"误用问题,王建勤(1997)认为,"不""没"误用情况贯穿习得过程的始终,是留学生的习得难点。然而,常辉(2014)在对英语为母语的留学生的研究中表示,"不""没"误用情况极少出现。鉴于此,为考察日语母语者"不""没(有)"误用情况,整理数据如表 8 所示。

表 8 "不""没(有)"的误用问题

有效语料总句数	所有偏误句数	"不"、"没(有)"误用偏误句数	该用"不"却用"没(有)"的情况	该用"没(有)"却用"不"的情况
4 981	289	76	48	28

统计发现:

第一,"不""没(有)"误用偏误占全部有效语料的 1.5%,占所有偏误句的 26.2%,虽占比不高,却是常出现的偏误类型,与常辉对英语为母语的留学生的研究中"不""没"误用情况极少出现的结论有差异。

第二,该用"不"却用"没(有)"的情况占"不""没"误用偏误句的 63%,例如:

(13) * 我们两个人的性格完全相反,因此我们尝尝吵架,有时候彼此没有说话。(高级)

(14) * 以前我经常上课,但是最近有点忙,所以我常常没上课。(初级)

应该使用"没(有)"却用"不"的情况仅占所有"不""没(有)"误用偏误句的 37%,例如:

(15) *哪怕省资源的技术发展,我们生活中消费的资源不减少。(高级)

(16) *那时候突然下雨了,他带来雨伞,但我不带雨伞。(中级)

相比于误用"不",误用"没(有)"的情况占比更高,说明在面临"不""没(有)"选择时,日语母语者更倾向于选择"没(有)"。

第三,"不""没(有)"误用在句法层面各结构中的分布数据如表9所示。

表9 "不"、"没(有)"误用在各结构分布情况

"不"、"没(有)"误用偏误句总数	76
简单否定结构(否定结构＋名词/动词/形容词)	65
含能愿动词的否定结构	5
含状语、补语的否定结构	6
固定句式的否定结构	0

研究发现,简单否定结构中"不""没(有)"误用偏误句数占所有"不""没(有)"误用偏误总句数的85.6%,说明"不""没(有)"误用情况多出现在简单否定结构中,例如:

(17) *日语不有声调。(初级)

(18) *我小学初中时候每天看书,可是上高中以后没看书了。(中级)

综上,以日语为母语的学生在习得汉语否定结构时仍存在"不""没(有)"的误用,各阶段的语料分布数据如表10所示。

表10 "不""没(有)"误用问题在各水平阶段学生中的分布状况

汉语水平阶段	初 级	中 级	高 级
"不"、"没(有)"误用句数	26	37	13
占比	34.2%	48.7%	12.1%

数据表明,几乎所有等级都存在"不""没(有)"误用情况,说明该偏误类型贯穿习得过程的始终,这与王建勤的研究结果一致。但约48.7%的偏误句来自中级的学生,说明相比于初、高级学习者,中级阶段"不""没(有)"误用情况更普遍。

3.4.3 特殊句式

除上述句法、语义层面,"把"字句、"被"字句、"比"字句等特殊句式也是留学生的一大难点,其否定形式更是涉及句法、语义,甚至语用层面,情况更复杂。鉴

于此,笔者结合其对固定句式的使用情况,选择了偏误较高的"把"字句、"被"字句、"比"字句、"一……也/都"四个句式作为研究对象,以考察其否定结构的习得情况。相关数据如表 11 所示。

表 11　含否定词的固定句式

固定句式	类　别	不	没
"把"字句	该结构总数	14	0
	偏误句数	5	0
"被"字句	该结构总数	5	9
	偏误句数	1	1
"比"字句	该结构总数	29	14
	偏误句数	13	4
"一……也/都+不/没(有)"	该结构总数	61	45
	偏误句数	16	24

由表 11 可知,较"比"字句、"一……也/都"句式,日语母语者对"把"字句和"被"字句使用较少,4 981 条有效语料中使用"把"字句、"被"字句的语料分别仅有 14 条、5 条,说明学生回避现象严重。"比"字句、"一……也/都"句式虽使用较多,但依然存在样本量不够充足的问题,为使研究结果更有说明性,笔者查询了北京语言文化大学 HSK 动态作文语料库,数据如表 12 所示。

表 12　多个数据库中"比"字句、"一……也/都"句式否定结构习得情况

数据来源	数据条件	"比"字句使用"不"	"比"字句使用"没(有)"	"一……也/都不"	"一……也/都没(有)"
外国人汉语习得语料库	该结构总数	29	14	61	45
	偏误次数	13	4	16	24
	偏误率	44.8%	28.6%	26.2%	53.3%
HSK 动态作文语料库	该结构总数	34	13	74	196
	偏误句数	8	4	19	112
	偏误率	23.5%	23.1%	25.7%	57.1%

从偏误率看,两数据库中习得情况基本相似,具有明显相关性。汇总数据如

表 13 所示。

表 13 "比"字句、"一……也/都"句式否定结构习得情况

结构类型	"比"字句使用"不"	"比"字句使用"没(有)"	"一……也/都不"	"一……也/都没(有)"
该结构总数	63	27	135	241
偏误次数	21	8	35	136

整理发现：

第一，"比"字句的否定形式中，"不""没(有)"的偏误率分别为 33.3%、29.6%，偏误多表现为"比"字句否定形式问题，例如：

(19) *上海比日本治安不好。(中级)

(20) *我感觉自己的汉语水平比别的人不好。(中级)

(21) *美国的生活比中国的生活不安全。(中级)

例(19)—(21)都涉及"比"字句的否定形式问题。李大忠(1996)认为在一般情况下，"A＋比＋B＋谓语"的否定形式是把否定词"不"放在"比"的前面，构成"A＋不比＋B＋谓语"格式①。我们认为这种处理基本正确，但改成"A＋不如＋B＋谓语"格式更合适。例(19)可以改成"上海不如日本治安好"，例(20)改为"我感觉自己的汉语水平不如别人好"；例(21)改为"美国的生活不如中国的生活安全"。否定意义本身是语义的问题，否定词的位置则涉及句法层面，"比"字句的否定涉及句法、语义两个层面，相对于单层面问题，其习得难度更大，导致学生在习得过程中出现较高的偏误率，此表现符合"接口假说"。

第二，否定"一……也/都"结构时，使用"不"的偏误率为 25.9%，使用"没(有)"的偏误率为 56.4%，主要的偏误类型是宾语错序偏误，例如：

(22) *你最近一次都不参加练习。(中级)

(23) *但是她一次也没发过牢骚。(中级)

(24) *我一次也没有遇到过小偷。(初级)

例(22)—(24)中作为宾语的"练习""牢骚""小偷"是已知信息，是句子的语义焦点，对其否定应该把其移动到否定词左侧，起到强调、突出的作用，构成"NP_1＋一次＋NP_2＋都/也＋不/没＋VP"格式。此结构中因语义强调突出带来

---

① 相原茂认为"A＋比＋B＋谓语"的否定式为"A＋没有＋B＋谓语"，"不比"型与"没有"型的意义上不同。转引自李大忠(1996)。

句法的宾语前置问题,既涉及句法,又涉及语义,是语言的"接口"问题,日语为母语的学生在此结构的偏误现象也印证了"接口假说"的正确性。

综上,日语母语者在习得"比"字句和"一……也/都"句式时存在困难,由于外国人汉语习得语料库中的语料较少,增加 HSK 动态作文语料库的语料,将分数 50—60 的划为初级,分数 65—70 的为中级、分数 75—90 的划为高级。整理数据如表 14 所示。

表14 "比"字句否定形式的偏误次数在各阶段分布状况

年　级	初级水平	中级水平	高级水平
"比"字句否定形式的总次数	11	56	23
"比"字句否定形式的偏误次数	4	15	6
偏误率	36.4%	26.8%	26.1%

可见,中级的学生对此结构使用最多,三个等级的偏误率都较高,说明"比"字句否定形式作为习得难点贯穿习得过程的始终。

表15 "一……也/都"否定句的偏误次数在各阶段分布状况

学生水平	初级水平	中级水平	高级水平
"一……也/都"否定句的总次数	78	212	86
"一……也/都"否定句的偏误次数	30	83	38
偏误率	38.5%	39.1%	44.2%

研究发现,中级的学生对此结构使用最多,三个阶段的学生习得此结构时偏误率接近且普遍很高,说明此结构作为习得难点存在于整个学习过程中。

4. 结　论

4.1　句法层面

第一,以日语为母语的学生使用"不"的次数多于使用"没(有)"的次数。日语母语者基本能习得简单否定结构,但与母语为英语的学生不同,初级阶段日语母语者在习得"没(有)＋名词"结构时存在否定词"没(有)"与名词错序的情况,这主要是受母语影响所致。

第二,含能愿动词状语的否定结构中,日语母语者未出现能愿动词与否定词的错序问题,与英语为母语的学生习得状态一致。

第三,大部分日语母语者能习得除能愿动词以外充当状语的否定结构,但与常辉"以英语为母语的学生都能将否定词置于附加语(状语)左侧"的结论不同,以日语为母语的汉语水平高级阶段学生仍存在否定词"不""没(有)"与状语错序的问题。

第四,含补语的否定结构中,不同于母语为英语的学生,日本学生基本能习得此结构。

4.2　语义层面

第一,与英语为母语的学生不同,日本学生中"不""没(有)"误用情况及否定词与体貌标记连用偏误情况较普遍,其中,"不""没(有)"误用和否定词与体貌标记连用偏误人群都集中在汉语水平为中级阶段。

第二,不同于英语为母语的学生,日语母语者使用汉语否定结构时,几乎所有年级都存在"不""没(有)"误用情况,这与王建勤的研究结果一致。

4.3　特殊句式

日语母语者在对"把"字句、"被"字句的否定上回避使用现象严重。在习得"比"字句和"一……也/都"句式的否定形式上,初、中、高水平阶段的学生偏误率都较高。

4.4　关于句法与语义的接口问题

综合而言,以日语为母语的学生对句法层面的习得状况好于语义层面,而对特殊句式的习得情况最差。特殊句式涉及句法位置及意义、焦点甚至语用等更多层面,在二语语义的习得过程中,需要消耗更多的认知资源来实现各个层面信息的成功匹配,这导致其对目的语加工的自动化程度下降,习得难度加大。因此,日语为母语的学习者在习得汉语否定结构所表现出的句法、语义及特殊句式的差异验证了"接口假说"的合理性。

参考文献

白　荃　2000　"不""没(有)"教学和研究上的误区——关于"不""没(有)"的意义和用法的探讨,《语言教学与研究》第3期。

常　辉、郑丽娜　2014　母语为英语的留学生对汉语否定结构的习得研究,《对外汉语研究》第十一期,商务印书馆。

高亚云　2009　《基于 HSK 动态作文语料库的韩国留学生"不"和"没（有）"否定结构习得研究》,北京语言大学硕士学位论文。

何山燕　2004　《泰国学生汉语常用否定结构使用情况调查及研究》,云南师范大学硕士学位论文。

黄伯荣、廖旭东　1991　《现代汉语》,高等教育出版社。

李大忠　1996　《外国人学汉语语法偏误分析》,北京语言大学出版社。

李德津、程美珍　1988　《外国人实用汉语语法》,华语教学出版社。

王建勤　1997　"不"和"没"否定结构的习得过程,《世界汉语教学》第 3 期。

杨洪建　2007　《哈萨克族学生汉语否定结构习得研究》,新疆大学博士学位论文。

郑青霞　2007　《越南学生否定副词"不"和"没"的习得过程考察》,北京语言大学硕士学位论文。

Li，C. N. & Thompson，S. A.　1981　*Mandarin Chinese: A Functional Reference Grammar*. Los Angeles, CA: University of California Press.

Li，M.　1999　*Negation in Chinese*. Doctoral dissertation of University of Manchester.

Ramchand，G. & Reiss，C.（eds.）2007　*The Oxford Handbook of Linguistic Interface*. Oxford: OUP.

Sorace，A.　2011　Pinning Down the Concept of "Interface" in Bilingualism. *Linguistic Approaches to Bilingualism* 1: 1-33.

Sorace，A. & Filiaci，F.　2006　Anaphora Resolution in Near-native Speakers of Italian. *Second language Research*, 22: 339-368.

（作者单位：上海交通大学人文学院,200030,1096345013@qq.com,
songchy@sjtu.edu.cn。）

社会文化视域下外界因素影响来华留学生自主学习能力的实证研究[*]

吴 慧

1. 问题的提出

1981 年, Holec 将"自主学习"概念引入外语教学领域。自此, 语言自主学习已成为外语/二语教育研究领域的热点话题, 世界上许多国家明确地把培养学生的自主学习能力作为语言教学的重要目标之一。

自主学习可以视为一种事件或活动。它要求学习者自己确立学习目标、学习内容和进度, 选择相应的学习材料、手段和策略, 监控学习过程, 评价学习结果 (Holec, 1981); 又可以看作是一种能力, 一种学习者自己把握学习的能力, 因为外在的、形式上完全自主的学习成功与否, 取决于学习者是否具有绝对意义上的独立能力。因此, 从本质上说, "自主学习是学习者对学习过程和学习内容的心理关系问题, 即一种超越、批判性的思考、决策以及独立行动的能力。" (Little, 1991) 自主学习无论是作为一种活动, 还是一种能力, 均以独立自主为核心, 能对自己的学习动机、学习内容、学习方法、学习时间、学习过程、学习结果、学习环境等方面都能够主动做出选择、控制或调节, 兼具个体性和社会性特征, 需要学习者的内在认知心理机制与外在因素积极互动 (Benson, 2007)。一方面, 自主学习与学习者的自控、自律、自省、主动性、积极性、创造性等个性化特征紧密相关, 个体的内在认知心理机制在促进自主学习能力的发展中发挥着举足轻重的作用; 另一方面, 自主学习并不等同于独自、孤立的学习, 自主学习具有鲜明的社会性

* 本文曾在第七届现代汉语虚词研究与对外汉语教学学术研讨会 (2016 年 7 月, 昆山) 上宣读, 已发表于《世界华文教育》2017 年第 4 期。本文是江西省 2016 年度教改课题"跨文化传播中国形象在来华留学生汉语国际教育课程中的教学实践探索" (JXJG - 16 - 2 - 27) 阶段性研究成果之一。

特征。

国内关于自主学习的研究始于 20 世纪 90 年代初,相对集中在英语教学领域。迄今有学者对影响自主学习能力的内在因素进行过大量扎实有效的研究,但鲜有学者运用实证研究方法探讨学习者所感知的外部环境对自主学习能力发展的影响(肖庚生等,2011)。由于对外汉语教学界对自主学习的关注较晚,因此研究成果并不多见,且多为一般性的理论介绍或阐述培养汉语学习者自主学习能力的重要性等问题(金辉,2001;常峻,2007;王淑红,2008;丁安琪,2010),探讨影响汉语学习者自主学习能力的内外因素及如何提高自主学习能力的文章则更少。值得一提的是,王淑红(2008)结合对外汉语教学,进行了名为"我的博客My blog"的实践活动,并取得良好的效果,也证明了在汉语言环境下培养留学生自主学习能力是可行的。丁安琪(2011)利用问卷调查了 184 名汉语教师在留学生自主学习能力方面的培养状况,研究发现留学生的自主学习能力普遍较弱,且教师的性别、年龄、专业等因素均会影响他们对培养留学生自主学习能力所采取的措施。

既然"自主学习引入对外汉语教学是必要的,在汉语言环境这一有利条件下更是可行的",那么,在汉语国际推广的大背景下,在目的语环境中,留学生的自主学习能力普遍较弱的原因是什么?哪些外界因素影响了来华留学生的汉语自主学习能力?外界因素如何与动机、自我效能感、目标设置、学习信念与态度、学习策略等内在因素相互作用,共同构成复杂的自主学习能力模型?

2. 研 究 设 计

2.1 研究方法

本研究主要采用叙事研究(narrative research)和半结构式采访调查(semi-structured interview)的形式来收集所需数据。叙事研究方法是诠释论观点下的一种研究取向,聚焦于研究对象个人的经验特殊性和主体性,通过研究对象的叙事来组织和建构个人的生活经验,并研究这些叙事对于个人和社会的启示和影响。Barkhuizen 等(2013)认为语言经历的叙事文本体现了学习者语言学习过程动态的、社会文化特征,叙事中包括学习者与外语学习相关的学习行动和身份构建。Pavlenko(2007)认为叙事文本包括书面形式和课内/课外、过去/当前两个维度。叙事研究作为一种质性研究方法被介绍到对外汉语教学领域是近几年的事。(孙德金,2010)这说明汉语教学研究已开始重视以人作为知识载体的主体性,以及个人差异、社会环境等诸多因素对语言学习的影响。本研究侧重叙事研究中的个人叙事法,因为所调查的对象在中国待了一年以上,所学专业均属人文社科领域,如汉语言、城建、心理、历史、商贸等,对目的语环境下的汉语教学有较深的了解,均具有较好的反思和叙述能力,能够简单地使用元语言对自己的学习过程进行分析和评论。我们除了请调查对象撰写书面的汉语学习经历(400 字)外,还要求他们每月上交一篇 200 字左右的书面材料,内容包括时间上(过去/当前)和空间上(课内/课外)的经历,主要介绍汉语学习者的自主学习情况,内容涉及对学习过程、学习态度和信念以及学习策略的了解等。

半结构式采访方式是指采访者在采访前预先粗略设定好大致的问题,然后根据被采访者的回答进一步进行详细询问的一种量性调查方法,这种方法既可较好地把握采访的大致方向,又可通过被采访者的回想获得较多的信息。

2.2 研究对象

本次调查的研究对象为江西师范大学的 12 名来华留学生,其中包括不同层次、不同专业、不同国家的语言生和学历生。具体信息参见表 1。

表 1 访谈对象基本信息

序号	性别	国 籍	年龄	专 业
S1	女	印 尼	19	国际商务(本科二年级)
S2	女	印 尼	21	汉语言(本科三年级)
S3	女	乌克兰	25	汉语国际教育(硕士二年级)
S4	女	马 里	21	心理学(本科二年级)
S5	女	马达加斯加	18	中国历史(本科一年级)
S6	女	马达加斯加	26	建筑系(本科四年级)
S7	男	马达加斯加	30	应用语言学(博士二年级)
S8	男	韩 国	34	应用语言学(博士一年级)
S9	男	韩 国	27	汉语国际教育(硕士一年级)
S10	男	日 本	58	语言进修生(中级)
S11	男	荷 兰	22	语言进修生(中级)
S12	男	泰 国	28	汉语国际教育(硕士二年级)

　　我们作为对外汉语教师和留学生管理员,在教学和管理中观察(有些是非参与式的课堂教学观摩)并了解这 12 位学生在课堂内外近一年的表现后,邀请他们参加半结构式的个人访谈。访谈在 2015 年 12 月至 2016 年 3 月期间进行。采访时的主要问题基本一致,包括:第一,来华留学期间在学习上遇到了哪些问题;第二,这些问题有哪些受到外界因素影响;第三,这些外界因素如何影响你的学习;第四,如何处理这些问题。我们会根据采访过程中被采访者提供的信息灵活调整,进一步加深对相关问题的询问,因此,采访时长因人而异,约三十分钟至一个小时不等。采访均在教室或被采访者的宿舍进行。采访时用录音笔全程录音,并根据研究需要对全部或部分内容进行文字化处理。

3. 结 果 与 分 析

　　本文对 12 位学习者的书面叙事文本和访谈资料进行分析和整理,并对访谈转录文稿进行资料登录和类属划分,然后从内容中提取主题、中心思想或意义单位加以解释,了解他们的自主学习情况,分析汉语学习者自主学习与外界因素之间的关系。

3.1　来华留学生的自主学习情况

3.1.1　学习目标的确立与学习计划的制定执行

　　语言学习对学生来说既是一项巨大的系统工程,又是一项繁重的任务,正确合理的学习目标和切实可行的学习计划是学习成功的重要条件。来华留学生在中国学校接受中国式教育时,常常受控于外部力量,更需要制定适合自己的学习计划,并严格按计划执行。但只有 2 名博士生(S7、S8)有明确的学习目标和书面学习计划,而且是在导师的监督指导下确定的。S7 说:"博士第一个学期快结束时,老师要我们在网上填写提交学习计划,毕业后要做什么我还不清楚。"3 位硕士生(S3、S9、S12)表示有大致的学习目标,申请硕士研究生时,提交了书面学习计划,但基本没有严格执行。S12 表示:"我是拿孔子学院奖学金的,两年毕业后要回去当老师,教汉语;如果成绩不好,可能会没有奖学金。"另外 7 位留学生没有明确的目标,学习计划性不强,随意性较大,S6 说:"我在这里学习两年语言,再学这个专业,我就想在中国多待几年。我没有计划。"通过访谈,我们进一步了解到,有些同学虽然制定了汉语学习计划,却不能自主、合理地安排学习时间。例如,S11 提到宿舍不够安静,朋友聚会等外部原因使自己放弃原来的学习计划。

3.1.2 学习方式和辅助手段的选择

江西师范大学语言进修生每周 20—24 节课,本科生每周 24—28 节课,硕士一年级约 20 节,二年级约 12 节,外国博士生由于没有公选课,每周课程较少。他们有自主学习的时间和空间,尤其是语言生和研究生,下午基本上没课,但他们缺少自主学习的意识,对自己的内在学习能力不够重视,12 位汉语学习者无一例外地以课堂教学为主,依赖于教师和课堂,课外学习就是完成老师布置的作业。S1 说:"我的学习方式就是上课,老师如果没有给我作业,在宿舍就不学习。"这表明留学生的自我监控能力(如自我管理能力、自主学习能力等)有待加强。

在学习辅助手段的选择上,12 位学习者都能利用现代信息手段(如手机词典、百度搜索等)辅助学习,但很少主动利用这些工具完成自主学习任务。S1 提到:"可能是我比较懒,练习中不会的生词喜欢等着老师来讲,也不太愿意向中国朋友请教。"12 位学习者都喜欢通过观看中文电影、听中文歌曲来学汉语,却很少在课外使用教材中附带的光盘。语言进修生和低年级本科生很少阅读课外书籍。

3.1.3 学习过程的监控与评估

自我监控能力是学生学习自主性的重要表现,直接影响着学习质量和效果。6 位学习者在访谈中提到在学习中进行反思、自我评估,然后改变学习方法、调整学习策略的经历。S2 说:"我的综合课老师喜欢鼓励同学,每次得到鼓励,我就更有兴趣学习,课堂上就更认真积极。"S9 表示:"我在考试后会找一找自己与别人之间的差距,但很少与他人合作、交流,以提高学习效果。"

以上研究结果表明,来华留学生的汉语学习倾向于课堂教学,能较为积极地完成老师布置的各项任务,有一定的自主学习意识,但较少主动安排学习时间,调整学习策略,自主学习能力总体上还比较薄弱。

3.2 影响来华留学生自主学习的外界因素

由于本文研究目的语环境下留学生的学习自主性,所以,着重探究的是外界因素对来华留学生自主学习的影响。研究结果显示,影响来华留学生自主学习的外部因素主要有三类:第一类,学习环境影响,如和中国人交际的需要和困难;第二类,社会文化因素,如中外文化之间的冲突、不同的宗教信仰、所感知的社会支持力度;第三类,学校教育因素,如学校的教学管理方式、教师的教学模式、师生之间的关系、教材等。

3.2.1 学习环境与社会支持

目的语环境可以提供给语言学习者直接的、真实的、动态的语言材料,丰富的社会文化环境和大量、即刻的目的语使用机会,使目的语环境成为最理想的语言学习环境。

来华留学生是在目的语环境中学习汉语的,无论课堂内外,学生都有足够的机会接触、使用汉语,学习环境应当非常理想,应当有利于促进学生自主学习。但实际上,自主学习能力差的同学常常不能自主控制学习环境。12 位学习者均表示,课堂上遇到困难寻求同伴帮助时,会使用母语或英语进行交流、询问,大部分老师对此采取默认态度。但也有一些老师会"把来自不同国家的学生安排坐在一起,避免学生在课堂上使用母语,而尽量使用目的语进行交流。"S5 说:"课堂上,我很想和来自别的国家的同学坐在一起,可以多说汉语。不希望和自己的同胞坐在一起,但不坐在一起又觉得不好意思,怕别人误会。"在课外,他们同样面临如何积极主动地创建汉语学习环境的问题。一方面要尽量避免使用母语进行交流,另一方面又担心用汉语交流遇到困难。访谈中,多名同学反映,刚来中国,一切都是陌生的,既新鲜好奇,又紧张害怕;既希望多用汉语和中国人交流,又担心听不懂。S6 反映,在校园里,有些同学太热情了,见到我都用英语和我交流,甚至都不问我懂不懂英文。我说中文,他们还是跟我说英文。这让我很苦恼,我是来学汉语的。

3.2.2 学校管理与归属感、疏离感

对留学生的管理主要包括教学管理、住宿管理、纪律管理、中国文化教育、课外活动、联谊团体管理和心理干预等。10 位学习者对学校管理是否影响学习发表了看法。其中,6 位提到积极的、尊重留学生文化差异和个性特点的教育管理对自主学习有促进作用。S6 提到:"在国际合作与交流处的领导下,我与一位师大老师的家庭结成了对子,在异国他乡找到了家庭归属感。中国爸爸妈妈帮我解决了很多问题。中国家庭为我创建了一个非常好的学习汉语的氛围。"S4 说:"我参加了学校的留学生民歌民舞艺术团。学校为我们配备了指导老师,在活动中加深了对中国文化的认知,增进了与中国学生之间的交流和友谊,汉语水平感觉进步很快。这是很好的学习锻炼机会。"学生所感知的社会支持和鼓励与学生的自主学习有显著的正相关作用。S11 提到:"学校让我担任迎新晚会的节目主持人,并推荐我上当地电视台做节目,参加比赛。这些都使我认真地学习汉语。"这说明学生的自主学习需要社会文化环境提供更多的给养和调节。

　　然而，学生同时也表示，所在学校师生有意无意地关注过多或关注不当（如平时关心较少，当在迎新晚会、校运动会等需要他们这些老外露脸时就找上他们），让他们觉得不自在、不舒服。不好的管理甚至是态度不好的留学生专管员都会影响自己的学习。S9 说："从 2010 年在这里读本科，到现在马上研究生毕业，我在这里待了六年，搬了三次家，好麻烦，很头痛。"S10 也抱怨："我们原来和中国学生住在同一栋宿舍，现在搬到学校的周转房，一到八楼是留学生住，九楼以上是中国老师和他们的家人住，完全被隔离开来，中国朋友不能进来，不便串门，就是留学生同学之间的交流也减少了。"这种宿舍管理方式让学生感到被排除在外，有一种被疏离感。S5 说到："留学生专管员好像总是很忙，我们很难找到他，高高在上又凶巴巴的样子，让我害怕，有很多问题得不到及时有效的解决，我感觉自己不受尊重。这不能使我认真学习，甚至想回国。"

3.2.3　课堂教学与教师情感支持

　　课堂教学是留学生学习的第一阵地，他们的学习主要依赖于教师和课堂。"教师对自主学习的成功推进有着至关重要的影响"，"教师如果对自主学习有着极大的热情，那他的学生必将受到这种热情的感染；而教师如果被动地接受自主学习这一概念，将很难对学生的学习起到推动和促进作用。"这些看法已成为第二语言教学界的共识性认识。教师对培养学习者自主学习能力的作用是学习者自主学习研究的重要组成部分。

　　教师的情感支持与留学生的自主学习呈现出显著的正相关关系。如果学生获得教师较强的情感支持，对老师在课堂上的教学就会抱着积极学习的态度，进而极大地改善学习行为，有效地提升自主学习能力。S4 提到："我和中国学生一起上课，老师和同学都对我很关心。我们交流密切，不仅谈学习，也谈生活、风俗习惯、家庭、今后的职业，课后经常串门互访，老师经常参加学生的生日 party、我们的传统节日等各种活动。"如果学生喜欢和欣赏某位老师，就会喜欢上他的课，进而主动学习老师所教的课程，课前预习，课堂上积极参与，课后认真完成老师布置的任务。S2 提到："我们都喜欢上综合课，因为老师熟悉我们每一个人，很懂我们，知道我们的爱好，甚至给我们每个人都起了可爱的绰号。"S5 说："老师加了我们班的微信群，在群里回答我们的疑问，给我们发一些有趣的学习材料，引导我们讨论。"

　　教师的情感支持还体现在角色的转变和教学模式的选择上，"以学生为中心"的教学模式更有利于学生自主学习。在这种模式中，教师是学生学习的指导者、帮助者，给学生创造更多的自主学习机会，让学生真正感受到自己是学习的主人,让学生主动把教师的教学目的转化为自己的学习目的。只有学生有了自己的学习目的和需要时,他们才能为自己的学习负起责任,从而激发他们的学习动机。

4. 结论与讨论

本文以社会文化理论为框架,通过叙事研究和半结构式访谈法,对12位在中国学了一年以上的汉语学习者进行调查,分析探讨学习环境、学校管理、教师情感支持等外界因素对来华留学生汉语自主学习能力发展的影响。研究表明:第一,影响来华留学生自主学习能力的外界因素包括来自学校的教育管理、教师和同学的社会支持、同学间的合作与互赖,教学模式、教育技术、文化背景等;第二,留学生所感知的社会支持与其汉语自主学习能力存在正相关关系;第三,目标积极互赖、资源积极互赖均与留学生汉语自主学习能力存在正相关关系;第四,以学生为中心的语言教学模式比传统教学模式更有利于促进留学生汉语自主学习能力;第五,留学生的归属感与汉语自主学习能力存在正相关关系,疏离感与汉语自主学习存在负相关关系。我们也相信,来华留学生所感知的社会支持、积极互赖、归属感、疏离感、教学模式等外界因素与动机、自我效能感、学习策略等内在因素对留学生汉语自主学习能力既各自有主效应,又存在交互效应,且这些因素对自主学习能力的影响既有直接的也有间接的。当然,这有待进一步研究。

根据本文的调查和分析,结合目前来华留学生的自主学习情况,本文提出如下几项建议:

第一,充分利用目的语环境提高学习效率。来华学习汉语的最大优势在于,中国有着良好的目的语环境,然而在本研究中,通过研究对象的叙述,我们发现,无论是教师还是汉语学习者,都没有充分利用目的语环境,甚至还缺乏这样的意识。培养来华留学生的自主语言学习能力,正可以充分发挥和利用这良好的汉语学习环境。教师要引领学生充分利用各种学习资源和汉语语言环境的优势,倡导他们大胆尝试各种学习方式,布置可以利用目的语的环境进行拓展学习的课内外作业和学习任务。

第二,改善教学管理,让学生有归属感。本研究表明,学习者集体归属感的强弱关系着来华留学生汉语自主学习能力的高低。教学管理者要注意保护学生的独立自主意识,发挥他们的主观能动性,鼓励他们自己解决问题,避免让学生感到"被干涉""被强制"。学校要采用多种形式,营造良好的课余学习实践氛围,把开展留学生的课余学习活动作为学校隐性教育的一种重要形式和校园文化的重要组成部分。不仅利用课堂时间,以小组形式组织留学生在一起探讨问题、交流汉语学习心得和体会,还要开辟各种渠道,以多种形式开展深入广泛的中外学生交流活动。积极引导他们开展合作学习与丰富多彩的课外学习活动,促进学习者在学习与生活等方面的互相鼓励、帮助、关心与支持,提升汉语学习者学习中的社会支持感与班级归属感,为学习者汉语自主学习能力的培养营造一个积极和谐的环境。

第三,提高课堂教学质量,提供情感支持。高质量的课堂教学与培养学生自主学习能力是相互依存的。对外汉语教师只有多加思考通过什么方式培养学生的自主学习能力,才能促使学生在获得汉语基础知识和听、说、读、写基本技能的过程中形成汉语自主学习能力。教师应在教学中重视对学习者提供学业指导与帮助,开展学习策略培训,在进行语言知识与技能传授的同时应充分重视师生情感交流,并且适时给予学生鼓励、关怀、尊重、友情与精神支持。在课堂教学中,应结合具体的教学内容有意识地引导学习者拓展学习内容,鼓励他们参与各种学习实践活动,为他们推荐适合留学生的图书杂志、网站和广播电视节目,帮助他们结识中国朋友、了解中国文化,培养他们的学习兴趣、学习能力和交际能力。

参考文献

常 峻 2007 试论教师的主导作用与学生自主性学习,《上海大学学报》第 3 期。

丁安琪 2010 《汉语作为第二语言学习者研究》,世界图书出版公司。

丁安琪 2011 教师对留学生自主学习能力培养状况的调查研究,《语言文字应用》第 2 期。

金 辉 2001 自主学习理论及对外汉语教学最佳模式的研究,《山西财经大学学报》(高等教育版)第 2 期。

孙德金 2010 教育叙事研究与对外汉语教师发展——北京语言大学对外汉语教学名师访谈录编后,《世界汉语教学》第 3 期。

肖庚生、徐锦芬、张再红 2011 大学生社会支持感、班级归属感与英语自主学习能力的关系研究,《外语界》第 4 期。

王淑红 2008 汉语言环境下留学生自主学习能力的培养,"汉语国际教育标准与多元化教学"——第九届国际汉语教学研讨会。

Barkhuizen, G., Benson, P. & Chik. 2013 *A Narrative Inquiry in Language Teaching and Learning Research*. London: Routledge.

Benson，P. 2007 Autonomy in Language Teaching and Learning. *Language Teaching*，1：
　21 - 40.

Holec，H. 1981 *Autonomy and Foreign Language Learning*. Oxford：Pergamon Press.

Little，D. 1991 *Learner Autonomy*：*Definitions*，*Issues and Problems*. Dublin：Authentik.

Pavlenko，A. 2007 Autobiographic Narratives as Data in Applied Linguistics. *Applied*
　Linguistics，2：163 - 188.

（工作单位：江西师范大学国际教育学院，330022，wofulet@163.com。）

语言主观性理论在对外汉语词汇教学中的应用*

杨黎黎

1. 引言：理论语法和教学语法

语言的主观性最早由 Bréal(1964)提出,之后的二十到三十年间,在认知语言学发展的基础上,语言的主观性概念又进一步得到发展。其中,有许多重要概念被纷纷提出,Benveniste(1966：261)首先提出言者主语和句法主语的区分。进而,主观性的重要性由 Lyons(1977、1982)得到加强。从认知功能方面关注语言主观性的重要性的有 Traugott(1989),Stein and Wright(1995)和 Langacker(2000)。综述各家观点,比较有代表性的对语言主观性的定义是:

第一,主观性是一个语义过程,言说者或写者在言语交谈中赋予词汇以个人的立场或态度。(Traugott and Dasher,2002：30)

第二,主观性涉及自我表达,代表说话者的立场和对篇章的角度。(Finegan,1995：1)

第三,主观性指的是自然语言以它们的结构和正常的运行方式提供给言内行为施事的自我表达。(Lyons,1982：102)

第四,主观性是指语言的这样一种特性,即在话语中多多少少总是含有说话人"自我"的表现成分。也就是说,说话人在说出一段话的同时表明自己对这段话的立场、态度和感情,从而在话语中留下自我的印记。(沈家煊,2001：268)

以上是对语言主观性理论语法的阐述,国内外主观性理论的研究均取得长足发展。但是,长期以来,语言学家专注于理论语法的研究,而对教学语法,尤其

---

* 本文系中国博士后第 61 批面上资助项目"跨小句构式化的模式及其动因"的系列论文之一。

是教学语法的理论重视不够。（李泉，2006）教学语法是根据语法教学的要求所制定的语法系统，具有规范性和稳定性，侧重于语法功能的描述，要求实用、可读性强，理论分析不是其重点（郭熙，2002）。本文试图将语言主观性理论加以利用和改造，变成对外汉语课堂适用的教学语法。不管哪一种语言都是人类用于交流的工具，语言主观性是跨语言普遍存在的一个概念，因而语言主观性的意识对于不同文化背景的留学生来说也简单易懂。将其引入对外汉语教学当中是具有可行性和必要性的。首先，对外汉语教师应明确语言主观性的概念，将主观性理论应用到实际教学当中；其次，利用语言主观性去解释汉语一些复杂的现象，目的是让学生有语言主观性意识。

将主观性理论纳入对外汉语教学范畴中并不陌生，最典型案例莫过于对副词"才"和"就"的区分了，很多对外汉语教师在讲解"他十点才起床"和"他十点就起床了"中的"才"和"就"的使用区别时，都会提到"说话人个人的主观判断"，"十点究竟是早还是晚，取决于说话人的个人观点"等等。明确"说话人"的概念，很多学生之前并没有"说话人"的意识，因而会造成视角的紊乱，从而误用"才"和"就"。可行的办法就是明确言者视角，让学生有主体观念。

主观性还可以运用到更多的对外汉语教学实践当中，发挥更大的作用。对外汉语教学的根本目的是培养学习者运用汉语进行各种交际的实际能力。这种交际能力包括学习者能够依据不同的交际场合、自我需求、交际对象和话题内容来选择具有特定语体功能的表达方式，这些恰恰就是语言主观性的重要体现。

本文主要以《成功之路》（顺利篇）、《发展汉语》（中级口语）、（中级综合）为例，兼顾对话语体和书面语体①，用这几套教材中所涉及的知识点来说明主观性理论在对外汉语教学中的应用，将理论语法变为切实可行的教学语法，注重理论语法和教学语法的衔接和过渡。我们以初级和中级水平的留学生为研究对象，探讨对外汉语课堂引入语言主观性理论对他们学习汉语的帮助和提高。

2. 主观性因素在语言教学中的体现

主观性和主观化理论的研究主要集中在以下三个方面：第一，言者的视角；第二，言者的情感表达；第三，认识情态表达。关于视角，Langacker（1985、1991、2000）从语义和语法两个方面进行过阐述。Sanders&Spooren（1997）认为，主观

---

① 《成功之路》（顺利篇）、《发展汉语》（中级口语）为对话语体；《发展汉语》（中级综合）为书面语体。

性通过主观化和视角化两种方式表现出来。主观化与说话人相关联,视角化与具体的或抽象的人物相关联。言者的情感表达主要指的是言者对命题的情感或观点。Traugott(1982、1989)从历时的角度阐述了情感的主观性,尤其是副词和连接词的语义变化。情态的主观性则主要集中在情态动词和情态副词的研究之中,主要是情态范畴中的认识情态,表示说话人对命题的主观性推测。汉语中,除了上述几个方面以外,学者们还研究了汉语的主观量范畴。我们从主观视角、主观感情评价、主观量及其他一些体现主观性的语言标记入手,讨论主观性因素在对外汉语教学中的应用。

2.1　主观性视角

视角或角度是主观性研究的三个领域之一。视角是指"说话人对客观情状的观察角度,或是对客观情状加以叙说的出发点"。(沈家煊,2001:269)

"V来/去"涉及的是主观性视角。对外汉语初级词汇教学中,"来/去"的选择是一个重难点,对外汉语教师在讲述一个人或物体移动时,是选择"来"还是"去",如果仅仅局限于孤立的、静态的动词词义本身,就可能越说越复杂,越说越糊涂。这正是因为影响会话语体对移动动词选择的因素主要是"主观视角"(邵敬敏、张寒冰,2012),即"来/去"的选择起决定作用的是说话人的视角问题。移动参照点是观察移动行为的一个参照坐标,对话语体中的移动参照点有两个:说话人或者听话者。《成功之路》(顺利篇)为初级汉语口语教程,在讲述"来/去"这一知识点时是出现在会话语体当中,参照点即为主观性视角[①]。《成功之路》(顺利篇)涉及复合趋向短语的学习,例句如下:

(10) 你坐过来点,那儿太危险,小心掉下去。

(11) 没吃完的东西放回包里去,香蕉皮扔进垃圾桶里去。

选择"来/去"的时候,首先是从空间距离来说,其次还涉及说话人和听说人。只有让留学生明确了语言主观性中有"主体—客体"之分,明确主客观之别,才能正确地使用"来/去"以及"来/去"构成的相关趋向短语。

2.2　主观量

汉语中主观量是语言主观性的重要体现之一。陈小荷(1994)讨论了副词

[①] 根据邵敬敏、张寒冰(2012):语体不同,涉及的参照点也不相同。会话语体中涉及的是说话人和听话人。

"就""才""都"的主观量表达问题。他认为这些副词"含有主观评价意义的量"，并把主观量分成两小类，即主观大量和主观小量，前者是评价为大，后者与此相反。李宇明(1997)论述了主观量的三种成因：异态量、直接评价和量的感染；并据此把主观量分为异态型主观量、直评型主观量(包括直赋型主观量、夸张型主观量)和感染型主观量。李宇明(1999)认为表达主观量的语表手段有四类：数量词语(包括带有修饰成分的数量词语)；加在句末的标记词；充当状语的副词；由两个部分构成的固定格式。

上文提及，副词"才"和"就"的区分是对外汉语教学中运用主观量理论的典型案例。在对外汉语教学中引入主观性概念会使得"才"和"就"的区分简单明了。

除此之外，对外汉语教学中的若干句型也适合引入主观量的概念，比如《发展汉语》(中级综合 I)第四课《最认真的快递员》：

(1) 她在中国一住就是十年。

(2) 开会时，他一讲就讲了两个小时。

(3) 苹果太新鲜了，我一买就是三斤。

有的学生就有疑问："她在中国一住就是十年"跟"她在中国住了十年"；"开会时，他一讲就讲了两个小时"跟"开会时，他讲了两个小时"有什么不同？可否说"她在中国一住就是一年"？这里，如果让学生明确该句型表达的是说话人的主观大量，就能使问题简单得多，即"一 V 就是＋主观大量"，这里的数量结构是说话人认为的大量。

类似的因"量"而异的副词还有很多，如主观足量的"足足、整整"、主观消极大量的"过于"、"老是"、主观判断大量的"至少"、"起码"等。如果在讲评这些副词时引入主观量的概念，能让学生更加得体地使用，区分细微的差异。

2.3 主观评价

张谊生(2000)将汉语副词分为描摹性副词、评注性副词、限制性副词三个大类。评注性副词就是一种典型的主观性副词，表明说话者的态度。评注是主观性的概念，远非传统意义上的褒贬所能涵盖，评注表明或隐含说话人或作者立场、情感、态度，是语言人际功能的体现。齐沪扬(2002)也认为语气副词具有表述性功能、评价性功能和强调性功能。这些主观性副词在对外汉语教学中很难讲解，学生使用时也会出现很多偏误。

在《发展汉语》(中级口语 II)中第四课《啃老族》当中，关于"动不动"的学习，例句如下：

(4) 她小时候动不动就哭，没想到现在这么坚强。

(5) 我们不能动不动就批评啃老族，应该找找家庭、学校、社会等原因。

在讲述"动不动"的语法功能的时候，如果仅仅将"动不动"跟"经常"、"总是"等同起来，那么，留学生在做"动不动"造句练习的时候，常常出现以下偏误：

(6) *她动不动就受到老师的表扬。

(7) *我很喜欢学习汉语，动不动就练习说汉语。

(8) *她动不动去逛街。

(9) *我动不动去锻炼身体。

错误的原因就在于没有把握住两点，第一点："动不动"并非等于"经常"、"总是"，它还表示说话人的一个主观态度、主观评述，即说话人认为是消极的事件；第二点：从语表形式上来看，"动不动"后面常常跟副词"就"连用(例(8)(9)连"就"都没有使用，也有些问题)，也说明说话人认为该消极事件发生得过于"经常"，次数过多。已有研究表明："动不动"表达说话者认为动作、行为和状况或者是不希望、不喜欢的，或者是违反常理的。(朱军，2012)

我们根据 HSK 动态作文语料库进行调查，发现留学生在主观性副词的使用上明显比非主观性副词的错误率要高。比如《发展汉语》(中级口语 II)第八课《教育学要培养全面发展的人》中学习词汇"恨不得"，以及《发展汉语》(中级综合 I)第六课《电梯里的 1 分 27 秒》中学习句型"宁可……也不"。这两个语法点看起来并没有太多关联，其实在讲述的时候，我们发现留学生会出现以下偏误：

(10) *我喜欢这件衣服，我恨不得买回家。

(11) *明天是母亲节，我恨不得准备一份礼物给妈妈。

(12) *我宁可锻炼身体，也不想来上课。

(13) *我宁可喝咖啡，也不想喝雪碧。

出现上述偏误，均在于学生没有搞明白"恨不得"和"宁可……也不"这两个语法点均含有说话人主观性的[＋损己]，即是对说话人有主观性的消极影响的。比如：我恨不得跪下来求他；我宁可爬楼梯，也不想坐电梯了。"宁可"前句的选择是一种无可奈何的权宜之计；而"恨不得"做的事情也是对说话人在主观上有一种消耗、一定程度损害的。因此，不了解这些主观上的功能，往往就会造成偏误。

2.4 反预期标记

初级汉语教程中都有关于"竟然/居然/反而/没想到"等表达反预期词汇的

学习。《发展汉语》(中级综合)出现的表示说话人不确定的情态副词有"大概/可能/说不准/也许/应该/恐怕/好像";表示说话人确定的情态副词有"肯定/真的/明显/一定";表示反预期的情态副词有"竟然/居然/想不到/没想到"。这其中,留学生在使用这些情态副词时的错误率依次是:确定义情态副词<不确定义情态副词<反预期情态副词。反预期的情态副词错误率最高,我们要跟留学生阐明这种"反预期"指的是事件的发生在说话人的预料之外。在对外汉语教学当中,我们应当重点把握主观性副词,讲解它们的使用语境和主—客观之别。比如《发展汉语》(中级综合 I)第十课《给咖啡加点盐》中的知识点"明明",例句如下:

(14) 尽管他明明知道自己配不上她,可是他却一下子爱上了她。

张谊生(2000)在论述语气副词的情态意义时,指出语气副词"表示说话人对相关命题的高度重视和坚定态度",举例中包括"明明";齐沪扬(2002)谈及语气副词具有正向强调功能时,所举的例子也包括"明明"。在教学语法当中,为了让学生更清晰地了解"明明"的用法,我们将"明明"归纳出两种主观性的功能,一种是反预期的功能,常常跟转折分句共现,如课文练习中的例句:

(15) 她明明知道自己错了,却还说自己是对的。

(16) 你明明知道这道题怎么做,为什么不告诉我们呢?

还有一种是表示"显而易见"的事实,如课文练习中的例句:

(17) 他明明是在欺骗你啊!

(18) 这不明明是给我出难题吗?

这两种主观性功能的语表形式也不一样,前者多出现在复句之中,后者多出现在单句,将形式、意义、功能结合起来讲述给学生会更加容易理解。

评注副词通常表达说话者的态度,所以,很多都带有说话者的预设,有时候甚至于带有对听话者的某些想法的预设(屈承熹,2005:86)。一些评注性副词色彩意义的形成,与人们认知中的"预设"以及前后语境密切相关。姚瑶、石定栩(2015)讨论了"根本""本来"的功能,认为它们的主要作用是提示一个背景命题,同本句命题形成对立关系。"根本"和"本来"的语义理解需要借助背景信息。表示预设的语义,虽然没有直接浮现在同一小句中,但往往伴随着背景信息的使用,"根本"和"本来"的作用都是提示一个与所述命题相对立的、从广义上说要被否定的命题。这些都可以看作是说话人对语言的一种预设。比如《发展汉语》(中级综合 I)的第二课《租房只要一个条件》,讲述了作者的一个朋友租房子,不看房子的环境,不在乎房子的地段,却只看重房子周边有没有图书馆这一个条件。文末说:"也许在介绍房子的人看来,图书馆根本就不是什么重要的配套设施吧"。这里的"根本"提示了一个与之相对的命题,即"朋友认为图书馆是重要的配套设施",为了加强否定这个命题,所以用了"根本"。如果不能掌握"根本"具有隐含的预设语义这条规则,则无法让留学生正确掌握"根本"在课文里的作用。

词语预设义的理解常常需要语言主观性理论,对外汉语教师和学习者可以利用主观性理论来理解预设义,从而找到特定语境下的背景命题,从而更好地运用目标词汇。

2.5 感叹句标记

一些感叹标记也具有主观性,我们需要在教学中强调这些感叹标记不可以使用在其他客观性的语境当中。比如《成功之路》(顺利篇)中的感叹句:

(14) 雨下得这么大!

(15) 我多着急啊!

(16) 你怎么这么倒霉啊!

这里的"这么"和"多"都表示说话人的一种主观性感叹,并不适用在陈述句中。而且都用于对话语体当中,指的是说话人所处的当时情境,表示直指。如果这两点没有跟留学生阐释清楚,留学生就会犯下面的错误:

(17) *昨天的雨下得这么大,所以我没出门。

(18) *雨下得多大,我不出门了。

有些对外汉语教材在解释"多""多么"的时候等同于"很",于是,留学生就会误以为上述例句中的"这么/多/多么"均可以用很代替,其实主要差别就在于这些程度副词都体现了说话人的感情色彩,是一种语言主观性的体现。可见,语体和主观性往往有着密切的联系。表示主观性的感叹往往用于口语语体当中。

3. 主观性理论解释对外汉语教学的难点

3.1 "差一点儿"的多义性解释

《发展汉语》(中级综合I)第八课《天使之笔》涉及了"差一点儿"和"差一点儿没"语义表达相同和相异的情况。试看书中举例:

(19) 路太滑了,我差一点儿(没)摔倒。

(20) 这次考试的题目太多了,我差一点儿没做完。

"差一点儿"所接语句如若是说话人主观心理情愿的,则"差一点儿没"和"差一点儿"意义等同;如若是说话人心理不情愿的,则"差一点儿没"和"差一点意义"相反。

这里就是运用语言主观性的理论给留学生以合理而简单明了的解释。而对于说话人希望的事情,几乎实现后,但最后没实现,则是用肯定的形式表示否定,比如:

(21) 我们差一点儿就赢了。

(22) 他差一点就买到演唱会的票了。

这里的"差一点儿"是表达说话人惋惜的心情。只有肯定的形式,形式肯定但意义否定。如果仅仅用语表形式的差异来讲解"差一点儿"的语义,往往会让学生百思不得其解,而结合语言主观性理论,强调说话人主观上的期待或不期待,会让问题变得简单得多。

3.2　形容词谓语句

形容词谓语句是汉语的特殊句型,形容词作谓语需要有"量"的要求,包括主观量和客观量。试比较下面的主观量和客观量:

(23) a 这里的水太深了。

　　　b 这里的水很深。

(24) a 他的主意真多。

　　　b 他的主意很多。

(25) a 这种鞋底硬硬的。

　　　b 这种鞋底很硬。

上述例句中,a 句均为主观量,b 句均为客观量。程度副词"太""真"用在形容词前面都具有主观性,用在不同的形容词前面有不同的感情色彩。用在含有褒义的形容词前面,带有赞叹的意味,如"太美了""太精彩了""太棒了"等。用在贬义前面则有贬斥的意味,如"太脏了""太恶心了"。两者都带有说话人的主观色彩,强调了说话人的语气。客观程度副词则是一种理性判断,是一个陈述性的命题,主观程度副词是从说话人的主观感觉方面说的;客观量则是从说话人的理性判断来说的,两者是相对而言的。在对外汉语教学中,可以用主观性和主观量来对上述形容词谓语句做出区分,从而让学生们灵活运用,依据语境选择合适的句子来表达。

4. 利用语言主观性设计语言点练习

4.1 复述训练中的语言主观性

复述是常用的语言训练方法之一,主要就是让学生把读到的或听到的内容用自己的话说出来,它的适用范围很广,从初级到高级均可适用,张晓慧(1997)对复述在对外汉语教学中的应用作过介绍。复述首先能够检测出学生是否理解读到的或听到的内容,而且能够有效训练学生语言表达的组织性、连贯性和完整性以及对各种句型进行转换的能力,提高学生的成段表达能力,因而广泛应用于语言课堂训练中。但是以往的研究忽略了复述联系跟语言主观性尤其是视角的联系,视角的转移往往是留学生容易出错的地方。

《成功之路》(顺利篇)的每篇课文的课后练习中都设计了"根据课文内容填空"和"根据提示复述课文"这两个环节,就是让学生将对话复述成第三人称视角的短文。比如我们看第十三课的部分选例:

原课文:

大卫:麦克,下午你用自行车吗?

麦克:不用。我的签证快到期了,我去大使馆办签证。

大卫:把你的自行车借给我用用吧。我的一个朋友摔伤住院了,我去看看他。

麦克:没问题!不过晚上我要用车,跟朋友约好一起去看京剧表演。

……

复述练习(一):

麦克下午不用自行车,他的_____快到期了,他要去_____办签证。他_____自行车_____大卫了。因为大卫的一个朋友_____住院了,他要去看他。……

复述练习(二)

麦克下午不用_____,他的_____快_____了,他要去_____办_____。他把_____借给了_____。因为大卫的一个朋友_____。……

用两种复述练习来强化学生对课文的理解。复述是两种语体的转换,最常见的是人称代词的转换和句类的转换。复述练习中,需要把直接引语转换成间接引语。间接引语需要从第三人称的视角对事件进行转述,常常用到"建议""认为""觉得"等词语,将原文中的对话转换成间接引语。而原文中的祈使句、感叹句也需要用陈述句描述出来,祈使句的"命令"语气和感叹句的"感叹"语气都需要消除,这其实就是语言主观性到客观性的转换。对外汉语教师应该把语体转换方面的知识和技巧纳入课堂教学内容,针对这几类问题把语体转换时应注意的规则介绍给学生。关于语体的不同而带来的二语教学策略的不同在胡明扬(1993)、李泉(2004)、曾毅平(2009)中均有论述。

综上所述,需注意以下几点:第一,视角的转变,即从第一人称主观视角转为第三人称的客观视角;第二,句子类型转变,主观性的感叹句和祈使句都要变成客观陈述句;第三,语气的转变,主观语气变成客观陈述语气;第四,直接引语变成客观的间接引语,常常需用兼语句进行转述。

4.2　近义词辨析中的语言主观性

在对外汉语教学中,近义词的辨析既是难点也是重点。进行近义词辨析,最基本的方法是比较,对于不同的比较对象有不同的比较方法,对于近义词的辨析可以辟专章讨论,这里仅说明与本文相关的一种比较方法,就是有很多词语的不同之处就在于主观—客观之别。比如:"总算"和"终于"这一对近义词辨析就需要涉及词语的主观性问题。"终于"是比较客观的,"总算"是主观性的,指的是说话人认为虽然不好,但是勉强过得去。再比如"简直"和"几乎","简直"表示的是说话人不敢相信事实,含有强烈的主观性夸张语气和色彩;"几乎"则是一种对事实的客观陈述。"未免""不免"的区分也是主观性的问题,前者具有强烈的说话人的主观评述;后者则常常用于描述客观现象。

依据主观性—客观性来对近义词进行归类,将主客观之别的近义词归为一类设计练习。比如,我们总结了《发展汉语》(中级综合 I)中若干个近义词填空,正是重点区分了词语语义中的主客观之别,例如:

(26)他[A 简直　B 完全　C 非常]是个机器人,从来不知道累。

(27)[A 反正　B 总之]他是你的男朋友,让他来接你回家是理所当然的。

(28)我只是开个玩笑,[A 何必　B 不必]那么生气呢?

(29)他穿得一点儿也不像送快递的,[A 倒　B 但]像个卖保险的。

(30)现在这么晚了,[A 恐怕　B 害怕]他不会来了。

5. 结　语

本文多角度探索了对外汉语教学中引入语言主观性理论的可行性和必要

性。现代汉语主观性的研究主要集中在以下三个方面：第一，说话人的视角。说话人的视角可以解释很多趋向补语的问题，需要让学生明确区分说话人视角和参照物的视角。第二，主体的情感表达。体现在语言的色彩意义上，这对于学生区分褒贬色彩不一的近义词很有帮助，众多具有评注性语义的情态副词也含有说话人的情感表达。第三，主观量的研究。对于主观大量—主观小量；常态量—异态量的分析已有很多研究，对外汉语教学中引入主观量的语法点，可以有效区分副词"才"和"就"这种典型的语法点。因而，引入主观性理论，包括让学生明晰主观性的视角、说话人的主体意识和语言主—客观之别。

语言主观性体现在汉语词汇和语法教学当中，主观性在语言中无处不在，语言是有主客观之别的，比如评注性副词和程度副词相比较，运用主观性理论可以很好地解释同样表示程度的"太/真/好/多"和"很/非常"的区分；可以更好地解释汉语的话语标记、感叹句标记和含有预设义的语句。同时，对外汉语教学课堂中也常常需要运用主观性理论设计近义词的辨析、复述完型等题型。对外汉语教师的任务就是把语言学的研究成果运用到教学中来，同时又要研究教学中的重大理论问题。

参考文献

陈小荷　1994　主观量问题初探——兼谈副词"就""才""都"，《世界汉语教学》第4期。

丁金国　2005　语体意识和语言应用，《修辞学习》第3期。

郭　熙　2002　理论语法与教学语法的衔接问题——以汉语作为第二语言教学为例，《汉语学习》第4期。

胡明扬　1993　语体和语法，《汉语学习》第2期。

李　泉　2004　面向对外汉语教学的语体研究的范围和内容，《汉语学习》第1期。

李　泉　2006　对外汉语教学语法研究述评，《世界汉语教学》第2期。

李宇明　1997　主观量的成因，《汉语学习》第5期。

李宇明　1999　数量词与主观量，《华中师范大学学报》（人文社会科学版）第6期。

齐沪扬　2002　论现代汉语语气系统的建立，《汉语学习》第2期。

屈承熹　2005　《汉语认知功能语法》，黑龙江人民出版社。

沈家煊　2001　语言的主观性和主观化，《外语教学与研究》第4期。

邵敬敏、张寒冰，2012　制约移动动词"来"的会话策略及其虚化假设，《暨南大学学报》第1期。

姚　瑶、石定栩　2015　背景命题及其触发机制——从"根本"说起，《外语教学与研究》第5期。

曾毅平　2009　语体理论在对外汉语教学中的应用,《修辞学习》第 5 期。

张谊生　2000　《现代汉语副词研究》,学林出版社。

张晓慧　1997　对外汉语教学的复述训练,《世界汉语教学》第 4 期。

朱　军　2012　评注性副词"动不动"的用法与来源,《语言研究》第 4 期。

Benveniste, E.　1966　Problèmes de linguistique générale, volume 1, Gallimard, Paris.

Finegan, E.　1995　Subjectivity and Subjectivisation: An introduction. In D. Stein and S. Wright (eds.), *Subjectivity and Subjectivisation. Linguistic perspectives*, 1 – 15. Cambridge: Cambridge University Press.

Langacker, R.W.　1985　Observations and speculations on subjectivity. In J. Haiman (ed,), *Iconicity in Syntax*, 109 – 150. Amsterdam/Philadelphia: John Benjamins.

Langacker, R.W.　1991　Subjectification. Concept, Image and Symbol. *The Cognitive Basis of Grammar*, 315 – 342

Langacker, R.W.　2000　Subjectification and grammaticization. *Grammar and conceptualization*, 297 – 315. Berlin/New York: Mouton de Gruyter.

Lyons　1977　*Semantics*. Cambridge: Cambridge University Press.

Lyons　1982　Deixis and subjectivity: Loquor ergo sum. In R.J. Jarvella and W.klein(eds.), *Speech, Place, and Action*, 101 – 124. Chichester: John Wiley and Sons.

Stein, D. and Wright, S.　1995　Subjectivity and Subjectivisation. *Linguistic Perspectives*. Cambridge: Cambridge University Press.

Sanders and Spooren　1997　Perspective, Subjectivity and Modality from a Cognitive Linguistic Point of View. In Liebert, W., G. Redeker, and L. Waugh (eds.), *Discourse and Perspective in Cognitive Linguistics*. Amsterdam: Benjamins, 85 – 112.

Traugott, E. C.　1982　From Propositional to Textual and Expressive Meanings: Some Semantic-pragmatic Aspects of Grammaticalization. In W. P. Lehmann and Y. Malkiel (eds.), *Perspectives on Historical Linguistics*, 245 – 272. Amsterdam: John Benjamins.

Traugott, E. C.　1989　On the Rise of Epistemic Meanings in English: An Example of Subjectification in Semantic Change. *Language* 65 (1): 31 – 55.

Traugott, E. C. and Dasher, R. B.　2002　*Regularity in Semantic Change*. Cambridge University Press.

（作者单位：苏州大学文学院,215123,llyang@suda.edu.cn。）